中国语文丛书

互动语言学与汉语研究
第四辑

方 梅 史金生 主编

社会科学文献出版社
SOCIAL SCIENCES ACADEMIC PRESS (CHINA)

图书在版编目（CIP）数据

互动语言学与汉语研究 . 第四辑／方梅，史金生主编 . --北京：社会科学文献出版社，2023.10

ISBN 978-7-5228-2597-7

Ⅰ.①互…　Ⅱ.①方…②史…　Ⅲ.①汉语-语言学-文集　Ⅳ.①H1-53

中国国家版本馆 CIP 数据核字（2023）第 193170 号

互动语言学与汉语研究　第四辑

主　　编／方　梅　史金生

出 版 人／冀祥德
组稿编辑／梁艳玲
责任编辑／奚亚男
责任印制／王京美

出　　版／社会科学文献出版社（010）59366556
　　　　　地址：北京市北三环中路甲 29 号院华龙大厦　邮编：100029
　　　　　网址：www.ssap.com.cn
发　　行／社会科学文献出版社（010）59367028
印　　装／三河市尚艺印装有限公司

规　　格／开　本：787mm×1092mm　1/16
　　　　　印　张：26.75　字　数：462 千字
版　　次／2023 年 10 月第 1 版　2023 年 10 月第 1 次印刷
书　　号／ISBN 978-7-5228-2597-7
定　　价／148.00 元

读者服务电话：4008918866

目　录

专题研究

I

学科前沿

新作推介

CONTENTS

Featured Papers

Trends in Interactional Linguistics

Book Review

专题研究

语言 0-2 逻辑："二元倚变"与"二元共享"[*]

沈家煊^{**}

提 要

语言 0-2 逻辑是基于对话的"二元相关律逻辑",高于基于命题的 0-1 逻辑。0-2 逻辑消解主语和谓语的异质对立,将构成命题的前后项视为并置的对等项。从汉语的事实出发,本文阐释 0-2 逻辑的两个要素:二元倚变和二元共享。两个要素相依相存、经纬交织,是汉语组织运行规律的基础。通过英语和汉语的比较可以看出,英语也需要 0-2 逻辑才能覆盖全部事实,因为自然语言都存在于对话之中。另外,英语和汉语各有偏重,英语偏重 0-1 逻辑而汉语偏重 0-2 逻辑。造成英汉这一差异的原因可以解释为,语言演化的路径出现分叉,从名词和动词一体不二的原始状态出发,英语转而朝名动分立、主谓结构为主干的方向发展,汉语则保持名动的原始状态,继续朝形成对言格式的方向发展。深入研究 0-2 逻辑的要素,将有助于我们对假设的普遍语法做出更完善的模拟。

关键词

0-2 逻辑;二元倚变;二元共享;英汉比较;语言演化

---

* 本文发表于《语言学论丛》2022 年第 2 期。

** 沈家煊,中国社会科学院语言研究所研究员,学部委员,研究方向为理论语言学。电子邮箱:
jiaxuanshen@ sina. com。

0−2 logic of language:
co-variation and di-branching

Shen Jiaxuan

Abstract

0−2 logic of language is a logic of correlative duality rooted in dialogue and interaction, which is higher than 0−1 logic of language based on a sentential proposition. The opposition between subject and predicate is dispelled and both are deemed as equated terms in juxtaposition. Starting from the facts of Chinese, this paper explicates two interdependent elements of 0−2 logic, co-variation and di-branching. The interweaving of the two elements constitutes the Chinese way of construction. Through comparison between English and Chinese, it is found that English also needs 0−2 logic in order to cover all the facts because all languages are rooted in dialogue and interaction. On the other hand, the two languages differ in that English is inclined to 0−1 logic while Chinese to 0−2 logic. This difference is proposed to be caused by a branching occurred in the course of language evolution. While English turned to developing a noun-verb opposition and a subject-predicate structure, Chinese kept the super-noun category and developed a parallel pattern as its structural backbone. A thorough study of the elements of 0−2 logic will deepen our understanding of the hypothetical universal grammar of language.

Keywords

0−2 logic; co-variation; di-branching; English-Chinese comparison; language evolution

1. 语言 0-2 逻辑

1.1　释名

从"互动语言学"（Couper-Kuhlen & Selting，2018）的立场出发，语言以对话为根本，两个声音才是语言存活的最低条件，人得以生存的最低条件。早在 250 年前德国诗人荷尔德林（1770~1843）就给我们留下一句话，"我们当作一种对话以来……"（Seit ein Gespräch wir sind...），这句话后来成为德国文学引证最多的文献之一，从德国当代哲学来看，人真的是一种对话。又有法国当代诗人蓬热（1899~1988）所言，不是"我思故我在"，而是"我说你听，故我在"。语言预设了对话，对话就是语言的目的。所以从根本上说，语言不是以单个的命题为本，而是以成双成对的对言为本，语言的逻辑不是 0-1 逻辑（基于独语），而是 0-2 逻辑（基于对话）。名称"0-2 逻辑"出自克里斯蒂娃（2016）关于语言"互文性"的论述。

张东荪（1938）比较中西方的思想、语言和文化，说西方叫逻辑，以同一律为根本，中国叫名学，注重的是有无相生、高下相形、前后相随的二元相关之道，可叫"两元相关律名学"（logic of corelative duality）。语言"0-2 逻辑"虽然立足于汉语，但是具有普遍性，是基于对话的"两元相关律逻辑"，或叫"对言逻辑"（"对言"既指对话又指成对词语）。我们拟用"二元倚变"和"二元共享"两个要素来阐释这种逻辑的内涵，通过英语和汉语的对比来说明它的普遍性。

1.2　字对和对话

从对话的立场推论，语法的最小单位不是单个语素，而是语素对，对汉语而言更贴切的名字是"字对"，因为汉语的字对比英语的语素对更具"对"的性质，试比较：

（1）汉语　　英语
　　　国家　　**count**ry
　　　数量　　**am**ount
　　　长短　　**leng**th
　　　兑换　　ex**change**

从最简单的字组开始，汉语从古至今就依靠整齐匀称的字对，两个字都有意义，都为一个界限分明的音节且带声调，都占据一个方块，字对中绝大多数的单字可以离析出来使用，联绵字如"尴尬"也有"不尴不尬""尬聊"的用法。英语 country、amount 等可视为语素对，但是跟汉语的"正对"相比明显是"偏对"。

最简单的对话就是一字对一字，如同事上班见面打招呼"早"对"早"。西人见面 Hi 对 Hi，告别 Bye 对 Bye，也属"正对"。

（2）子春曰："止！"参子闻之，瞿然曰："呼！"（《礼记·檀弓》，记"曾子易箦"）
　　　夫问："留？"妻断然答："不！"
　　　众将齐曰："进！"懿急令："退！"

"止—呼""留—不""进—退"都是字对，是二字组"止乎""留不""进退"的来源。"国家、长短"等是字对（正对），"老骥"（定中关系）和"伏枥"（动宾关系），还有"老骥—伏枥"（主谓关系）也是字对，也来自对话：

（3）老—骥　　　　问：老？（老者，何指也？）　　　答：骥也。
　　　伏—枥　　　　问：伏？（伏者，何处也？）　　　答：枥也。
　　　老骥—伏枥　　问：老骥？（老骥者，何如也？）　答：伏枥也。

这不是抹杀定中、动宾、主谓的区别，而是强调它们有共同的来源和性质。

2. 命题为本还是对言为本？

语言 0-2 逻辑不是从命题出发，而是从一问一答式的对话出发，消解主语和谓语的异质对立，将构成命题的前后项视为并置的对等项，不分主从与体用。

2.1 主语和谓语可视为对等项

在 0-1 命题逻辑中，主语和谓语是不对等的，按照弗雷格逻辑，主语是论元，谓语是函项。在语言 0-2 逻辑中，一个句子的主语和谓语可视为对等项（equated terms），主谓句是等式型的（equational type）。"等式型主谓句"和"对等项"这两个名字都来自布龙菲尔德论主语和谓语的文章（Bloomfield，1916）。布龙菲尔德是着眼于不带形态标记的语句：假如一个主谓句如"农夫穷"，"农夫"和"穷"不带任何形态标记，形式上就是两个词的并置，那它就是一个等式型主谓句，汉语如此，俄语"mužík běden"（农夫穷）一句也是。着眼于对话，我们对等式型主谓句有了更深的认识，这要从赵元任的洞见说起。赵元任（1968：50-51）指出，汉语的独白句"饭都吃完了"是由一问"饭呢"和一答"都吃完了"这一对零句组合而成，这在当时没有引起足够的重视，现在应该把这一造句原则在语法分析中贯彻到底。如果考察两个零句在对话中的用法，可以发现其排序是不受限制的，谓语一律是对主语的补充说明：

> （4）（语境：病人一直喝粥，今天给的饭，看他吃不吃）
>
> 问：饭呢？答：吃了。→ 饭呢_主，吃了_谓。
>
> 问：吃了？答：饭呢。→ 吃了_主，饭呢_谓。（吃了，吃的饭呢。）
>
> 问：（今天给的）饭了？答：吃呢。→ 饭了_主，吃呢_谓。（给的饭了，正吃呢。）
>
> 问：吃呢？答：饭了。→ 吃呢_主，饭了_谓。（正吃呢，吃饭了。）

四句在结构上平行，只有"饭了"的说法少见，但不影响结构平行的大格局，考察结构平行要把握大格局（朱德熙，1985：31；沈家煊，2017a），而且这个局部的不对称恰恰证明汉语名词和动词是"异而同"的关系（见下节）。"饭—吃"是一个字对，"呢—了"也是一个字对①，这里不存在什么顺装倒装，适宜哪个先说就哪个先说，沈家煊（2019：192）称之为"自然序"。主语和谓语在结构上可以"回文"，如等式"1€ = 7 ¥"（汉语表达"1 个欧元7 元人民币"）的两边可以交换，表明二者在某个较高的层面上具有对等性。"吃了，饭呢"和"吃呢，饭了"两句，过去按照英语主谓结构的分析属于动宾结构，然而从对话对言着眼，这不是唯一分析法，两句也可以视为等式型主谓句，对等项并置是动宾结构和其他主从结构的来源（沈家煊，2019：183 ~ 186）。

2.2　名词和动词可视为对等项

肯定会有人说，将主语和谓语视为对等项有一个重大障碍，因为通常认为主语由名词性成分充当，谓语由动词性成分充当，名词和动词是异质对立的两个语类，怎么可以视为对等项呢？要论证主语和谓语为对等项，名词和动词的关系问题是绕不过去的。

2.2.1　"包含/对待"关系

沈家煊（2016）全面论证汉语名词和动词的关系不是对立关系，而是名词包含动词的包含关系。包含关系也叫对待关系②，两个名称所指相同，都是指名词和动词"异而同"（也可称为"和"）的格局：同，凡动词都是名词；异，名词不都是动词。如果用传统的形式逻辑来说明，名词的外延包括动词，动词的内涵蕴含名词的性质。假如有人说汉语是"名动互包""名动交融""名动一体不二"，都应该从这个外延内涵的逻辑上来阐释才对。面对这个"异而同"格局，如果强调同的一面，我称之为"名动包含"，如果强调异的一面，我称之为"名动对待"。因为我们过去把异的一面看得很重，甚至推向异质对立的极致，为了强调同的一面，我用了"名动包含"的名称。有人说"名动包含"说是主张名动无别，这是误解曲解，"和而不同"嘛。沈家煊（2016）对此已有阐释，有人不注意，所以在这里重复一遍。

---

① 把"呢—了"视为字对，这远比单独把"了"看作动词的体标记合理。说"了"是体标记的人无视结构的平行性，对名词带"了"的事实讳莫如深。参看王伟（2021）和沈家煊（2021a）对"了"的新看法。

② 张东苏（1938）用"对待"指两元相关的非对立关系，我们借用这个名称来指"甲乙包含"关系。

也可改用数理逻辑来说明名动关系的两种格局。在英语那种"名动分立"的格局中，名词类和动词类可形成交集和并集：

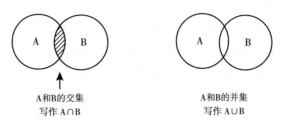

图 1   交集和并集

名词和动词的交集代表的就是所谓的名动兼类词，并集代表的就是所谓的实词。在汉语那种"名动包含"格局中，名词类和动词类是全集和子集的关系。

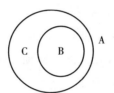

B是全集A的子集
写作 B⊆A
A中不属于B的部分是B的补集C
写作 C=A−B

图 2   全集、子集、补集

代表全集的名词也叫"大名词"（super-noun），名动包含说也叫大名词说，大名词就是通常说的实词。动词的补集就是过去所说的名词，叫"小名词""一般名词"，再明确一点叫"静态名词"（动词是"动态名词"）。

概言之，汉语里名词和动词的关系不形成交集和并集，因为二者是全集和子集的关系；汉语的实词不是名词和动词的并集，而是大名词这个全集。对于这一点，沈家煊早已在其著作（沈家煊，2016）中交代清楚，但至今仍有人在逻辑上混淆名动关系的两种格局，所以笔者于此再度阐说数理逻辑的相关常识。

2.2.2　名词的定义问题

有人质问名动包含说，问"名词"是如何定义的。其实沈家煊（2016：第2章第1节，第3章第3节）对名词的定义问题早有阐释。对汉语来说，采用名动分立格局的时候，名词无法从正面定义。朱德熙（1985：16）早就指出，汉语里凡是名词所具有的语法特点动词也都具有，包括受数量词修饰这一特点。朱先生实际上已经承认名词只能从反面定义，即将名词定义为"它不是动词"。正是因为采纳名动分立说而无法从正面定义名词，所以我们才提出用名动包含说取而代之。在名动包含格局里，（大）名词是可以从正面被定义的，就是它具有指称性，表现为受指示词和数量词修饰。动词除了有指称性还有述谓性，原来说的名词（小名词或静态名词）是动词的补集，因此只需从反面定义，即定义它不是动词，不具述谓性。我在书中说，现在还坚持名动分立的人倒是有义务说明，你那个名词如何从正面定义（沈家煊，2016）？你如果找不出只有名词具备而动词不具备的语法特点来，而又仍然坚持名动分立，那才叫不合逻辑。

采纳名动分立说不仅名词无法定义，实词也无法定义。说实词是名词和动词的加合，这不是定义，没有定义的"实词"是个空洞概念，没有内涵。说实词是意义实在的词，等于没有说，什么叫"意义实在"？我在书中称之为"实词不实"问题（沈家煊，2016）。采纳名动包含说，大名词就是实词，实词的"实"就实在它的指称性，这就解决了实词不实的问题。现在还坚持名动分立的人也有义务说明，你那个实词实在哪里？

科学的定义重要，但也不必迷信定义，也不要以为正面定义一定比反面定义高明。这是另外一个问题，这里搁置不谈。

2.2.3　关于重叠

为了在汉语里维持名动分立说，有人说名词还是可以找出区别于动词的语法特点来，那就是可以重叠表示周遍（全量）意义，而这是动词所不具备的。这个论点站不住，与事实不符。我在书里已经指出，重叠表示周遍意义的不是名词而是量词，量词重叠包括动量词，而动量词重叠也表示周遍义，如"次次、遍遍"。凡是可以重叠表周遍的名词都有量词用法，如"四人套餐""三天用量"里的"人""天"（沈家煊，2016）。按照形式语义学的"语义类型"划分，汉语名词的语义类型是个体<e>，而量词的语义类型是具有述谓性的<e, <e, t>>（Chierchia，1998；黄师哲，2022），两种语义类型不可混淆。说到重叠，重要的事实恰恰是，名词跟动词、形容词一样可以通过重叠变为"状态描摹词"，从而支持名动包含说。状态描摹词带有"量"的含义（朱德熙，1956），因此把"个、只"等称作"量词"（quantifier）并无不妥，不必改叫"分类词"（classifier）。重叠式是最简单的对言格式，把对言格式视为汉语语法的主干，重叠就是汉语的一种语法形态。

2.2.4 小结

排除种种干扰后，我们在"名词和动词呈包含/对待格局，在共具指称性上实现二者的最大兼容"[①] 这个意义上，说汉语的名词和动词可视为对等项。呼应上面例（4），动词"吃"和名词"饭"是异而同的关系，着眼于同的一面，二者可视为对等项，因此主语和谓语可以视为对等项。

要强调："对等"（equivalence）不等于"等同"（identity）。等同必定对等，但对等不必等同。说名词和动词可视为对等项，这并不否认名动有别。这在沈家煊相关著作（沈家煊，2016）中有明确和详细的说明（特别见第5章）。

名词和动词、主语和谓语可视为对等项，根子在于对话的前提是甲乙双方为"异而同"的对待关系：只有同没有异，无须对话；只有异没有同，无从对话。而甲乙之间的对立关系并不保证有交集。

2.3 辩论之大忌——乞求命题

有人批评名动包含说，立论"汉语这样的孤立语只能从句法分布特征集角度区分词类"，所以不可能得出名动包含的结论。其实我在书中论证名动包含的主要部分（沈家煊，2016：83-92），所依据的就是句法分布特征集。批评者看似无的放矢，实为"乞求命题"（begging the question），此为辩论之大忌。乞求命题是指在辩论中回避正在争论的实质性问题，先认定自己的命题为真，他的命题因此是"乞得"的。现在双方争论的实质性问题不在是否应该以分布特征集为唯一依据，而在甲方认为汉语基本跟英语一样，名词、动词的分布是对立分布，而乙方认为汉语跟英语不一样，名词、动词的分布是对待分布（也叫扭曲分布、偏侧分布、异而同分布）。

---

① 名动分立格局不可能形成二者的最大兼容，因为名动兼类词只能是少数。

表 1　对立分布和对待分布

甲方　对立分布	乙方　对待分布
名词做主宾语,动词做谓语。	名词做主宾语,动词做谓语也做主宾语。
形容词修饰名词,副词修饰动词。	副词修饰动词,形容词修饰名词也修饰动词。
没否定名词,不否定动词。	不否定动词,没否定名词也否定动词。
和连接名词,并连接动词。	并连接动词,和连接名词也连接动词。
什么指代名词,怎么样指代动词。	怎么样指代动词,什么指代名词也指代动词。
名词受数量词修饰,动词不受数量词修饰。	名词受数量词修饰,动词也受数量词修饰。

　　这里有六个名词、动词共享的分布特征支持名动包含说,要知道赵元任
(1968:293)仅根据两个共享分布特征(可以受"不"或"没"修饰,可以
做谓语或谓语中心)就把汉语的形容词归为动词的一个次类。注意赵元任说
的是,包括形容词(子集)在内的动词(全集)可称作谓词,不是把形容词
和动词的并集称作谓词,两种格局不可混淆。

　　可以进一步讨论和争论的问题是:考察分布特征的时候是否应该分清主
次,仅依靠分布划类是否也有局限性,依据分布的时候是否要考虑语法体系的
简明性,是否要遵守"结构的平行性原则"等。类似这样的讨论和批评将有
利于研究的深入和进步,我们欢迎。① 然而现在甲方回避正在争论的实质性问
题,先暗示乙方不以分布为依据,他才是以分布为依据,那就等于先认定他的
命题"名动分立"为真,然而他这个命题是"乞得"的。还有人拿统计数字
来说事,说动词做主宾语的比例不高,不足以支持"名动包含"。统计者在统
计之前已经先认定做主宾语的动词不具名性,如果不持这个成见,动词无非是
抽象名词,抽象名词作主宾语的比例不高是很自然的。

---

① 理查德·拉森(Larson, 2009)仅根据词在"的"字前后的分布,认为汉语的名词是"大
名词",包含动词和形容词。为什么拉森可以这么做、敢于这么做?因为名动形三类在
"的"字前后的分布呈现平行性,这在伊朗的一些语言中有镜像性的存在,还有,这么做
可以使语法更加简明,详见沈家煊(2016:112-116)的介绍。拉森是把分布原则跟"结
构的平行性原则"(朱德熙, 1985:31;沈家煊, 2016:199-210;沈家煊, 2017a)和
"简明原则"(朱德熙, 1985:72-73, 77-78;沈家煊, 2016:4-8;沈家煊, 2017b)结合
起来考虑的。划分词类的目的是方便讲语法,那就必须考虑结构的平行现象和语法体系的
简明,分布条件的选择因此要考虑这两个因素,要挑主要的,并非多多益善(不然的话,
没有两个词的分布会完全相同)。这就是拉森的高明之处,也是为什么拉森能成为拉森
[生成语法有以他的名字命名的"拉森壳"(Larson's Shell)理论]而为其他人所不及的
原因。

2.4 动态分布观

跟本文的主题相关，就分布而言，还需要了解分布理论的新进展新认识：动态分布观。Sperber 和 Wilson（1986）的洞见是，语言不仅在语境中被使用，而且在使用中制造语境。这也是"互动语言学"的核心观点，要在对话互动中考察语词的分布，语言不仅通过互文来"明"义，而且通过互文来"生"义（"见"字有明义、生义两种意思）。举个最简单的例子，"老骥"，"老"的意义要依靠语境"＿骥"明了，而说出"老"就制造了理解"骥"的语境"老＿"。这个"互为语境"的思想，在分布分析法的创始者哈里斯（Zellig Harris）从事语篇分析的时候已见端倪，沈家煊（2022a）用哈里斯的语篇分析法来分析汉语，得出汉语的主语和谓语可视为对等项的结论。动态分布着眼于新的意义是如何在对话和互动中涌现（emerging）的，我们可以解释新意义的来源，但无法完全预测将产生什么样的新意义。

抛开乞得命题不说，抱持原来的分布观徘徊不前也不利于研究的进步和认识的加深。

3. 阐释语言 0-2 逻辑

上面从汉语出发，阐明语言的主语和谓语、命题的主词和谓词可视为对等项。这对于从 0-1 命题逻辑上升到 0-2 对言逻辑来说是基础性的一步，所以花了不少篇幅来说明。现在进入本文的主体部分。

我们把"二元倚变"和"二元共享"视为语言 0-2 逻辑的两个要素。二元倚变体现语言运作的平行性，二元共享体现语言运作的动态性。关于语言的平行运作和动态运作，参看沈家煊（2020）一文。在开始之前，先要重提逻辑要素的对言表达。沈家煊（2019：100-104）通过汉语和英语的对比指出，逻辑（指命题逻辑）的要素（包括 ALL，SOME，NOT，AND，OR，IF...THEN... 等）在汉语里通常是用语对 x-y 的形式表达的，主要有成对关联词、正反问、重叠式、四字格、兼语式等。逻辑是思维规律，言为心声，连逻辑命题诸要素的表达都采用对言形式，这表明汉语确实以对言格式为本，而不是以主谓结构为本。随着研究的深入，我们对 ALL（全称量词）和 SOME（存在量词）这两个要素（为逻辑语义学特别是一阶谓词逻辑最关注的要素）的对言表达有了更深的认识，可以从这里出发来阐释 0-2 逻辑的两个要素。

3.1　二元倚变

二元倚变逻辑可解释为：x 和 y 代表论元，每一个 x 有一个配对的 y，二者互依共变，组成的 x-y 对是一个统合体（unity）；在配对和互依共变的意义上 x 和 y 可视为对等项。

3.1.1　全称量表达的二元倚变

黄师哲（Huang，1995，1996）首先指出，20 多年后又重申并深入阐发（黄师哲，2022），汉语全称量的表达是"二元双标"，要采用高于一阶逻辑的高阶逻辑才能刻画。

（5）每个学生 *（都）来了。

（6）每个学生唱了一首歌/ * 这首歌。

（7）每个孩子有 *（自己的）梦想。

三句都是搭配格式，"每"必须跟"都"搭配，跟"一"搭配，跟"自己"搭配,[①] 这种搭配关系在数理逻辑里叫函数关系。黄师哲把这种搭配关系概括为一个元语言的"每……都……"搭配式，指"每一个 x 有一个相匹配的 y"，x 和 y 都是变量，是双变量倚变而不是单变量单变，需要在逻辑式中引入斯科林（Skolem）函项来满足这种双元倚变关系。看英语的 every 句，没有汉语那样的搭配项：

（8）Every student laughed.

For all x, P（x）$\rightarrow Q$（x）

对于所有的 x 来说，如果 x 是 student，那么 x 是 laughed。

这是单变量逻辑式，只有一个变量 x。汉语全称量化的逻辑式需要双变量

---

① 不是说"都"不可以单用表全称量，而是说跟英语 every 比较，"每"须与"都"搭配。黄师哲（2022）说，"一首歌"是无定 NP，而无定成分都是以"一"为首，我们同意此说法。

P（x）和 Q（y），通过斯科林函项可使两个变量形成搭配关系：

（9）每个学生都大笑。

For all x，P（x）$\rightarrow Q$（x，f（x）），f 是斯科林函项：$x \rightarrow y$。

对于所有的 x 来说，如果 x 是学生，那么 x 是斯科林函项 f。

斯科林函项 f 是一个"从 x 到 y"的函项，义指"x 的值决定 y 的值"或"y 的值取决于 x 的值"（与黄的通讯）。"每"和"都"的匹配关系由斯科林函项完成，斯科林函项运作时必须有另一个变量 y 以用于操作。

黄师哲的识见有重要意义。"每 A 都 B"式，有人坚持"每"是全称量词，"都"只表加合，有人坚持"都"是全称量词，"每"只表分配，两种观点争执不下，各有各的理由。① 我们认为，既然"每……都……"搭配式是一个统合体，互文见义，那就不必执着于其中哪个字是全称量词，干脆说这个搭配的"字对"是全称量词。

关于例（7），黄师哲认为反身代词"自己"与先行词"个孩子"同指，这种情形下斯科林函项就是一个恒等函项（identity function）。可以发现，例（7）也可以说成"每一个孩子有每一个孩子的梦想"，例（6）中与"一"搭配的"每"也可说成"每一"，甚至可以不要"每"将例（9）说成"一个学生一大笑""一人一大笑"，"一"与"一"搭配，照样能表达全量意义。"一天有一天的事情"就是"每天都有事情"，"做一天和尚撞一天钟"就是"做和尚每天都敲钟"，"我有一件交代一件"就是"每一件我都交代"。还有例（5）也可以说成"学生们一一都来了"，"一一"为重叠式字对。"三个女人一台戏"也是每一"三个女人"与每一台戏匹配。"我好比一范蠡，你好比一西施"（苏州评弹《三笑·梅亭相会》），加"一……一……"就是为强调"你""我"匹配。这样看来，一个更抽象、涵盖面更广的表示搭配关系的元语言表达式是"一……一……"这个同形搭配式，它还彰显双变量的对等性。同形搭配式在汉语里也多种多样［见例（10）］，而"一……一……"式是最简单的。关于"一……一……"搭配式及其变式在汉语中的广泛性和重要性

---

① 黄师哲（2022）坚持"每"是全称量词，但提到有人坚持"都"是全称量词（有不用"每"只用"都"的句子）。

我们将另做阐释。

英语中的"驴子句"（以"Every farmer who owns a donkey beats it"为代表）表达全量意义，因为代词 it 的所指有特殊性①而引起语法学家的特别关注。汉语式的"驴子句"表达形式十分丰富，广泛采用各种同形搭配式（沈家煊，2019：198-200），例如：

> （10）谁有驴谁打驴。（每个有驴的人都打驴。）
>
> 人见人爱。（每人见了都爱。人人都爱。）
>
> 随处清波随处桥。（每一处有清波的地方都有桥。处处有桥。）
>
> 有钱出钱有力出力。（每个有钱有力的人都出钱出力。）

驴子句也可以采用"一……一……"搭配式，如将"见谁爱谁"说成"见一爱一"，将"随处清波随处桥"说成"一处清波一座桥"。

3.1.2　二元倚变的普遍性

黄师哲的诸篇论文指出，"二元双标"不仅是汉语表达逻辑要素 ALL 的通常方式，而且是一种普遍的表达方式，还见于"又 A 又 B""无论 A 都/也 B""如果 A 就 B"等复句形式，还有吕叔湘（1982：367）早就把"越 A 越 B"定性为"倚变"式。黄师哲（2022）经过统计得出结论，二元双标是汉语复句的基本规律，成对的两个关联词要么都用，要么都不用，一个用一个不用的情况是少数，而英语类似的表达单用一个是常态（甚至两个都用反而不合语法，如 because "因为" 和 therefore "所以" 只能用一个，if "如果" 和 then "那么" 一般也只用一个）。沈家煊（2019：100-105）论述逻辑要素的对言表达时几乎覆盖全部逻辑要素，而且将对言表达在汉语里的普遍性做了更全面的描述，不仅包括成对关联词，还包括双音复合词，"你来我往"之类的四言格，重叠式和重复式，骈体文和格律诗等。如果以"一……一……"式为二元倚变和二元双标的代表，可以发现它可以表达多种多样的意义（吕叔湘，2002）。二元搭配互文生义，涌现的意义描述不尽，而且经常是交叠的，如"一人一个主意"既表各不相同也带 ALL 义。

---

① 代词 it 不是复指 a donkey，而是复指每个农夫拥有的自己的驴，这是典型的互文见义，二元倚变。

3.1.3　缩放型的对称格式

沈家煊（2019）将广泛多样、出现在各个层次上的二元倚变的表达形式视为汉语语法的结构性特点，称为"缩放型的对称格式"。最典型的例子是：

（11）　　　　　　　　　　来—往

你来—我往

为利而来—为利而往

天下熙熙，皆为利来—天下攘攘，皆为利往

天下熙熙皆为利来，君子富好行其德—天下攘攘皆为利往，小人富以适其力

这是对称结构的"同构放大"，从字对"来往"开始就是二元倚变，互文见义，在元语言"一……—……"搭配式的涵盖范围内，如"一来一往""一为利来，一为利往"等。注意，"你来我往"，"你我"为"来往"二元倚变的双标，"来往"为"你我"二元倚变的双标，"你我"和"来往"互为双标，这是最典型的互文，需要平行处理。

还要注意的是，非并列关系的"老骥""伏枥"等也是互文字对，是广义的互文见义。"老"的字义取决于后字，比较"老骥"和"老笋"；"骥"的字义取决于前字，比较"老骥"和"白骥（有的地方指白鲤）"，可见老为骥之老，骥为老之骥。按照"自然序"，"老骥伏枥"可回文说成"骥老枥伏""伏枥老骥"，所以"老骥""伏枥""老骥伏枥"都是互文的字对，见上 1.2 节。

3.2　二元共享

0-2 逻辑的要素既有二元倚变也有二元共享。二元共享逻辑可解释为：xy 和 yz 代表论元，前后系连，此二元共享一个成分 y，它兼为前论元的后项和后论元的前项。在系连和共享的意义上 x、y、z 可视为对等项。二元共享的结构特征是双重分叉（double branching），说明如下。

3.2.1　部分量表达的二元共享

关于逻辑要素 SOME（存在量词），赵元任（1955）指出，英语"Some men tell the truth"一句在汉语中的正常表达方式是"有人说真话"这种兼语式（"人"兼为"有"的宾语和"说"的主语），这种表达方式是"汉语造句法的精神"（in complete consonance with Chinese way of construction）。

吕叔湘（1979：84）曾指出，兼语式的问题在于无法用直接成分的二分法来分析。如何在逻辑上刻画兼语式也就成为一个有待解决的问题。这里介绍宋柔（2022）的方案。该方案从汉语的实际出发提出"话头话身套接共享"这一概念（"话头"是广义的话题）。这个概念可以覆盖逻辑语义上的套接现象，也就是兼语现象。例如：

（12）王老师生病了，［1］

　　　今天李老师来上语文课，［2］

　　　同学们觉得很新鲜。［3］

这个句群中［1］是话头，［2］是话身（广义的说明），［2］又成为［3］的话头，也就是［2］兼为话头话身，是前后小句的共享成分。如果考察逻辑语义上的因果关系，［1］是因，［2］是果，［2］又是因，［3］是果，也就是［2］兼为因和果。

宋柔论述，这种套接结构有如几何学论证的"双父共享结构"，其树形结构图不是单向的左分叉或右分叉，而是双向分叉的对称结构。具体说，几何的双父共享结构至少有两个论元，每个论元是一个逻辑语义结构，相邻的论元是接续关系，而且前论元的后项就是后论元的前项。例如等腰三角形底角相等可以这样证明：

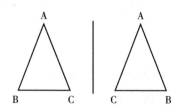

图3　等腰三角形底角相等

设△ABC中，$AB=AC$，求证∠$ABC=$∠ACB。

证明：考虑△ABC和它的对称图形△ACB，

因为$AB=AC$，$AC=AB$，$BC=CB$，［1］

所以△$ABC \cong$△ACB，［2］

所以∠$ABC=$∠ACB。［3］

证毕。

其中［2］是共享论元。可见三个论元［1］［2］［3］的关系并非如下所示树形结构 a 或 b，而是有共享论元［2］的多父结构 c，其树形结构为双重分叉（形象的名称是"丫叉结构"）。

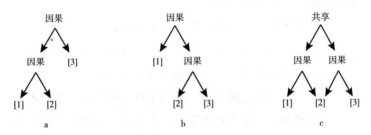

图 4　几何证明中的逻辑语义关系

多父结构 c 的逻辑语义关系的线性表达式为：（共享（因果［1］［2］）（因果［2］［3］））。简写为：（共享因果［1］［2］［3］）。这就为兼语式的逻辑刻画提供了可行方案，兼语式也是两个论元共享一个论元［2］，由两个语对［1］—［2］和［2］—［3］系连而成，树形结构为双重分叉。

3.2.2　二元共享的普遍性

后来叫作兼语式的，王力（1984：133-144）最初称为递系式，王力先生的定义范围很广，递系项（兼语成分）不限于名词，还包括动词和其他词类。后来受印欧语动词中心主义的影响，递系项只限于名词，如下面 a 里的"一个绝色的丫头"，然而按照递系式的定义，b 里的"买一个绝色的丫头"也是递系项。

（13）a. 我买一个绝色的<u>丫头</u>谢你。

　　　b. 我<u>买一个绝色的丫头</u>谢你。

可以发现，a 和 b 都来自对话：

（14）a.　甲　我买一个绝色的丫头。　b.　甲　我买一个绝色的丫头。

　　　　　乙　一个绝色的丫头？　　　　　乙　买一个绝色的丫头？

　　　　　甲　谢你呀。　　　　　　　　　甲　谢你呀。

沈家煊（2021c）说明，这种三联式对话是对话的常见形式，在结构上由两个邻接的话轮对（adjacency pair）套接而成。下面一句，至少有 10 个成分可以被分析为递系项（限于篇幅不全列出），都可以从对话中找到来源：

（15）老爷买一个绝色的丫头回报舅爷。

  a. 老爷买，买一个绝色的丫头回报舅爷。

  b. 老爷买一个，一个绝色的丫头回报舅爷。

  c. 老爷买一个，买一个绝色的丫头回报舅爷。

  d. 老爷买一个绝色的，买一个绝色的丫头回报舅爷。

  e. 老爷买一个绝色的丫头，买一个绝色的丫头回报舅爷。

  f. 老爷买一个绝色的丫头回报，买一个绝色的丫头回报舅爷。

  g. 老爷买一个绝色的，绝色的丫头回报舅爷。

  h. 老爷买一个绝色的丫头，绝色的丫头回报舅爷。

  i. 老爷买一个绝色的丫头回报，绝色的丫头回报舅爷。

  j. 老爷买一个绝色的丫头，一个绝色的丫头回报舅爷。

过去所说的狭义兼语式 j 只是其中的一种而已，a 到 j 在逻辑上都要用二元共享来刻画。如果二元共享的丫叉结构只适用于 j 句，与其余各句无关，那如何谈得上递系法是"汉语造句法的精神"呢？王力先生定义的广义递系式才是紧扣汉语造句法的精神。造成过去那种狭隘观念的原因，简而言之，是名动异质对立的成见，概言之，是只认下面例句（16）中 a 里的"狗"（名词）为递系项不认 b 里的"怕"（动词）为递系项，然而从对话看，这个成见应该放弃。

（16）a. 怕狗咬。   b. 我怕狗。

$$\begin{bmatrix} 甲 & 怕狗。\\ 乙 & 狗？ \end{bmatrix}$$
$$\begin{bmatrix} 甲 & 狗咬。 \end{bmatrix}$$

$$\begin{bmatrix} 甲 & 我怕。\\ 乙 & 怕？ \end{bmatrix}$$
$$\begin{bmatrix} 甲 & 怕狗。 \end{bmatrix}$$

3.2.3　平接型的链对格式

上面例（16）那个句子因此可以被析作 6 个语对的平铺套接，沈家煊

（2019）把这种结构称为"平接型的链对格式"。前面讲的"缩放型的对称格式"是同构放大，这里是同构延伸：

> （17）老爷者，买也；买者，一个也；一个者，绝色者也；绝色者，丫头也；丫头者，回报也；回报者，舅爷也。[①]

这种造句法，启功先生称为"上罩下下承上"之法，认知语言学家称为"连续开视窗"之法，形式语义学家称为"动态语义学"，其结构树是一棵处于不断生长中的树。还有生成语法的新进展，有人在乔姆斯基"合并"（merge）说的基础上从逻辑的必然角度提出"平行合并说"，在合并操作中确立一个共享成分平面，用来处理兼语句和"驴子句"等句式（以兼语式"买一份报看"为例，"一份报"处在共享成分平面上，它与"买"的合并跟它与"看"的合并是并行的）。这些见解沈家煊（2019，2020）都有介绍，不再重复。注意，我们不是否认结构可分层次，而是强调不能排除平铺套接的分析，而且从对话的立场看平铺套接比层次更为基本。

3.3 "二元倚变"和"二元共享"的关联和交织

3.3.1 倚变和共享的关联

二元共享和二元倚变是互相关联的。以《孔雀东南飞》里的一个丫叉句为例：

> （18）君当作磐石，妾当作蒲苇；蒲苇纫如丝，磐石无转移。

前两句"磐石"在前"蒲苇"在后，后两句呼应前两句，却先提"蒲苇"再提"磐石"，应承次序与起呼次序恰好相反。其结构可以简化为：

> （19）磐石　蒲苇　蒲苇　磐石
>
> 　　　磐石　蒲苇　磐石

[①] 过去还把例（17）看作一种修辞格"顶真"的表现，这种看法是狭隘的，现在明白，汉语的语法结构普遍具有"顶真性"（沈家煊，2020）。

其中"蒲苇"为共享成分（可以同形合并），这显然属于二元共享结构。例（18）如果改说成：

（20）君当作磐石，妾当作蒲苇；磐石无转移，蒲苇纫如丝。

这在诗文里更常见，那就成为典型的二元倚变结构了，"磐石"如何变，"蒲苇"跟着如何变。同类例子还有：

（21）吉日兮辰良，穆将愉兮上皇。（《楚辞·九歌·东皇太一》）
（22）迅雷风烈必变。（《论语·乡党》）

上一例"吉日辰良"，"辰"字近承"日"字，"良"字遥应"吉"字，形成丫叉式，改说成"吉日良辰"就成为倚变式。下一例"迅雷风烈"，"风"字近承"雷"字，"烈"字遥应"迅"字，形成丫叉式，改说成"迅雷烈风"就成为倚变式。

（23）师行而粮食，饥者弗食。（《孟子·梁惠王》）

"师行粮食"是二元倚变式，如改说成"师行食粮"就可视为二元共享式（共享论元是一个集合<行、食>）。

上面提到"驴子句"在汉语的表达形式多种多样，沈家煊（2020：245）从语序上将其概括为以下四种：

（24）abcb　有什么吃什么。
　　　abac　谁有钱谁买单。
　　　abbc　轮到谁谁请客。
　　　abca　哪里苦去哪里。

不难发现，前两种属于二元倚变式，后两种属于二元共享式（abca 是 abbc 的镜像），差别只在语序。汉语的语序是"自然序"，所以"哪里苦去哪里"也可说成"哪里苦哪里去"，"轮到谁谁请客"也可说成"谁轮到谁请客"。注意后两句也带有逻辑要素 ALL 义，可见二元共享式不仅用来表达部分量，也能用来表达全称量。

汉语中"因"与"故"二字既可表原因也可表结果的现象，看似令人费解：

（25）贾母<u>因</u>见月至中天，比先越发精彩可爱，<u>因</u>说："如今好月，不可不闻笛。"（《红楼梦》第 76 回）

（26）为难<u>故</u>，<u>故</u>欲立长君。（《左传·文公六年》）

黄师哲（2022）认为例（25）"因……因……"是一个形式上类似"也 A 也 B""又 A 又 B"的二元倚变结构。那么例（26）在形式上就是一个类似"轮到谁谁请客"（abbc）的二元共享结构。① 很容易从中看出两种结构的联系：从宋柔分析例（12）的因果关系看，例（25）"因"（后一个）可以表果，例（26）"故"（前一个）可以表因，都因为充当共享成分的论元可以兼为果和因，因果一体。

深入观察还可以发现，"同形双标"是沟通二元共享和二元倚变的中介，试比较：

（27）　二元倚变　　　二元共享
盯上<u>谁</u>都倒霉　　盯上<u>谁谁</u>倒霉
盼<u>什么</u>都不来　　盼<u>什么什么</u>不来
到<u>哪儿</u>都下雨　　到<u>哪儿哪儿</u>下雨

左列是疑问代词和"都"搭配，属二元倚变式，右列是疑问代词的重复，属二元共享式，然而左右的差别其实就在于双标是否同形，因此不妨把二元共享也看作一种二元倚变，是双标邻接且同形的二元倚变。最简单的同形双标仍然是"一……一……"：

---

① 前一"故"表原因，后一"故"表结果，同形合并有两种方式：（1）为难故，欲立长君；（2）为难，故欲立长君。

（28）一升一降一升一降（二元倚变）　一升一降一降一升（二元共享）

　　　一掰一丢一掰一丢（二元倚变）　一掰一丢一丢一掰（二元共享）

　　前面建议把"一……一……"式作为二元倚变的元语言表达式，这里建议把"一……一……一……"式作为二元共享的元语言表达式：

（29）一步一思一沉吟。（苏州弹词开篇《寇宫人》）

　　　一上一下一反弹。

　　　一等二靠三落空。

　　　越急越没话越要哭。

　　　又恨又怕又无奈。

　　　家日损身日危名日辱。（《墨子·所染》）

　　二元共享式实际就是两个二元倚变式的链接。这就讲到倚变和共享的交织了。

3.3.2　倚变和共享的交织

　　钱锺书（2001：131）在《管锥编》里论及上面例（18）、例（21）、例（22）这样的二元共享结构，说古希腊谈艺称为"丫叉句法"（chiasmus），有回环相映、错综流动之美，体现中西相通的"诗心文心"。有人认为应该把丫叉句法定为一个独立的修辞格（杭起义，2021），这看似提升了丫叉句法的地位，实际却降低了丫叉句法的地位，因为中西相通的丫叉句法是语言 0-2 逻辑普遍性的反映。沈家煊（2020）把二元倚变和二元共享的交织称为"缩放型对称格式"和"平接型链对格式"的经纬交织，并且认为这是汉语造句法之精神的全部。这样来看的话，"丫叉句法"的"句法"就应该按照现在的 syntax 来理解。

　　以"老骥伏枥，志在千里，烈士暮年，壮心不已"为例，看二元倚变和二元共享如何交织。

（30）　　　　　老骥伏枥志在千里　烈士暮年壮心不已

　　　　　　　老骥伏枥　　壮心不已

　　　　　　　　老骥　　壮心

　　　　　　　　　老　壮

这是二元倚变，纵向缩放。左右互文，不仅"烈士暮年壮心不已"要参照"老骥伏枥志在千里"来理解，"老骥伏枥志在千里"也要参照"烈士暮年壮心不已"来理解，不然"老骥志在"就讲不通。这个对言是比喻，不错，"比喻"就是比对说明，就是对言，语言根本带有诗性，"暮年"也是比喻。"比喻不在，生命不存"（Lakoff & Johnson，1980）也就是"对言不在，生命不存"（沈家煊，2019：206-209）。

（31）老者，骥也。（老骥）

老者，骥也；骥者，伏也；伏者，枥也。（老骥伏枥）

老骥者，伏枥也；伏枥者，志在也；志在者，千里也。（老骥伏枥志在千里）

老骥伏枥者，志在千里也；志在千里者，烈士暮年也；烈士暮年者，壮心不已也。（老骥伏枥志在千里烈士暮年壮心不已）

这是二元共享，横向延伸。典型的延伸方式是"起承转合"："老—骥—伏—枥"是起承转合，"老骥—伏枥—志在—千里"是起承转合，"老骥伏枥—志在千里—烈士暮年—壮心不已"还是起承转合。每个起承转合都包含三个链接对，都为二元共享关系。重要的是，横向延伸和纵向放大是交织的，对中有续，续中有对，不能分割。这个交织的"对言格式"可以通过加衬字、单双音弹性变换、断连适变等手段衍生出各种文本（沈家煊，2022b），尽管有种种变化，但它是汉语组织的根本构架，变化是寓于整齐之中的。

从索绪尔区分的组合关系和聚合关系看，"人来车往"，"人—来""车—往"是组合关系，"人—车""来—往"是聚合关系；"老骥伏枥—志在千里"是组合关系，"老骥伏枥—烈士暮年"是聚合关系。交织的对言格式是把聚合关系添加到组合关系的线性轴上。汉语的0-2逻辑给我们的重要启示是：语言互文见义，组合关系和聚合关系是交织的，可以分析不能拆分。

4. 英语跟汉语对比

黄师哲的诸文在指出汉语全称量表达采用"二元双标"的同时，还认为全称量化双变量规律在英语中也有所表现，进而提出一个有待研究的问题：通过汉英对比是否可以更清楚准确地勾画出普遍语法（UG）里全称量化结构的性质？黄的回答是肯定的，而且进一步指出，自然语言的普通语法研究（不限于量化研究）需要引进高阶逻辑，这将有助于我们对普遍语法做出更完善的模拟。这个识见非同一般，我们赞同。为此需要做更深入的英汉对比研究。我们已经阐明，汉语的组织运行普遍依靠 0-2 逻辑，二元倚变和二元共享的交织是汉语造句法的精神。现在我们可以拿汉语作为参照系来观察英语，拿英语跟汉语对比，不是拿汉语跟英语对比。①

4.1　从汉语看英语

英语也有二元倚变句和二元共享句。

（32）One world, one dream.（奥运会口号：同一个世界，同一个梦想。）

（33）It was the best of times, it was the worst of times.（狄更斯名言：一个最美好的时代，一个最糟糕的时代。）

（34）For every drop of rain that falls, there is a flower that grows.（一滴雨露一朵鲜花。）

这是二元倚变句，前两句是同形双标（one... one... 和 it was... it was...），第三句为英语表达全称量的一种句式，双标"every... a..."不同形。三句翻译成汉语都可以用"一……一……"式。黄师哲（2022）提到，Boolos（1981）从数理逻辑的角度证明，例（34）这个特定句式，需要借助分枝量词逻辑（branching quantifier theory），它跟斯科林函项一样，都已超出一阶谓词逻辑的描写能力，属于高阶逻辑的处理方法（见图5）。②

在 0-2 逻辑里，全称量和存在量也不是二分对立，而是"异而同"的对待关系。"有一滴雨露"和"有一朵鲜花"各表存在，每一滴雨露都和一朵鲜花匹配，那就是表全量了。"有人说真话"（存在量）为真，"人人说真话"不

---

① 赵元任（1975）指出，逻辑要素 AND 在汉语的表达通常是两个词语的并置，不像英语间插 and，例如"老爷太太不在家""不许打人骂人"。如果间插"和、跟"等字，往往有偏义。"英语和汉语对比"是拿汉语做参照系。

② 蒋严、潘海华（1998：176-182）对分枝量词逻辑有介绍。

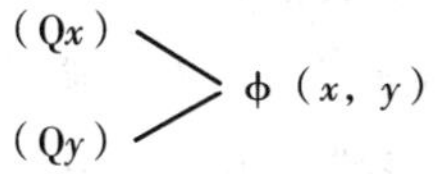

$$(Qx) \atop (Qy) \quad {\Large \rangle} \quad \phi\,(x,\,y)$$

图 5　分枝量词逻辑

一定为真，但后者为真则前者一定为真。全量是以存在量为前提的，全量是一种特殊的存在量。①

 （35）There's something（that）keeps upsetting him.

   （有件事情令他烦闷不止。）

 （36）There's a man lives in China.　（有个人住在中国。）

 （37）Life sublime in moral beauty,　（快乐生活，在德之美，

   Beauty that shall never be,　 德之美者，遥不可及，

   Ever be to lure three onward,　不可及者，诱你前行，

   Onward to the fountain free.　前行行达，自由芳汀。）

  这是英语的二元共享句，类似汉语的兼语句。例（37）原是一首法国民间诗歌，笔者按英译译成汉语。

  二元倚变句和二元共享句在英语里范围都很窄，例（32）是口号，例（33）是名言警句，例（34）不是英语表达全称量的通常句式。例（35）、例（36）是存在句，超出口语和存在句的范围就不能这么说（Quirk et al.，1973：958），例如不能说" * I know a man lives in China"（我认识一个人住在中国）。例（37）是诗歌。总之，这两种句式在英语里要么在句法上范围很窄，属于特殊句式，要么属于修辞法或语用法的领域，不在句法讨论的范围内。我们提出两个问题。一，为什么英语和汉语有共同之处？二，为什么英语和汉语大有不同？

4.2　为什么英语和汉语有共同之处？

  二元倚变句和二元共享句之所以是中西相通的"诗心文心"，是因为语言

---

 ① 说全称量词具有内在的合取关系（conjunction），相当逻辑要素 AND，存在量词具有内在的析取关系（disjunction），相当逻辑要素 OR，这种说法不够确切，析取关系或 OR 分相容和不相容两种情形，存在量词只是对应不相容的情形，相容的析取关系包括合取关系。

从一开始就以对话的形式存在，语言起源于诗性的表达，传情达意一体不二。例如劳动号子"杭育"对"杭育"，男女对唱"种下一粒籽"对"发了一颗芽"，"捏一个你"对"捏一个我"。语言后来不管怎么演变，变成哪种类型的语言，总还保留其诞生的"胎记"，本性不改。中国的对言式洋泾浜英语，如"people mountain people sea"（人山人海），"no zuo no die"（不作不死）等，西人也能会心理解。关于这方面的论述，可参看 Jespersen（1922）和 Jacobson（1960）。

4.3　为什么英语和汉语大有不同？

我们主要关注的是这个问题。问题的解答最终要追溯到 2.2 节名词和动词的两种关系格局。先从汉语和英语的一对句子说起。

4.3.1　事件论元的允准

> （38）*每个学生都大笑。*
>
> Every student laughed.

这一对表全称量的句子，黄师哲认为都可以视为双变量句，汉语是二元双标，"每"字为变量 x 的标志，"都"字为变量 y 的标志。英语用 every 做变量 x 的标志，变量 y 作为一个"事件论元"是由动词的时态标志（这里是过去时后缀"-ed"）允准的。沈家煊（2015）实际上也把汉语"都"字右边的"大笑"视为"都"管辖的事件论元。标志不一定强制使用，而允准条件是强制性的。如果这个思路是可行的，需要进一步回答一个问题。黄师哲（2022）承认，时态没有"都"的加合意义，"都"也不具备时态意义，加合和时态不可相提并论。有人说，汉语虽然没有时态，但是有体（aspect），也跟事件有关，是不是由"了着过"等体标记来允准事件论元？黄师哲回答不是。因为体所反映的是事件内在的性质，是事件的一部分，事件论元不可能靠事件本身来允准。"每个学生都大笑"一句没有"了着过"照样成立，三字的使用不带强制性（吕叔湘，1979：92），但是这里的"都"不能拿掉。我们同意黄师哲的看法。那么需要进一步回答的问题是：既然表达事件的动词必定与时间有关，为什么汉语可以用一个与时间无关的"都"作为事件论元的标志？大概正是出于这个疑问，袁毓林（2005）不赞同把"都"跟英语时态的功能混为一谈。

有一个可能的解释是句法上的解释：“都”是副词，修饰动词，因此可以用作事件论元的标志。我们认为这个解释仍然不能成立，在汉语里虽然修饰动词是副词的主要功能，但是副词并不排斥修饰名词，“都”也不例外，例如：

（39）他们都上海人，上海人都小心眼。

他们都大学生研究生的，我才是个初中生。

他们都黄头发/高学历。

他们看上去都一副武相/蠢货一个。

他们每人检测都阴性。

都八点了，还不起床！

副词不排斥修饰名词，这符合赵元任（1968：53-57）“汉语谓语的类型不受限制”这一论断，汉语的事实是，谓语虽然通常由动词充当但是并不排斥名词。

为了维护上面的解释，有人说汉语看似名词可做谓语，其实是在前头省略了一个动词“是”，凡是名词谓语句都可以加上“是”，因此不是真的名词做谓语。这个辩解看似有理但仍然不成立，因为汉语的动词谓语前也都可以加上“是”字，例如：“我（是）吃了三碗”，“他（是）去过西藏”，“墙上（是）挂着一幅画”。如果上面那个辩解可以成立，那么不加“是”的动词谓语句也不是真的动词做谓语了，这在名动分立的理论框架内是无法被接受的。[①]

还是有人辩解，说名词谓语前加的“是”是判断动词，而动词谓语前加的“是”是起强调作用的语气副词。这个辩解仍然不成立。没有独立的证据证明一个“是”是判断动词一个“是”是语气副词，相反，倒是可以根据“结构的平行性原则”证明动词谓语前加的“是”也是动词，同样起加强判断的作用（朱德熙，1985：31；沈家煊，2017a）。总之，句法上的解释都不成立，我们提出的问题依然存在：为什么汉语可以用无涉时间的“都”作为事件论元的标志？

4.3.2 叶斯帕森的分析

关于 Jespersen（1924：277-281）对英语时态的分析，沈家煊（2016：

---

① 然而这正好成为支持“名动包含说”的证据，我们可以在 2.3 节列出的六个名动共享分布特征上再增加一个。

239～245）有详细说明，这对我们回答上述问题有很大启示。

（40）a. He is hunting.（他是在打猎。）

b. He has killed a deer.（他有捕杀一头鹿／他捕杀了一头鹿。）

叶氏认为，a 句的谓词 hunting 可以被分析为一个名词短语①，指打猎事态，句子可释读为"他是（is）处在打猎的事态中"，b 句的谓词 killed a deer 也可以被分析为一个名词短语，指捕杀一头鹿的事情，句子可释读为"他有（has）捕杀一头鹿一事"。这个分析着眼于语义，按现在形式语义学的分析，hunting 和 killed a deer 是句子的"事件论元"。比照两句括号里汉语的表达方式，这个分析很好理解，"在打猎"是做动词"是"的宾语，"捕杀一头鹿"是做动词"有"的宾语，差别只在英语的谓语动词带时态标志。然而重要的是，现在通行的英语语法并不采纳叶氏的分析法，hunting 和 killed a deer 都被定性为动词性成分。这是什么原因呢？

原因在于，形态丰富的印欧语在语法上早已形成名动分立的格局，名词有名词的一套形态标记，动词有动词的一套形态标记，英语这两套标记虽然已经消退和简化，但还是继承了这个分立格局。按照 Vogel（2000），以及 Heine 和 Kuteva（2002）关于词类和语法化的理论，语言本来名动一体，动词也是名词，是事件名词，只有当一种语言的动词有了自身的一套形态标记后它才从名词中独立出来，成为与名词对立的一个词类。英语语法继承名动分立的格局，用名动分立来描述英语并归纳其组织运行的规律更加方便有效，所以除非你是语义学家，否则一般不采纳叶氏的分析法。②

汉语就不同了。按照沈家煊（2016：328－330）和上面 2.2.1 节所述内容，汉语的动词还没有从名词中独立出来，名词和动词还处于包含／对待关系而非对立关系，动词仍是事件名词，其内涵就有名词性，所以可以不用时态标记来允准或标志事件论元。就全称量的表达而言，如上所述，汉语在依靠二元倚变和二元共享的时候没有名词和动词、个体和述谓的异质对立：

---

① 叶氏说是"带介词 on 的 NP"，因为历史上 he is hunting 由 he is on-hunting 演变而来。

② O'Grady（2021）在生成语法"最简方案"的基础上主张，句法上英语也应采纳类似叶氏的分析法，并称之为"自然句法"（natural syntax）。

（41）一人一个主意。（一 N 一 N 倚变　每个人都有主意。）

一步一沉吟。（一 N 一 V 倚变　每一步都带沉吟。）

掰棒子一掰一丢。（一 V 一 V 倚变　每次掰都接着丢。）

一笑一菩提。（一 V 一 N 倚变　每个笑都生菩提。）

（42）盯上谁谁倒霉。（二元共享成分为 N　每个盯上的人都倒霉。）

想怎么治怎么治你。（二元共享成分为 V　每个想到的治法都用。）

4.3.3　不识名词真面目

确立汉语名动包含格局，名和动因而可视为对等项，看上去是重新认识动词的性质，其实主要是重新认识名词的性质。汉语语法学界在摆脱印欧语语法观念的道路上，到朱德熙（1985）已经在重新认识动词的性质上有了重大突破，那就是认识到汉语的动词用作主宾语的时候无须"名词化"或"名物化"，因为几乎所有的动词都可以直接做主宾语，我们只需把动词的这一功用看作动词本身就具备的，假设名词化名物化是多此一举，违背简明原则。遗憾的是朱先生没有来得及确立名动包含格局①，沈家煊（2016：83-88）指出，这是因为当时对汉语名词的性质还缺乏真切的认识。

长期以来汉语语法学界不识汉语名词真面目，而身处"此山外"的形式语义学家柯尔卡（Chierchia）的观点（Chierchia，1998）才使我们豁然开朗。

（43）＊Student laughed. 学生大笑。

＊He flies plane. 他开飞机。

柯尔卡（Chierchia，1998）指出，从语义类型上讲，法语和英语的光杆名词不是个体＜e＞，而是性质函项（predicate function），如 Gold is expensive（黄金很贵）或 He loves gold（他爱黄金）里的 gold，光杆名词因此一般不能直接用作论元（argument），如例（43）两句所示，要经过个语义类型的转换（type shift）变成个体后才能用作论元。注意在柯尔卡的理论中，只有个体才能充当论元（包括事件论元）。柯尔卡眼光敏锐，发现汉语的光杆名词可以直

---

① 当朱先生认识到汉语的名词只能从反面定义的时候（见 2.2.2 节），已经一只脚跨入名动包含格局，就等另一只脚随即进入了，见沈家煊（2009）。

接用作论元，因此其语义类型是个体<e>，做论元无须语义类型的转化。过去我们没有认识到这其实是汉语名词的一大特性。西方的形式语义学家认为个体才是"有指"的，非个体是"无指"（non-referential）的。这样理解的"有指"其范围窄，然而在中国人的心目中，"物莫非指"（公孙龙子《指物论》），在汉语里光杆名词可以指个体也可以指非个体，只要是能做主宾语的就可以视为指称语。可以这样表述：英语光杆名词做指称语受很大限制，只能指称非个体的性质函项，不能指称个体，而汉语光杆名词做指称语不受限制，指称个体无须"类型转换"，我们从这个意义上讲汉语的名词就是指称语（沈家煊，2016：84）。

我们和柯尔卡对"有指"范围的理解有所差别，但是这不重要，重要的是，柯尔卡和我们分别从语义类型和语用类型（pragmatic type）着眼，揭示了汉语的名词和英语的名词有何重大差别，正是这个差别造成对"有指"的理解不同。我们是从语用类型着眼的（沈家煊，2016：124-126）：主语谓语是句法成分类型，指称语述谓语是语用成分类型；汉语名词（包括事件名词）的语用类型就是指称语，无须经过类型转换就能用作主宾语，所以我们说名动包含的实质是"指述包含"，指称语包含述谓语。① 从表 2 可以看出形式语义学［Chierchia（1998）以及黄师哲诸文］和我们（沈家煊，2016）论说英汉之间这一重要差别的平行一致性。

表 2　语义类型和语用类型：英汉差别

	英语	汉语
语义类型说 柯尔卡 （Chierchia，1998）	光杆名词的语义类型为性质函项，非个体，不能直接用作论元。 光杆动词未经时态允准不能用作事件论元，因此其语义类型不是个体。	光杆名词的语义类型为个体，能直接用作论元。 光杆动词无须时态允准就能用作事件论元，因此其语义类型为个体。
语用类型说 沈家煊（2016）	光杆名词不能直接用作主宾语，其语用类型为非指称语。 光杆动词未经时态允准不能用作指称事件的主宾语，因此其语用类型为非指称语。	光杆名词能直接用作主宾语，其语用类型为指称语。 光杆动词无须时态允准就能用作指称事件的主宾语，因此其语用类型为指称语。

---

① 语义学和语用学的区分是人为的，实际界限并不那么清晰。指称性述谓性也属于广义的语义，把"有指"限定为指个体（中国人不会这么去想）就是因为英语的光杆名词直接用作指称语大受限制。

要重新认识汉语的动词，更要重新认识汉语的名词，因为前一认识在朱德熙（1985）那里已经达到，而后一认识我们迟迟没有达到，借助柯尔卡的洞见，一旦达到这一认识，确立汉语名动包含格局就没有障碍了（沈家煊，2009，2016：83-87）①。

总之，认识汉语的名词，包括事件名词在内，其语用类型就是指称语，这就解决了汉语名词的定义问题（内涵问题）和"实词不实"的问题（2.2.2节），解答了为什么汉语的主语和谓语可视为对等项，解答了为什么汉语可以用一个与时间无关的"都"作为事件论元的标志。此外，汉语普遍依靠二元倚变和二元共享来遣词造句的现象也就不难理解了。

5. 结语：语言演化的分叉

语言存在于对话之中，语言 0-2 逻辑是基于对话的两元相关律逻辑。这种逻辑超越主谓结构，消解主语和谓语的异质对立、名词和动词的异质对立，把主语和谓语、名词和动词视为对等项。"两元相关律"有"二元倚变"和"二元共享"两个要素，互依互存。

互依互存的二元倚变和二元共享是汉语造句法的精神所在，汉语的组织是缩放型对称格式和平接型链对格式的交织。以汉语为参照系观察英语，可发现两种语言有共同之处也有重要差别。英语也需要 0-2 逻辑才能覆盖英语的全部事实，这表明语言 0-2 逻辑的普遍性。英语偏重 0-1 逻辑，汉语偏重 0-2 逻辑，合理的解释是语言演化的路径出现分叉：从原始语言名动一体的状态出发，一部分语言转而朝名动对立、主谓结构为主干的方向发展，于是从 0-2 对言逻辑"降阶"为 0-1 命题逻辑（一阶谓词逻辑），是为印欧语；一部分语言则保持名动一体，继续朝形成对言格式和二元双标的方向发展，是为汉语。印欧语虽然已形成以主谓结构为主干的语法格局，但是仍然保留对言格式的印记。参看沈家煊（2016：327-331）和沈家煊（2019：294-298）。对汉语而言，不存在如何从 0-1 命题逻辑"升阶"的问题（"升阶降阶"不带价值评判），中国式思维本来就以 0-2 对言逻辑运作。在中国人的心目中，单说"邻

---

① 感谢匿名审稿人指出，柯尔卡指出，英语 Running is fun 一句的动名词 running 做（事件）论元，因此指称个体。按照沈家煊（2012）的论证，汉语的动词全是动名词。

猫生子"并考究其命题真假没有用处，要对着说，比如说"邻猫生子，我心添烦"才有意义。[①] 0-2 对言逻辑涵盖和容纳 0-1 命题逻辑，这也许有助于我们理解赵元任（1955）说的话："形式逻辑中像否定、命题、前提、推论这类术语，对于许多中国人都是比较陌生的，可是所有的中国人都能进行朴素的论证和推理，而又压根儿没意识到自己竟然一辈子都在论证、推理！"

　　通过语言之间的比较，更深入地研究阐释 0-2 逻辑的要素，将有助于我们深入认识中西相通的"诗心文心"，对假设的"普遍语法"做出更完善的模拟。

参考文献

克里斯蒂娃（茱莉亚）　2016　《主体·互文·精神分析——克里斯蒂娃复旦大学演讲集》，祝克懿、黄蓓编译，生活·读书·新知三联书店。
杭起义　2021　《钱锺书"丫叉句法"说探略》，《北方工业大学学报》第 4 期。
黄师哲　2022　《"每 A 都 B"及汉语复句的二元双标化》，《中国语文》第 1 期。
蒋严、潘海华　1998　《形式语义学引论》，中国社会科学出版社。
吕叔湘　1979　《汉语语法分析问题》，商务印书馆。
吕叔湘　1982　《中国文法要略》，商务印书馆。
吕叔湘　2002　《试论含有前后呼应的两个［一 N］的句子》，《吕叔湘全集》第三卷，辽宁教育出版社。
钱锺书　2001　《管锥编》第一册，生活·读书·新知三联书店。
沈家煊　2009　《我只是接着向前跨了半步——再谈汉语的名词和动词》，《语言学论丛》第 40 辑。
沈家煊　2012　《"名动词"的反思：问题和对策》，《世界汉语教学》第 1 期。
沈家煊　2015　《走出"都"的量化迷途：向右不向左》，《中国语文》第 1 期。
沈家煊　2016　《名词和动词》，商务印书馆。
沈家煊　2017a　《"结构的平行性"和语法体系的构建》，《华东师范大学学报》（哲学社会科学版）第 4 期。
沈家煊　2017b　《"能简则简"和"分清主次"——语言研究方法论谈》，《南开语言学刊》第 2 期。
沈家煊　2019　《超越主谓结构——对言语法和对言格式》，商务印书馆。
沈家煊　2020　《"互文"和"联语"的当代阐释——兼论"平行处理"和"动态处

[①]　梁启超在《新史学》（《饮冰室文集》之九，第 5 页）一文中引用英儒斯宾塞的话，"邻家猫昨日生一子"虽陈述事实，但因与他事毫无关涉，因而为无用之事实。鲁迅在《杂论管闲事·做学问·灰色等》一文中添加"我心添烦"来说明两件事的相关性。

理"》，《当代修辞学》第 1 期。

沈家煊　2021a　《名词"时体态"标记：理论挑战和应对方略——兼论汉语"了"的定性》，《当代语言学》第 4 期。

沈家煊　2021b　《动主名谓句》，《中国语文》第 1 期。

沈家煊　2021c　《"二"还是"三"——什么是一个最小流水句》，《汉语语言学》第一辑，中山大学中国语言文学系。

沈家煊　2022a　《哈里斯的话语分析法和中式主谓句》，《现代外语》第 1 期。

沈家煊　2022b　《衬字和变文》，《中国语文》第 5 期。

宋　柔　2022　《小句复合体的语法结构》，商务印书馆。

王　力　1984　《中国语法理论》，《王力文集》第一卷，山东教育出版社。

王　伟　2021　《说"了"》，学林出版社。

袁毓林　2005　《"都"的加和性语义功能及其分配性效应》，《当代语言学》第 4 期。

张东荪　1938　《思想言语与文化》，《社会学界》第 10 卷（6 月）。节选载《当代修辞学》2013 年第 5 期。

赵元任　1968　《汉语口语语法》，吕叔湘译，商务印书馆。

赵元任　1955　《汉语语法与逻辑杂谈》，原文（英）载 *Philosophy East and West* 9（1），中译文载《赵元任语言学论文集》，2002，商务印书馆。

赵元任　1975　《汉语词的概念及其结构和节奏》，原文（英）载台湾大学《考古人类学学刊》第 37—38 期合刊；中译文载《赵元任语言学论文集》第 890～908 页（商务印书馆，2002）。

朱德熙　1956　《现代汉语形容词研究》，《语言研究》第 1 期。

朱德熙　1985　《语法答问》，商务印书馆。

Bloomfield，L.　1916　Subject and predicate. *Transactions and proceedings of the American Philological Association* 47：13-22.

Boolos，George　1981　For every A there is a B. *Linguistic Inquiry* 12（3）：465-467.

Chierchia，Gennaro　1998　Reference to kinds across languages. *Natural Language Semantics* 6（4）：339-405.

Couper-Kuhlen，E. and M. Selting　2018　*Interactional Linguistics：Studying Language in Social Interaction*. Cambridge：Cambridge University Press.

Heine，B. & T. Kuteva　2002　On the evolution of grammatical forms. In Alison Wray（ed.），*The Transition to Language*. Oxford：Oxford University Press，376-397.

Huang，Shi-Zhe　1995　*Dou* as an existential quantifier. In Jose Camacho and Lina Choueiri（eds.），*NACCL-6 Proceedings Volume I*（*Papers presented at the Sixth North America Conference on Chinese Linguistics*，USC，Los Angeles，1994），85-99. GSIL at USC.

Huang，Shi-Zhe　1996　Quantification and Predication in Mandarin Chinese：A Case Study of *Dou*. Doctoral dissertation，University of Pennsylvania.

Jakobson，R.　1960　Linguistics and poetics. In T. A. Sebeok（ed.），*Style in Language*，Cambridge，Mass.：The MIT Press，350-374.

Jespersen，Otto　1922　*Language：Its Nature，Development and Origin*. London：George Allen & Unwin LTD.

Jespersen，Otto　1924　*Philosophy of Grammar*. London：George Allen & Unwin Ltd.

Lakoff，G.，and M. Johnson　1980　*Metaphors We Live By*. Chicago：University of Chicago Press.

Larson，R. K.　2009　Chinese as a reverse *ezafe* language. 《语言学论丛》第 39 辑，30-85。

O'Grady，Williams　2021　*Natural Syntax*：*An Emergentist Primer*，2nd ed. http//ling. hawaii. edu/wp-content/upload/OGrady-Natural-Syntax-2ndEd-2021. pdf.

Sperber，D.，and D. Wilson　1986　*Relevance*：*Communication and Cognition*. Oxford：Basil Blackwell.

Quirk，Randolph，S. Greenbaum，G. Leech，and J. Svartvik　1973　*A Grammar of Contemporary English*. London：Longman.

Vogel，P. M.　2000　Grammaticalisation and part-of-speech systems. In Vogel，P. M.，& B. Comrie（eds.），*Approaches to the Typology of Word Classes*. Berlin & New York：Mouton de Gruyter，259-284.

话题的互动性[*]

——以口语对话语料为例

完　权[**]

提　要

文章旨在使用对话语料，从交际互动与语篇视角来考察话题的性质，发展赵元任"主语、谓语作为一问一答"的观点。研究发现，无论是语篇话题还是主谓句的句子话题，都体现出互动性。话题的互动性，强调的是各种会话交际因素对话题的影响，涉及话题的选择、构建、持续、更新等多方面。话题互动性的要旨，是指向"话题—说明对"以外的语篇以及言语互动参与者。侧重于动态、交互、语篇，是话题性质的主要方面。而指向句内事件语义的静态事件属性，则是次要方面。据此，可以将话题定义为：话题是由会话人在具体互动时空中共同协商构建的联合背景注意的中心。互动性是汉语句子话题和语篇话题的共性，而这个共性来自语篇性而非句子性，用会话分析的概念可以解释使用中的句子结构；反之不然。从语言使用的互动性来看，汉语的主谓句恰是迷你语篇，汉语句子话题本质上是语篇话题。大规模语篇的里面是小规模语篇，层层级级大大小小的语篇话题解析到最后，得到的句子话题仍然还是语篇话题。汉语主谓句的句子话题具有语篇话题的本质，也是语篇话题。

关键词

话题；互动性；相关性；包含关系

---

* 本文发表于《语言教学与研究》2021 年第 5 期。

** 完权，中国社会科学院语言研究所研究员，研究方向为句法语义学。电子邮箱：wan2quan2@163. com。

The interactivity of topic:

A case study of natural spoken dialogue corpus

Wan Quan

Abstract

This article aims to investigate the nature of topic from the perspective of discourse and interactive communication by using natural conversational corpora, as a development of Chao Yuen Ren's viewpoint of "subject and predicate as question and answer". It is found that both discourse topics and sentence topics embody interactivity. The interactivity of topic emphasizes the influence of various conversation and communicative factors on topics, including the selection, construction, persistence, and renewal of topics. The main idea of topic interactivity point to the conversation and the participants in the speech interaction beyond the topic-comment pair. The primary aspects of topic nature focus on dynamicity, interactivity, and discourse, while the secondary aspects point to static event properties of intra-sentential event semantics. Based on this recognition, a topic can be defined as follows: A topic is a label of joint background attention constructed by the conversation participants in the specific interactional enchrony and situation. Interactivity is a commonality between sentence topics and discourse topics in Chinese, and this commonality comes from the nature of utterance rather than sentencehood, and the concept of conversation analysis can be used to explain the sentence structure in use; while the opposite is not true. From the view of interactivity in language use, utterances/sentences in Chinese are just mini discourses, and Chinese utterances/sentence topics are essentially discourse topics. Inside the large scale discourse is the small scale discourse. After layers and layers of large and small discourse topics are parsed to the end, the sentence topics obtained are still discourse topics. The sentence topics of Chinese subject-predicate sentences have the essence of discourse topics, and they are discourse topics too.

Keywords

topic; interactivity; aboutness; inclusion

1. 引言

传统的话题（topic）研究是从相关（about）开始的（Hockett，1958：201；Chao，1968：96），主张话题和说明之间必须具备相关性（aboutness）（Lambrecht，1994：117）。Halliday（1967：212）则从信息结构的角度把话题定义为句子信息的"出发点"（point of departure）。这两种思路，都是着眼于句子内部，和主语相比较，来看话题与说明的关系。

以上观点自有其开创性价值，不过随着近年来汉语话题研究的深入，句内视角也面临着进一步的反思。本文旨在提出一个更为宽广的视角，即着眼于句子外部的语篇和对话，从交际互动、听说双方的认知状态，来考察话题的互动性。这就决定了考察的思路是自上而下的，从语篇话题开始，再深入句子话题。这项研究的基本理念，是回到"话题"这个词的本来意义。首先是谈话者选择了一个话题，才会围绕这个话题展开一段说明。一言以蔽之："不是句子拥有话题，而是说话者拥有话题。"（Morgan，1975：434）

实际上，汉语主谓句内主语（话题）和谓语（说明）之间的关系，就是基于谈话者之间的问答互动。这是赵元任（Chao，1968：104）早已提出的观点。沈家煊（2019）则将其充分阐释并发展为对言语法理论体系。从句内视角看，包括单句和流水句，话题的互动性已经得到多方面的证明，具有普遍意义。从主谓问答到对言语法，其解释力都是超越各种语体、横跨不同语域的。本文只不过从中提炼出"话题的互动性"这个概念。

为了在典型材料中发现典型规律，充分探寻互动性，本文采用口语互动语料。不过，有必要指出，从对话中发现的规律也适用于叙述、独白、书面语等其他语料。因为使用中的语言都具有互动性、对话性。正如对话理论创始人巴赫金（1998a：242）所说："对话交际才是语言的生命真正所在之处。语言的整个生命，无论是在哪个运用领域（日常生活、公事交往、科学、文艺等等），无不渗透着对话关系。……话语就其本质来说便具有对话的性质。"甚至，独白不过是"对话的副产品"（朱莉娅·克里斯蒂娃，2012：34），也具有对话性（张雪，2006），有潜在的听者，因为"任何话语都是在对'他人'的关系中来表现一个意义的"（巴赫金，1998b：436），"一段陈述无人愿听也就不再是陈述了"（Chafe，1994：122）。同样，书面语也具有互动性，是作者和读者跨越时空的互动。总之，只要是使用中的语言，都具备互动性。就互动性而言，各种语料之间，有典型与非典型、即时与非即时、在场与非在场之别，也有互动性的程度高低之别，但是却没有互动性的有无之别。

限于篇幅，本着把问题说透的精神，本文仅使用一段对话语料，而将本文观点用于独白或叙述等其他语料的讨论将另作论述。本着假设—演绎法（朱晓农，1988）的精神，如果话题的互动性具有普适价值，那么略具规模的语料就足以提供证据。因此，本文语料并未刻意挑选，只是以对话为标准，从优酷网聊天节目《圆桌派》（2019 年 8 月 8 日）中截取了约 20 分钟的录像。窦文涛、马未都、李玫瑾、蒋方舟四人的交谈颇为即兴随意，连续流畅的对话也没有经过特别的剪辑中断。按照互动语言学的转写原则，记录下约 1000 行语调单位（intonation unit，IU），约 10000 字。

2. 语篇话题的互动性

话题的互动性，强调的是各种会话交际因素对话题的影响，涉及话题的选择、构建、持续、更新等多方面。着眼于互动性，话题可定义为：话题是由会话人在具体互动时空中共同协商构建的联合背景注意的中心。具体表现可以从三个方面来探寻。

2.1 话题由会话人协商共建

话题不仅仅是当前说话人的话题，更是所有会话参与者共同拥有的话题。早期的会话分析研究（Schenkein，1978：65-76；Goodwin，1982：118-125），就已经很重视在会话互动的组织过程中听说双方协商（negotiation）的重要性。Geluykens（1993：198）使用了话题协商过程（topic-negotiating process）这个概念，认为与其说话题是被"引入"会话，不如说是经由话轮转换系统互动"协商"而来。Chafe（1994：123）则指出驱动话题发展的，正是会话各方的互动。Mondada（2001：27）也讨论了话题共建（co-construction of topics）的概念，认为话题受到会话各方的共同关照，大家一致为话题的发展贡献思想要素。

第一，发话人（utterer）提出新话题时，应尽可能考虑释话人（interpreter）[①]心理，根据自己的主观判断，考虑到释话人在意义互动生成中的积极地位，在其心目中寻找共同关注的话头、相同的兴趣点，并评估期待。正如 Chafe（1994：122）所言："一个有效的说话者会拟测听者的思想，并受其指引。"窦文涛正是这样一个健谈者。

> （1）　　1　窦：李玫瑾老师啊，
> 　　　　　　　（（省略 6 个 IU））
> 　　　　　8　　你本来是．这个＝公安大学的．犯罪心理学的．教授，
> →9　　　但是我发现啊无数的父母啊，
> →10　　「期待 」听到您「说@说@ 」怎么教育孩＝子。@@
> →11　李：嗯⌊ 嗯」，　　　　　⌊ @@」
> →12　　　是是。
> 　　　13　窦：天呐，
> 　　　14　　　哎，
> 　　　15　　　我攒了一大堆问题就．问你。

窦文涛对李玫瑾的专长充分了解，才能恰当选择"怎么教育孩子"这个话题，让她侃侃而谈。会话人要能够触及对方的兴趣点，否则鸡同鸭讲可能会很尴尬。比如电影《阿甘正传》的开头，在公交站的座椅上，阿甘向同座之人讲述他一生的故事，却几乎等于自说自话。

第二，释话人会对新话题表明自己的态度，即认可（ratification）或不认可。例（1）IU11、12，李玫瑾用了两种方法表示了对话题的肯定，回应的态度非常积极。IU13-14，在得到回应后，窦文涛也发出投桃报李式的感叹。在双方正反馈的激励下，会话迅速进入良性的发展轨道。相反，如果李玫瑾回应的是"哦"，话题将很可能难以为继。正如网传"哦"和"呵呵"是"话题

---

① 发话人和释话人这组术语由 Verschueren（1998：77）提出，强调听者读者并非被动接受者，而具有主观能动性，更看中听者在意义互动生成中的积极地位，因而也适合用于对话题互动性的论证。

终结者"的标志，Labov（1972：366）也告诫不要让听者说出"so what?"，这样注定会让谈话失败。无以为继的对话也就无所谓话题了。

释话人甚至可能引导话题的发展方向，比如通过对潜在的新话题给予认可的方式引导话题发展方向。

（2）　1　马：那女孩儿．也是十几楼上开着窗户跳下去了。

　　　　2　窦：哎，

　　　　3　　　是啊，

　　　　4　　「真有这事儿啊？」

　　　　5　马：「当着她妈＝。」

　　　　6　　　那就是因为－－

　　　　7　　　那肯－－

→8　　　我们小时候，

→9　　　我们小时候净挨打，

→10　　「那谁跳过了？」

　　　11　窦：「你怎么不跳呢？@」

　　　12　马：我都－我才不跳呢！

　　　13　　「这不可能。」

→14　李：「马爷说得好，」

　　　15　　　小的时候「老挨揍了。」

　　　16　马：　　　　「小的时候都挨打。」

→17　窦：对。

→18　马：打孩子呢，

　　　19　　　都，

　　　20　　　我当时就觉得啊，

　　　21　　　因为我们小时候还交流经验，

　　　22　　　哈，

→23　　　就是挨打怎么办。

初始话题是谈论几个学生自杀的案例，IU8-10从属于马未都对某个案例的说明部分，其中"挨打"是谓语陈述，是潜在的新话题。如果接下来大家继续聊自杀，也是正常的发展轨迹。但是 IU14 李玫瑾对说明部分的"挨打"给予了认可，并且得到 IU17 窦文涛的附和，这就集体赋予"挨打"以话题性（topicality）。最终"挨打"在 IU18 中提升为话题，形式标志是用于提出新话题的"呢"（方梅，2016）。随后围绕这个话题又聊了 50 多个语调单位。

第三，参与者共同影响话题的发展。Maynard（1980：263）认为话题是"会话人用来显示相互理解以及新话轮对旧话轮的适配，并在此过程中构造出来的"。从一个话轮发展出话题转换的时候，常常能找到清晰的互动依据，比如"当一个说明部分被会话人群拿出来并加以发展的时候，一个新的话题就浮现出来了"（Tannen，1984：54）。① 例（2）从 IU17 往后就是这样的一个例子。另一种影响话题发展的手段，是反对。例如：

（3）　　1　李：我觉得应该是父母跟孩子逗着玩儿吧。

　　　　2　　　我「其实我也遇到 」过这种事儿，

→　3　马：　 └ 不是不是，」

→　4　　　　不是逗着玩儿。

　　　　5　李：我那时我还特别认真地问，

　　　　6　　　到底是哪个垃圾箱？

　　　　7　　　就当时把那个楼下的那几个垃圾箱啊，

　　　　8　　　都在想，

　　　　9　　　是不是这一个，

　　　10　　　还是这一个。

→ 11　窦：我觉着. 有些孩子做了非常恶劣的解释。

　　　12　　　他就是说啊，

　　　13　　　他说这个父母亲小时候跟我. 说. 说这个，

　　　14　　　他说他不知道我当时啊，

　　　15　　　就信以为真呐，

　　　16　　　我真的觉得自己＝，

　　　17　　　哎呀那我是谁生的？

---

① Tannen（1984：54）说，在她的例子里，很难决定到底是谁开始了新话题，只能认为是合作。一位说话人从此前会话中挑选出了一个话题，而另一位说话人把它正式建立起来；恰似例（2）中 IU14 的李玫瑾和 IU18 的马未都所分别起到的作用。

　18　　　　然后他们几个大人就在那儿哈哈笑。

→19　　　　他说这是本质上是他的一种操纵欲。

　20　马:「嗯 ⌉

　21　蒋:⌊ 嗯 ⌋

→22　马:他 . 就 . 想 . 觉得 . 看着 . 你看 . 我这孩子,

→23　　　　我是让你哭就哭,

→24　　　　我让你怕就怕,

→25　　　　我让你笑就笑。

　26　蒋:对。

　　IU1 中李玫瑾用评价句建立起话题"逗着玩儿"。然而,IU3-4 中马未都表示了否认,但并未立即建立一个新话题。这个否定态度从 IU11 开始被窦文涛接过去,在 IU19 发展出了新话题"操纵欲",并在 IU22-25 由马未都进一步阐述。由此看来,无论肯否,都是一种协商,话题在共建中得以发展。

2.2　话题在互动时空中产生

　　话题由会话人在话语进行时的（in-progress）具体互动时空中即时在线（on-line）产生。

　　空间,指的是物理、社会、话语等方面的情境性。Brown 和 Yule（1983:94）提出,话题并非游离于会话人和会话场景之外,相反,是会话人共同协商其谈论的内容,他们在会话过程中的所有贡献都应被视为确认话题的依据。

　　时间,指的是因时（enchrony）性。会话人选择一个适合的话题,需要因时制宜。对逐渐增量的话语做情境分析可以帮助我们确定,具体的会话互动关乎怎样的话题,话题是如何由会话人开启、发展、更新、切换和结束的。所以,理想的话题分析应该做微观的因时研究,即在一个话轮接一个话轮的言谈举动（move）逐步展开的实时交际互动的会话时间中,从各个话语参与者的视角着手进行意图使因与诠释效果的在线动态分析（Enfield,2009:10;Enfield,2011:285;Enfield,2013:28）。Mondada（2001:9）也认为话题不具有自立性（autonomous）①,而是由会话人在会话互动中实时创建、实

_____

①　原文是法语 autonome。

时管理的。

第一，侧重于互动空间来看，对话题要做情境分析才能确定，情境包括交际场景、伴随动作神态、当前言内语境等。因为，脱离对话和语篇，将无法准确判断话题性。比如例（3）IU11 的"我觉着有些孩子做了非常恶劣的解释"，单看这一句会让人觉得是在说孩子恶劣，但实际上前后文是在说家长的操纵欲。也因为，"话题有可能在会话人的心理中不依赖于显性语言而浮现出来"（Chafe，1994：121）。那么，有声话语就可能会和动作、情境等掺杂在一起，共同构成话题说明关系。沈家煊（1989：332）举出一个例子，说明非言语举动充当引发语的作用，相当于一个可供评说的话题，转引如下：

（4）1　朱大姐：（运动全身寻找丢落的毛衣针）

　　　　　　　（非言语举动"找针"充当引发语）

　　2　［我：　哟，找根针这么费劲呀！］

　　3　朱大姐：这么好的棒针咱们这儿可买不着。

情境本身也可以直接充当话题，说话人对这个没有语言形式的话题直接进行说明，例如：

（5）1　窦：//点蜡烛//完美无缺！

　　2　蒋：「@　 」

　　3　窦：⌊ 完美」的点火！

这是节目第一句话，此时窦文涛正在擦着火柴点起一支蜡烛。这个动作正是大家视觉注意的中心，不必言说，自然具有话题性，只需要直接评述就行。

第二，侧重于互动时间来看，新话题需要在会话过程中实时创建，良性竞争。Brown 和 Yule（1983：89）发现，很多会话的话题并非事先确定，而是在交谈过程中相互商定的，而且尽管话题是公共的，但在每个参与者心中都有一个自己的版本。所以，自然会话有充分自由发展（甚至跑题）的可能。前文例（3）即为话题自由发展的一个实例。在"骗孩子是捡来的"这个初始话题下，各人都有自己的发展方向，后二者尽管有部分一致，但也有差异。这档节目设定总的一级中心话题是例（1）IU10 的"怎么教育孩子"，但是其后发展的方向则是随机的。随着交谈的进行，逐步发展分化出多层级的分支话题。在话题的发展过程中，可能出现话题的竞争：

（6）　　1　窦：对对对。

→2　是你要．你要依^法治国。

3　对吧？

4　蒋：对。@

5　窦：没有法--

6　「执法＝必严。」

→7　马：⌊哪儿有家长随便打孩子的，」

8　「那肯定是有原因的。」

→9　李：⌊其实我觉得，」

10　马：「嗯．对。」

→11　蒋：⌊但是大人不会解释嘛。＼」

12　李：⌊我我我觉得^打还是不重要的，」

13　其实真的不是打的问题。

→14　马：我想我自己嘛，

15　我小时候挨-爹妈都打。

（（以下省略此话题下 20 个 IU ））

窦文涛把此前谈话总结为"依法治国"，并得到蒋方舟的赞同，这本来是可以发展为一个新话题的，但是从 IU6-12 出现很多话轮的交叠（overlap），马、李、蒋三人都提出了自己的见解，这些都有可能发展为新话题。窦文涛是主持人，其角色决定了他应调动其他人发言而不宜抢夺发言权。李玫瑾和蒋方舟都是从否定的角度提出观点，话题性不够强。最终，在 IU14 马未都竞争胜出。这种话题的竞争，目的是推进话题，所以是良性的竞争。如果纯粹是为了夺取话语主导权，很有可能无法达成会话合作，那就是恶性竞争了，将导致会话终止，也就更无所谓话题了。

第三，前话题对后话题的影响，综合反映了互动时空两方面的因素。

Venneman（1975：317）提出，语篇参与者把注意力会聚在语篇话题之上，而注意力的会聚，通常是由一个语篇话题此前紧邻的文本所涉及的内容带来的。本文语料很能证实这一点，其话题结构发展呈现出一个鲜明的特点：新话题 B 从上一个话题 A 的最后一个子话题 A.z 触类旁通催生而来。

　　比如，在"父母为什么要贬损孩子"这个二级话题下，讨论了三个三级话题："坚强的教育"、"贬损分两种"和"当面教子"。接着，从"当面教子"过渡到新话题：

```
（7）   1   马：当面教子 . 是一个文化。
       2   蒋：啊。
       3   马：当面教子 . 背后教妻，
       4       这是逻辑。
       5   窦：哎，
→6        「但是－－ 」
       7   马：└ 传统 ┘ 就是这样，
       8       我一定要当着 . 人家的面儿来说这孩子才有作用。
       9       如果你在家里关着门儿说没用。
→10  窦：就是我们这个父母亲，
→11      你到底该怎么 . 这个批评孩子，
→12      呃，
→13      给不给他自尊心？
```

　　在 IU6，窦文涛已经用"但是"打算针对"当面"提出反方观点，但还没有结束就被马未都的长篇大论打断了。等马未都说完，窦文涛才又从 IU10 起，重新提出自己的问题：怎么批评孩子？这个问题有两种发展可能。一个可能是作为现存三级话题的相关三级话题，从属于"贬损孩子"这个二级话题。但是实际上，随后的交谈却是围绕"批评"从中发展出了一个包含若干子话题的新话题，不仅会话规模超过前一个二级话题，而且从逻辑上看，从属于一级话题"怎么教育孩子"。

　　话题 A.z 催生出新话题 B，"不仅仅是从前一说话人的内容中选取一部分继续谈话，而是有他自己的话题延续"（Brown & Yule，1983：89），换句话讲，虽然层层级级的大小话题有着逻辑上的上下位关系网，但是在形式上，却有着线性的发展特点。外在的竹节式话语延伸，覆盖了内在的树杈形逻辑结构，这很可能是汉语自然会话中话题发展的一个重要路径。

2.3　话题是会话人联合背景注意的中心

话题，是认知功能语言学中注意力研究（Talmy，2007）的一大课题。在前人研究的基础上，本文提出，话题的核心功能，是创建新的联合注意（joint attention）[①] 中心，继而转为背景注意的中心，并保持一段时间，维系着不断变化的前景信息。

一，会话中联合注意的触发。前文引述了 Venneman（1975：317）的观点，语篇话题是参与者的注意力会聚之处，Li 和 Thompson（1976：488）也把话的功能概括为注意力的焦点（并非信息焦点）。需要修正并强调的是，这仅仅体现在新话题刚刚切入之时，当所有会话参与者都认识到大家的注意力已然会聚在一起，就达成了联合注意。在说话时，会话人不仅会考虑到其自身信息状态的激活和变化，还会意识到其他会话人也有相应的注意力中心和边缘的变化，这些都会影响到他们的话语产出。会话人对话题的共同关注与调适是会话中重要的互动行为。参考 Talmy（2017：Ch. 13）对会话序列中达成联合注意的分析，话题联合注意的触发可分为三步：言者提议，听者反馈，言者确认。

（8）1　李：你看，

　　　2　　　所有的这个=很多的=冲突都是在青春期。

　　　3　窦：哎！╱

　　　4　李：青春期是什么呢？

李玫瑾采用了"你看"这个言语触发（trigger）方式，直接指引对方注意力。这个"看"并非用眼睛看会话的物理环境，而是用心"看"她的语言世

---

① 联合注意，是个体追随另一个体的注意而使得两个个体同时注意同一物体，并相互协调配合的社会认知能力。联合注意能力是语言能力（包括习得能力）等社会能力发展的基础，在个体的社会交往和人际互动中起着十分重要的作用。关于联合注意和语言的关系，参看 Tomasello（1999：Ch. 3）。

界。处于 IU2 末的自然焦点位置的"青春期",也正是即将引入的新话题。窦文涛给予了积极的反馈"哎",升调表达了他的肯定与兴趣盎然,说明注意力已经转移到其上,联合注意已然达成,所以李玫瑾接下来就可以顺理成章切入新话题。

为了把注意力调动到目标之上,可以使用的语言或行为线索(cue)多种多样(Talmy,2017:3)。例(5)中的点火动作,就是一个成功的行为线索。例(6)中 IU12 的"我我我",这种直指词的重复,也是一种试探性吸引注意力的言语触发方式。只不过,并未得到听者的反馈,所以没能成功达成联合注意,也就没有发展出一个新话题。

二,联合注意的中心转入共同的背景注意(background attention)(Talmy,2007:265)①。随着话题的确立,相应的说明部分渐次成为前景注意的焦点,而话题则转入背景注意。Talmy(2007:265)解析了 Liddel(2003)对美国手语的研究,形象地显示了在话题确立前后注意力的分配(allocation)情况。美国手语中,非优势手可以表示一个特定话题,并且,在优势手表示相应的说明部分的时候,非优势手还一直维持在这个固定的动作上。也就是说,即使在优势手把观察者的前景注意力吸引到某些特定内容上的时候,非优势手也依然维系着观察者确认话题的背景注意力。不过,人有两只手,却只有一张嘴,有声语言只能让话题留存在背景注意中。例(9)是例(8)随后的说明部分。

(9)　　1　李:青春期是什么呢?

→2　　　就是人的性发育期。

3　　　它一般女孩儿十二岁,

4　　　男孩儿十四岁。

→5　　　他一发育呢,

6　　　他体内的那个内分泌啊,

7　　　就一下就.乱了。

8　　　因为以前是没有这个=性腺分泌的。

9　马:「是是是。」

---

① 心理学研究(Mazza et al.,2005)表明,感知的前景/背景切分(segmentation)会影响到注意力的分配。注意力通常优先分配给前景项目,即使在要求同时注意的情况下,也可以接受指令转移到背景项目。

```
10  蒋:⌊ 嗯。⌋
11  李:  然后呢，
→12       他这个分泌以后呢，
13       人就会出现什么呢？
14       就是情绪不稳定。
→15       他高兴的时候很高兴，
16       但是他总体来讲是非常就是说^快速的．变化。
```

在确立了"青春期是什么"这个话题后，三人继续交谈的 20 多个 IU 中，无论是说年纪、生理、情绪，还是和成人比较，都依然紧密处于"青春期"这个背景信息之下。但是，也都没有再直接出现"青春期"这个词儿，尽管可以补出，比如例（9）IU2、5、12、15 都可以前加"青春期"充当话题。就单句看也无甚大错，在语篇中添加"青春期"充当话题显得啰唆，就是因为此时背景注意还持续存在，并不需要冗余信息。

以上是从注意力分配的角度来讲，而从注意力激活水平的角度来讲，也可以说是话题确立后，就呈现中度激活（semiactive）状态。Chafe（1994：Ch.3）认为话题是"在某一时刻处于中度激活状态的信息"，"明白清晰的联系着某些事件、状态和指称"，"把会话切分成比语调单位更大的部分"。话题的"中度激活"，和信息焦点的"高度激活"相区别。

三，话题由所有参与者共同维护持续性（persistence）。话题进入背景注意后，就一直持续存在，可以适时回溯，不离不弃，但又不喧宾夺主，不抢镜头。持续的方式可以分为直接持续和间接持续（Geluykens，1993：188）。直接持续就是通过各种回指形式保持话题的中度激活。在话题共建的分析框架下，由参与者在他们一轮一轮的会话中，通过重复、省略、代词化或者直指来达成的（Stokoe，2000：187；许余龙，2004：71）。下面例（10）中 IU1-5 是提出话题，随后三位参与者使用了不同的方式来回指话题中的核心事件，包括 IU16 的零形回指。

```
（10）1  窦:  为什么有些中国父母，
     2       特别喜欢小时候跟孩子说，
     3       哎，／
```

4　　　　你不是我生的，

5　　　　你是垃圾堆里捡来的？

　　　　（（省略 4 个 IU））

10　　　这玩意儿，

11　　　他为什么 . 要这样？

12　李：这个，

13　　　我觉得应该是父母跟孩子逗着玩儿吧。

14　　　我「其实我也遇到 ｜过这种事儿，

15　马：⌊　不是不是，⌋

16　　　不是逗着玩儿。

间接持续，即同一场景中有语义关联的所指。例如跟例（9）有关联的这一段：

（11）1　李：就是在青春期的时候，

2　　　　什么时候呢，

3　　　　就是说，

4　　　　我刚才说的这个，

5　　　　到 . 到他发育接近成年的时候，

6　　　　这时候你跟他说话，……

　　综上，共同协商构建、具体互动时空、联合背景注意这三个方面并非各自独立，而是组成紧密联系、各有侧重的一个整体。所以，以上例句虽然在本文论述中仅从属于某一方面，但读者诸君也可以尝试从别的方面追加分析。这三个方面也并非只是自然口语会话专有的特点，叙述、独白或书面语等其他语料也有，只不过有即时与非即时、在场与非在场等区别而已。另外，尽管我们不能说相对于话题的说明部分没有互动性，但是从以上三个方面来衡量，说明的互动性远不如话题的互动性强。这是因为：第一，发话人不必非得与释话人协商共建主要用于承载新信息的说明部分不可；第二，说明部分的情境性和因时性是从属于话题的；第三，高度激活的说明部分在认知上也不可能成为中度激活的联合背景注意的中心。

3. 汉语句子话题的互动性

为了和以往一般所说的句子话题相比较，本文讨论的句子话题用例都在主谓句内，但是更倾向于以"用句"观来理解"句子"。因为没有主谓一致关系的句法限定，"汉语的'句子'不等于英语的 sentence，它更像 utterance"（姜望琪，2005）。utterance，一般被翻译成"话段"，沈家煊（2019）翻译成"用句"，即"语用的句"。从短至一个话轮的"顿句"，到长至几十个话轮的流水句，都是用句。在笔者看来，汉语的语篇和主谓句之间并非对立关系，而是包含关系。主谓句也可以看成语篇，是迷你（mini）语篇；主谓句的句子话题也可以看成语篇话题，是迷你语篇的话题。沿着这样的思路可以发现，前文给话题下的定义，既适合于语篇，也适合于主谓句。① 汉语主谓句的句子话题，也是语篇话题，以上一节的标准来衡量，同样具备语篇话题固有的互动性。

3.1 句子话题同样由会话人协商共建

第一，发话人为每个句子选择的话题都考虑到了释话人因素。如例（1）中的这一句：

（12）窦：你本来是．这个＝公安大学的．犯罪心理学的．教授。

这个"你"就不能换成"李玫瑾"，尽管同指，但是在这段对话中直接使用人名不能构成有效的现场互动。

发话人还会选择有利于释话人构建新信息的话题，所以在话语在线产生的过程中，有可能会更换句子话题，例如：

（13）　1　蒋：我觉得还有一「点 」，
　　　　2　窦：﹂嗯﹁
　→3　蒋：就在于你－－

---

① 本文重在论述篇章话题和句子话题的共性，并不意味着在具体篇章中句子话题必然等于或不等于篇章话题。限于篇幅，具体讨论无法深入。本节末尾将略论二者差异。

→4　　　　我觉得中国家长……

IU3 是一个自我截断的语调单位，说话人虽然已经说出了"你"，但临时决定更换句子话题，就改成了 IU4 的句式。因为其后话语的内容是批评某些"中国家长"的作为，这个帽子恐怕不适合戴在"你"头上，所以说话人做了修正（repair），改由"我"作为句子话题重新组织句子比较好。

第二，释话人也会对新句子话题表明自己的态度。

（14）　　1　窦：一个「女生　」
　　　→2　蒋：　　　└ 嗯。┘
　　　　3　窦：高二的，
　　　→4　蒋：嗯。
　　　　5　窦：就是她班主任可能看见她 .. 什么早恋，
　　　　6　　　然后班主任就说＝几句狠话。

窦文涛的话连起来是一串流水句。流水句的用句特色更明显，是联系单句和语篇的桥梁，既可以视为单句的延伸，也可以视为小规模的语篇。IU1、3 通过窄指方式达成指称调节（乐耀，2017），从"一个女生"到"一个高二的女生"，确立了整个流水句的句子话题，在这个过程中得到蒋方舟的两次"嗯"的认可。

第三，释话人也可能参与到句子话题的发展中来。例如：

（15）　　1　马：她要不搂着我哭，
　　　→2　　　这事儿「我－－　」
　　　→3　李：　　　└ 你还┘不记得。
　　　　4　马：根本就不记得。

3.2　句子话题同样在互动时空中产生

第一，句子话题的确定也要依赖情境分析。例如：

（16）　1　蒋：我妈说，

　　　→2　　　你衣服是我们家的，

　　　　3　　　你脱了。

　　　　4　　　我脱了。

　　　→5　　　说你这个．裤子是我们家的，

　　　　6　　　你脱了。

　　　　7　　　我脱了。

脱离语境，例（16）IU2 的话题可能会有两种分析：（A）"你衣服‖是我们家的"，或者（B）"你‖衣服是我们家的"。但是在这段话的具体语境中，从话题的连续性来看，IU3-4 的话题都是人而不是物，IU5 还有一个小小的停顿，这些手段都提示了，这段话是围绕"你"这个话题来说的。故以（B）分析为上。

第二，新的句子话题在会话过程中实时创建。实际上只要承认以上几个特点，那么新的句子话题就一定是实时创建的，所有的都是。下面举一个特别的例子：

（17）　1　马：这个．就是你要练=练习这种钝感力。

　　　　2　窦：您．您知道就是说．呃=

　　　→3　　　你（（面向蒋））知道那个事儿吗？

在录像中可以看到，例（17）IU3 的面部朝向变化提示了主要交际对象的变化。说话人主动截断了 IU2，也导致 IU3 重新实时创建了新的句子话题。

第三，前话题对后话题的影响，即话题 A. z 催生出新话题 B 这种模式，在句子话题的更新中也很常见，只不过嬗变为，前一句的说明为后一句话题提供主要资源。例如：

（18）　1　窦：都是错过了好的<u>时机</u>。

　　　→2　马：<u>最好的教育时机</u>=过去了。

3.3　句子话题同样是会话人联合背景注意的中心

第一，句子联合注意的触发。Du Bois（2014）提出的对话句法（dialogic syntax），特别是平行（parallelism）、复制（reproduce）、共鸣（resonance）这些概念，鲜明地揭示了对话中形式和意义的对应关系。这种对应，正彰显了会话人的联合注意。比如前文例（2）中 IU11、12 这两句平行，拥有相似的形式和同指的话题：

(19) 1　窦：你怎么不跳呢？@
　　 2　马：我都-我才不跳呢！

其实，在会话现场，联合注意的建立是尽在不言中的。不过，有时候为了建立联合注意，也会使用一些特殊的手段，比如下面这两例，用虚指的"你"吸引其他参与者的注意，这个"你"并非句子或语篇话题：

(20) 蒋：<u>你比如说</u>我小时候我妈是怎么＝不让我离家出走的。
(21) 李：<u>你像</u>我们有时候也说取消污点。

第二，随着会话的进行，句子联合注意的中心也会转入共同的背景注意。比如下面 IU3 窦文涛复制了李玫瑾 IU2 的问句，但是话题"这个敬"却隐没了。

(22) 　1　李：您知道吗，
　　 2　　　 这个^敬来自于哪儿？
→3　窦：来自于哪儿？

第三，句子话题也可能会由所有参与者共同维护其持续性，其结果就是，句子话题发展成了语篇话题，比如下例 IU1 中的"你"：

(23) 　1　李：然后你^特别幸福，
　　 2　　　 一直可以到小学＝十二岁。
　　 3　马：嗯。

→4　李：但是一到中学，

→5　　　就涉及到中考了，

→6　马：幸．幸福没了。@

→7　李：从中考到高考，

　8　　　那就是人生的这个六年呢，

　9　　　那就是说你这六年要扛你这一辈子。

　　这段会话的首尾都出现话题"你"，而中间没有出现，但两个参与者都是围绕背景注意中的"你"在说话，而 IU4、5、6、7 也都有零形回指的话题位置，可以加上"你"，这种由话题链控制的零形式促使 IU1 中的句子话题"你"，到 IU9 的时候，发展成了控制整个语篇的话题。这说明在会话在线产生、发展的过程中，对一个名词的话题地位，也宜做动态的因时分析。在刚说完 IU1 时，"你"只是句子话题，但这一段话完成后，"你"就不仅是 IU1 的句子话题，也是整个语篇的话题了。

　　综上，从共同协商构建、具体互动时空、联合背景注意这三方面互动性来评判，汉语句子话题也具有话题的互动性。互动性是汉语句子话题和语篇话题的共性，而这个共性来自语篇性而非句子性，用会话分析的概念可以解释使用中的句子结构；反之不然。当然，本文强调共性，并非意在否认个性。句子话题和语篇话题的差异，体现在具体互动时空的范围大小亦即注意力的广度（scope of attention）上。从认知角度看，会话双方相互协调后，将一定时空范围内的背景注意力放置在同一指称对象上。这个共同的背景注意对象就是话题。涉及时空范围广的，就是语篇话题；涉及时空范围窄的，就是次级语篇话题；最窄的，就是句子话题。为兼顾语篇话题和句子话题的共性和个性，可以将汉语句子话题视为一种特殊的迷你语篇话题。也就是说：一，汉语句子话题本质上就是语篇话题，因为使用中的句子本质上也是语篇；二，互动时空的范围大小这个个性差异是次要方面，因为这个个性寓于共性之中，而涵盖三个方面的互动共性才是话题的根本属性。

4. 汉语句子话题也是语篇话题

　　以往的研究，大多从句子扩展到语篇，站在句子角度上看语篇，找差异。

本文相反，是站在语篇角度上看句子，找共性。当然，找共性并不意味着否认差异，关键是哪方面更具有根本性。话题互动性的要旨，是指向"话题—说明对"以外的语篇以及言语互动参与者。话题的性质，主要表现在动态、交互、语篇上，而指向句内事件语义的静态事件属性，则是次要方面的表现。本文也无意用句外视角否定句内视角，只是强调，句外视角可以覆盖句内视角。

汉语主谓句的句子话题也是语篇话题，是迷你语篇话题；或者说，语篇话题包含句子话题。这是因为，汉语的句子恰是迷你语篇。汉语的语篇不是由sentence 组成，而是由更小的语篇组成。拆开语篇，得到的还是语篇。用句就是语篇。按照王洪君、李榕（2014：19），汉语语篇的最小单位"逗"，即语篇微观结构最底层的小组块，其语法形式是短语，在语用上则是话题或说明。那么，由两个"逗"组成的一个对答或整句，就是小规模的语篇。大规模语篇的里面是小规模语篇，层层级级大大小小的语篇话题解析到最后，得到的句子话题仍然还是语篇话题。

这好比剥洋葱，层层剥开后，洋葱的里面还是洋葱。把整体切分开，得到的不是部分，而是较小的具有同样性质的整体。部分（句子话题）也反映出整体（语篇话题）的本质，亦即所谓"整体包含于部分之中"。这种"部分与整体以某种方式相似"的自相似性（屈世显、张建华，1996：15），反映了语言的全息性（holographability）（钱冠连，2002：335），是语言作为复杂适应系统（complex adaptive system）（Beckner et al.，2009：1）的属性之一。"于一微尘中，悉见诸世界。"从这样的视角，也许我们还可以发现更多的汉语乃至语言的本质。

参考文献

〔俄〕巴赫金　1998a　《陀思妥耶夫斯基诗学问题》，《巴赫金全集》第5卷，白春仁、顾亚铃译，河北教育出版社。

〔俄〕巴赫金　1998b　《马克思主义与语言哲学》，《巴赫金全集》第2卷，李辉凡、张捷、张杰、华昶译，河北教育出版社。

方　梅　2016　《再说"呢"——从互动角度看语气词的性质与功能》，《语法研究和探索》（十八），商务印书馆。

姜望琪　2005　《汉语的"句子"与英语的 sentence》，《解放军外国语学院学报》第1期。

钱冠连　2002　《语言全息论》，商务印书馆。

屈世显　张建华　1996　《复杂系统的分形理论与应用》，陕西人民出版社。

沈家煊　1989　《不加说明的话题——从"对答"看"话题—说明"》，《中国语文》第 5 期。

沈家煊　2019　《超越主谓结构——对言语法和对言格式》，商务印书馆。

陶红印　2020　《汉语会话中的分类行为及相关理论意义和语言教学应用》，《语言教学与研究》第 1 期。

许余龙　2004　《篇章回指的功能语用探索——一项基于汉语民间故事和报刊语料的研究》，上海外语教育出版社。

乐　耀　2017　《汉语会话交际中的指称调节》，《世界汉语教学》第 1 期。

王洪君　李　榕　2014　《论汉语语篇的基本单位和流水句的成因》，《语言学论丛》（第四十九辑），商务印书馆。

张　雪　2006　《独白语篇的对话性》，《修辞学习》第 2 期。

〔法〕朱莉娅·克里斯蒂娃　2012　《词语、对话和小说》，《当代修辞学》第 4 期。

朱晓农　1988　《句法研究中的假设—演绎法：从主语的有定无定说起》，《华东师范大学学报》第 4 期。

Beckner, Clay, Richard Blythe, Joan Bybee, Morten H. Christiansen, William Croft, Nick C. Ellis, John Holland, Jinyun Ke（柯津云）, Diane Larsen-Freeman, and Tom Schoenemann　2009　Language is a complex adaptive system: Position paper. In Nick Ellis and Diane Larsen-Freeman（eds.）, *Language as a Complex Adaptive System*. Hoboken, NJ: Wiley-Blackwell, 1-26.

Brown, Gillian & George Yule　1983　*Discourse Analysis*. Cambridge: Cambridge University Press.

Chafe, Wallace　1994　*Discourse, Consciousness, and Time*. Chicago: University of Chicago Press.

Chao, Yuen Ren（赵元任）　1968　*A Grammar of Spoken Chinese*. LA: University of California Press.

Du Bois, John　2014　Towards a dialogic syntax. *Cognitive Linguistics* 25（3）: 359-410.

Du Bois, John, Stephan Schuetze-Coburn, Danae Paolino and Susanna Cumming　1993　Outline of discourse transcription. In Jane A. Edwards and Martin D. Lampert（eds.）, *Talking Data: Transcription and Coding Methods for Language Research*. Hillsdale, NJ: Lawrence Erlbaum, 45-89.

Enfield, Nick　2009　*The Anatomy of Meaning*. Cambridge: Cambridge University Press.

Enfield, Nick　2011　Sources of asymmetry in human interaction. In Tanya Stivers, Lorenza Mondada, Jakob Steensig（eds.）, *The Morality of Knowledge in Conversation*. Cambridge: Cambridge University Press, 285-312.

Enfield, Nick　2013　*Relationship Thinking: Agency, Enchrony, and Human Sociality*. Oxford: Oxford University Press.

Geluykens, Ronald　1993　Topic introduction in English conversation. *Transactions of the Philological Society* 91（2）: 181-214.

Goodwin, Charles　1982　*Conversational Organization：Interaction between speakers and hearers*. New York：Academic Press.

Halliday, M. A. K.　1967　Notes on transitivity and theme in English：Part 2. *Journal of Linguistics* 3（2）：199-244.

Hockett, Charles　1958　*A course in Modern Linguistics*. New York：The Macmillan Company.

Labov, William　1972　*Sociolinguistic Patterns*. Philadelphia：University of Pennsylvania Press.

Lambrecht, Knud　1994　*Information Structure and Sentence Form*. Cambridge：Cambridge University Press.

Li, Charles（李讷）& Sandy Thompson　1976　Subject and Topic：A new typology of language. In Charles Li（ed.）, *Subject and Topic*. New York：Academic Press, 457-489.

Li, Charles（李讷）& Sandy Thompson　1981　*Mandarin Chinee：A functional reference grammar*. LA：University of California Press.

Liddell, Scott　2003　*Grammar, Gesture, and Meaning in American Sign Language*. New York：Cambridge University Press.

Maynard, Douglas　1980　Placement of topic changes in conversations. *Semiotica* 30：263-290.

Mazza, Veronica, Massimo Turatto, Carlo Umilt　2005　Foreground-background segmentation and attention：A change blindness study. *Psychological Research* 69：201-210.

Mondada, Lorenza　2001　Gestion du topic et organisation de la conversation. *Cadernos de estudos lingüísticos* 41：7-35.

Morgan, Jerry　1975　Some remarks on the nature of sentences. In R. E. Grossman, L. J. San, and T. J. Vance（eds.）, *Papers from the Parasession on Functionalism*. Chicago：Chicago Linguistic Society, 433-449.

Riou, Marine　2017　Transitioning to a new topic in American English conversation：A multi-level and mixed-methods account. *Journal of Pragmatics* 117：88-105.

Schenkein, Jim　1978　Identity Negotiations in Conversation. In Jim Schenkein（ed.）, *Studies in the Organization of Conversational Interaction*. New York：Academic Press, 57-78.

Stokoe, Elizabeth　2000　Constructing topicality in university students' small-group discussion：A conversation analytic approach. *Language and Education* 3：184-203.

Talmy, Leonard　2007　Attention Phenomena. In Dirk Geeraerts, Hubert Cuyckens（eds.）, *The Oxford Handbook of Cognitive Linguistics*. Oxford：Oxford University Press.

Talmy, Leonare　2017　*The Targeting System of Language*. Cambridge, Mass.：The MIT Press.

Tannen, Deborah　1984　*Conversational Style：Analyzing Talk among Friends*. Norwood：Ablex.

Tomasello, Michael　1999　*The Cultural Origins of Human Cognition*. Cambridge, Mass.：

Harvard University Press.

Venneman, Theo 1975 Topic，sentence accent，and ellipsis：A proposal for their formal treatment. In Edward Keenan（ed.），*Formal Semantics of Natural Language*. Cambridge：Cambridge University Press.

Verschueren，Jef 1998 *Understanding Pragmatics*. London：Edward Arnold Ltd.

附录：转写符号 ［基于 Du Bois et al.（1993），并参考 Riou（2017）、陶红印（2020）且略有调整］

.	极短时停顿，迟疑不流畅	=	延音	＾	句重音
/	升调	\	降调	@	笑声
⌈⌉	与其下话语交叠	⌊⌋	与其上话语交叠	(( ))	记录者解说
--	截断的语调单位	-	截断的词汇	→	重点分析对象
//	重要身态动作细节	<>	模糊的话语		

流水句"可断可连"的动态成因[*]

许立群[**]

提　要

本文重申流水句的"可断可连"是动态的而非静态的，具有可能性、偏爱性、普遍性。这与会话中的话轮构成单位（TCU）和话轮转换相关位置（TRP）的动态特征高度一致。本文通过观察话轮保持和话轮转换时产生的流水句，指出汉语会话中出现"可断可连"流水句的关键条件是：在 TCU 之间的 TRP 处，说话者控制话语权，而接收者不获取话语权。说话者可以在"内在对话"中达成这样的条件，使对话融合为流水句，并由此产生独白体乃至书面语中的流水句。

关键词

流水句；可断可连；话轮构成单位；话轮转换相关位置

---

　[*]　本文为福建省社会科学项目"对话融合为流水句的动态研究"（项目编号：FJ2021C051）阶段性成果。

[**]　许立群，华侨大学华文学院讲师，研究方向为汉语语法。电子邮箱：xuliqun@ hqu. edu. cn。

Dynamic cause of "being either divisible or connectable" of waterflow sentences in Chinese

Xu Liqun

Abstract

This paper reiterates that the dual feature of "being either divisible or connectable" of flowing sentences are dynamic rather than static. The dynamic characteristics of "divisible and connectable" flowing sentences are highly consistent with the dynamic characteristics of Turn Constructional Unit (TCU) and Transition-Relevance Place (TRP) in conversation. This paper observes the flowing sentences produced by the time of turn-holding and turn-taking, and points out that the key conditions for the emergence of "divisible and connectable" flowing sentences in Chinese conversation are as follows: At TRP between TCUs, the speaker takes the floor, while the recipient gives up speakership. Speakers or writers can achieve such interactive conditions in "inner dialogues", making dialogues integrate into flowing sentences, and producing flowing sentences in monologue or written language.

Keywords

flowing sentences; cohesion and separation; Turn Constructional Unit (TCU); Transition-Relevance Place (TRP)

1. 动态的"可断可连"与静态的"可断可连"

吕叔湘（1979：23-24）首次提到流水句时说了两段话："因为汉语口语里特多流水句，一个小句接一个小句，很多地方可断可连。试比较一种旧小说的几个不同的标点本，常常有这个本子用句号那个本子用逗号或者这个本子用逗号那个本子用句号的情形。""需要注意的是，往往在句子应该已经终了的地方用的不是句号而是逗号，做语法分析的时候不能以此为依据。这固然跟作者使用标点符号的习惯有关，但是也有客观的原因，就是上面说过的，汉语口语里用得特别多的是流水句，很多地方可断可连，如果'句子'观念不强，就会让逗号代替了句号。"

这两段话并未试图给汉语流水句下定义，而是强调了流水句最突出的特征——"可断可连"，从吕先生的论述中可看出，流水句的可断可连本质上是动态的：动态的"可断可连"基本内涵是"或断或连"，在书面语上对应"或逗或句"现象，指的是断连选择的可能状态，在语法分析中不能作为硬性依据；动态的"可断可连"在句逗兼容基础上指出逗号具有倾向性，流水句中"以逗代句"比"以句代逗"现象更为常见；动态的"可断可连"认为流水句衔接现象具有普遍性，动态断连的小句降低了句逗区别的强制性，流水句中的小句既包含句号句也包含逗号句，是广义小句。

胡明扬、劲松（1989）曾对吕先生提出的流水句现象进行了初步探索，但其对于"可断可连"这一关键特征存在不小的误解，认为："流水句在语音上的特征是除了全句结尾的句终句段末尾出现句终语调外，在其他一个或几个非句终末尾也出现句终语调，不过在这些有句终语调的非句终句段后面的停顿明显短于正常的句间停顿。句终语调的出现给人这个句子就要结束的信息，可是当期待中的较长的句间停顿还没有停顿到足够长度的时候，下一个句段又开始了，这就给人一个'似断还连'，'可断可连'的印象。"

从这里的论述可以看出，该文作者认为流水句的"可断可连"本质上是静态的。静态的"可断可连"的基本内涵是"似断还连"（句终语调+短停顿），指的是介于断连中间的既成状态，在语法分析上被归入复句内部衔接。静态的"可断可连"在句逗对立的基础上认为句号具有强制性，"如果在非句终句段后面的停顿长到和正常的停顿相等，那么就会成为独立的句子，和后面的句段分开了，这是'可断'的现象，原来的流水句就分解成几个独立的句子，不一定再是流水句了"。静态的"可断可连"认为流水小句衔接现象具有特殊性。"应该说一个句子只出现一个句终语调是'常规'，但并不是绝对的。流水句除句终句段出现常规的句终语调外，在非句终句段出现句终语调只是一种'非常规'现象。"这里将流水句中的小句当作一种特殊的复句分句，即狭义小句。

流水句的"静态观"影响很大，最终胡明扬、劲松（1989）将流水句界定为"一种在非句终语段也出现句终句调，语义联系比较松散，似断还连的无关联词复句"。此后高更生（1988），吴竞存、梁伯枢（1992：316），王维贤等（1994：298），盛丽春（2016），王文斌、赵朝永（2017）等，都认同将流水句归为复句范畴。这种"静态观"大大缩小了流水句的实际范围，也掩盖了流水句的真正特征、限制了流水句的理论价值。实际上，流水句既可能是统摄几个句子乃至整段谈话的"超句"（袁毓林，2000），也可能是主谓句（朱晓农，2015；沈家煊，2017a）[1]，"在汉语中小到单句，大到复句、篇章都有可能是流水句。这种大的流水句观才符合吕叔湘的本意，真正将流水句看为可断可连的小句组合"（许立群，2018：145）。

本文认为学界对流水句的认识由"动态观"转向"静态观"，源头性的误解在于"可断可连"特征，因此由"静态观"归为"动态观"，关键性的澄辨也在于"可断可连"特征。本文从会话中的流水句入手，判断其可断可连的动态成因，并在书面语中做出相关的延伸讨论。

---

① 沈家煊（2017a）认为主谓句是"汉语中规模最小的流水句"。沈家煊（2020）更新了这一说法，指出汉语最小的流水句是"递系三联句"（199 页），"主谓句实际是递系三联句的一个特例。流水句基本上就是递系句，是信息的逐次递增，递系句不是汉语的一种特殊句式，汉语的整个组织结构具有递系性（incrementality）"（224 页）。

2. 会话中的流水句

在会话分析中，话轮最基本的构成单位是"话轮构建单位"（TurnCons-tructional Unit，TCU），最基本的单位边界是"话轮转换的相关位置"（Transition-Revelance Place，TRP），Selting（2000）将单个 TCU 话轮和多个 TCU 话轮概括为以下的抽象模型：

单个单位的话轮（single-unit turn）：

［TCU　］　　　　（　］　　　　　］　　…）

　　　　TRP1　　（TRP2　　TRP3　…）

多个单位的话轮（multi-unit turn）：

［TCU 1］　　　（［TCU 2］…）［TCU n］　　（　］　　　　　］　　…）

　　　　　　　　　　　　　　　　TRP1　　（TRP2　　TRP3　…）

其中"（　）"表示模型中可选的组成部分；"［　］"表示可选的 TCU，"］"表示更多可选的 TRP。可以说明的是，以 TCU 为单位、TRP 为边界的话轮与汉语可断可连的流水句具有极为相似动态特征。

第一，互动语言学研究四十多年来不断深入，相关学者认识到 TCU 和 TRP 都是具有可能性的单位（乐耀，2017a），TCU 是可能构成话轮的单位，TRP 是话轮可能结束的位置。在具体会话中，话轮的规模（size）可大可小，因为构成单位 TCU 本身可长可短，TCU 的数量可多可少；话轮结束的位置也是不确定的，TRP 可能在 TCU 内部、TCU 外部、TCU 之间，且是否在 TRP 处转换话轮也是可选的（Sacks et al.，1974）。反观汉语流水句，其规模也是可大可小，构成单位小句本身的长度、数量也是不确定的，断连的位置也未必是句法语义的单位边界，且是断是连也是可选的。

第二，TCU 在互动过程中对 TRP 具有投射性（projectability），在会话中听说双方可以通过句法、语音、语义、语用以及具身动作（embodied action）等线索构建或识别 TCU，继而对 TRP 做出引导或预测，当产出多个 TCU 的话轮时，听说双方倾向于默认话轮内部的 TRP 处于被悬置（suspend）状态，直到话轮真正结束（Selting，2000）。反观汉语流水句，是断是连以及断连位置也具有可预测性和偏爱性，其内部的小句也是句法、语音、语义、语用等多种因素的结合体，具有综合性和随宜性（许立群，2018：175），在流水句内部的多个小句之间,更偏好连而非断、逗而非句。

第三,TCU 和 TRP 是会话双方进行互动的基本单位,保证了话轮在一般情况下得以顺利转换,使互动过程中不会产生大量的重叠(overlap)和空当(gap)(Sacks et al.,1974)。流水句也是汉语中最基本的信息传达方式,流水句具有普遍的语境适应能力,在日常会话中随口说出的一段话往往就是流水句,而在正式语体中也不乏经过锤炼的流水句,吕叔湘(1979)正是以是否适应流水句为标准检验适应汉语语篇的基本单位(小句)。

需要注意的是,话轮分析与流水句分析对动态断连的关注重点不同,会话分析对话轮内部的 TCU、TRP 判断是一种累加性(increment-by-inrement)的在线判断,一般以当前正在产出的话语为依据,预测目前话轮可能完结的位置,其中句子是"行进中的句子"(sentence-in-progress)(Lerner,1991),着重分析的是已被选择的形式,而其他可能则归为未被选择的形式;而吕叔湘(1979)及本文对于流水句内部的小句和断连位置分析是一种回溯性的整体判断,一般以已经产出的整段话语为依据,考察其内部话段之间的断连关系,其中句子是"既成句子背后潜在的句子",同时注重被选择的形式以及可能被选择的形式。因此同样看一段话是断是连,会话分析看的是在线的断连,而流水句分析看的是潜在的断连。

目前汉语流水句的成因研究主要关注汉语的静态结构特点(宋柔,2008、2013;沈家煊,2012;王洪君、李榕,2014;盛丽春,2016)或思维特点(王文斌、赵朝永,2016),乐耀(2017b)首次从交际互动的角度分析汉语流水句成因,认为停断韵律特征的 TCU 是话轮投射最佳单位,预示话轮结束;而非停断韵律特征的 TCU 一般处于话轮中间,预示话轮没有结束,这类韵律类型是汉语流水句形成的原因之一。我们认为这一结论显示了流水句对"非停断"的偏爱性,却未能重视流水句中"停断"的可能性。在实际会话中,流水句既可能出现在话轮中间也可能出现在话轮之间,以下具体分析这两种情况。

2.1 话轮保持时产生的流水句

Sacks 等(1974)指出在会话中话轮转换在 TRP 处遵守三种规则:(a)当前说话者指定下一个说话者,(b)会话参与者自我指定为下一个说话者,(c)当前说话者继续说话。这三种规则在应用上具有先后制约性:a 必须在 b 之前使用,a 未使用则 b 生效;b 必须在 c 之前使用,b 未使用则 c 生效,

c 生效则进入下一个话轮转换规则循环。①

　　"话轮保持"（turn holding）是指会话参与者在 TRP 处没有采用 a/b 规则而使 c 规则生效，话轮没有发生转换，当前说话者把持或留在了自身话轮，继续产出下一个 TCU（Couper-Kuhlen & Selting，2018：88）。话轮保持能够使得当前说话人在同一个话轮中越过多个 TRP，产出多个 TCU，这种情况下就很可能出现"可断可连"的流水句。例如：

　　（1）绞肉馅（转引自董博宇，2016）

　　　1　公公：不过就怕你姐的那份儿，人家不干：。

　　　2　　　　（0.8）

　　　3　婆婆：→那不要紧儿，

　　　4　　　　（0.6）

　　　5　　　→咱再拿块儿猪肉，

　　　6　　　　（1.0）

　　　7　　　→就叫他搁后边拉，［就-就堵上就行了。

　　　8　公公：　　　　　　　　　［再买上半斤猪肉绞里头得了吧，②

此例中第 3~7 行是一个完整话轮，内部有两次大于 0.2 秒的停顿，当前说话者并没有在此前指定下一个说话者，接收者也没有在此主动接过话轮，说话者停顿之后继续持有话轮。就在线分析而言，在这样的 TRP 处说话者使用的是非停断韵律特征（转写为逗号），表示此时有意继续说话；而就回溯分析而言，在这样的 TRP 处说话者还有可能使用停断韵律特征（转写为句号），表示此时无意继续说话（后来又继续说话了）。包含这两种可能的句子就是可断可连的流水句："那不要紧儿，／。咱再拿块儿猪肉，／。就叫他搁后边拉，就-

_____

① Sacks 等（1974）对三种规则的具体内容做出了更加精细的描述，并命名为 1a/1b/1c，表示任何话轮中始发 TCU 的第一个 TRP 处可以使用的规则顺序，1c 规则采用之后可以进入"2"规则依次循环。本文为了简要，对规则内容进行了概括，对规则名称直接采用 a/b/c，省略了其在循环中的次数标记。

② 转写符号说明："，。?"表示延续语调、终结语调、上升语调；"［"表示话语交叠；"（0.8）"等表示停顿长短，单位是秒；"→"表示某一行是重点分析对象；"："表示声音拖长；"><"表示会话压缩；"="表示前后单位没有停顿连续发出；"<"表示开始新的单位。

就堵上就行了。"有时听说双方在 TRP 处做出不一致的断连选择，这时 a/b 规则和 c 规则同时使用，产生两个话轮重叠的现象，例如第 7 行，说话者在第一小句之后选择"连上"，保留话轮，而接收者在第一个小句之后判断为"可断"，转换话轮，这时回应语段与说话者的后一话段重叠了。此时说话者第 7 行的前后话段在 TRP 处只有不明显的停顿（小于 0.2 秒），但仍然具有断连可能性，也不失为流水句："就叫他搁后边拉，／。就-就堵上就行了。"

以上两种情况，说话者产出的流水句中可断可连之处都有明显或不明显的停顿。此外，说话者还会在 TRP 处使用非终结性的句法手段或韵律手段保留话轮，这时产出的流水句中可断可连之处可能没有停顿，前后话段甚至在语音上连接得更加紧密。例如：

（2）甲：我是说了自己可以带孩子但是谁家没个特殊情况呀。

乙：那也得提前说啊。

（3）甲：这事不怪你嗯：也不怪他。

乙：哎。

（4）甲：记得拿我睡衣。

乙：哦，睡衣，>这事不能忘<=你想穿哪套？

（5）甲：晚上看电影去吧。

乙：电影不想去<去公园走走吧。

例（2）甲在 TRP 处有连词"但是"而没有停顿，例（3）甲在 TRP 处用延长的语气词"嗯"作为延迟手段（delay devices），例（4）乙在 TRP 处用"快速越过"（rush through）的方式说出"这事不能忘"，例（5）乙在刚说出"电影不想去"后使用突然连接（abrupt-joins）的方式起始下个小句。这些都是说话者使用更紧密的语音语法手段保留话轮的方式，从在线分析来看，小句连得更加紧密，而从回溯分析来看，小句之间仍然有断开的可能。

在 TCU 之间的 TRP 和在 TCU 内部的 TRP 处话轮保持产出的句子性质不同，判断"可断可连"会存在连续统现象。从互动角度来看，会话中接收者听到主要信息之后，在 TCU 内部第一个 TRP 处提前接过话轮是常态，如果这时说话者的 TCU 没有说完，就会产生短时重叠，如例（6）至例（9）：

（6）甲：你快去[吧。

乙： 　　　[知道了。

（7）甲：你没事就过来[一趟。

乙： 　　　　　　[好的。

（8）甲：我帮他[去买。

乙： 　　　[麻烦你了。

（9）甲：我知道[不能说。

乙： 　　　[知道就行。

以上会话中，根据句法、韵律、语义、语用等综合特征，甲所说的话轮一般都被看为单个 TCU。这种 TCU 内部的话轮保持产生的句子似乎很难看为可断可连的流水句，但是 TCU 话轮和多 TCU 话轮之间并非截然二分，例（6）至例（9）甲的话轮中，TRP 前后单位的独立性就有差别：语气成分<数量成分<连动成分<认识类动词宾语成分，其中例（8）、例（9）可以看为潜在的两个 TCU，也就有了可断可连的流水句："我帮他，／。去买。""我知道，／。不能说。"可以说，在单个话轮中，越是 TCU 内部的 TRP 位置越是难以看为流水句可断可连之处，越是 TCU 之间的 TRP 位置越是可以看为流水句可断可连之处。

2.2　话轮转换时产生的流水句

话轮自身没有规模的限制，一方面因为 TCU 本身可以选择各种类型单位，特别是句子本身可以在 TRP 前不断延伸，另一方面因为 c 规则可以使说话者说出不止一个单位，没有最大限制，任何 TRP 都可以停止或继续。但在实际会话中话轮规模常常趋向于最小化（minimizition），也就是说接收者倾向于在第一个 TRP 之后接过话轮，而说话者倾向于在第一个 TRP 之前说出重点信息（Sacks et al.，1974）。

因此在日常会话中，话轮保持的情况不会连续性地出现太多次，观察到的可断可连的流水句往往长度有限，更大规模的流水句往往是需要听说双方合作完成的大打包（big package）（Jefferson，1988：418）。这时的流水句不必局限在一个话轮内部，而是由多个互相关联而又互相分隔的话轮组成的话语单位（Discourse Units，DUs），也被称为大话轮（a larger turn）。在大话轮中虽然听说双方也会多次发生话轮转换，但是互动双方合作机制是特殊的：当说话者投射一个大话轮时，接收者合作性的回应往往是"伴随话轮"（turn-accompanying）（Houtkoop & Mazeland，1985），这种回应话轮以简短的支持理解性信息为主，表明即使当接收者接过话轮时仍然未改变自身信息接收者的角色，而且回应之后立刻将话轮交还给上一个说话者，之前的说话者允许并期待接收者做出这样的反馈①，以便在互动中继续自己的大话轮，直到结束。例如：

(10) 看打仗（转引自董博宇，2016）

 1 母亲：你，你看那–你看那打仗的，你遇到那虎头，你要是
     遇到个，

 2 小风：=不长[眼儿的，

 3 母亲： [比较认识的人，

 4 小风：嗯。

 5 母亲：跟人吵吵起来，在眼前儿，你是拉还是不拉？

 6 小风：对呀。

 7 母亲：一拉，你：你–你，

 8 小风：=伤着。

 9 母亲：你伤着人，你拉偏仗是那么地，你遇着那虎头，
 10   你寻思你拉仗去呀，

 11 小风：嗯。

 12 母亲：你看那些拉仗的，有几个那个啥的，

 13 小风：嗯。

 14 母亲：赚出来好了。

 15 小风：嗯。

 16 母亲：整不好，你要遇到那虎那样儿的，挨揍。

 17 小风：嗯。

 18   (1.8)

 19 小风：妈，还包饺子吗？怪累停的。

---

① Clancy 等（1996）将反馈（feedback）定义为"当别的会话参与者取得发言权时，主要充当听话人角色的会话参与者所发出的简短的言语反应信号"。

这段会话中母亲的劝说行为，具有大话轮投射性，母亲所说的多个话轮组成了一整段主题连贯的流水句，即使中间发生了话轮转换，也不影响流水句保留断连的可能性。这段会话中小风作为接收者，其所说共建话轮信息以及理解支持信息都是"伴随话轮"，直到母亲的大话轮结束 1.8 秒之后，小风的回应才改变话题，这时才发生了实质性的话轮转换。

可以说，不论是话轮保持还是话轮转换，产生的流水句背后的互动动因是相通的——就是听说双方在 TCU 之间的 TRP 处的不平等地位：说话者控制话语权，在 TRP 处把持话轮或者投射更大话轮；接收者则不获取话语权，在 TRP 处不接管话轮或者是采用伴随话轮，其合作性的结果都是使主要说话者继续说话。听说双方这种互动性的不平等地位正是流水句在会话中产生的关键条件。

3. 对话融合为流水句

推广而言，在会话序列（conversational sequence）中话轮或言语举动（move）之间话语权的不平等性是普遍现象，在会话语境中"发起行为（initiating action）"和"回应行为（responsive action）"发生总是前后相继、前后相关（Sperber & Wilson，1986），发起行为总是会投射回应行为，回应者对发起者的行为归属（action ascription）是其设计自身话轮的前提（Levinson，2013），回应行为必须与发起行为的类型相配（Couper-Kuhlen & Selting，2018：211），因此发起行为总是在某种程度上控制回应行为。

"发起—回应"组成的会话序列可能是复杂的多话轮过程，但是最基本的构成部分则是相邻对（adjacency pairs）（Schegloff，2007）。问和答就是最典型的相邻对，Hayano（2013）指出：提问是控制互动的强有力的工具，提问能够迫使接收者做出回应，并且在预设（presuppositions）、话题和行为的设定（agenda settings）以及偏爱性（preferences）等方面，能够强加于回答。在汉语中不少问答相邻对都可以组成潜在的流水句，赵元任（1968/2015：51）最早提及汉语中问答作为零句融合为一个整句的三个阶段。（1）两人对话："饭呐？""都吃完了。"（2）自问自答："饭呐，都吃完了。"（3）合为整句："饭都吃完了。"沈家煊（2017a）据此明确指出主谓结构是汉语中最小规模的流水句。我们还发现，问答也能组成其他类型的潜在流水句，例如（以下">"表示融合）：

（11）甲：不去行不行？乙：也行。>不去行不行？／，也行。

（12）甲：我差钱吗？乙：不差钱。>我差钱吗？／，不差钱。

（13）甲：因为啥呢？乙：要革命。>因为啥呢？／，要革命。

（14）甲：明天下雨呢？乙：那就坏了。>明天下雨呢？／，那就坏了。

（15）甲：她死了？乙：我做和尚去。>她死了？／，我做和尚去。

一问一答融合为流水句时实际是将原本对立的言语行为转化为同一的言语行为，这种转化是有条件的，说话者需要在想象的"内在对话"（inner dialogues）（Voloshinov，1973：38）中作为问者控制答者话语权。

在问答行为中，问者和答者往往存在认识立场（epistemic stance）的对立，问者多少将自己置于"不知道"（unknowing）〔K-〕地位，而将答者置于"更知道"（more knowing）〔K+〕地位（Heritage，1984），当问者完全处于〔K-〕地位时是无法预测答案的，这时问答很难融合为流水句：

（16）甲：火车几点能开，能告诉我吗？乙：八点。>?? 火车几点能开，能告诉我吗？／，八点。

（17）甲：我真不知道哪里算错了？乙：第三行错了。>?? 我真不知道哪里算错了？／，第三行错了。

（18）甲：昨天没看春晚，有什么好节目？乙：相声不错。>?? 昨天没看春晚，有什么好节目？／，相声不错。

不过问答认识立场对立是一个连续统现象，在不同情况下问者有可能部分地甚至完全地预测答案，以下三种类型的提问，提问者〔K-〕越来越弱，而〔K+〕越来越强（Heritage，2010）：

（19）内容性问题（content question）：Who were you talking to?

（20）疑问性问题（interrogative question）：Were you talking to Steve?

（21）附加性问题（tag question）：You were talking to Steve, weren't you?

从内容性问题到附加性问题，问者越来越能够预测答者的答案，实际上也是问者越来越能掌控对话，设法将答者的认识立场与自己的认识立场达成一致。当提问能够完全引导回答的时候，问句和答句就能够融合为流水句。这种完全预测性的引导可能跨越两个话轮，在会话中常常有"三联组"，例如：

> （22）甲：简单的反义词是什么？
> 　　　乙：复杂。
> 　　　甲：回答得对。
> （23）甲：这事搁你你乐意？
> 　　　乙：不乐意。
> 　　　甲：所以说人嘛，不要太自私。

在三联组中，问者不仅能够预测答者的回答，而且能够就答者的回答做进一步的反馈，使得答者的话轮兼具应答和引发的双重作用（沈家煊，1989）。如果问者认为自己能够预测答者的每一次回答，并且就每次的回答又做出反馈，引发下一次回答，以此类推，就可以构造出更大规模的流水句。例如：

> （24）说吧？ /，他不高兴。/？ 不说吧？ /，我不高兴。
> （25）骄傲吧？ /，可以跟外面比吧？ /，跟香港比吧？ /，可以吧？
> （26）老王呢？ /，又生病了吧？ /，也该请个假呀？ /，走不动了嘤？ /，儿子女儿呢？ /，上班忙吧？ /，请个保姆嘤？ /，工资低呀？ /，先借点呢？ /，犟脾气一个呀！……（改引自沈家煊，2012）

　　问答行为还可能涉及言者角色或行为角色的对立，问答双方本来是出于相对位置的言语互动者，如果要将问答融合为流水句，问者就需要在"内在对话"中替代答者的角色，在想象世界中完成移指（deictic shift）（Segal，1995；完权，2019）。如果问答双方实际上处于"你"和"我"的明显对立关系中，就很难融合为流水句。例如：

> （27）甲：你怎么了呀？乙：我没事。>?? 你怎么了呀？ /，我没事。

（28）甲：我哪儿错了？乙：你没错。>?? 我哪儿错了？／，你没错。

（29）甲：你帮我拿个快递吧？乙：你自己怎么不去？>?? 你帮我拿个快递吧？／，你自己怎么不去？

除了问答，常见的相邻对还有招呼类、邀请类、道歉类、抱怨类、通知类，这些相邻对凸显的是行为角色的对立，在这种相邻对中，双方必须作为不同的行为角色才能达成完整的交互行为，即使发起者能够预测回应者的回答，也不能代替回应者做出回应，因此很难融合为流水句。例如：

（30）招呼-招呼　甲：你好！乙：你好！>?? 你好！／，你好！

（31）邀请-接受　甲：明天来我家吃饭吧！乙：好啊！>?? 明天来我家吃饭吧！／，好啊！

（32）道歉-原谅　甲：对不起！乙：没关系。>?? 对不起！／，没关系。

（33）抱怨-道歉　甲：你声音太大了！乙：不好意思！>?? 你声音太大了！／，不好意思！

（34）通知-确认　甲：明天下午3点开会。乙：好的。>?? 明天下午3点开会？／，好的。

不过，如果说话者在内在对话中用假设或疑问的方式来转换视角，也能够在虚拟语境中完成角色移指，促成融合的流水句。例如：

（35）你好！／，认识我吧？／，如果认识我的话……

（36）来我家吃饭吧！／，好吗？／，如果可以的话……

（37）对不起！／，能原谅我吗？／，如果能原谅我的话……

（38）你声音太大了！／，你好意思吗？／，如果你是不小心的话……

（39）明天下午3点开会！／，你收到了吗？／，如果你收到的话……

因此，各种类型的会话序列都有可能融合成流水句。这种现象之所以会出现，都是因为说话者在内在对话中控制着对话者的话语权，全权替代对话者说出相关信息或做出相关行为。

4. 独白和书面语中的流水句

Biber（1986）在对 545 个口语和书面语样本进行 41 个语言特征分析统计的基础上，指出语体差异的基础维度之一——"文本的互动性与编辑性"（interactive vs. edited text）是一个连续统，电话、面对面的谈话>采访>自发性演说>计划性演说>专业信件>广播>小说>学术写作等，互动性减弱而编辑性增强。Ford（1994）在此基础上着重强调"所有形式的语言在本质上都具有对话性（dialogic）"（Brandt，1990；Greene，1990）。并将编辑性较强的语体（包括书面语）称为"更具独白性"（more monologic）的语体，指出即使这类文本也展示了与日常会话极为相似的互动性。Fox（2007）也专门声明：尽管书面语和口语存在差异，但是"书面语和口语都是高度互动的，但是书面语的互动是微妙的，作者必须每时每刻想象读者的反应，而读者必须引发与作者的内在对话"。

就断连动因而言，独白体和书面语体中产生的流水句的互动特征极为相似：都是输出者完全控制话语权而接收者完全交出话语权。此时互动不是消失了，而是由现实转化为虚拟，由对立转化为一致，输出者掌控话语权，全权预测接收者的反应。在日常会话中，未经准备的独白是最自然的大规模流水句。例如（括号内标点为笔者标注）：

> （40）开始一天的生活啊，每天哪，早起五点钟，起床。（，）梳洗完
> 了呢，就出去了。（，）每天上哪儿？宣武公园。（，）到宣武公
> 园儿里头啊，我买了个月票，宣武公园，哎，每天去。（，）这
> 月票啊，一，一块钱，（。）每月一块。（，）一天哪，我去两
> 次，（。）每天去两次。（，）早起呀，到那儿去呀，就是，就是
> 宣武公园儿里头就是练哪，（。）男的女的都是，（。）净是练
> 的，活动身体的。（，）我呀，也不跟他们活动。（，）我单独的
> 啊，也是，瞎活动活动，哎。（，）对于四肢是，反正是都活动
> 活动吧，反正有好处。……（北京语言大学北京口语语料库）

这段话中有不少可断可连之处，其中句号（断）都可以换为逗号（连），

但是逗号不一定能换成句号，这也体现了流水句对逗号的偏爱性。而书面语中，"作者和读者在语调、重音、犹豫等方面都经历听觉想象，在书面语中这种'隐藏韵律'的一些重要特征反映在标点符号中"（Chafe，1988）。在下面这样一段典型的书面叙述中，同样可以发现原文标点中句号都可以换为逗号，逗号不一定可以换为句号。例如：

（41）以前角儿在台上唱，跟包的端个茶壶在幕前伺候，（。）角儿唱起来真是地老天荒，（。）间歇时，会回身去喝上一口，（。）俗众亦不为意。（，）以前意大利歌剧的场面，也是这样，（。）而且好的唱段，演员会应俗众的叫好再重复一次，（。）偶有唱不上去的时候，鞠躬致歉居然也能过去。（，）开场时亦是嘈杂，（。）市井之徒甚至会约了架到戏园子去打，（。）所以歌剧序曲最初有镇压喧哗的作用，（。）我们现在则将听歌剧做成一种教养，（。）去时服装讲究，哪里还敢打架？（阿城《闲话闲说·四十三》）

虽然在独白体和书面语体中接收者几乎不做回应，但是输出者并非不考虑接收者的信息理解，断连是传达单位边界的重要的互动信号：断开表示输出者对于接收者回应间隙的想象，此时接收者可以做实质回应；而连上表示输出者对于接受者伴随状态的想象，此时接受者不应该做实质回应。

这种区别可以用附加问（tag question）进行测试，在会话中附加问通常位于在 TCU 之间的 TRP 处，其功能是制造一个新的 TRP，是当前说话者选择下一个说话者的"退场策略（exit technique）"，也是给接收者提供话轮机会的"再完结标记（recompleters）"，附加问带有互动的控制性，保证下一个说话者所说的内容必须与当前的说话内容相关。（Sacks et al.，1974）在汉语中常见的附加问有"是吧？""你知道吗？""你明白吗？""你有没有问题？""你同意吗？""你说是不是？"等，就汉语流水句可断可连之处而言，立场态度类比信息理解类的附加问更具有测试意义[①]，在汉语中句号处一定可以插入附加

---

① 因为信息理解类的问题具有优先性，甚至可以不必等说话者说完 TCU 就可以插入问题（Sacks et al.，1974）。而态度立场类的问题一般只有等说话者说完 TCU 才有针对内容表明态度的意义。例外的情况是回应者提前预测了说话者的内容并做出态度反馈。

问，而逗号处则未必可以插入附加问，可以插入附加问处的逗号可以变为句号，不可以插入附加问处的逗号不可以变为句号。

根据文本的涉猎内容，我们选择不同的立场态度类附加问进行测试，可以发现，独白体中可断可连之处都可以插入"不错吧？"，而书面语体中可句可逗之处都可以插入"有意思吧？"。这些位置都是可以想象的对话中潜在的话轮之间的 TRP 处。例如：

（42）开始一天的生活啊，每天哪，早起五点钟，起床。（不错吧？）梳洗完了呢，就出去了。（不错吧？）每天上哪儿？宣武公园。（不错吧？）……

（43）以前角儿在台上唱，跟包的端个茶壶在幕前伺候，（有意思吧？）角儿唱起来真是地老天荒，（有意思吧？）间歇时，会回身去喝上一口，（有意思吧？）俗众亦不为意。（有意思吧？）……

而原文本中只能用逗号的地方，就不适合插入这样的附加问，这些语句的上下文具有很强的连续语气，只能想象为会话中的 TCU 内部停顿，输出者不会希望接收者在这样的空隙逗留，接收者在接收过程中也不会以此为界。例如：

（44）开始一天的生活啊，（？？ 不错吧？）每天哪，（？？ 不错吧？）早起五点钟，（？？ 不错吧？）起床。梳洗完了呢，（？？ 不错吧？）就出去了。……

（45）以前角儿在台上唱，（？？ 有意思吧？）跟包的端个茶壶在幕前伺候，角儿唱起来真是地老天荒，间歇时，（？？ 有意思吧？）会回身去喝上一口，俗众亦不为意。……

书面语中的句逗与口语中的断连并不完全对应，一方面，由于没有在线互动的时间压力，作者不受短时记忆的限制，可以反复斟酌字句，读者也不受说话速度限制，可以自主调节阅读速度，因此书面语中的停顿单位一般长于口语中的语调单位；另一方面，书面语的标点使用还可能受到其他非韵律因素的影响，例如个人的习惯风格、时代的审美潮流、出版的规范化要求等（Chafe，1988）。不过即使存在各种互相冲突的因素导致的断连差异，书面语中的句逗

始终反映了标点者对于互动回应或伴随状态的想象,只是不同标点者的出发角度不同。吕叔湘(1987)曾举出一个长句子:

> (46) 针线筐是柳条编的,‖ 红漆漆过的,‖ 可惜旧了一点 | ——原是她娘出嫁时候的陪嫁,‖ 到她出嫁时候,‖ 她娘又给她作了陪嫁,| 不记得哪一年磨掉了底,‖ 她用破布糊裱起来,| 以后破了就糊,‖ 破了就糊,‖ 各色破布不知道糊了多少层,| 现在不只弄不清是什么颜色,‖ 就连柳条也看不出来了,| 里边(除了针、线、尺、剪、顶针、钳子之类),也没有什么别的东西。

吕先生标出了这段话的层级关系,认为:"这一个长句子可以分成六段——其实作为六个句子也未尝不可以,不过作者既然标点成一句,我们还是尊重作者的意见。"显然,如果讲究的是逻辑语义层次清晰,就应该在每一层的意思完结时,用句号引起读者注意回应。但是如果作者只是叙述"由现状到回忆再到现状"一系列思想的自然流动,一逗到底更能使读者产生跟随感。沈家煊(2017b)曾专门指出在汉语中"一逗到底"是常态。

与"一逗到底"相反的是"处处句号"的现象,如吕叔湘、朱德熙(1952/2013:287)指出以下的句子一般情况下都合作一句,但是"如果作者有理由把它分开,也不能算他错"。

> (47) 事实上是一切都变化了。程疯子不疯了。不好好干活的丁四变成一个好的工人了。原来像死水一样停滞的龙须沟变得沸腾起来了。
>
> (48) 他这一次的报告很短。但是很重要。
>
> (49) 人民政权从一开始就很重视翻译工作。尤其是科技书籍的翻译工作。

处处句号在修辞上"予人以强劲的印象",而带连词的句子用句号"显得更重要""力量也因停顿而增加"(吕叔湘、朱德熙,1952/2013:287)。如果从互动想象的角度来看,实现这种修辞效果的原因就在于作者将句号看作一个等待读者回应的潜在话轮。

在现代汉语法律文书、学术写作等需要讲究规范和逻辑的语体中，句逗区别一般较为分明，这是作者在互动想象中，有意使读者区分 TCU 的内部关系和外部关系，避免逻辑层次的模糊和误解。这种区分可以做到相对，不能做到绝对。实际上汉语句读本为一，本来也没有两级标点（孙坤，2015）。从源头而言，"在我们的语言里，句子这个概念一向很模糊"（吕叔湘、朱德熙，1952/2013：5）。

即使是英语书面语中，句号和逗号也不是截然二分的，Quirk 等（1985，1611）承认："逗号存在大量的灵活的可能用法，逗号可以出现或不出现、也可能被其他标点代替。逗号为个人选择断连的精细程度方面提供了很大空间。"在会话中不断向后延伸句子是普遍现象，理论上可以形成"永不结束的句子"（neverending sentences）（Auer，1992）。Chafe（1988）指出英语写作现在的潮流是"多因素"（open）标点，由规则、逻辑、审美等多种因素决定，而早期的潮流却是"单因素"（close）标点，只由韵律因素决定。英语早期韵律主导的标点停断不乏"一逗到底"的例子，如梭罗（Thoreau）《瓦尔登湖》：

（50）For the first week, whenever I looked out on the pond, it impressed me like a tarn high up on the side of a mountain, its bottom far above the surface of other lakes, and, as the sun arose, I saw it throwing off its nightly clothing of mist, and here and there, by degrees, its soft ripples or its smooth reflecting surface was revealed, while the mists, like ghosts, were stealthily withdrawing in every direction into the woods, as at the breaking up of some nocturnal conventicle. （转引自 Chafe，1988）

《瓦尔登湖》句子的词长单位非常接近口语，现代被试者"大声朗读"时，几乎 100% 的标点都被读出了韵律边界，值得注意的是其中 44% 的逗号被读为句号，这也就是英语中可断可连的流水句了。

一般认为，汉语的逗号用在主谓之间是正常的（赵元任，1968/2015：68），而在英语中逗号用在主谓之间则是错误的（Quirk et al.，1985：1619），不过 Chafe（1988）指出这只是英语书写系统近年来"规范化"的结果，即使在当代英语的非正式书面语中也可以经常发现主谓之间的停顿。在更早期的英语写作传统中，标点反映的是韵律边界而不是语法结构，例如从梅尔维尔（Melville）的作品中可以发现大量的主谓之间停顿的句子：

（51）But this august dignity I treat of, is not the dignity of kings and robes.（转引自 Chafe，1988）

（52）Only the most unprejudiced of men like Stubb, nowadays partake of cooked whales.（转引自 Chafe，1988）

可见，不论是英语还是汉语，如果以口语韵律为标准，可断可连且更偏爱连的流水句都称得上是合法现象，这是由会话单位本身的动态性决定的，而在书面语系统中，不同标点系统受语法语义规则的制约程度不同，流水句的合法性就会产生差异。

5. 结语

Sacks 等（1974）认为在会话中，不是说话者决定（determine）让接收者识别话轮边界，而是说话者允许（permit）让接收者预测话轮边界；与此相似，在汉语流水句中也不是说话者决定让接收者识别断连，而是说话者允许让接收者预测断连，不论是在口语还是在书面语中，即使说话者在策略上掌握了话语权，也无法排除潜在的话轮边界以及话轮转换。

由于流水句断连的这种互动性特征，传统语言学术语中的静态单位①如：词、短语、小句、句子、单句、复句等术语往往强调其自决性和单一性，作为分析工具不尽够用；而互动语言学术语中的动态单位如 TCU/TRP，则能够适应流水句中片段的变化性和综合性，作为分析工具足够灵活，本文也借此得以观察流水句中"可断可连"的动态成因。

---

① 吕叔湘（1979：24）建议将小句和句子看为动态单位。不过由于受术语传统的影响，目前学界通行的小句和句子定义还是偏向静态特征，尤其是偏向以动词中心、主谓结构等语法特征为标准定义小句和句子。许立群（2016）建议将汉语中的小句和句子都看为语音句，以停顿和语调为标准，且小句范畴包含句子范畴，以适应流水句的动态性。

参考文献

董博宇 2016 《汉语家庭交流中建议会话分析》，吉林大学博士学位论文。

范继淹 1985 《汉语句段结构》，《中国语文》第 1 期。

胡明扬 劲 松 1989 《流水句初探》，《语言教学与研究》第 4 期。

高更生 1988 《长句分析》，中国社会科学出版社。

乐 耀 2017a 《互动语言学研究的重要课题——会话交际的基本单位》，《当代语言学》第 2 期。

乐 耀 2017b 《从交际互动的角度看汉语会话的最佳话轮投射单位》，《互动语言学与汉语研究》（第一辑），世界图书出版社。

吕叔湘 1979 《汉语语法分析问题》，商务印书馆。

吕叔湘 1987 《怎样学习长句子》，《语文近著》，上海教育出版社。

吕叔湘 朱德熙 1952/2013 《语法修辞讲话》，商务印书馆。

沈家煊 1989 《不加说明的话题——从"对答"看"话题—说明"》，《中国语文》第 5 期。

沈家煊 2012 《"零句"和"流水句"——为赵元任先生诞辰 120 周年而作》，《中国语文》第 5 期。

沈家煊 2017a 《汉语有没有"主谓结构"》，《现代外语》第 1 期。

沈家煊 2017b 《〈繁花〉语言札记》，二十一世纪出版社。

沈家煊 2020 《汉语大语法五论》，学林出版社。

盛丽春 2016 《现代汉语流水句研究》，吉林大学博士学位论文。

孙 坤 2015 《中国古文标点特征和创制机理：与欧洲标点传统对比》，《中国语文》第 6 期。

宋 柔 2008 《现代汉语跨标点句句法关系的性质研究》，《世界汉语教学》第 2 期。

宋 柔 2013 《汉语篇章广义话题结构的流水模型》，《中国语文》第 6 期。

完 权 2019 《人称代词移指的互动与语用机制》，《世界汉语教学》第 4 期。

王洪君 李 榕 2014 《论汉语语篇的基本单位和流水句的成因》，《语言学论丛》第 1 期。

王维贤 张学成 卢曼云 程怀友 1994 《现代汉语复句新解》，华东师范大学出版社。

王文斌 赵朝永 2016 《汉语流水句的空间性特质》，《外语研究》第 4 期。

王文斌 赵朝永 2017 《论汉语流水句的句类属性》，《世界汉语教学》第 2 期。

吴竞存 梁伯枢 1992 《现代汉语句法结构与分析》，语文出版社。

许立群 2016 《汉语流水句研究——兼论单复句问题》，中国社会科学院研究生院博士学位论文。

许立群 2018 《从"单复句"到"流水句"》，学林出版社。

袁毓林 2000 《流水句中否定的辖域及其警示标志》，《世界汉语教学》第 3 期。

赵元任 1968/2015 《汉语口语语法》，吕叔湘译，商务印书馆。

朱晓农 2015 《语言限制逻辑再限制科学：为什么中国产生不了科学?》，《华东师范大学学报》（哲学社会科学版）第 6 期。

Auer, Peter 1992 The neverending sentence: Rightward expansion in spoken language. In Miklós, Kontra and Tamás, Várdi (eds.), *Studies in Spoken Languages: English, German, Finno-Ugric*. Budapest: Linguistics Institute, Hungarian Academy of Sciences, 41–59.

Biber, Douglas 1986 Spoken and written textual dimensions in English: Resolving the contradictory findings. *Language* 62: 384–416.

Brandt, Deborah 1990 *Literacy as Involvement: The Acts of Writers, Readers, and Texts*. Carbondale: Southern Illinois University Press.

Couper-Kuhlen, Elizabeth and Margret Selting 2018 *Interactional Linguistics: Studying Language in Social Interaction*. New York: Cambridge University Press.

Chafe, Wallace 1988 Punctuation and the prosody of written language. *Written Communication* 5: 395–426.

Clancy, Patricia M., Sandra A. Thompson, Ryoko Suzuki and Hongyin Tao 1996 The conversational use of reactive tokens in English, Japanese and Mandarin. *Journal of Pragmatics* 26: 355–387.

Ford, Cecilia E 1994 Dialogic aspects of talk and writing: Because on the interactive-edited continuum. *Text* 14 (4): 531–554.

Fox, Barbara A 2007 Principles shaping grammatical practices: An exploration. *Discourse Studies* 9: 299–318.

Greene, Stuart 1990 Toward a dialectical theory of composing. *Rhetoric Review* 9: 147–172.

Hayano, Kaoru 2013 Question design in conversation. In Jack Sidnell and Tanya Stivers (eds.), *The Handbook of Conversation Analysis*. Chichester: Wiley-Blackwell.

Heritage, John 1984 *Garfinkel and Ethnomethodology*. Cambridge: Polity Press.

Heritage, John 2010 Questioning in medicine. "Why do you ask?": The function of questions in institutional discourse. In Alice F. Freed and Susan Ehrlich (eds.), *Questioning in Medicine*. 42–68. New York: Oxford University Press.

Houtkoop, Hanneke and Harrie Mazeland 1985 Turns and discourse units in everyday conversation. *Journal of Pragmatics* 9: 595–619.

Jefferson, Gail 1988 On the sequential organization of troubles-talk in ordinary conversation. *Social Problems* 35: 418–41.

Lerner, Gene 1991 On the syntax of sentences-in-progress. *Language in Society* 20 (3): 441–458.

Levinson, Stephen C. 2013 Action formation and ascription. In Jack Sidnell and Tanya Stivers (eds.), *The Handbook of Conversation Analysis*. Chichester: Wiley-Blackwell, 103–130.

Quirk, Randolph, Sidney Greenbaum, Geoffrey Leech and Jan Svartvik 1985 *A Comprehensive Grammar of the English Language*. London: Longmans.

Sacks, Harvey, Emanuel A. Schegloff and Gail Jefferson 1974 A simplest systematics for the organization of turn-taking for conversation. *Language* 50 （4）: 696-735.

Schegloff, Emanuel A.　2007　*Sequence Organization in Interaction: A Primer in Conversation Analysis.* Cambridge: Cambridge University Press.

Segal, Erwin　1995　Narrative comprehension and the role of deictic shift theory. In Judith F. Duchan et al. （eds.）, *Deixis in Narrative: A Cognitive Science Perspective.* New York and London: Rout-ledge, 3-18.

Selting, Margret　2000　The construction of units in conversational talk. *Language in Society* 29: 477-517.

Sperber, Dan and Deirdre Wilson　1986　*Relevance: Communication and Cognition.* London: Basil Blackwel.

Voloshinov, Valentin N.　1973　*Marxism and the Philosophy of Language.* Cambridge, Mass.: Harvard University Press.

从副词独用现象看位置敏感与意义浮现[*]

方　梅[**]

提　要

在汉语自然口语对话中，有些副词可以在韵律上独立且不作为动词或形容词谓语的修饰语而独用。从语义类别来看，可独用的副词几乎覆盖了副词所有语义类别。但独用的时候，多义副词会发生表达功能的偏移，意义偏向于主观性的解读；在其基本词汇意义之外，增加了行为解读，用于评价或者请求、建议等互动行为。独用副词所处会话序列的行为类别以及它在序列中的位置，都影响其意义解读。其浮现意义解读具有位置敏感（positionally sensitive）和序列特定性（sequence-specific）的特点。

关键词

副词；独用；浮现义；互动行为；位置敏感；序列特定性

---

[*] 本文为国家社科基金重大招标项目"汉语自然口语对话的互动语言学研究"（项目编号：20&ZD295）的阶段性成果。文章初稿曾在第二十一次现代汉语语法学术讨论会暨纪念朱德熙先生百年诞辰国际学术讨论会（北京大学，2020 年 12 月）和第四届互动语言学与汉语研究国际学术讨论会（首都师范大学，2021 年 4 月）上报告，感谢陶红印、李晓婷、陆镜光、乐耀、方迪等与会学者的意见和建议。曾发表于《中国语文》2022 年第 1 期。文中不妥之处由笔者负责。

[**] 方梅，中国社会科学院语言研究所研究员，中国社会科学院大学特聘教授；研究方向为语法学、篇章语言学、互动语言学。电子邮箱：fangmei@ cass. org. cn。

Positional sensitivity and the emergence of meaning:

A study on freestanding adverbs in Chinese conversation

Fang Mei

Abstract

In Chinese conversations, some adverbs can be prosodically independent in that they do not actually modify nor obligatorily co-occur with any verbs or adjectives. Such freestanding adverbs are found in most semantic categories in terms of lexical meaning, and they are often given additional epistemic or performative interpretation for the expression of assessment, request, or advice in conversation. This paper suggests that the type of interaction and sequential placement of freestanding adverbs would affect their interpretation in conversation. The emergent meaning of freestanding verbs is positionally sensitive and sequence-specific.

Keywords

adverb; freestanding use; emergent meaning; interaction; positional sensitivity; sequential specificity

1. 引言

对副词的用法分析有两种思路。一种思路是从意义入手进行研究，如程度副词、方式副词、范围副词、时间副词、否定副词、语气副词等，这也是目前多数汉语语法研究著作在研究副词的用法时所采用的分析角度；另一种思路是从句法分布入手分析其功能，分为饰谓副词和饰句副词两类（如 Li and Thompson，1981；尹洪波，2013；杨德峰，2016；方梅，2017b；等等）。饰谓副词修饰谓语，其限定范围在句子之内；而饰句副词修饰的是整个句子，其限定范围大于小句。

20 世纪 80 年代，陆俭明（1982，1983）注意到，在口语中，副词可以不依赖动词或形容词而"独用"。独用的副词，有的是单独使用，不与其他词语共现，如"马上"；有的是与主语共现，但没有谓语形容词或动词，如"你马上"。能独用的副词内部，独立性也有所不同，有的要求与语气词共现，如"尽量吧"。副词独用常出现于问话、答话、接话、祈使句、自述句。需要说明的是，陆文讨论的独用副词是指上述句法形式可以独立享有一个句调的情况，或者享有一个完整语调单位（其后有明显的停顿）的情况。如果一个副词在话语中没有被修饰的谓语，但是它的语调显示的是"话没说完"，则不属于独用副词。[①]

此后，关文新（1992）专门考察了独用副词（关文称为"自由副词"）的语义性质、语用环境及句法特点，指出这种用法的副词表示判断（肯定或否定）或要求谈话对方予以判断。李泉（2001，2002）补充了 22 个独用的副

[①] 自然口语对话中，副词后面没有出现谓语动词或形容词及其他的情况，比如，副词虽然韵律独立，但是其自身并不构成完整句调，如"反正，他说他也坚持不太下去"。再如，副词产出时，在完成一个完整语调单位曲拱之前，该语调单位有可能被截断。本文暂不讨论上述两类情形。高华和陶红印（Gao and Tao，2021）讨论了副词"反正"在自然口语中的韵律表现及其相关互动功能，可以参看。

词，认为独用副词共计有 87 个，占其圈定副词总数的 13.06%，并依据分布对可独用副词进行了再分类。罗耀华（2010）则基于陆文和李文的列举，界定出总共 77 个独用副词用于考察，并从句法规约、语义规约、语用规约及成句能力等多个方面详细描写了副词独用的现象（文中称为"副词性非主谓句"）。在这些考察中，陆文偏重于现象描写，李文侧重于副词类别描写。另有一些学者对某一个或某一类副词的独用现象进行了专门的研究，并尝试对该现象做出一定的分析解释。张谊生（2004）及刘洋（2015）都关注了"不"独用的情况①。前者主要考察"不"字独用的否定和衔接功能，偏重语义和语用分析；后者则从"不"的独用性质、功能和演化方面进行了更深入的考察。罗耀华、齐春红（2007）和罗耀华、朱新军（2007）考察了副词性非主谓句的成句规约，并分别对语气副词"的确"和"确实"的独用情况进行了描写。罗耀华、刘云（2008）考察了揣测类语气副词的独用现象，并从主观化角度对该类副词由命题功能向言谈功能的转变做了分析。王金鸽（2016）基于对语料库的考察，研究了副词"果真"的独用现象，主要关注该副词的分布和语用功能。

不难看出，先行研究已经注意到，副词独用具有显著的语体偏好，是口语对话中的常见现象；副词独用时与它在修饰语位置上不同，具有与述谓语相似的表达功能；副词独用时，在解读上主观性较强；否定副词的独用，特别是叠用，具有语用否定的特性。我们通过对自然口语对话的考察印证了上述基本观察，也发现了一些前人研究未论及的现象。

从上述各家研究已列举的副词看，评价副词可以独用的数量最多。此外，当我们在副词独用实际发生的对话语境中进行观察时，发现这一现象所反映的用法规律还有更多的侧面。

第一，从互动交际角度看，相同的词汇形式，独用时与它做修饰语的时候表达功能全然不同。以往研究中所谓主观性较强的解读，源于在回应语位置的行为解读。

---

① 张谊生（2004）通过对"不"独用的分析，指出这类用法可以用作语用否定，不是否定句子的真值条件，而是否定句子命题的相关隐含，即否定"适量准则"的隐含义、否定"适宜条件"的隐含义、否定"有序准则"的隐含义、否定"相关预设"的隐含义。关于独用的"不"的词类归属，张文认为，从基本句法功能看归入谓词甚至叹词、连词也未尝不可，从语言发展的倾向看还应算作副词。

第二，有些副词单独使用与它跟语气词共现使用的时候，具有不同的话语功能。

第三，独用副词在会话序列中的位置会影响其解读。相同的词汇形式，出现在始发话语与回应话语中，会有不同的解读。

2. 语义偏移

从语义类别来看，不做修饰语而"独用"的副词，几乎覆盖了所有类别。下面是李泉（2001，2002）按照副词意义类别列出的能单用的（指单独成句、单独做谓语）副词。表达时间、否定、语气、范围、程度、方式等的各类副词都有独用的情况，其中语气副词数量占比最高。

> 时间副词（14）：本来、迟早、刚刚、同时、快、立刻……
> 否定副词（8）：甭、别、不、不曾、不必、没、没有、未必
> 语气副词（32）：必须、大概、大约、当然、的确、幸好……
> 范围副词（10）：不止、顶多、全都、一概、至少、总共……
> 程度副词（3）：差不多、差点儿、有点儿
> 方式副词（20）：从头、亲自、顺便、好像、轮流……

此外，我们注意到，多义副词独用的时候会发生表达功能的偏移。下面分别讨论。

2.1 多义副词

以往研究所列举的独用副词中，语气副词数量最多。

先看"本来"。《现代汉语词典》（第7版）中，"本来"有两个意思。

①原先；先前：他本来身体很瘦弱，现在很结实了。｜我本来不知道，到了这里之后才听说有这么回事。

②表示理所当然：本来就该这么办。

上述第一个义项"先前"是时间义，第二个义项"理所当然"表达言者的判断，是认识义。

陆俭明（1982）敏锐地注意到，"本来"有两个意思：（A）原先，先前；

（B）按道理就该这样。而当"本来"独用时，不表达（A）时间义，而是表达（B）认识义。

> （1）"小李病了好几天了，我得看看他去。"
>
> "**本来**嘛，你再不去看他真有点不像话了。"（转引自陆俭明，1982）

换句话说，尽管"本来"的词汇意义有两个，但独用的时候意义偏向于主观性的解读。例（1）这个案例中"本来"与"嘛"共现，语气词"嘛"表示"道理显而易见"（《现代汉语词典》第7版，第87页）。与语气词"嘛"的共现，从侧面佐证了此处"本来"具有主观认识义解读。在陆文描述的现象中，有相当一部分副词，在修饰语位置和独用的时候，意义相同，比如评价类、道义类副词等。而独用与做修饰语时解读的不同是我们特别关注的。

2.2　浮现义

在独用的语境中，副词词汇意义之外增加了语境解读。比如，原本不具有认识意义的副词增加了认识义解读，不具备行为义的副词增加了行为解读等。

以"不止"为例。"不止"表示"超出某个数目或范围"（《现代汉语词典》第7版，第113页），是表范围的副词。《现代汉语词典》的例子如下：他恐怕不止六十岁了｜类似情况不止一处出现。从词汇意义角度看，"不止"并没有像"本来"那样在词典中被明确分为两个义项。然而，独用的时候，却偏移向言者的认识。例如：

> （2）A：你有多高？
>
> B：一米六吧。
>
> A：你**不止**，**不止**。①

---

① 虽然"不止"前有主语，但是此处的"不止"不是动词用法。动词"不止"的意义是"继续不停：大笑不止｜流血不止"（《现代汉语词典》第7版，第113页）。

例（2）中，A问句是寻求未知信息的，B针对A的疑问焦点回答"一米六吧"，A回答"你不止，不止"，在回应语位置除了客观数值范围解读之外，还有主观认识解读，即言者认为不限于这个数值范围，这里可以换成"你不像，不像"。换句话说，这里独用的时候有认识解读，表达言者的推断，这种解读更接近评价副词。这个评价解读是回应语位置所赋予的浮现意义。

另一方面值得关注的是，独用副词高频出现在回应语位置，其会话位置分布本身会带来主观性解读。我们来看时间副词"赶紧"。《现代汉语词典》（第7版）对"赶紧"的解释是"抓紧时机，毫不拖延"。"赶紧"用于祈使句的时候可以不依赖被修饰的动词，例如：

（3）"赶紧啊，老张。别误了车。"（转引自陆俭明，1982）

祈使句的基本功能是表达请求。显然，这一例中，"赶紧啊"是在催促"老张"，无论有没有语气词"啊"，这个解读都不会变。请求行为的解读可以说是句式赋予的。另一方面，"赶紧"的词汇意义隐含着行为义。

总量上看，独用副词以认识义解读居多；另一方面，在独用的时候，多义副词会发生表达功能的偏移，意义偏向于主观性的解读。①

接下来的问题是，这种意义解读的浮现条件是什么？我们发现，意义的解读与独用副词在对话中的序列位置②密切相关，它处于始发语位置和回应语位置时会有不同的解读。

3. 序列组织与浮现义

会话是由序列组织起来的。所谓序列组织（sequence organization）指通过

---

① 陶红印先生在会议讨论时提示，这个趋势应该符合 Traugott 等人对语法化整体趋势的论述，因为副词独用也可以看作是一种语法变化趋势。主观性的逐步增强应该是可预见的。

② 序列位置指在行进中的会话中随话语行为推进所产生的位置先后关系，比如起始（initiation）位置、回应（response）位置等，说话人在不同序列位置通过话语往往施行不同的行为。会话序列模式可以描述为 ababab，a 和 b 都是会话参与者（participants）（Sacks，1992；Schegloff，1968；Stivers，2013）。

话轮所执行的某种行为过程的组织结构，它将话语本身和组成话语的话轮组织连贯起来（参看 Schegloff，2007：2）。对于序列组织的研究关注会话交际行为的实际过程。

序列组织的构建的基本单位是相邻对（adjacency pair）①。如果其前件是提问、请求、给予、邀请、宣称之类的话语类型，用于发起交谈，那么相应的，其后件则是承认或否认、同意或不同意、应允或拒绝、接受或婉拒之类的话语类型。有些话语类型既可以充当相邻对前件也可以充当后件（如抱怨可发起序列，也可用于对询问的回应）；相同的话语类型还可以同时充当相邻对前件和后件（如评价）（Schegloff，2007：14）。

一个话轮构建单位、一个话轮或是一个行为的产出和解读，既基于其前的结构，也会影响到其后的结构。一个语言形式所处的序列类型以及在会话序列中的位置，在很大程度上决定了我们如何解读它的意义（Stivers，2013；Heritage & Sorjonen，2018）。

我们通过观察发现，浮现义的产生与对话中序列的行为类别密切相关。

3.1　位置敏感

会话中序列的编码形式与互动行为之间并非完全对应。以时间副词"马上"为例。

> （4）A：咱歇会儿再走吧。
>
> 　　　B：不行，<u>马上</u>！再不走就走不成了。

例（4）中，虽然"马上"后面没有动词，但是仍然可以解读为一个祈使句，即"我请你立刻做某事"。这里，赋予"马上"行为解读的重要语境因素是相邻对前件 A 的行为特征——请求，B 是回应语，是对 A 请求的拒绝。这类副词独用作祈使句解读的现象，在先前的研究中被视作主观性强的表现，我们认为，其言者意志的解读源于回应语位置。

我们注意到，同一个副词，用在发起话语还是回应话语，会带来不同的功

---

① 相邻对是构成一组成对行为的两个相邻话轮所组成的基本序列，也叫根序列（base sequence）（Schegloff，2007：29）。其中第一话轮叫前件（first pair part），后一话轮叫后件（second pair part）。

能解读。下例中的 "马上" 是典型的副词独用。它表短时的意义仍在，但是
语境中却有浮现意义，即 "马上（就做）"。例如（自然口语对话中的转写符
号见文末说明）：

> （5）A：我每次以管理员的身份运行一个东西就被有的电脑所阻碍。
>
> B：.. 你就同意啊，你就允许啊。
>
> A：好，<u>马上</u>，等着，我正在下载...

例（5）的 "马上" 出现在对 B 所提出建议（suggestion）① 的回应话轮，
有浮现义 "立刻做"，具有行为解读。

与 "马上" 相似的是副词 "赶紧"。对话中既有其基本义解读，也有浮现
义解读。

> （6）B：天呐.. 我不想给那些小孩ⅱ上课了.. 这小孩... 陈 XX..
>
> 两节课... 他.. 他.. 他能好好地坐那ⅱ坐半个小时都谢天
>
> 谢地了... 两节课两个小时.. 他能坐半个小时我都要.. 感
>
> 激涕零。
>
> A：@@ 给他跪了。
>
> B：对... 他经常坐不住的.. 这个人... 我不想给他上课... 呃
>
> 呃呃呃呃.. 我又不能不去。
>
> A：什么时候.. <u>赶紧</u>.. 撤了撤了。

这里，独用的 "赶紧"，是在催促对方立刻去做。既有短时义解读，也有
行为解读。

在陆俭明（1982，1983）的用例中，多数是独用副词出现在回应语位置
的。我们认为，一方面，独用副词的功能在一定程度上受制于基本语义。另一
方面，独用副词的解读也体现出位置敏感（positionally sensitive）② 的特点，
即这类浮现意义的解读条件是用作回应语。

---

① 作为建议，未来行为的实施者和受益者都是言者之外的其他人（Couper-Kuhlen，2014）。

② 会话序列位置敏感的语法是 Schegloff（1996）提出并倡导的对会话行为中语言形式的分析
视角。

3.2 序列特定性

接下来的问题是，回应语位置一定会产生上述浮现意义吗？我们的观察发现，对话的序列类型也具有影响力，也就是说，从交际行为角度看，这一段对话究竟是在做什么。或者说，除了位置敏感之外，回应语序列特定性（sequence-specific）① 的特点同样影响着意义解读。

从互动行为角度看，会话中的基本行为有告知、评价、恭维、自贬等。值得注意的是，对互动行为的观察和分析不能仅仅依赖单一语句。例如，从互动行为角度看，下面一段对话是一个建议序列（A 建议 B 买微波炉）。

> （7）A：我听毛毛说你想买微波炉是吧。
>
> 　　　B：.. 噢。
>
> 　　　A：我觉得那挺有[₁用的₁]
>
> 　　　B：　　　　　　[₁我觉得₁] 好像比较
>
> 　　　　　　　　　　[₂方便，因为我看张志娟他₂] 们家
>
> 　　　A：　　　　　　　[₂我-而且像咱们家这种₂]
>
> 　　　　　中午，中午好像 .hh 又不太爱做饭的就用这挺好的我觉得，
>
> 　　　　　.. 所以-欵我[₁觉得你就去₁] 买一个不就完了吗::？
>
> 　　　B：　　　　　　[₁对::₁]
>
> 　　　A：你还等什么[₂呢₂]？
>
> 　　　B：　　　　　[₂啊₂]？
>
> 　　　A：.. 你就去买一个呗。

说话人 A 提出建议是从一个含有"是吧"的附加问句开始的②。在 B 并未给出积极的回应后，A 在第 3 行发起了评价"我觉得那挺有用的"。到了第 10 行，说话人 A 说"你还等什么呢？"，但是这句话不是一个寻求未知信息的疑问句，尽管从句法形式上看是疑问结构，却只能解读为反问句。B 回应并不

---

① Thompson 等（2015：17）结合 Schegloff（1996，2007）的研究，指出回应（response）具有位置敏感性和序列特定性。回应具备两个关键性特征：其一，它承接始发行为；其二，回应是被规定了类型的（typed）。

② 会话分析中，将这类引导性话语称为前序列（pre-sequence）。

积极，直到第12行，A直接给出了一个建议"你就去买一个呗"。在这一例中，只有从序列过程看，才能理解整个言谈的行为类型。

我们注意到，副词独用浮现义的出现条件也受到序列类型的影响。作为求取信息的问句的应答语，独用的副词保留其基本概念解读。像下例中的"马上"，虽然是副词独用，也出现在回应语位置，但只有时间义解读，并没有产生催促对方"立刻做"的行为解读。

(8) A：@<@我不喜欢被人表扬，我宁愿被人损@>

B：<@你@>，你说什么？

A：下好了没？

B：<u>马上</u>。

A：我的天啊。

B：就剩 [43 兆了]

A：　　[这什么] 鬼网速啊，XXXXXX 这个网能看好网页吗？

B：不，<u>马上</u>。

上面例（8）是一个信息求取的"提问—回答"序列，其中的回应语"马上"只是表达时间概念，不含有行为解读。对比下面例（9），这是一个"建议—接受"序列，"我马上"是对说话人B更早的话语所发出的建议"跟她们说参加培训"的回应。除了表达时间外，还有行为解读，即接受对方的建议并立刻去做。

(9) B：我说哦，想不起来了，然后我们就开始扯，我看见她想吐的事情。

D：嗯嗯。

B：然后...我就忘了，其实我当时想说的那句话是，你一定要就是...跟她们说一下就是说愿意花时间，愿意那个来参加培训。

D：对，好。

B：因为大家——

D：我...我<u>马上</u>——

就回应语来说可分为两类：为对方提供未知信息内容；不提供未知信息。虽然都处于回应位置，但例（8）是针对对方未知信息的回应，而例（9）就是对对方提出建议的回应。形式上相同，但因处于不同的序列行为而解读不同。例（8）只是表达时间，而例（9）还具有行为解读。

下面我们来看范围副词"差不多"。副词"差不多""表示相差很少；接近"。如：差不多等了两个小时/头发差不多全白了/走了差不多十五里山路（《现代汉语八百词》第 111 页）。无论上述哪个用法，"差不多"表达范围都是指数量上的接近。但是下面的例子中，解读有所变化，不是指数量，而是指属性，说"差不多"，表达的是"大体上属于（某一类）"。

（10）A：你是宅男吧？

　　　B：嗯，算-算是宅男。…（2.0）宅男就是，就是不出门ﾞ？

　　　C：[哈哈。

　　　A：[对啊。

　　　B：<u>差不多吧</u>。

例（10）属于评价序列。A 通过"你是宅男吧？"发起评价，B 虽然用"算-算是宅男"回答，但对何为"宅男"进行确认；在得到肯定的回答后，说了"差不多吧"。① 从互动行为的角度看，这里的"差不多"在传递言者 B 的略有保留的一致性立场。

我们注意到，陆俭明（1983）讨论的 65 个能单说的副词中，有 38 个可以不借助语气词单独做谓语。从行为角度分析，这些副词主要分属表达请求、建议、禁止、婉拒和评价几类，其中表达评价的 23 个，所占比例最高。

（1）请求：快、马上。

（2）建议：趁早、亲自、顺便、一块ﾞ、一起、同时、互相。

（3）禁止：别、不、不必。

（4）婉拒/客套（可叠用）：别、没、没有。

---

① 张谊生（2000）曾经注意到，范围副词都带有一定的主观性。我们认为，所谓"主观性"有所不同，对数量的估量体现言者的认识，而对程度的评价主观性更强。

（5）评价：必须、差不多、差一点、迟早、当然、敢情、刚好、何必、
何苦、没准儿、难免、未必、幸好、也许、偶尔、照常、照
旧、照样、自然、早晚、准保、一共、总共。

方梅（2017a）发现，一些结构形式，其言者态度的评价解读是高度依赖
回答位置的。上文对独用副词的考察说明，回应这一序列位置，不仅仅对那些
规约化程度较高的构式来说是敏感位置，对于类似"独词句"一类表达形式
的意义解读也同样重要。①

4. 语气词的隐现

陆俭明（1983）已经注意到，能单说的副词不一定都能单独做谓语。副
词单独做谓语时有两点值得注意：一是其主语大多由代词（人称代词或指示
代词）充任，二是有些副词做谓语时还可以受另一副词（如"也、倒、还"
等）的修饰。

我们发现，独用的副词与语气词共现的情况可以分为三类。

（1）依赖语气词才能独用。以往研究中注意到这类"副词+语气词"的解
读是述谓性的。

（2）单独使用与跟语气词共现使用，具有不同的话语功能。

（3）完全不必依赖语气词。

上述三类用法中，第二类情形下，语气词的作用在于固化其语境意义解
读；第三类现象主要见于回应语，副词的意义不同，在对话中执行不同的言语
行为。

独用副词与语气词共现时有两类情况。

（1）就行为类别而言，无论有无语气词，都同样被解读为某一类互动
行为。

---

① 陶红印（Tao, 2007）在讨论英语副词 absolutely 独用的言谈来源时也注意到互动语用
（interactive pragmatics）倾向与位置、序列结合的趋势：中性词语（如 absolutely）在接话
时意义可以朝正面偏移，因为正面回答是谈话的偏爱形式。这个趋势也经常有相关共现形
式的辅助，如"you are absolutely right""yeah, absolutely"等，其中的 right、yeah 等就是
相关的（具有正面肯定意义的）共现形式。这种高频组合长期使用，导致光杆、中性的
absolutely 也能负载正面意义解读。

（2）有无语气词的共现，决定了该话轮的互动行为类别。①

4.1　可选性

下面先来看上文所述第一种情况。即独用副词可以与语气词共现，也可以单独使用。无论有无语气词，都同样被解读为某一类互动行为。例如，例（12）和例（13）中有语气词，但与例（11）相同，都具有评价解读。

(11) A：唉... 我上次没报名好像是，没报，我以为是那个 ... 就是你们那个学生会的人报。

　　　 B：学生会的人是必须得报，然后党员也得报，如果你表现好的话，还有什么，哎，可以选什么优秀党员呀，还可以成为什么党员呀，@小丽呀和小梅也报了。

　　　 A：哦.. 难怪。反正我没报。

(12) C：... 我记得开学来的时候.. 起码花了一个小时哦。

　　　 A：@@@

　　　 B：现在我觉得走过来，约走了一个小时。

　　　 C：前面是学姐啊。

　　　 A：... 她住东区。

　　　 C：哦，难怪呢。算了 .. 不跟她一起走了。

(13) A：反正 .. 我们那会儿整个班学习氛围都特别好。

　　　 B：对呀。

　　　 A：所以考教师资格证 ..

　　　 B：难怪啊。

　　　 A：基本上考的都过。

上面三例中都是告知（informing）序列。其中，例（11）和例（12）含有"难怪"的回应语都以新知接受标记（news receipt）"哦"开启。相对于例（11）中的"难怪"后面没有语气词，例（12）"难怪呢"语气缓

---

① 关于互动行为类别的分析，可参看 Couper-Kuhlen（2014）。

和。例（13）不同于例（12），一是话轮之首没有"哦"，二是"难怪"后面的语气词的改变，用的是"啊"。如果仔细分析，例（11）、例（12）、例（13）之间在交际互动角度有所分别。但是，解读上的细微差别，应是语气词的共现造成的，其行为解读上的差异是"副词+语气词"的整体效应。

接下来看"尽量"。下面例子是"尽量"出现在请求（request）序列。其中 A 是售楼中介人员，B 是购房者。B 希望 A 提供帮助，使自己买到首付比较低的房子。例如：

> （14）A：用公积金吗？
>
> B：是啊。……一百四十四平米以上的，首付三成。
>
> A：哎，那好多楼盘都是三成的要。
>
> B：一百四，一百四十四平米。很大了。
>
> A：对啊。我知道啊，就是很，我是说，就是：实际上很多楼盘好像都是要的三成吧……因为我堂弟嘛。买了个房子，就是：付了三成。
>
> B：尽量吧。找那种两成的房子。

"尽量"表示"力求达到最大限度"（《现代汉语八百词》，第 308 页），其词汇意义本身已经含有"承诺"义。"尽量"后面有语气词的时候，作为回应语仍旧是承诺，保持其原有行为属性不变。

4.2　强制性

有些副词独用，必须与语气词共现。那么，其中有什么规律呢？我们经初步考察发现，有两类情况。

（一）当求取未知信息或确认信息时，语气词是必须使用的。如例（15）：

> （15）A：改名儿，必须改名儿。
>
> B：必须吗？... 我觉着我这名字，

这一例中，"必须吗"是针对说话人 A 提出的"改名儿"的提议，同时寻求对方的进一步解释。这种用于追问的独用副词，"吗"是必不可少的。

（二）语气词具有固化行为解读的作用。

求取信息序列之外，对于处于其他行为序列中的相邻对，语气词的作用在于固化浮现意义，使回应行为的类型更加明确。接下来，我们通过独用的"必须"来看序列类型对意义浮现的塑造。

下面是"邀约—承诺"序列的例子。"必须"是表达道义情态的副词。《现代汉语八百词》解释为"表示事实上、情理上必要"，比如"我们必须坚持真理""这件事别人办不了，必须你亲自去"。而例（16）的"必须的"与用作修饰语的"必须"不完全相同：

（16）A：对啊，你上午还要收拾东西吧。等你再回来，我们就武大见。

B：必须的！...喝什么汤呢？

例（16）中A说"等你再回来，我们就武大见"，向B发出邀请约，B接受邀约的回应用了"必须的"。不表示"事实上、情理上必要"，而仅仅是接受邀请（"武大见"）。与副词共现的语气词使得回应语的浮现意义得以彰显。

下面例（17）中，"必须+语气词"用作对评价的认同。

（17）A：你一个人吃四个人份的凤爪啊？

B：吃不完带走嘛。

A：你也是蛮厉害的！

B：必须哒。

例（16）和例（17）中，"必须"都出现于回应语，但是"必须"所处序列的行为类别不同。在例（16）中，A与B构成"邀约—接受/承诺"相邻对，例（17）A与B构成"评价—认同"相邻对。例（17）中"必须哒"表示对对方恭维的认同和强确认。

例（18）与例（17）相似，对评价的认同用了"必须的啊"，其中"的"与"啊"没有合为一个音节。

（18）男：呃，道可道，非常道。名可名，非常名。

女：哎，解释一下。

男：呃，.. 这个呢，我跟你解释了啦，那就是等于什么都没解释。

女：这只可意会不可言传，是吧？

男：是的。

女：那你蛮高深啊，这个学问！

男：必须的啊！<@ 因为，我什么都不会。@ >就是这样，糊弄人就是这样糊弄人的。

女：呵呵。你就糊弄我，是吧？

男：不是啊！我跟你说了，没有糊弄你嘛！不跟你说，就糊弄你嘛！你自己好好体会。

女：我体会不了，智商太低！

　　有些是非问句，表面看是求取信息，但是所求取的信息不是针对事件的真实性，而是受话人的判断或评价。例（19）中，B 就某人邀约的可能性提问，C 对 B 的回应"那必须呀"的解读不是道义情态，而是事理意义。

（19）C：对。发生［了很多事，然后然后我就觉得］

A：　　　　　［<@ 然后 XX 在，等我的大餐，大餐@ >］。

C：<@ 我就觉得有一顿大餐已-已然在向我们招手了你知道吗@ >。

B：你觉得他是跟她在一起了会请我［们］吃饭的人吗？

C：　　　　　　　　　　　　　　［嗯］。

C：那［必须呀］。

A：　［必须的］，会的。

　　可见，序列的行为类别对语句的整体意义解读非常重要。而语气词的使用则起到固化特定序列位置上的副词解读的作用。以至于，在副词之后会有事态助词"的"与互动性语气词连用的情况，进而固化成一个语气词。如例（17）"必须哒"中的"哒"是"的+啊"的合音形式，其中的"的"应是句末语气词"的"，因为我们在修饰语位置不能说"必须的"。"的+啊"是事态语气词后续互动语气词（语气词的功能分类可参看方梅，2016），其高频使用导致一个新的语气词浮现。而与"必须"的道义情态表达相对，作为回应语的"必须哒"表达评价。

有的时候，我们还能看到语音未融合的例子。例如：

（20）A：看脸的时代。

C：就那个山下智久。

A：...如果有个人骑个车，然后不小心撞了你一下，

C：..嗯。

A：你本来是很生气的，结果一看脸，啊好帅啊你会立刻原谅他吗？

B：不啊－－

C：［没有啊］

B：［XXXX啊］

C：赶紧的呀，［刚刚］

B：　　　　　［要］手机号啊，微信呀－－

调查中发现，"赶紧"后有三种形式，"赶紧的、赶紧哒、赶紧的呀"。"哒"是"的+啊"的合音，而"赶紧的呀"似乎有些特殊。其中的"的"不同于"必须的"里的"的"，不是句末事态语气词。在现代老派北京话里，还能发现祈使句"赶紧着"。例如：

（21）二大爷：这事情是你引起的，你把钱先给退给大家，完了以后，你再找秦淮茹去要去，你不赔。

　傻　柱：也是，可以。

　大　茂：赶紧着，要不过后他就不认账了。（《情满四合院》）

我们认为，这是因为"赶紧的"的"的"是祈使句"赶紧着"的"着"语音弱化的结果。"赶紧"一定程度上保留了其动词用法，这类来源于动词的副

词，其后的语气词残存了"着"的痕迹。①

综上所述，当副词的词汇意义本身与其所处序列的行为类型相吻合的时候，语气词是否与独用副词共现，具有可选性。而当副词的词汇意义本身与其所处序列的行为类型不一致的时候，语气词与副词共现可以凸显和固化浮现意义，此时副词必须与语气词一起用。②

5. 结语

吕叔湘先生在《汉语语法分析问题》中指出，句子分为始发句和后续句两类，问话不一定在始发句，答话却一定在后续句（吕叔湘，1979：54）。我们的研究也说明，回应语具有独特的规约化表现；有些在自叙语境中不合语法的结构形式，在对话中作为回应语却是最为自然的（方梅，2018：351-352）。

以往的研究虽然提及副词独用具有主观性，但是对副词独用现象的本质特征还没有充分认知。我们的考察发现，副词独用至少包含三类情形。

第一类，从其本身的基本意义看，该副词是语气副词或评价副词。这类副词无论在任何位置上，都带有言者判断的解读。

第二类，从其本身的基本意义看，该副词具有时间副词、范围副词等意义，但是在特定语境中获得了认识意义解读，在语境中解读为：言者认为具备某种特征。

第三类，从其本身的基本意义看，该副词具有时间副词、范围副词等意义，但是在特定语境中获得了浮现意义，解读为言者请求/希望如何去做，增加了行为意义解读。

总体上看，一方面，独用副词的功能扩展在一定程度上受制于其基本词汇语义；另一方面，独用副词的解读也体现出位置敏感和序列特定性特点。独用副词在序列中的位置以及它所处会话序列的行为类别，都影响其意义

---

① 《现代汉语词典》（第7版）将"赶紧"标为副词，解释为"抓紧时机，毫不拖延"。"VP着"在近代汉语中是常见的祈使句。

② 副词后附句末语气词在口语中相当活跃，除了"必须、赶紧"等副词外，"简直"也可以后附"了"，说成"简直了"（吴春相、曹春静，2018）。其意义与"简直"做状语时也有所不同，用作回应语，表达言者的评价。

解读。

　　副词独用现象本身并非汉语所独有，在对英语等其他语言的对话研究中已经发现，相对于其修饰语位置的用法，独用时的副词解读会产生理解偏好，如英语的 absolutely（Tao，2007，2020）。但是，评价副词之外其他语义的副词，因在回应语位置独用而产生的主观化解读和行为解读，目前还很少被论及。

　　Thompson 等（2015：11）提出，在会话互动中，回应语倾向于简约形式，高频形式有如下几类：小品词（particle），主要是词义空灵，有回应功能的单词，包括一些副词、叹词，如"oh""sure"等；词汇（实词）或词组（lexicon/phrase），如"Germany""In China City？"等；简式小句（minimal clause），主要是由人称代词和助词两部分构成的陈述或疑问式，如"I will""does she？"等；扩展小句（expanded clause），所谓"扩展"，因具体的序列环境而定，既可以是对发起行为的语言形式的扩展，也可以是对相近回应形式的扩展；级差小句（graded clause），从语义上来看，相较发起行为而言，回应行为既可以是升级的（upgraded）也可以是降级的（downgraded），比如作为二次评价的形式"It's gorgeous."是对首次评价形式"It's very pretty."的升级回应；无关联小句（unrelated clause），如"Are you gonna buy a house？"作为对告知信息"We're looking at houses."的回应，它是重新改述（reformulate）自己的推测（由看房推测买房），"无关联"主要指回应形式没有再次使用发起行为的语言形式。在上述六种语法格式中，前三类在句法形式上是小于小句的。换言之，在有句法形态的语言中，回应位置上也有可能使用类似汉语"零句"的句法编码，这甚至是常见的现象。

　　汉语口语中"副词+语气词"构成的回应语的现象丰富了简约形式类型的认识①。汉语自然口语对话中的独用副词的现象，进一步说明位置敏感因素对浮现语法的塑造作用。

---

　　① 陶红印（Tao，2020）在回应语的研究中也提出，广义的简约形式在话语中可以呈现有倾向的语义语用解读，包括副词独用、连词对象缺失甚至名词动词的意义偏移等，都受话语位置、语用规律、频率因素等的影响。

附录　文中所用转写符号说明

符号	说明
。	当前说话人话语的结束
，	话语未完
？	疑问语调
(·)	短停顿标记,小于等于 0.2 秒,不标停顿时长
··	中停顿标记,停顿时间为 0.3~0.6 秒,包括 0.3 秒和 0.6 秒,不标停顿时长
…(0.7)	长停顿标记,圆括号内标注时长,等于或长于 0.7 秒
[　]或[₁]	话语交叠,括号下角数字为交叠编号
-	一个词完整产出之前被截断
--	完成一个完整语调单位曲拱之前,该语调单位被截断
:	语音拖长,冒号越多表示拖长时长越长
hh	吸气
XXXX,<X　X>	模糊音,一个 X 代表一个音节,或有猜测的内容标在尖括号内两个 X 之间
@@@,<@　@>	笑声,一个音节一个@,边笑边说的话语在尖括号内两个@之间

参考文献

方　梅　2016　《再说"呢"——从互动角度看语气词的性质与功能》,《语法研究和探索》(十八),商务印书馆。

方　梅　2017a　《负面评价表达的规约化》,《中国语文》第 2 期。

方　梅　2017b　《饰句副词及相关篇章问题》,《汉语学习》第 6 期。

方　梅　2018　《浮现语法:基于汉语口语和书面语的研究》,商务印书馆。

关文新　1992　《自由副词初探》,《吉林大学社会科学学报》第 3 期。

李　泉　2001　《汉语语法考察与分析》,北京语言文化大学出版社。

李　泉　2002　《从分布上看副词的再分类》,《语言研究》第 2 期。

刘　洋　2015　《"不"独用的性质、功能与演化研究》,上海师范大学硕士学位论文。

陆俭明　1982　《现代汉语副词独用刍议》,《语言教学与研究》第 2 期。

陆俭明　1983　《副词独用考察》,《语言研究》第 2 期。

陆俭明　马　真　1999　《现代汉语虚词散论》,语文出版社。

罗耀华　2010　《现代汉语副词性非主谓句研究——副词成句问题探索》,华中师范大学出版社。

罗耀华　刘　云　2008　《揣测类语气副词主观性与主观化》,《语言研究》第 3 期。

罗耀华　齐春红　2007　《副词性非主谓句的成句规约——语气副词"的确"的个案考察》,《汉语学习》第 2 期。

罗耀华　朱新军　2007　《副词性非主谓句的成句规约——语气副词"确实"的个案考

察》，《云南师范大学学报》（哲学社会科学版）第 3 期。

吕叔湘 1979 《汉语语法分析问题》，商务印书馆。

吕叔湘主编 1980 《现代汉语八百词》，商务印书馆。

齐沪扬 2003 《语气副词的语用功能分析》，《语言教学与研究》第 1 期。

王金鸽 2016 《基于语料库的副词"果真"独用研究》，《现代语文》第 5 期。

王永华 2008 《语气副词"当然"的多角度考察》，广西师范大学硕士学位论文。

吴春相 曹春静 2018 《论新兴结构"简直了"形成的机制与动因——兼论"副词+语气词"独用在当代汉语中的新发展》，《当代修辞学》第 3 期。

徐 洁 2009 《再肯定连接成分"的确"多视角研究》，西南大学硕士学位论文。

杨德峰 2016 《也说饰句副词和饰谓副词》，《汉语学习》第 2 期。

尹洪波 2013 《饰句副词和饰谓副词》，《语言教学与研究》第 6 期。

张雪平 2007 《汉语成句问题研究述评》，《汉语学习》第 5 期。

张谊生 1996 《副词的篇章连接功能》，《语言研究》第 1 期。

张谊生 2000 《现代汉语副词研究》，学林出版社。

张谊生 2004 《"不"字独用的否定功能和衔接功能》，《乐山师范学院学报》第 8 期。

中国社会科学院语言研究所词典编辑室 2016 《现代汉语词典》（第 7 版），商务印书馆。

Couper-Kuhlen, Elizebeth 2014 What does grammar tell us about action? *Pragmatics* 24 (3)：623–647.

Couper-Kuhlen, Elizabeth and Margret Selting（eds.）1996 *Prosody in Conversation*：*Interactional Studies*. Cambridge：Cambridge University Press.

Couper-Kuhlen, Elizabeth and Margret Selting 2018 *Interactional Linguistics Studying Language in Social Interaction*. Cambridge：Cambridge University Press.

Fox, Barbara A., Sandra A. Thompson, Cecillia E. Ford and Elizabeth Couper-Kuhlen 2013 Conversation Analysis and Linguistics. In Jack Sidnell and Tanya Stivers（eds.）, *The Handbook of Conversation Analysis*. Oxford：Wiley-Blackwell, 726–740.

Gao, Hua and Hongyin Tao 2021 Fanzheng "anyway" as a discourse pragmatic particle in Mandarin conversation：prosody, locus, and interactional function. *Journal of Pragmatics* 173：148–166.

Heritage, Jonh C. 1984 A change-of-state token and aspects of its sequential placement. In J. Maxwell Atkinson and John Heritage（eds.）, *Structures of Social Action*. Cambridge：Cambridge University Press, 299–345.

Heritage, John and Marja-leena. Sorjonen 2018 *Between Turn and Sequence*：*Turn-Initial Particles Across Languages*. Amsterdam：John Benjamins.

Hopper, Paul J. 1987 Emergent grammar. *Berkeley Linguistics Society* 13：139–157.

Hopper, Paul J. 2011 Emergent grammar and temporality in interactional linguistics. In Auer Peter and Stefan Pfänder（eds.）, *Constructions*：*Emerging and Emergent*. Berlin：De Gruyter, 22–44.

Li, Charles N. and Sandra A. Thompson 1981 *Mandarin Chinese*：*A Functional Reference Grammar*. Berkeley：University of California Press.

Sacks, Harvey   1992   *Lectures on Conversation: Volumes I、II*. Oxford: Blackwell Publishing.

Schegloff, Emanuel A.   1968   Sequencing in conversation openings. *American Anthropologist* 70: 1075-1095.

Schegloff, Emanuel A.   1996   Turn organization: one intersection of grammar and interaction, In Elinor Ochs, Emanuel A. Schegloff, and Sandra A. Thompson (eds.), *Interaction and Grammar*. Cambridge: Cambridge University Press, 52-133.

Schegloff, Emanuel A.   2007   *Sequence Organization in Interaction: A Primer in Conversation Analysis*, *Volume* 1. Cambridge: Cambridge University Press.

Selting, Margret and Elizabeth Couper-Kuhlen (eds.)   2001   *Studies in Interactional Linguistics*. Amsterdam/Philadelphia: John Benjamins.

Stivers, Tanya   2013   Sequence organization. In Jack Sidnell and Tanya Stivers (eds.), *The Handbook of Conversation Analysis*. Oxford: Wiley-Blackwell, 191-209.

Tao, Hongyin   2007   A corpus-based investigation of absolutelyand related phenomena in Spoken American English. *Journal of English Linguistics* 35 (1): 5-29.

Tao, Hongyin   2020   Formulaicity without expressed multiword units. In Ritva Laury and Tsuyoshi Ono (eds.), *Fixed Expressions: Building Language Structure and Social Action*. Amsterdam: John Benjamins, 71-98.

Thompson, Sandra A., Barbara A. Fox and Elizabeth Couper-Kuhlen   2015   *Grammar in Everyday Talk: Building Responsive Actions*. Cambridge: Cambridge University Press.

从位置敏感看社会行为格式"像+NP"
在会话中的认识调节功能[*]

姚双云　田　蜜[**]

提　要

本文突破静态的单句视角，结合位置敏感语法，深入考察社会行为格式"像+NP"在自然会话中的认识调节功能。文章首先讨论"像+NP"中固定成分"像"的词性演变，归纳出三种相应的话语模式，然后考察其序列环境中的倾向性位置分布，最后结合交际双方认识状态的差异，从序列特定和位置敏感的角度探析"像+NP"格式的互动功能。研究表明，现代汉语中的"像"经历了"衔接描摹客体→举例援证话语→重拾话题身份"的演变过程，在交际中分别被用作描摹动词、举例引介词与话题标记。由于受到位置分布和交际双方认识状态的双重影响，"像+NP"格式在会话中分别具备消减认识级差、调控认识权限和凸显认识独立等互动功能。

关键词

位置敏感语法；"像+NP"；社会行为格式；认识状态

---

* 本文曾在第四届互动语言学与汉语研究国际学术研讨会（2021年4月17~18日，首都师范大学）上宣读，原文发表在《世界汉语教学》2022年第3期，感谢编辑部匿名审稿专家的宝贵意见。

** 姚双云，华中师范大学语言与语言教育研究中心教授，研究方向为汉语口语语法、国际中文教育；电子邮箱：ysy@ccnu.edu.cn。田蜜，华中师范大学语言与语言教育研究中心博士研究生，研究方向为现代汉语语法；电子邮箱：tianmi-edu@qq.com。

The epistemic adjustment function of social action format "*xiang*（像）+ NP" in Mandarin conversation：

A study based on positionally sensitive grammar

Yao Shuangyun　　Tian Mi

Abstract

This article investigates the epistemic adjustment function of the social action format "*xiang*（像）+NP" in Mandarin conversation from the perspective of positionally sensitive grammar, rather than that of a static single-clause. It first explores the part-of-speech transition of the fixed component "xiang"（像）and summarizes three corresponding discourse patterns. Then it describes the likely sequential position of "*xiang*（像）+NP". An examination of the data reveals that, "*xiang* （像）" has evolved from a common verb into a variety of emerging usages such as enumerating preposition and topic marker, each corresponding to a different discourse pattern. The finding of this paper is that "*xiang*（像）+NP" has fine-grained interactional functions of narrowing the epistemic gap, controlling epistemic access, highlighting epistemic independence in Mandarin conversation. In addition, such interactional functions of "*xiang*+NP" are sensitive to its sequence positions and influenced by the epistemic status of participants.

Keywords

positionally sensitive grammar；"*xiang*（像）+NP"；social action format；epistemic adjustment

1. 引言

在现代汉语自然口语中，"像+NP"是一种使用高频、功能多样的社会行为格式（social action format）（Couper-Kuhlen，2014）[①]，其调节认识的核心功能与会话参与者的认识状态密切相关。但迄今为止，学界未见专文讨论，仅强星娜（2013）有所论及。该文指出，"像"虽未对后续 NP 成分存在"积极"或"消极"的语义限制，但要求其核心名词必须具有直指性（deictic）。除此之外，学界其他相关研究多集中在以下两个方面。一是对"像"的考察。这类研究主要从词性和语法化的角度，关注"像"的词性划分（宋玉柱，1984；陈昌来，2002：51；等等）及话语功能（李秉震，2010；王琳，2016；邓莹洁，2019；等等）。二是对由"像"作为组配成分的相关结构进行探讨，如"像……一样/似的"（邢福义，1993；张友文，2014；王治敏、赵慧周，2021）、"你像"（乐耀，2010）等。上述成果虽未直接关涉"像+NP"格式在自然口语中的使用情况，但于本文深具启发和参考意义。

必须指出的是，前人静态的单句视角忽视了语言的互动性本质，没有从社会行为的角度关注语言形式在自然交际中的使用情况（Schegloff，1996）。本文将立足于互动语言学的动态研究范式，基于实证调查、数据驱动的研究方法，关注语言形式与社会行为之间的互育关系（cross-fertilization）（Couper-Kuhlen & Selting，2018；方梅等，2018）。在日常会话（talk-in-interaction）这一更大的语言环境中，深入探讨"像+NP"作为叙事阐述的社会行为格式所实施的认识调节功能，并系统描述其所处的序列环境，力求通过语言形式、位置分布与互动功能三者之间的有机结合来细化对语言事实的分析，以期为汉语

[①] 言谈交际中，特定类型的社会行为通常存在与之高频共现的语法格式或多模态构式（multimodal construction），学界称其为社会行为格式（Couper-Kuhlen，2014），下文简称"格式"。如汉语中的让步类同语式便是一种常用于实施立场评价的社会行为格式（乐耀，2016）。

句法结构研究提供新的互动视角，并为探究交际中的社会行为格式提供参考。

笔者基于 28 段总时长约 37 小时的自然口语语料，共搜集"像+NP"格式例句 461 例。语料均为无主题自由谈话，在室内、室外采用录音或录像的方式收集转写而成。交谈内容涉及同学、朋友之间的日常对话，以及聚餐、参观新居等联合活动（joint activities）①。

2. "像"的介词化及其话语模式

现代汉语中的"像"具备多词性特征，学界对其语法性质持不同看法，争论的焦点是"像"是否已虚化出介词或话语标记用法（宋玉柱，1984；陈昌来，2002；乐耀，2010；李秉震，2010；等等）。《现代汉语词典》（第 7 版）将其处理为动词，具体包括如下两个义项。

①在形象上相同或有某些共同点：他的面貌像他哥哥。

②比如：像刘胡兰、黄继光这样的英雄人物，将永远活在人民的心中。

前一义项强调事物之间存在相似性，后一义项借助同义词释义呈现举例用法。义项之间虽侧重不同，但具有相关性（刘丹青，2021）。实际上，不管是探察前贤的研究成果，还是查检真实的互动语料，我们都注意到"像"的功能其实非常复杂，其中不少已非典型动词用法，俨然具备举例引介词、话题标记等多重身份（陈昌来，2002；乐耀，2010；李秉震，2010；邓莹洁，2019；等等）。请看：

> （1）语境：谈论教师职业的缺点
>
> 01　H：现在好多家长；
>
> 02　　不是（.）好多家长就习惯于孩子回家了；
>
> 03　　还在网上找老师什么什么的；
>
> 04　　所以老师-

---

① 语料的会话参与者共 55 名，年龄在 20~35 岁，均为汉语母语者，具有本科及以上学历。转写以 GAT-2 转写系统（Selting et al.，2009）为基础，并结合汉语语音特征做了微调，详见附录。文中语料均按照语调单位（intonation unit，IU）分行呈现。会话内容已获得参与者的同意与授权，谨致谢忱。语料中的隐私信息已做模糊处理。为省篇幅，在不影响研究结论的前提下对语料做了适当的省略。

05　　　下班了之后 .

06→　　在网上像客服一样 [<<laughing>给他服务>

07　Z:　　　　　　　　[（ （laughter))

　　例（1）讨论教师职业的缺点，即下班后还要为家长线上"服务"。第 06
行中，H 借助描摹动词"像"将目标主体"老师"（Subject，记为 S①）与描
摹客体"客服"（NP）进行衔接，构成句法关系紧密的"S+像+NP+⋯⋯"话
语模式，其后常有形容词"一样"与之共现。此时，S 与 NP 通常由定指、可
识别的（identifiability）名词性成分充当，包含具体化、阐述性特征，且二者
存在相似性，组成内质方面的语义细节②。

　　在交际中，当 S 由客观、直指的名词性成分质变为会话参与者的主观立场
（Stance）时，立场表达（stance-taking）的需要往往驱动其句法关联发生剥
离③，"像"的句法位置前移，由核心动词位移至引介示例的话语发端，构成
"S. 像+NP+⋯⋯"话语模式。此时 NP 作为立场客体（stance object）的典型
示例，同样深具话题性（topicality），"S"与"NP"二者存在上下位蕴含关
系，共享内质方面的语义细节（王琳，2016），组成枝干延伸式话题链（topic
chain）。

　　（2）语境：谈论人文需求

　　　01　L：虽然 (-) 人 (.) 人文需求吧它是那种-

　　　02　　　 [它不是<u>刚性</u>需求；

　　　03　M：[它不是<u>刚性</u>；

　　　04　L：你比如说；

　　　05→　　你比如说 (.) 像那种心理咨询师；

　　　06　　　对吧 (-) 在 (.) 在西方那有很多那种是吧，

---

①　本文的 S 不仅标记主谓句中的主语成分（Subject），也将用于指代会话参与者的主观立场
　　（Stance）。

②　语义细节具有客观现实性，是指现实世界中目标对象的外貌、内质和状态等细节内容在语
　　言中的反映，通常容易被人们感知（储泽祥，1999）。

③　立场表达作为语言的核心功能之一，它既包括言者对事物的评价与态度，也包括言者的情
　　感、认识状态以及认同的立场意义（Du Bois，2007；方梅、乐耀，2017：7）。

07　R：嗯；

08　L：但是（--）说那个；

09　　　你即便是没有心理咨询师（.）也（.）也能过日子对吧，

10　　　只不过是有可能-

11　　　[有些人重视这个（.）有些人不重视这个；

12　M：[<<laughing>过得艰难一点>

例中 L 首先在第 01、02 行表明"人文需求不是刚性需求"的主观立场（即 S），其中立场客体"人文需求"在交际双方的共同协商之下作为话题被引入会话（完权，2021）。随后 04~06 行 L 通过加合使用举例标记"你比如说"和前置举例引介词"像"（乐耀，2010）援引"心理咨询师"（即 NP）对其立场进行例释和说明。这里，位于援证说明话语发端的"像"动词义已经明显弱化，不再处于核心动词地位，成为表述中的次要成分，呈现出介词的典型特征。非语义重心的句法地位（石毓智，1995）[①] 及言者立场建构的需要（闫亚平，2018）加推了"像"的语法化，使其句法属性产生变化。

纵观汉语词性演变过程，动词向介词虚化是语法化链条中十分常见的规律，目前已有大量动词虚化出介词用法（陈昌来，2002；董秀芳，2009）。因此，我们有充分理由认为引介例证的"像"已经从动词语法化为介词，并进一步虚化为话题标记（乐耀，2010；李秉震，2010；邓莹洁，2019）。

从互动语言学提倡的因时（enchrony）视角来观察话题在具体互动话语中的产生与发展，新话题的催生在形式上具有线性发展的特征。当前述话题（S 中的立场客体）被设立，继而转为背景注意（background attention）中心后，就呈现出中度激活（semiactive）的状态，并持续存在，但又不喧宾夺主（完权，2021）。随着交际的推进，会话参与者意欲重拾前述话题时，会借助前置型话题标记"像"（邓莹洁，2019）对该话题进行再次激活与凸显。这里被重拾的话题（即 NP）往往通过重复前述话题中的名词性成分（姚双云、刘红原，2020）实现，如例（3）的"西藏那地方"；或借助回指形式实现（完权，

---

① 句子的信息组织往往遵循由轻到重的原则，通常越靠近句末的语法成分越是句子语义的重心所在，口语中的信息分布亦是如此。当"像"位于话语之始，且作为次要动词的使用频率不断提高后，其句法位置慢慢稳固而失去普通动词的句法特征（石毓智，1995）。

2021），如后文例（5）的"那种课"。话题重拾的模式主要包括两种："他人设立—言者重拾"，如例（3）；"言者设立—自我重拾"，如后文例（13）。通常 S 和"像+NP"间隔多个话轮（Turns），构成"S.（Turns）像+NP+……"话语模式，呈现 U 字回归型话题链。如：

　　（3）语境：谈论西藏旅游的经历

　　　　01　R：那学长还去过哪儿啊，

　　　　02　L：西藏吧（.）我觉得=

　　　　03　R：=哇（.）<u>西藏</u>啊；

　　　　04　　　<u>西藏很多人都</u>［想去啊；

　　　　05　M：　　　　　　　　［哦::（.）还有西藏；

　　（省略 54 个语调单位）

　　　　60　R：就是说起旅游这个事你要是，

　　　　61　　　找不来人（.）找不到=

　　　　62　L：=哎:（.）那就不去了；

　　　　63　　　有（.）有（.）有些人总想着说一个人出去玩（.）一
　　　　　　　　个人出去玩-

　　　　64　R：［嗯；

　　　　65　M：［很危险的.

　　　　66　L：他:（-）没出事还好-

　　　　67　　　要是出事了那就（-）［挺危险的；

　　　　68　R：　　　　　　　　　　［对（.）人身安全是比较重要；

　　　　69→M：像:西藏那地方确实（--）真的；

　　　　70　R：嗯；

　　　　上例第 02~04 行中，会话参与者共同协商将"西藏"设立为该会话片段的前述话题。在后续的对话中三人又分别确立了诸如"旅游"（第60~62 行）[1]、"人身安全"（第 68 行）等与前述话题存在高度关联性的新

---

① 第 60~62 行为 R 与 L 共建的合作型话题结构（姚双云、刘红原，2020）。

话题。① 随后第 69 行，M 借助"像"对"西藏那地方"进行激活，重拾前述话题，构建"他人设立—言者重拾"的 U 字回归型话题链。此时前置型话题标记"像"位于句法不完整话轮（syntactically incomplete turns）（Chevalier & Clift，2008）的话题成分之前，已不包含具体的词汇意义，其语义为空（semantically empty），且句法地位不存在强制性，将其删去将不影响原话轮的表达。

"像"的介词化演变及其相对稳固却较有区分的话语模式为"像+NP"格式实现认识调节功能提供了形式资源。下面从话语模式、句法功能、词性类属三个层面对动词"像"的介词化与话题标记化演变过程进行归纳，图示如下：

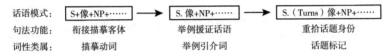

图 1　动词"像"的介词化、话题标记化演变过程

在交际中，语言形式所处序列环境的改变、言者立场表达的需要都会驱动去范畴化（decategorization）的发生，使语言形式获得新的语法意义与话语功能。但无论如何，语言形式旧有的功能和意义会决定其新功能浮现的方向（方梅，2008：72）。

3.　"像+NP"的位置分布

位置敏感语法（Schegloff，1996）作为互动语言学领域的新兴语法观，在互动分析和结构分析中具有强大的解释力。该语法观主张语法形式产生于特定的序列类型，并由序列类型和序列位置塑造而成。序列类型以特定的社会行为为基础（particular action-based），因此研究中必须考察语言形式在话轮组织（横向），以及序列结构（纵向）中的位置分布（Schegloff，1996；Couper-Kuhlen & Selting，2018：544；姚双云，2018）。

---

① 话题的发展具有互动协商性，由会话参与者共同参与，"当一个说明部分被会话人群拿出来并加以发展的时候，一个新的话题就浮现出来了"（Tannen，2005：54；转引自完权，2021）。

3.1　话轮中的位置分布

"像+NP"格式在横向话轮组织中的位置可以从两个角度观察：在局部话轮构建单位（turn-constructional unit，TCU）中的位置，如 TCU 首、TCU 中、TCU 尾；在整个话轮中的位置，如话轮首、话轮中、话轮尾，或单独做话轮（Sacks et al.，1974）。[①] 我们通过对 461 例语料进行详尽调查发现，在局部 TCU 层面"像+NP"格式主要分布于 TCU 首或 TCU 中，极少出现在 TCU 尾；在话轮整体层面则多位于话轮首或话轮中，较少出现在话轮尾或单独作话轮。详细数据如下（见表 1）。

表 1　"像+NP"格式在话轮组织中的位置分布

	话轮首	话轮中	话轮尾	单独作话轮
TCU 首	97	275	7	3
TCU 中	0	71	3	0
TCU 尾	0	1	4	0

由表 1 可知，[TCU 首+话轮中] 是"像+NP"格式在话轮组织层面最为典型的位置分布，其次为 [TCU 首+话轮首] 与 [TCU 中+话轮中]。"像+NP"格式所呈现出的倾向性位置分布与"像"的词性差异，以及"NP"的性质特征密切相关。当"像"为处于话语发端的举例引介词或话题标记时，话题性凸显的 NP 成分需要作为"话语叙述的起点"位于句法结构的左侧（姚双云、刘红原，2020），此时"像+NP"格式在口语中分布在 [TCU 首+话轮首] 或 [TCU 首+话轮中]；而当"像"为衔接描摹客体的核心动词时，阐述性凸显的 NP 成分则更多分布于互动性相对较弱的话轮中间，即 [TCU 中+话轮中]。

---

① 在会话结构中，TCU 构成话轮，话轮的依次交替则构成会话序列。话轮有单 TCU 话轮和多 TCUs 话轮之分（乐耀，2017），因此语言形式在局部 TCU 中的位置分布与整体话轮层面的位置分布不能等同。Sacks 等（1974：702）指出英语中的 TCU 包括词汇（lexical）、短语（clausal）、小句（phrasal）和句子（sentential）等结构。汉语中的 TCU 则与语调单位（intonation unit，IU）大小相当，其语法形式不局限于主谓完整的小句形式（乐耀，2016）。本文只关注"像+NP"格式在序列环境中的倾向性位置分布，并不对所有位置一一列举。

A. 位置一：［TCU 首+话轮首］

（4）语境：谈论研究生择业方向

01　L：<u>你们班找工作基本上都是教师啊</u>，

02　R：［对；

03　M：［很多啊；

04　R：都是老师；

05　L：有没有考公务员的，

06　M：有（.）有啊（.）

　　　　［有考的（-）考没考上就不知道了；

07　R：　［但是：（--）考（.）考没考上还不知道-

08→M：像你们博士可以考公务员之类的吗？

09　L：可以啊；

10　　　干啥都没人管你；

在例（4）第 08 行中，M 通过话题标记"像"将言谈对象"你们博士"设立为话题置于话语起点进行强调，并以此构建言谈框架展开对话。此时，"像+NP"格式位于［TCU 首+话轮首］位置。

B. 位置二：［TCU 首+话轮中］

（5）语境：谈论无趣的老师

01　H：有的老师就照念 PPT；

02　　　［那种（.）就是（--）整堂课听着听着就昏昏

　　　　［欲睡；

03　M：［哦::,

04　L：［（（laughter））

05　H：<<laughing>自己把中文系真的（-）不想再读中文>

06→L：是（.）我觉得（.）真的（.）像那种课啊（.）那老

　　　师跟老师讲不一样的；

作为典型示例或交际话题的"像+NP"格式虽然常位于 TCU 的起始位置，

却并不一定始终处于整个话轮之首。口语交际具有动态性和即时性，言者在产出用作典型示例或者交际话题的"像+NP"格式之前，可能会先完成其他会话行为，如对上一话轮进行回应（例（5）第06行的回应标记"是"），或加合使用其他介引成分［例（5）第06行的认识类立场标记"我觉得"、情态标记"真的"，以及例（2）第04、05行中的举例标记"你比如说"］，由此"像+NP"格式所在的TCU便位于话轮中间，即［TCU首+话轮中］。

C. 位置三：［TCU中+话轮中］

（6）语境：谈论麦芽糖

```
01  B：那个，
02      是不是上面还有那种白色的（hu）？
03      类似于（hu）？（.）那个灰一样的东西［那种感觉；
04  D：                                  ［好像是吧，
05      就是用一个-
06      那个小（.）小的铁；
07→     就是［像铲刀然后敲（.）敲（.）敲它；
08  B：  ［很硬的（.）有很硬的那种糖；
```

在话轮组织中，话轮的起始和结尾位置最具互动性，涉及话语权的争夺与让渡，而话轮中间则更多属于自我阐述（饶宏泉，2017）。例（6）第07行中，描摹动词"像"与具体而有形的NP成分"铲子"所构成的"像+NP"格式位于互动性弱、阐述性强的［TCU中+话轮中］，对叙述的目标主体S，即"那个小的铁"外在的语义细节进行具象化，帮助听者体认。

3.2　序列中的位置分布

社会行为植根于交谈中的话轮和序列中。语言形式是与社会行为在特定话轮和序列中的位置相适应的（Schegloff，1996；方梅等，2018）。从更大的话语环境（discursive environment）来看，作为叙事阐述的社会行为格式，"像+NP"不仅对话轮位置存在敏感性，还受到不同序列类型和序列位置的塑造。下面根据"像"的词性与NP成分的特征差异对"像+NP"格式序列位置的敏感性和序列类型的特定性进行分析。

　　由描摹动词"像"与阐述性 NP 所构成的"像+NP"格式常用于言者向听者传递客观信息的讲述（telling）或告知（informing）序列中。"像+NP"格式既可位于发起话轮（first position）中，如上文例（1），又可位于回应话轮中（second position），如例（7）。

（7）语境：谈论苦瓜的英文名称

```
01  F：你刚才说苦瓜怎么叫的？
02  B：叫：（-）嗯（.）bitter 就是［苦的那个词；
03  C：                              ［bitter melon；
04  F：                              ［哦哦哦；
05  B：melon 是［瓜；
06  F：          ［那（.）那个是合成词啊，
07  B：对（.）它就是？
08→  嗯（--）像 watermelon 一样（（laughter））
```

　　在例（7）中，三人谈论"苦瓜"的英文名称。F 在第 01 行发起提问引发 B 与 C 对 F 所寻求的信息（即苦瓜的英文名称）进行告知①。由于 F 与 B、C 的认识状态存在差异，为帮助 F 理解，B 在第 08 行的回应话轮中以三人共知的"watermelon"为描摹客体，通过"像+NP"格式对苦瓜英文名称的构词方式进行阐述。

　　由举例引介词"像"和作为典型示例的话题性 NP 所构成的"像+NP"格式不仅可作为帮助听者对客观信息进行理解与认知的语言资源出现在讲述或告知序列中，还可作为援证言者主观立场、协助强化论证的形式手段出现在评价序列中。但无论处于何种序列环境，"像+NP"格式都位于发起话轮位置。

（8）语境：谈论 L 的记忆力差

```
01  L：我只认识那个（-）就是女主-
02      还是看了好几次才认识的女主-
```

---

① 信息告知可分为三种：自愿的（volunteered）；问题引发的（question-elicited）；重新恢复的（retrieved as an informing）（Thompson et al.，2015：54-55）。

03　　　　其他人一概不认识；

04　M：里面就俩；

05　　　　俩主要的（n）（.）女生；

06　　　　她跟她姐姐；

07　L：对啊（.）我就是认识她；

08　　　　不认？（.）她姐应该也认识吧，

09→　　　反正其他的都是分不清（.）像那个（.）那些大妈；

10　　　　[就他们母亲那一代；

11　M：[哦::（.）就各自的妈妈是吧，

　　例（8）第 01~03 行 L 向 M 讲述自己的记忆力不好，只能记住电视剧女主，而"其他人一概不认识"。为了帮助 M 识解"其他人"的具体所指，L 在第 09 行通过举例引介词"像"引入"那些大妈"为典型示例进行说明。之后 M 便对 L 所说的"其他人"有了一定的了解，并就自己的猜想寻求 L 的确认。在该例中"像+NP"格式位于讲述序列发起话轮的话轮中间①。

　　与上两类"像+NP"格式不同，由话题标记"像"与话题性 NP 构成的"像+NP"格式大多只涉及言者的立场表达，因此常作为标引话题的语言资源出现在评价序列的发起话轮位置。如：

　　（9）语境：谈论癌症

　　　　01→H：我觉得像宫颈癌和乳腺癌这种好像都（-）轻缓；

　　　　02　　　就没什么::特别大的影响；

　　　　03　　　复（.）复发的话机会好像也比较小；

　　　　04　X：之前我好像看过乳腺癌有复发的；

　　　　05　L：有啊（.）乳腺癌经常有复发的呀，

　　例（9）为围绕"癌症"所发起的评价序列。在第 01~03 行的发起话轮中，H 首先通过加合使用认识类立场标记"我觉得"和话题标记"像"将 NP

_____

　　① 举例引介词"像"与话题性 NP 构成的"像+NP"位于评价序列发起话轮的用例请回看例（2）。

成分"宫颈癌和乳腺癌"设立为话题，并发起评价，表达个人主观立场。X 在第 04 行提出与 H 相异的观点，表示对 H 立场的不认同，并得到 L 的支持（第 05 行）。

综上可知，"像+NP"格式是一种基于特定社会行为，且敏感于序列类型与序列位置的语言形式。在上述讲述、告知及评价等序列中，交际双方的认识状态（epistemic status）在认识梯度（epistemic gradient）上呈现出位置各异的分布①，"像+NP"格式基于此实现其认识调节功能。

4. "像+NP"的互动功能

语言的互动性本质要求我们必须在真实的语境中去探询语言形式所实施的社会行为，并结合特定的序列环境与位置分布对其互动功能进行识别与归类。我们注意到，这种涉及信息或立场交互的任务驱动型社会行为与会话参与者的认识状态密切关联。"像+NP"作为叙事阐述的社会行为格式，其核心功能是对交际双方的认识状态进行调节，具体包括：消减认识级差；调控认识权限；凸显认识独立。因此，对于交际双方认识状态和言谈内容所涉事件类型②的考察是识解"像+NP"格式认识调节功能过程中基本且不可避免的重要环节。

4.1 消减认识级差

认识状态的不平衡是驱动信息在会话参与者之间交互传递的引擎。当讲述或告知序列中言者所述的信息主体为听者未知或知之甚少的目标对象（S）时，为帮助听者体认，言者通常会使用由动词"像"与阐述性 NP 所构成的

---

① 在不同的认识环境中，交际双方对于某一特定领域相关信息的知晓程度会在认识梯度上呈现出不一样的位置分布，掌握信息较多的交际者为［K+］，掌握信息较少的交际者为［K-］（Heritage，2012a，2012b）。

② Labov 和 Fanshel（1977：100）对事件类型进行分类，并提出了著名的 A、B-events 理论。其核心要点是言谈交际至少包括言者（A）和听者（B）两个交际者。A-events 指的是言谈内容对于 A 来说是已知信息，对于 B 是未知信息，所以叫言者认识领域事件；反之则为听者认识领域事件（B-events）；若该信息对于交际双方来说都是已知的，那么称为交际双方共知事件（AB-events）；若信息为人人皆知的常识，则基于常识的信息（O-events）（转引自张文贤、乐耀，2018）。

"像+NP" 格式对 S 进行描摹。目的在于使其具象化，以此消减交际双方的认识级差（epistemic gap）（Heritage，2012b①），平衡认识状态。从事件类型的角度来看，S 涉及言者认识领域事件（A-events），对此言者的认识状态较高，信息知晓程度为［K+］，而听者的认识状态则相对较低，表现为［K-］或者部分［K+］。这里充当描摹客体的 NP 必须为交际双方共知事件（AB-event）或人人皆知的常识信息（O-events），并与 S 存在相似性（宋玉柱，1984；邢福义，1993），共享某些语义细节。倘若 NP 亦为听者未知的信息内容，那么"像+NP" 格式消减认识级差的功能将无法实现。如：

（10）语境：谈论虾线的位置

01　X：就那个，

02　　　基围虾的话它是在那个（long）（.）就那个背部
　　　　［是吧，

03　H：［对（--）小龙虾也是＝

04　X：＝小龙虾（.）他说在<u>头</u>，

05　L：那不（.）也是［尾巴；

06　H：　　　　　　［也是在＝

07　L：＝尾巴；

08→　　　尾巴中间它有（.）尾巴它有几块那种像鳞片一样的；

09　　　　最中间一个（.）<u>抽</u>；

10　　　　那个是要技术活的；

11　　　　你抽不好（.）就你一抽不好＝

12　X：＝断［了；

13　L：　　［咔::（.）就断了；

例（10）中三人谈论虾线的位置。第 01~02 行 X 通过"是吧"对基围虾虾线的位置是否在背部请求 H 与 L 的确认（姚双云、田咪，2020）。第 03 行 H 进行肯定回应的同时告知 X 小龙虾的虾线也在背部。对此 X 提出质疑，并借助直接引语的方式进行佐证和强化。由于 X 对虾线位置的辨识错误，L 在

---

① 文中与认识相关的概念，详细请参看 Heritage（2012a，2012b）等一系列文献。

第 05 及第 07～11 行提供相应的信息告知。为帮助 X 进行体认，消减双方的认识级差，L 在 08 行告知话轮的中间位置通过 "像鳞片" 来对 "虾线位置" 的外观特征进行描摹。根据下一话轮证明程序（next-turn proof procedure）（Sacks et al. , 1974），X 在第 12 行合作共建（collaborative construction）话轮（关越、方梅，2020）的举动表明她已经正确识解了 "虾线的位置"。"像" 作为描摹动词，基于 S 与 NP 共享的语义细节将二者进行衔接，其后常有形容词 "一样" 与之共现，构成 "像 NP 一样" 框式结构。在例（10）中 S 为言者认识领域事件，对此 L 的认识状态高于 X；而 NP 则为常识信息（O-events），对此会话参与者具备同等的认识状态。S 与 NP 共享的语义细节为具象、可视的外形特征。有时 "像+NP" 格式描摹的语义细节也可以是抽象、不可视的内质表现（储泽祥，1999）。如：

(11) 语境：谈论校园网 VPN

01　K：你们回家之后有用过我们学校的网下论文吗？

02　P：下不（.）下不了；

03　　　[要用学校的网才能下；

04　S：[好像说不能；

05　K：哦（.）我看到那个学校网站上面有一个 VPN；

06　　　是（-）在家里可以登录那个然后.

07　L：那个得看情况有时候能登上有时候登不上；

08　　　反正我之前下载一个叫什么 easygoing；

09→　　就是一个（.）像一个插件一样–

10　　　从那儿登上就可以了；

例（11）第 01 行 K 发起关于外网下论文的提问。在第 07～10 行 L 进行告知的回应话轮中，说话人借助 "像+NP" 格式（第 09 行）以 "插件" 抽象的内质表现来描摹 "easygoing APP" 的语义细节，以此来帮助其他交际者对 "easygoing APP" 进行辨识与理解。这里 NP 为交际双方共知事件（AB-events）。

用于消减认识级差的 "像+NP" 格式通常具备以下特征：由描摹动词 "像" 与阐述性 NP 构成，多位于讲述或告知等涉及客观信息交互的序列的发起话轮或回应话轮中；言谈内容为言者认识领域事件（A-events），交际双方的认识状态存在级差；描摹客体 NP 为交际双方共知事件（AB-event）或人人皆知的常识信息（O-events），与目标主体 S 具有相似性，二者共享具象外貌或抽象内质等语义细节；其后常有形容词"一样"与之共现，组成"像 NP 一样"框式结构。

4.2　调控认识权限

人类的认知具有渐进性特征，当对话涉及客观信息的传递时，言者通常会采取循序渐进的话语组织策略（姚双云、刘红原，2020）。首先抛出焦点信息将其设立为话题，以此构建言谈框架开启叙述；然后通过引介典型示例延伸话题进行详述和佐证，获取听者的理解或认同。会话中，举例引介词"像"作为引入示例的惯常语言资源，此时被言者调用于构架枝干延伸式话题链，协助听者对话语内容进行更为准确的理解与认知，从而达到调控认识权限（epistemic access）的目的①。作为延伸话题，NP 必须与前述话题成分存在语义上的蕴含关系，且为听者易于接受的信息（王琳，2016），以此达到层层推进的效果。如：

> （12）语境：谈论实习期工资低
>
> 01　L：我们那个实习；
>
> 02　　　就是实习期是五千（.）五千二（--）然后::
>
> 03　R：那我实习的时候还不会说（.）会给我一两千
>
> 　　　[块钱，
>
> 04　L：[那个合同上签了的；
>
> 05　R：结（.）结果一分钱都没有；
>
> 　　　（省略 23 个语调单位）
>
> 29　L：对（.）他会是这样子；
>
> 30　R：是的（.）是这样子；
>
> 31　L：然后就是，

---

① 认识权限是指交际者关于某一认识领域（epistemic territories）的可及性（accessable），它不仅包括对信息的实际拥有程度，还包括掌握和表达信息的权利（Heritage，2012a）。

32　　　　除非他已经明文规定或者说规定了你进来（．）就

　　　　　是说；

33　　　　我们（．）你和这个级别是多少钱多少钱；

34　　　　就算是[你是（－）应届毕业生是多少钱；

35　M：　　　[嗯；

36→L：像我一个朋友他现在在（．）他是在网络公司那边；

37　　　　就那种（（lip smacking））

38　　　　他刚开始进去的时候（－）三千（．）两千多块钱；

39　M：那[真的．

40　L：　[现在的话（－）<u>一万多块钱</u>；

上例 L 与 R 向 M 讲述实习期工资低。在这个长序列（large sequence）的开头，L 与 R 依次将"实习期"（第 01～02 行）、"实习的时候"（第 03 行）设立为话题，框定 M 的注意力，并开启叙述。至第 29～30 行时，L 与 R 就"实习期工资低是常态"达成即时联盟（on-line alignment）（Morita，2005：214）。为调控认识权限，帮助 M 理解与接受这一常态规律，L 在后续第 36～38 行继续讲述。这里 L 通过举例引介词"像"将"我一个朋友"作为"实习期"话题的典型示例引入话轮，构建枝干延伸式话题链铺开详述。在第 39 行 M 插入句法不完整话轮"那真的"实施负面评价（Li，2016），表明其已经顺利完成对前述话题的信息接收与理解，并基于此发表个人的主观立场。

言者对于认识权限的调控不仅体现在客观信息的传递方面，还涉及主观立场的交互。当言者针对某一立场客体实施评价行为时，也会通过引入立场客体中的典型示例（即 NP）来对其个人的主观态度进行佐证和强化。我们回看例（2）中关于"人文需求"的讨论。说话人 L 首先在第 01～02 行抛出"人文需求不是刚性需求"的个人立场，然后通过引介"心理咨询师"作为"人文需求"的典型示例进行强化和论证，并进一步表明"你即便是没有心理咨询师也能过日子"，以此帮助听话人对其主观态度进行识解，最后以"对吧"寻求听话人的认同回应（田咪、姚双云，2020）。在第 10～12 行二人通过合作共建的方式达成立场一致。

无论是作为信息的拥有者还是立场主体（stance subject），言者都相较听者而言具备更高的认识状态。因此，调控认识权限的"像+NP"格式所涉及

的事件类型大多也为言者认识领域事件（A-events）。

当"像+NP"格式作为调控认识权限的语言资源时，同样存在一些显性的特征：由举例引介词"像"与话题性 NP 构成，多位于讲述、告知或评价序列的发起话轮中；言谈内容涉及言者认识领域事件（A-events），说话人的认识状态通常高于听话人；序列结构中包含枝干延伸式话题链，NP 为前述话题的典型示例，与其存在语义上的蕴含关系；常与举例标记"你比如说""例如"等协同使用，以强化表述的示例性。

4.3 凸显认识独立

评价是互动交际中最为常见的社会行为，具有交互性和动态浮现性。在对话中，所有的交际者都是潜在的评价主体，可以随时针对评价对象（assessable）发起评价。评价蕴含着立场的表达。语言作为立场表达的重要手段，不仅能够传递评价内容，还能标识评价行为的认识独立性（epistemic independence），其主观评价的彰显源于自身的认识领域而非他人经验（Heritage，1984：338；Heritage & Raymond，2005）。在涉及交际双方共知事件（AB-events）或常识事件（O-events）的评价序列中，说话人通过"像+NP"格式一方面实现对言者认识独立性的凸显，另一方面将逐渐偏离前述话题的谈话带回原轨，构建 U 字回归型话题链。如：

（13）语境：谈论文学类试题

01　L：那个就比较简单；

02　　　然后就记得是考文学类的时候.

03　M：文学类也是 =

04　L：= 就动不动（.）谁谁的艺术特色什么；

05　　　什么什么的发展史梳理一下；

06　H：对.

07　L：然后就是（.）就是<u>一道题</u>；

08　　　一张纸就一道题.

　　　（省略 16 个语调单位）

25→L：因为（.）因为我觉得像我们那种文学类的东西

26　　　它没有很标准的答案；

27　H：是的是的；

例（13）为一段关于"文学类（试题）"的评价序列。第 01～03 行，L 与 M 共同协作将其设立为话题，表明"文学类"为交际双方共知事件（AB-events），二人具备同等认识权限与相对平衡的认识状态（方迪，2020）。[①]随后 L 占据会话主导，把控多数话轮权并展开叙述。在会话期间 L 基于前述话题"文学类"充当的背景注意中心依次设立了诸如"古代文学""考试"等话题。在经历了多个话轮的交谈后，L 借助认识类立场标记"我觉得"与话题标记"像"将交谈兴趣重新回归到"文学类"上，实现对前述话题的重拾，构建"言者设立—自我重拾"的 U 字回归型话题链。第 25～26 行"文学类"激活确立后，L 再次发起评价，即"它没有很标准的答案"，以此凸显认识的独立性。H 后续的回应表明其对重拾话题的认可。

回顾上文例（3），会话参与者以共同协商的方式将"西藏"设立为该会话片段的前述话题，表明三人具备同等的认识权限与相对平衡的认识状态。在经过了一系列话题的推进之后，M 通过"像+NP"格式构建 U 字回归型话题链，以"他人设立—言者重拾"的模式将"西藏"重新确立为话题进行激活，在实施评价的同时凸显其认识独立性。随后 R 在第 70 行中的单词型回应"嗯"表明了其对 M 评价立场的从属关系（谢心阳，2018）。

凸显认识独立的"像+NP"格式在序列环境、事件类型等方面呈现如下特征：由话题标记"像"与话题性 NP 构成，常位于涉及主观立场交互的评价序列的发起话轮；言谈内容为交际双方共知事件（AB-events）或常识事件（O-events），会话参与者具备同等的认识权限与认识状态；序列结构中包含 U 字回归型话题链，NP 为重拾的前述话题；在语境中常常会伴随认识类立场标记"我觉得"共现，以增强言者的认识独立性。

我们对"像+NP"格式各互动功能的实际使用情况进行统计，数据表明，凸显认识独立是其认识调节中的主要功能，"像"在口语中以充当话题标记为主（见表 2）。

---

① 由于对话中 H 关于话题的认识状态较低，且始终保持认识从属地位，因此我们将不予关注和分析。

表2　"像+NP"格式互动功能的使用频率统计

互动功能	消减认识级差	调控认识权限	凸显认识独立
频次（比例）	155（33.62%）	111（24.08%）	195（42.30%）

上述各功能的使用频次排序如下：凸显认识独立（195例/42.30%）>消减认识级差（155例/33.62%）>调控认识权限（111例/24.08%）。"像+NP"格式的互动功能与序列环境、事件类型、交际双方认识状态之间存在以下对应关系（见表3）。

表3　"像+NP"格式的互动功能与序列环境及序列位置、事件类型、
交际双方认识状态的对应关系

互动功能	序列环境及序列位置	事件类型	交际双方认识状态
消减认识级差	讲述、告知序列的发起话轮或回应话轮	A-events	言者：[K+] 听者：[K−]或部分[K+]
调控认识权限	讲述、告知或评价序列的发起话轮	A-events	言者：[K+] 听者：[K−]或部分[K+]
凸显认识独立	评价序列的发起话轮	AB-events或O-events	言者：[K+] 听者：[K+]

5. 结论

本文从互动语言学的动态视角出发，结合位置敏感语法深入探讨社会行为格式"像+NP"在会话中的认识调节功能。研究表明，口语中序列环境的改变与言者立场构建的需要驱动"像"的去范畴化，致使"像"经历"衔接描摹客体→举例援证话语→重拾话题身份"的演变过程，具备描摹动词、举例引介词和话题标记等多重身份。"像+NP"格式不仅对话轮位置存在敏感性，还受到不同序列类型和序列位置的塑造，常位于讲述、告知或评价等始发行为序列的[TCU首+话轮中]，具备消减认识级差、调控认识权限、凸显认识独立等功能。本文的研究也表明，倘若仅从静态的单句视角对语言形式进行研究，难以全面、深入地揭示其在口语交际中的真实面貌，因此很有必要将语言形式、序列环境与社会行为三者密切结合起来，在动态的话语中开展综合分析。

参考文献

陈昌来　2002　《介词与介引功能》，安徽教育出版社。

储泽祥　1999　《相似性的"N₁似的 N₂"格式——兼谈比喻的典型性问题》，《语言教学与研究》第 4 期。

邓莹洁　2019　《汉语前置型话题标记强制程度及相关问题》，《汉语学习》第 2 期。

董秀芳　2009　《现实化：动词重新分析为介词后句法特征的渐变》，载吴福祥、崔希亮主编《语法化与语法研究》（四），商务印书馆。

方　迪　2020　《互动语言学视角的评价研究》，载方梅、李先银主编《互动语言学与汉语研究》（第 3 辑），北京语言大学出版社。

方　梅　2008　《动态呈现语法理论与汉语"用法"研究》，载沈阳、冯胜利主编《当代语言学理论和汉语研究》，商务印书馆。

方　梅　李先银　谢心阳　2018　《互动语言学与互动视角的汉语研究》，《语言教学与研究》第 3 期。

方　梅　乐　耀　2017　《规约化与立场表达》，北京大学出版社。

关　越　方　梅　2020　《汉语对话中的句法合作共建现象初探》，《语言教学与研究》第 3 期。

李秉震　2010　《"像"的语法化和主观化》，《渤海大学学报》（哲学社会科学版）第 4 期。

刘丹青　2021　《语言单位的义项非独立观》，《世界汉语教学》第 2 期。

强星娜　2013　《作为有标记话题结构的一种"就"字句——兼与"连"字句、"像"字句比较》，《语言教学与研究》第 2 期。

饶宏泉　2017　《话语互动中"V 过"的功能研究》，《世界汉语教学》第 3 期。

宋玉柱　1984　《与"象"有关的几个问题》，《语言教学与研究》第 1 期。

石毓智　1995　《时间的一维性对介词衍生的影响》，《中国语文》第 1 期。

田　咪　姚双云　2020　《自然会话中"对吧"的互动功能》，《汉语学习》第 3 期。

完　权　2021　《话题的互动性——以口语对话语料为例》，《语言教学与研究》第 5 期。

王　琳　2016　《现代汉语中的列举系统及形式标记》，《汉语学习》第 4 期。

王治敏　赵慧周　2021　《隐喻继承理念下的"像 X 一样 A"的限制研究》，《当代修辞学》第 2 期。

谢心阳　2018　《汉语自然口语是非疑问句和特殊疑问句的无标记回应》，《世界汉语教学》第 3 期。

邢福义　1993　《从"似×似的"看"像×似的"》，《语言研究》第 1 期。

闫亚平　2018　《人称代词的立场建构功能及其"立场化"走向》，《世界汉语教学》第 4 期。

姚双云　2018　《口语中的连词居尾与非完整复句》，《汉语学报》第 2 期。

姚双云　刘红原　2020　《汉语会话互动中的话题结构》，《当代修辞学》第 6 期。

姚双云　田　咪　2020　《自然会话中"是吧"的互动功能及其认识状态》，《语言教学与研究》第 6 期。

乐　耀　2010　《北京话中"你像"的话语功能及相关问题探析》，《中国语文》第 2 期。

乐　耀　2016　《从互动交际的视角看让步类同语式评价立场的表达》，《中国语文》第 1 期。

乐　耀　2017　《互动语言学研究的重要课题——会话交际的基本单位》，《当代语言学》第 2 期。

张文贤　乐　耀　2018　《汉语反问句在会话交际中的信息调节功能分析》，《语言科学》第 2 期。

张友文　2014　《典型复标比喻构式"X 像 Y 似的 Z"考察》，《汉语学习》第 3 期。

Couper-Kuhlen, Elizabeth　2014　What does grammar tell us about action? *Pragmatics* 24 (3)：623–647.

Couper-Kuhlen, Elizabeth and Margret Selting　2018　*Interactional Linguistic：Studying Language in Social Interaction*. Cambridge：Cambridge University Press.

Chevalier, Fabienne H. G. and Rebecca Clift　2008　Unfinished turns in French conversation：Projectability, syntax and action. *Journal of Pragmatics* 40 (10)：1731–1752.

Du Bois, John W.　2007　The stance triangle. In Englebretson, Robert (ed.), *Stancetaking in Discourse：Subjectivity, Evaluation, Interaction.* Amsterdam and Philadephia：John Benjamins Publishing Company, 139–182.

Heritage, John　1984　A change-of-state token and aspects of its sequential placement. In J. Maxwell Atkinson and John Heritage (eds.), *Structures of Social Action：Studies in Conversation Analysis.* Cambridge：Cambridge University Press, 299–345.

Heritage, John　2012a　Epistemics in action：Action formation and territories of knowledge. *Research on Language and Social Interaction* 45 (1)：1–29.

Heritage, John　2012b　The epistemic engine：Sequence organization and territories of knowledge. *Research on Language and Social Interaction* 45 (1)：30–52.

Heritage, John and Geoffrey Raymond　2005　The terms of agreement：Indexing epistemic authority and subordination in talk-in-interaction. *Social Psychology Quarterly* 68：15–38.

Labov, William and David Fanshel　1977　*Therapeutic Discourse：Psychotherapy as Conversation.* New York Academic Press.

Li, Xiaoting　2016　Some interactional uses of syntactically incomplete turns in Mandarin conversation. *Chinese Language and Discourse* 7 (2)：237–271.

Morita, Emi　2005　*Negotiation of Contingent Talk：The Japanese Interactional Particles ne and sa.* Amsterdam and Philadephia：John Benjamins Publishing Company.

Sacks, Harvey, Emanuel A. Schegloff and Gail Jefferson　1974　A simplest systematics for the organization of turn-taking for conversation. *Language* 50 (4)：696–735.

Schegloff, Emanuel A. 1996　Tum organization：One intersection of grammar and interaction. In Elinor Ochs, Emanuel A. Schegloff and Sandra A. Thompson (eds.),

Interaction and Grammar. Cambridge：Cambridge University Press，52–133.

Selting，Margret et al.   2009   "Gesprächsanalytisches Transkriptionssystem 2（GAT-2）". *Gesprächsforschung-Online-Zeitschri zur verbalen Interaktion* 10：353–402.

Tannen，Deborah   2005   *Conversational Style：Analyzing Talk among Friends.* Norwood：Ablex.

Thompson，Sandra. A. ，Barbara A. Fox and Elizabeth Couper-Kuhlen   2015   *Grammar in Everyday Talk：Building Responsive Actions.* Cambridge：Cambridge University Press.

附录：转写符号

[	话语重叠
=	即时延续
（（laughter））	非音节化笑声
<<laughing> >	边笑边说
→	转写中相关行的标示
下划线	重音
粗体	研究对象
ʔ	表示喉塞音
（（lip smacking））	咂嘴音，又称"click"
?	高升调
,	中升调
–	平调
;	半降调
.	全降调
(.)，(-)，(--)	微暂停0.2秒，(0.2~0.5秒)，(0.5~0.8秒)
:，::，:::	延长0.2~0.5秒，0.5~0.8秒，0.8~1秒

虚拟对话与立场构建："你"
在互动中的移指用法[*]

史金生　　王璐菲[**]

提　要

文章在区分引述与移指的基础上，分析自然口语语料中的"你"的典型和非典型移指用法。认为"你"移指的本质是发话人在心理世界和不同的人进行虚拟对话，是发话人在叙事过程中整合对话的典型表现，是戏剧性语言入戏的一种方式。虚拟对话具有戏剧性语言的明显特点，是一种言域用法，其交际目的在于构建一致立场。此外，"你"移指形成的多层套叠对话还增强了语言的对话性。

关键词

"你"；移指；虚拟对话；立场构建；戏剧性语言

---

* 本文得到国家社科基金项目"基于'行、知、言'三域理论的北京话虚词功能及其演变研究"（项目编号：18BYY180）和国家社科基金重大项目"元明清至民国北京话的语法演变研究与标注语料库建设"（项目编号：22&ZD307）的资助。初稿曾在第四届互动语言学与汉语研究国际学术讨论会（首都师范大学，2021年4月）和中国社会科学院语言研究所学术沙龙上宣读。沈家煊、张伯江、方梅、完权、刘探宙、王伟、储泽祥、方迪等先生提出了宝贵的意见，《中国语文》匿名审稿专家也提出了中肯的修改意见，在此谨致谢意！

** 史金生，首都师范大学文学院教授，研究方向为句法语义学、国际中文教育；电子邮箱：shijsh@ aliyun. com。王璐菲，四川外国语大学国际学院讲师，首都师范大学文学院博士研究生在读，研究方向为句法语义学、国际中文教育；电子邮箱：wlf. plane@ 163. com。

Virtual dialogue and stance interpretation: The reference shift of *ni*（你）in interaction

Shi Jinsheng   Wang Lufei

Abstract

By distinguishing reference shift from quotation, this paper analyzes the typical and atypical reference shift of *ni* in natural conversations and holds that *ni*'s reference shift, by nature, is to construct a virtual dialogue between the speaker and various listeners in the psychological world. It is a typical manifestation of the speaker's integration of the dialogue and a way for the speaker to enter the scenes like in drama scripts. With characteristics of dramatized discourse, virtual dialogue belongs to the speech domain and its purpose is to construct a common stance. In addition, such multi-layered and overlapped dialogue formed by interpreting the reference shift of *ni* can also enhances the dialogical feature of the language.

Keywords

ni（你）; reference shift; virtual dialogue; stance construction; dramatized discourse

1. 引言

朱德熙（1982：81）指出，"你"是说话的人对听话的人的称谓。这是第二人称代词"你"的基础用法。然而，"你"在实际使用中有时并不指听话人，而是指听话人之外的其他人，学界一般称之为"你"的移指用法①。赵元任（Chao，1968）、吕叔湘（1980，1985）、张炼强（1982）都关注到了这一现象。近年来有很多研究进一步对"你"的移指用法进行解释，认为与移情、强化立场、自我疏离等有关（董秀芳，2005；姚双云，2012；张磊，2014）。值得一提的是，王红梅（2008）基于书面语篇的考察，提出"临时活用的'你'一般出现在拟交际模式中"。方梅（2009）指出"你"的非人称用法一般用于非现实情态句，移情是"非现实性的"。完权（2019）则指出"移指解读由会话双方联合建构起共同想象而达成"，也是非现实的。

本文拟在前人研究的基础上，对自然口语对话语料进行考察②，区分"你"的典型移指用法和非典型移指用法，并试图进一步说明，"你"的移指往往是发话人在心理世界构筑了一个与移指对象虚拟对话的空间，其本质是发话人在和不同的人进行虚拟对话，是发话人在叙事过程中整合对话的一种典型表现，是戏剧性语言入戏的一种方式，也是一种言域用法，其交际目的在于立场构建。也就是要回答，为什么在对话互动中，发话人不用引语标记而直接使用"你"来移指，移指用法有什么样的特点等问题。

---

① "移指"（shifter）一词源自 Jesperson（1922：123），指的是代词的指称对象发生转移但同时保留实在的指代意义的用法。（参见王义娜，2008；张磊，2014；完权，2019）人称代词移指，学界还有不同的说法，如"泛化"（张爱民，2001）、"临时活用"（王红梅，2008）、"换指"（宗轶丽，2010）、"非常规使用"（闫亚平，2019）等。

② 本文语料，一部分来自笔者搜集转写的电话和面对面谈话录音，时长约 9 小时，约 13.6 万字，这是无准备的自然对话口语语料。另一部分来自中国传媒大学媒体语料库节目《名人面对面》，共 118 期，约 64.6 万字。虽然谈话节目主持人和访谈人可能有访谈的提纲，但是整个对话过程还是具有明显的自然口语特点，因此我们也将其纳入自然口语对话语料之中。

2. "你"的移指与虚拟对话

2.1 "你"的移指是一种虚拟对话

对话是人与人最常见的互动行为，沈家煊（2019）指出"语言扎根于对话"，"人与人对话不限于直接对话者之间，还有言者和旁观者之间的对话，处处是对话"。沈先生所说的言者和旁观者之间的对话，其实就是我们要讨论的虚拟对话。例如：

> （1）（谈话人 L 在和 R 谈论 L 新婚遭到冷遇的经历，R 是 L 的朋友）
> L：我就说，你这是怎么回事？我说，我是新娘子洞房，你跟你父母聊天聊那么晚回来什么意思？就那事儿他就对我动手。结婚第三天！
> R：父母啊，真不懂事。
> L：你说，结婚了，你不让你儿子来陪媳妇吗？你和儿子聊天，你聊到十二点一点也够了，聊到两三点不回来，我不要睡觉？
> R：这样看来，我们那亲家呀，还真不错……

发话人 L 首先使用引导句"我就说""我说"直接引述了她和老公之间的对话。这里的"你"指称的是 L 的"老公"，因为有引语标记的存在，话语中的"你"不是我们要重点讨论的移指用法。然而，L 在 R 之后的话语中，不再使用引导句，而是首先使用了话语标记"你说"标引 L 即将阐发自己的意见，而后使用移指代词"你"来指代 R 提到的"父母"，在这里，发话人临时跳出了现实言谈场景，直接与不在场的"父母"对话，这种对话不谋求"父母"的回应，显然是"非现实的"，现场受话人 R 扮演旁观者的角色，是一种典型的虚拟对话。

张伯江（2017）考察了京剧中人称代词的变换，指出京剧中变换人称代词，实际上就是"打背躬"，也就是演员"临时跳出剧情对观众说的话"，这是出于演员和观众对话互动的需要，观众其实就是旁观者，这是京剧出戏的一种方式。例（1）中发话人通过"你"的移指构建虚拟对话，则是从"戏外"走向"戏中"直接与移指对象沟通，受话人则扮演旁观者角色，是一种典型的入戏方式。

京剧有一个很大的特点就是演员既在戏内又在戏外，"中国戏曲就是通过多层套叠对话把角色和观众沟通起来"（沈家煊，2019）。同样，自然口语中"你"的虚拟对话，也是一种"多层套叠的对话"，这种对话沟通了发话人、移指对象和受话人，把发话人和移指对象的对话整合在更大的对话之中，形成了发话人和移指对象，发话人和受话人之间的套叠对话，并且这种套叠对话的最终目的是谋求受话人的回应。张伯江（2017）指出"出戏和入戏不是截然分别的两种手段，其实是融为一体的"，"打背躬"是京剧出戏的一种方式，但是角色其实是能听见"出戏"语言的，因此会对"出戏"语言进行回应，这又是"入戏"，因此"戏内戏外的语言甚至是交融在一起的"。自然口语中"你"的移指是一种典型的入戏方式，受话人显然也是能听懂入戏语言的，会对入戏语言进行回应，而发话人通过虚拟对话则达到了戏剧化呈现的目的。

综上，我们认为"你"移指所构建的虚拟对话是：发话人临时跳出现实的言谈场景，在心理世界与移指对象进行对话，这种对话沟通了发话人、移指对象与受话人，是一种"多层套叠的对话"，是戏剧性语言入戏的一种方式。

2.2　虚拟对话的类别

Levinson（1983）指出，对话互动中的发话人（spokesman）和发话源（source），受话人（recipient）和发话目标（target）可以不合二为一①。Levinson 提出的这个会话参与者角色系统，给我们提供了一个很好的分析框架。

根据对自然口语对话语料的考察，我们发现"你"的移指主要分为两类，

---

① Levinson 将发话人、发话源、受话人和发话目标区分开来，例如，飞机上空中小姐向乘客宣布"You are to fasten your seat-belts now"（现在你们要系好安全带）时，空中小姐是发话人，但是却不是这项指令的发话源。语法的形式表现就是不定式的使用。同样，受话人和发话目标也可以不一致。如句子"Billie is to come in now"（比莉现在该进来了），语法形式（"Billie is"）表示受话者跟发话目标不一致。而在"Billy, come in now"里，受话者 Billy 也是发话目标（Levinson，1983：68-73）。

一类"你"的移指对象（发话目标）完全脱离了现场会话中的受话人，这是典型的移指用法。另一类"你"的移指对象（发话目标）则包括了现场会话中的受话人，受话人仍然是"你"中的一员，只是"你"的指称范围扩大了，我们把这一类称为非典型的移指用法。由"你"的移指用法构成的虚拟对话，也可分为典型的虚拟对话和非典型的虚拟对话这两个类别。

2.2.1 典型的虚拟对话

"你"的移指用法构成的典型虚拟对话主要包括"你"移指"不在场的第三方"以及"发话人"，这时"不在场的第三方"和"发话人"是发话目标，现场受话人则扮演的是一个旁观者。"你"移指"不在场的第三方"的如例（1），移指"发话人"的如例（2）。

> （2）（谈话者在谈论拍大片和小片的问题）
>
> 许戈辉：……你会不会觉得说拍一小片都对不起投资人，对不起广大观众的期待了？
>
> 张艺谋：……因为这么大的一个制作，你当然会有压力，对吧，你出来以后，拍得不好，赔钱不说，大家就会说，你吃饱了撑的，对吧，你把它搞这么大，你的故事都没有讲好，你事都没有弄好，你干嘛呢，这种批评也都不少了，对吧，所以实际上越是这样子，越是要仔细去斟酌它……

在例（2）中，发话人张艺谋以自己为发话目标，用移指代词"你"指代"我"，也就是说发话人将"自己"假想为两个主体，一个为发话人，另一个为受话人（参看姚双云，2012）。这时发话源和发话人、发话目标同为"我"，也就是发话人在心理世界虚拟了一个与自己对话的场景，实际上发话人是在讲述自己的经历和观点，但却以一个假想的发话人视角体现出来，发话人的讲述内容是发话人的自言自语，是内心的一种独白。此时，受话人是旁观者，同样达到了戏剧性语言入戏的目的。随着话语的推进，出现了"大家就会说"这样的引导句，发话人用引语标记让发话源——"大家"显身，明示了引述行为，这有别于我们所说的典型虚拟对话。

2.2.2　非典型的虚拟对话

"你"移指构成的非典型虚拟对话主要包括移指"发话人+受话人""不在场的第三方+受话人""任何人"①。此时，移指对象即发话目标包括现场的受话人，"你"的指称范围扩大了，因此虚拟性没有那么高。例如：

（3）（L和R在谈论录制网课问题，L和R同为学校教师）

　　L：这种我们在上课也会遇到，就是说，可能就有些口头禅。

　　R：因为我们上课是一个面对面的交流，这个问题就，只要你不严重，正常都可以接受。

　　L：对，没有那么注意哈。

　　R：对，正常都可以接受，对，但是只要放在这个，因为你的这个音频和视频它是一个作品，放在里面就是一个很大的瑕疵，这是一个特别打眼的瑕疵。

　　L：嗯，就是，就是……

（4）（谈话者在谈论《一九四二》这部电影）

　　许戈辉：但是是绝望中的希望，是无奈的。

　　冯小刚：……其实我是希望大家能够在看电影的时候，除了你在看这么一个打动你的故事，同时还能够引起你一些思考。中国人在这么一个磨难中，继续去走她的历史，所以我想这样的电影拍出来还是非常有价值的……

（5）（谈话者在谈论一段人生的经历）

　　田连元：每个人从生到死都是这么一个过程，那么你活得怎么样得靠你你自己拼搏，"你"要勤奋，天道酬勤，最后得到的结果就是你的境遇你的命运。

　　许戈辉：是的，您看我刚才就说，我说您的自己的这个经历，就伴随着这个中国的，这个命运的起伏。

---

① 学者也把"移指任何人"的用法叫作"泛指"（Chao，1968；吕叔湘，1985；王红梅，2008）或者"任指"（郭风岚，2008）。在这里，我们采用了张磊（2014）"移指任何人"的说法。

在例（3）中，发话人 R 先使用第一人称复数"我们"承接前面的话语，在进一步阐述自己的观点时用"你"移指"我们"，即"发话人+受话人"。在这里说话人 R 一方面将自己作为发话目标，在心理世界构建的虚拟对话其实也是内心的一种独白，同时现场的受话人也是虚拟对话的发话目标。在例（4）中，发话人冯小刚的话明显是对"大家"说的，"大家"统括了一定范围内的所有的人，在这段对话中指的就是观众，观众可以是不在场的众人，受话人许戈辉也可以是观众的一员。因此，发话人用"你"移指"不在场的第三方"的同时，还在语境中使用了具有"统括众人总称"（参看朱德熙，1982：85）意义的人称代词，把受话人也纳入进来。例（5）发话人则用移指代词"你"在心理空间构筑了一个与所有人对话的场景。在这样的语境中，"你"往往可以用"每人""每个人""一个人"这样的代词来替代。在这里，发话人有意将包括受话人在内的所有人包括进来，因此在话语中往往会和"每个人"这一类的词相呼应。

由此可见，非典型的虚拟对话中发话目标的范围扩大了，包括了现场的受话人，受话人被分派了一个主角的角色，但是，这种非典型的虚拟对话的发话目标因为不限于受话人，受话人同时也是一个旁观者，"你"的移指仍然是戏剧性语言入戏的一种表达方式，只是这时入戏和出戏达到了一个自然的融合，是浑然一体的。[①] 既然受话人也是发话目标中的一员，这也进一步证明了移指的本质其实并不是移指，只是说话人在和不同的人对话，"你"其实指代的还是第二人称。完权（2019）提出"移指的人称代词的基本语法意义其实并没有转移"是很有道理的。

2.3 虚拟对话的特点

由"你"的移指构成的虚拟对话，是戏剧性语言入戏的一种方式，说话人通过虚拟对话达到戏剧化呈现的目的，是戏剧性因素在语法结构上的投射。

[①] 刘探宙（2021b）指出，虚化指的"你"是"说话人想引起听话人关注从而拉他'入戏'的一种策略"，即"强行让参与方'入戏'充任一个角色"，这种观察很多是和本文契合的。但我们强调的是，非典型虚拟对话中，受话人被分派了主角的角色，发话人自然地拉受话人"入戏"一起"演戏"，同时受话人也是观众，亦在"看戏"，因此指称"你"的时候，既指戏内主角，又指戏外观众，出戏入戏自然融合。而在典型虚拟对话中，受话人扮演的是观众，是在"看戏"，这是发话人更典型的入戏表达。但是受话人同样会对发话人进行回应，回应则是发话人走向戏中，和发话人一起演戏的过程，此时显然还具有更强的表演性。感谢完权先生提示笔者"戏剧性语言具有很强的表演性"。

这种戏剧性的语言具有一些明显的特点。

2.3.1　非现实性和生动性

虚拟对话具有明显的非现实性和生动性。非现实性指的是在虚拟对话中，发话人会虚设一个人物（移指对象）作为他的对立面进行对话。既然是虚设的，肯定是非现实的。典型的虚拟对话，非现实性程度高，因为言谈对象完全脱离了在场的受话人，非典型的虚拟对话，非现实性程度低，因为言谈对象包括了在场的受话人，即具备了一定的现实性。生动性指的是发话人将虚拟对话场景现场即时呈现给受话人，是一种直接展示（demonstrate）[①]。虚拟对话和引述有着千丝万缕的联系，却又不同于引述。

例（1）发话人用"你"移指父母，如果我们加上类似"我就说"这样的引语标记，就明示了说话人的引述行为。如：

（6）我就说，你不让你儿子来陪媳妇吗？你和儿子聊天，你聊到 12 点 1 点也够了，聊到两三点不回来，我不要睡觉？

但是发话人并没有采用引述，而是直接使用移指代词"你"，构建了一个虚拟对话场景，这背后肯定有特定的功能动因。如果发话人直接对父母说这样的话显然是一种言语冒犯，在现实生活中一般也不会发生。但发话人带有强烈的负面情绪，并且急于将这种负面情绪表达出来。因此虚设一个不在场的人物进行虚拟对话，发话人就将心理世界中不能或者不愿直接向第三方（父母）表述的内容直接向受话人（朋友）表达了出来，找到了一个情感宣泄的方式。虚拟对话非现实性的特点，为发话人不礼貌的话语提供了倾诉的窗口，使发话人不至于违背"礼貌原则"。李明（2004）指出，　"引述是元表征（metarepresentation）的用法，即通过语言把一个表征再度示现出来"。既然是"再度示现"，引述一般是引用之前已经说过的话，是现实的，而虚拟对话则不是"再度示现"，而是现场的即时呈现，具有非现实性，同时也有更强的生动性。

---

①　Clark 和 Gerrig（1990）指出，展示（demonstration）是一种人类非常重要的交际行为，比如张三想告诉我们"李四走路的时候一瘸一拐"这样一个信息，他可以进行具体的描述（description），也可以直接模仿李四走路的样子，后者就是一种展示（参看张金圈、肖任飞，2016）。

2.3.2 强主观性和交互主观性

虚拟对话会有强主观性和交互主观性的形式表现，如例（1）中，发话人L使用了话语标记"你说"，并且连续使用了两个反问句，在强烈表达了自己的主观情感与立场的同时也提请受话人加以关注。① 例（2）中，发话人张艺谋使用"对吧"谋求受话人回应，也体现了对受话人的关注。这也印证了井苗（Jing-Schmidt，2005）的观点，戏剧性语言的一个重要方面就是"感情和主观方面的表现性"（emotive expressiveness and subjectivity）。

值得一提的是，在典型的虚拟对话中，因为移指对象并不包括现场的受话人，发话人往往是为了表达自己强烈的主观认识和情感，其所表达内容往往有更强的主观性。在非典型的虚拟对话中，因为移指对象包括现场的受话人，发话人在表达主观认识和情感的同时，也自然地关注到了受话人，所以在例（3）～（5）中，虽然没有形式上的表现，但移指本身具有更强的交互主观性。

2.3.3 承接性

虚拟对话具有承接性，"你"一般要承接前面的表述才能被受话人理解。Kecskes（2008）提出的"动态语义模型"（dynamic model of meaning）的核心就是强调发话人的话语和受话人对话语的理解都依赖于先前的会话经历，成功的会话取决于这两者之间的匹配度。

在前面的例（1）、例（3）、例（4）、例（5）中，前语境都出现了"父母""我们""大家""每个人"这样的表示指称对象的词语，受话人能根据前语境信息理解发话人意图所指对象。如果没有前语境信息的提示，发话人则可能需要通过引述方式对当前叙述划界，从而让受话人清楚发话人意图所指对象。

3. "你"的移指与立场构建

Du Bois（2007）指出，人类使用语言最重要的一件事情就是表达一定的立场。他提出了评价（evaluation）、定位（position）和认同（alignment）

---

① 张旺熹、姚京晶（2009）指出，话语标记"你说"可后续反问句，通过"无疑而问"对言者自己的意见加以标引，言者希望通过反问强调某项显而易见的事实，激发听者的认同感，并最终与其达成共识。

三位一体的"立场三角"理论。也就是在表达一个立场时，立场行为会同时产生三类立场后果：立场表达者评价一个客体；立场表达者对主体（通常是自己）进行定位；立场表达者调节与其他主体之间的认同度。立场三角理论包含了三个实体，即立场主体1、立场主体2和立场客体（为行文方便，下文分别用 S_1、S_2、O 代称）。评价、定位和认同则是立场表达行为的三个不同方面，是立场表达要素。立场表达者在评价某一事物的同时，给自己定位（主观性），然后和另一立场主体达成不同程度的认同（交互主观性）。

立场三角理论可以为立场的构建做统一的解释，为我们的研究提供了一个很好的理论框架，下面我们以该理论为基础，分别分析"你"的典型移指用法和非典型移指用法中，发话人和受话人是如何在立场构建中达成认同的。

3.1　"你"的典型移指用法和立场构建

"你"的典型移指用法主要包括"你"移指"不在场的第三方"和"发话人"，这时发话人就是立场表达者即 S_1，移指对象则是 O，受话人是另一立场主体即 S_2。发话人通过"你"的移指，将受话人带入发话人心理世界所构筑的虚拟对话之中，直接呈现虚拟对话场景，使受话人能感同身受，从而达到协调并和发话人达成一致立场的目的。

3.1.1　"你"移指"不在场的第三方"

当"你"移指"不在场的第三方"时，发话人是 S_1，"不在场的第三方"（他/他们/其他人）则是 O，受话人是 S_2。例如：

（7）（L 在和 R 谈论"他"的一些不当行为）

　　L：我也不清楚他在做啥，不清楚，反正。……作为我这个舅舅，是天底下最冤枉的舅舅，<u>你</u>还有意见呢，<u>你</u>还，<u>你</u>还，<u>你</u>的嘴脸还有意见，<u>你</u>还能说出来这有意见的话，哼！

　　R：就是，就是，舅，所以我现在就非常理解您……

　　L：他从来做都不承认，<u>你</u>到××大学，把我的那些账，把我的多少钱转出去了，我不清楚吗？

　　R：真的吗？他还做了这事呀？

　　L：哼！<u>你</u>看人家××那几个都是有意见的……

R：舅，他从来没给我说过半个字，舅，我不知道……

在例（7）中，发话人 L 即 S_1 在前两轮对话中都先使用了第三人称代词"他"明示了 O，而后改用"你"移指不在场的"他"。这时，S_1 将对 O 的叙述直接转换成和 O 进行虚拟对话，这就"将对客观第三者的叙述转变为直接对话的交际场景，再现交际现场的话语过程，实现了现场化"（宗轶丽，2010）。对立场客体进行评价，用"他"是平淡的转述，用"你"则是生动的直接展示。S_1 用这种直示的方式对客体进行评价的同时，实则也对自己进行了定位，设置了主体立场。从受话人 R 即 S_2 的角度来看，R 能根据语境识解移指对象，也就是共享的 O，并且这种生动直示的方式使 R 能够进入 L 所描述的情境之中，深刻体会到 L 的心情，从而能进一步认同 L 对 O 的评价，达成和 L 一致的立场。

从立场的发起和回应来看，很明显 L 在前两轮对话中发起立场时都表达了强烈的负面情绪，对不在场的第三方进行了质问指责。R 在回应中连续使用两个"就是"表达对发话人强烈认同，随后用"真的吗？"对 L 的叙述表示惊讶，其后 L 负面情绪依然很强烈，再次使用叹词"哼"表示不满，并且用具有明显交互主观性的话语标记语"你看"表达自己对当前话题的情感和立场，[①] 目的也就是让受话人能进一步认同自己。从例中最后一行 L 的回应可以看出，R 已经选择相信 L 所述是一个事实，故而才会抱怨"他没有跟我说过半个字"。发话人 L 通过使用移指的"你"，向受话人 R 直接呈现了他与不在场的第三方的虚拟对话，最终达到了沟通受话人，让受话人达成和发话人一致立场的目的。

在 Berman 等（2002）提出的话语立场分析框架中，"态度"是表达立场的核心，分为"认识态度"（epistemic attitude）、"道义态度"（deontic attitude）和"情感态度"（affective attitude）。其中"情感态度"就是指"言者或作者对所述事件的情感表现，比如愤怒、高兴、同情等"（方梅、乐耀，2017：35）。根据我们对语料的观察，"你"移指"不在场的第三方"，高频出现在立场主体要表达强烈负面情感立场的语境中，如例（1）就表达了说话人的批评抱

---

① 张旺熹、姚京晶（2009）指出"你"类标记在充当言者移情标记时，话语功能表现为典型的"借你/您（听者）之口，言我（言者）之意"，即言者借听者之口，标引自己对于当前话题的情感、态度、认识倾向等，表现出了明显的交互主观性特征。

怨。语言亦有情，当发话人言语中带着很强的负面情感，这些话在现实世界难以或不便对不在场的第三方说时，使用"你"的移指传递给在场的受话人，就为发话人找到了一个倾诉的途径，并且此时发话人往往会使发话源"我"隐身，不使用引语标记，用"你"的移指直接表达发话人的"立场、态度和感情，从而在话语中留下自我的印记"（Lyons，1977；沈家煊，2001），这是语言主观性的表现。这和我们前面提到的典型虚拟对话具有更强主观性是一致的。

当然，用"你"移指"不在场的第三方"不一定都表达负面情感立场，也可以只是生动展现了一个与不在场的第三方的对话场景，表达发话人的道义立场（denotic stance）。例如：

> （8）（L和R在谈论使用微信教学的问题）
>
> L：因为我们也挺拼的，我就让他们，比如说，你可以微信把课文读了发给我，我来给你纠音怎么怎么样的，就是offer一些其他的这种帮助嘛，然后我觉得比课堂教学大家能得到的帮助还会更多……
>
> R：哦，是这样子。

例（8）发话人L用"你"移指不在场的"他们"，表达了L的道义立场，从回应来看，R肯定了L的道义立场。Biq（1991）举例说明"你"的非人称（impersonal）用法，是照相式的生动、直接表达，作用在于让受话人进入说话人描述的情境。例（1）、例（7）和例（8）都用"你"的移指把发话人和"他/他们"的对话栩栩如生地表现了出来，此时受话人虽然退居观众角色，但是却能像看电影一样完整无缺地获得现场直接对话的印象。因此，生动性是戏剧性语言的一个典型特点，由"你"的移指构成的这种生动的戏剧性语言，使受话人不断提高他的认同度，交际双方的互动就是两个立场主体协调立场形成认同的过程。

3.1.2 "你"移指发话人

当"你"移指发话人时，发话人既是S_1，又是共享的O，受话人则是S_2。例如：

（9）（谈话者在谈论 29 岁时的一段的经历）

　　陈小鲁：……当时"批××"的时候我 29 岁，这个已经是在全军
　　　　　　都是很少的了，但是我是主管政工的，你必须得"批×
　　　　　　×"，这我就非常地难以接受，但是你不批还不行，因
　　　　　　为你一个青年干部，你变成一个反对"批××"的人，
　　　　　　那培养你这么多，对你关照，培养你的领导不都要受
　　　　　　累嘛。

　　许戈辉：那怎么办呢？

　　陈小鲁：所以我也没有办法，那只好该批就批啊。但是，我对
　　　　　　说违心话是非常的……我不能说违心的话……

　　许戈辉：但在那个年代怎么能做得到呢？

　　陈小鲁：对，能做到，就是你离开体制。……

　　许戈辉：是，所以我们有这样一个印象，就觉得就是您的青年
　　　　　　时代呢，是被政治裹挟，然后到了自己能够左右的时
　　　　　　候呢，就尽量地在远离政治。

　　在这段对话中，发话人陈小鲁先用第一人称叙述视角讲述自己的基本情
况，接着转而使用移指代词"你"表达了道义立场——"你必须得'批×
×'"。这个立场显然是发话人不愿接受的，是借发话人之口表达的"某一
位领导"或"领导机关"的立场。那么，这句话既可以理解成"某一位领
导"或"领导机关"对发话人说的话，也可以理解成发话人内心的一种自
言自语，同时也是讲给在场的受话人许戈辉听的，是典型的多层套叠的对
话。① 接着，发话人换用第一人称代词"我"表示"这我就非常地难以接
受"，而后继续使用移指代词"你"表达了自己的认识立场——"你不批还不
行"，整段话其实表达的都是发话人无奈的一种选择。在这里，发话人几次转
换了人称代词，人称代词的转换，本质上就是发话人视角的转换，即"言者

---

① 沈家煊先生提示，在苏州说书中，说书人说到杨乃武在与小白菜密室相会时独白（其实也
　是说给小白菜听的）："杨乃武啊杨乃武，说你为相爱人而死，她不爱你。"这不光是说话
　人把自己当作受话人，也代表了听众的心声，是听众称角色杨乃武为"你"，体现多层套
　叠对话的特点。

视点"的转换。① 说话人使用移指代词"你"其实是"说话人在思想中脱离自身，用一个第三者的态度来反观自身"（董秀芳，2005）。发话人陈小鲁在这里既是立场表达者，通过"你"的移指，又成为共享立场客体，在这里，发话人为自己设置立场的同时也对自己进行了评价，这个过程是一体的，也就是前面典型的虚拟对话中的自言自语。使用移指代词"你"就使发话人以第三者的视角来审视自我，无疑会使自己的观点显得更加客观，让受话人（S_2）更加容易认同。从而使受话人和发话人达成一致的立场。同移指"不在场的第三方"一样，这样的戏剧性语言是生动有力的，会形成这样的话也是对受话人所说的一种错觉，使受话人更加容易身临其境，和发话人一样也能感同身受。从许戈辉的回应来看，受话人使用了肯定语词"是"，理解并赞同了发话人的观点，和发话人形成了联盟，构建了一致的立场。

既然是自言自语，在话语中发话人往往会先使用"我觉得"这一类的认识情态标记表明自己的认识立场，并且在叙述的过程中，还会经常使用"对吧"谋求受话人的回应，从而构建一致的认识立场，如：

（10）（谈话者在谈论上网课的经历）

    L：你现在觉得上网课感觉怎么样啊？

    R：这个网课，我现在就发现，原来我录的里面还会有，就是"啊，这个那个"，就是你没有经过这种专业的播音的训练或者什么，你的那种口水话就很多，然后这就是我最近的一个很大的那种，就是一个发现的东西……

    L：嗯，对，那就是你自身的问题哈。

（11）（谈话者在谈论用英文写小说的感受）

    许戈辉：当你自己能够用英文写作了之后，你发现是不是就是

---

① 沈家煊（2001）指出"视角就是说话人对客观情状的观察角度，或是对客观情状加以叙说的出发点，这种视角主观性经常以隐晦的方式在语句中体现出来"。姚双云（2012）认为"主观视点是言语运用中说话人观察的角度和切入点。视点不同，对于同一事物或同一事件可能会有不同的识解。并在语言形式或内容上体现出来"。我们认为，"视角"和"视点"是同一个概念的不同的说法，指的都是说话人在言语表达中体现出来的对客观情状的观察角度，体现了语言的主观性。

　　　　　能够掌握了这个语言，就能够去突破这些障碍呢？我
　　　　　们刚才所说的这些障碍呢？
严歌苓：我觉得要好一些，我觉得，因为你在自己写自己的小
　　　　　说，用英文写的时候，你已经想到这些问题了。你觉
　　　　　得，你在脑子，你要写的这个是中国的故事，这个中
　　　　　国的故事，主人公会怎么说，对吧？如果形成了一句
　　　　　主人公的思想活动，那肯定是中文的，对吧？你要把
　　　　　它硬翻过去是不可能的。因为我总是觉得这种硬译过
　　　　　去的东西要流失很多的，特可惜的……
许戈辉：……其实我觉得严歌苓不得诺贝尔文学奖一点也不值
　　　　　得遗憾。

　　例（10）和例（11）中，说话人都使用了"我现在就发现""我觉得"
这样的认识情态标记语表明将要叙述自己的观点，然后再使用移指代词
"你"构筑了虚拟对话的空间。在最后总结自己的观点时，才从虚拟的对话
空间回到现实的言谈世界，使用第一人称代词"我"。从受话者的回应来
看，例（10）L使用了"嗯，对"表达了对R的认同，例（11）中，许戈
辉说"严歌苓不得诺贝尔文学奖一点也不值得遗憾"实际上是对严歌苓前
面叙述的一种肯定，因为诺奖以西方评委为主，而中文"硬翻过去是不可能
的"。可见，"你"的移指最终使受话人理解并认同发话人，从而构建了和
发话人一致的认识立场。
　　此外，发话人使用"你"虚拟一个与言者自己对话的场景，也是改变
"自我沉浸"式叙述的一种方式，往往发话人在叙述一段不愉快的经历时，倾
向于用这种方式表达。例如：

　（12）（谈话者在谈论工作的经历）
　　　许戈辉：你干什么呀？
　　　李健：……我做的工作是没有成就感的，你明白吧，它不是研
　　　　　　　发机构，然后你是社会最底层，一个小小的科长都可以
　　　　　　　能左右你的生活，所以有一种失落感，是一种叫无能为
　　　　　　　力感，你什么都得不到满足。

例（12）中发话人李健在讲述自己不愉快的的经历时，改变了叙述的视角，用"你"移指"我"。张磊（2014）指出，用"你"来移指具有自我沉浸功能的"我"，"往往是被言者用作一种自我疏离的语言手段"。方梅、乐耀（2017：43）也指出"当说话人要拉远与某一对象的距离时，就倾向于用第二人称或第三人称来代替第一人称"。用这种通过假想的第三方和自己进行对话的方式来审视自我，本身就是一种自我的"离情"。这种自我疏离的视角使得人们将其个人经验置于一个更广阔的语境下以某种方式进行审视和重新分析，从而减轻了不适感（参看 Kross & Ayduk，2011；张磊，2014）。Abney（1996）也注意到了英语中的"you"替代"I"（如讨论一些不舒服的话题）同样也是一种疏离自我、建构立场的手段。可见，用"你"来达到"自我疏离"的方式并非汉语所特有。从受话人的角度来看，发话人的"自我疏离"，却拉近了与受话人之间的距离，用"你"更容易将受话人带入所描述的情境之中。移指的"你"作为共享立场客体，可以说是对话中构建交互主观性的基石。

3.2　"你"的非典型移指用法和立场构建

"你"的非典型移指用法主要包括移指"发话人+受话人""不在场的第三方+受话人""任何人"。同样，发话人是 S_1，受话人是 S_2，移指对象是 O。与典型移指用法不同的是，受话人此时既是另一立场主体，同时也是 O 的一员。在"你"的非典型移指用法中，发话人使用"你"，虽然受话人不是主要的指称对象，但也是其中的一员，因此，发话人更容易调节和受话人之间的认同度，最终达成和发话人一致的立场。正如我们前面提到的，非典型的虚拟对话中的"你"既是观众又是主角，出戏入戏自然融合，移指本身就具有更强的交互主观性。

例（3）、例（4）、例（5）分别代表了"你"移指"发话人+受话人""不在场的第三方+受话人""任何人"这几种非典型移指用法。从这些例子中，我们发现，对于非典型移指用法，发话人往往是表达某一种认识立场，并且这种认识立场具有一定的普适性。这也印证了"在涉及社会语境的规范性陈述（normative statements）中，言者使用移指代词'你'总是试图通过分派给听者一个主角的角色，使听者进入他的世界观中。因此，立场的构建也是一种联谊同道的行为"（Kitagawa & Lehrer，1990；张磊，2014）。特别是，当

"你"移指"任何人"的时候，发话人表达的认识立场普适性更为明显，发话人希望所有人都能接受。Scheibman（2007）指出"发话人在使用泛指形式进行评价时，以扩大所包含的指称类的范围的方式，扩大了评价的辖域，从而暗暗增强了评价的理据性以及互动过程中的立场"。英语中泛指的"you"，就是发话人邀请受话人去理解、认同发话人当时的立场的一种方式。这说明，不同语言类型中，"你"的移指是具有语言共性的。

从立场的回应来看，例（3）中，L 在第三个话轮使用了"对"，在第五个话轮连续使用"就是"，这都是对发话人 R 的肯定，通过"你"的移指，发话人和受话人形成了联盟，构建了一致的认识立场。例（5）中，受话人用肯定语词"是的"作为回应，也明显表达了对发话人的认同。

4. 讨论

4.1 叙事中整合对话，增强语言的对话性

巴赫金（1988：252）指出，"话语就其本质来说便具有对话的性质"，"语言只能存在于使用者之间的对话交际之中。对话交际才是语言的生命真正所在之处。语言的整个生命，不论是在哪一个运用领域里（日常生活、公事交往、科学、文艺等），无不渗透着对话关系"。克里斯蒂娃（2016：8）也指出，"所有语言，哪怕是独白，都必然是一个有受话指向的意义行为。也就是说，语言预设了对话关系"。

可以看到，"你"无论是移指不在场的第三方还是移指发话人自己，构成内心的独白，其本质都是在和不同的人进行虚拟对话。因此，纯粹的独白是不存在的，对话性是语言的本质属性，人只要开口说话，心理世界就预设了一个受话人。

发话人使用移指代词"你"，一方面实现了和心理世界移指对象的虚拟对话，如果不使用移指代词"你"，这种极具现场感和生动性的对话就不复存在，转而成为平淡的转述。另一方面，发话人实现和受话人的互动是根本目的，使用移指代词"你"，发话人也将现实言语世界中的受话人纳入进来，这无疑增强了现实言语世界发话人和受话人之间的对话性。因此，套叠是对话的本质，这种套叠对话是发话人在叙事过程中整合对话的一种方式，增强了发话人和移指对象、发话人和受话人之间的对话性。

4.2　构建一致的立场

我们在对"你"的移指用法的考察过程中发现，谈话节目《名人面对面》118 期约 64.6 万字的语料中，"你"移指用法几乎全部是出自受访者而非主持人之口，受访者是谈话中的主角，让受访者表达立场和观点是访谈节目的根本目的。在对我们自行转写的自然口语会话语料中，同样发现"你"的移指也高频出现在发话人表达自己的认识立场、情感立场和道义立场的语境中。可见"你"的移指用法与立场的构建有着千丝万缕的联系。

"你"所浮现的各种移指用法背后，有深刻的功能动因。"语法是在运用中逐渐成型、不断变化的，功能需求塑造了语法。"（方梅，2007）互动双方交际的需要，具体说来就是发话人为了让受话人认同并构建一致立场的需要，促使发话人使用移指代词"你"，这种用法在高频使用中逐渐固定下来成为话语的一部分。因此，"语法就是凝固的话语（Grammar is frozen discourse）"（Givón，1979）。

4.3　"你"的移指是一种言域用法

在日常语言表达中，我们可以不用"我说"之类的言域标记，却表达了言域的意义。"你"的移指本质是发话人直接和移指对象进行虚拟对话，同样也是不加言域标记"说"但是却表达了"说"的语义。

加"说"和不加"说"还是有区别的，在对话互动中，引述和移指经常共现，如果加"说"是常见的引述用法，发话人不加"说"，更能体现虚拟对话的非现实性和生动性。同时，虚拟对话是建立在交际双方都能明确移指对象的基础之上，如果受话人对指称对象并不清楚，前语境也并未被提及，发话人自然需要通过引述的方式对当前话语划界，让受话人清楚发话人所指对象。

5.　余论

Jing-Schmidt（2005）提出"戏剧性语言"的概念，本文讨论了"你"移指用法的戏剧性表现，其实所谓的戏剧性是自然语言中一种非常常见的现象，自然语言的入戏是一种常态，"对话即演戏"。正如沈家煊先生在给笔者的回信中指出的那样，"从'你'的指称用法中就可以看出自然语言本来就具有多层套叠的特点，这一点可能比戏剧更常见，这样的话自然语言本来就是戏剧性的，这才是巴赫金理论的精髓所在"。

陶红印（2008）提出："是不是只有'把'字结构才能表达戏剧化？有没有其他手段来表达戏剧化？"[①] 显然，戏剧性语言的表现形式并不是单一的，张伯江（2017）、方梅（2017，2019）、刘探宙（2021a）等都做了非常有益的探索。本文的分析是基于自然口语对话语料，其实，语言戏剧性在叙述中也会存在，并且戏剧性的表达方式也是多样的。那么，在汉语的不同语体中，还有哪些戏剧性语言的表达方式和手段？不同语体表达戏剧性的形式和手段有哪些不同？这是值得深入研究的课题。此外，在汉语中不用言域标记却表达言域的语义的"不说却表达了说的意思"的现象也值得进一步探究。

参考文献

巴赫金　1988　《陀思妥耶夫斯基诗学问题》，白春仁、顾亚玲译，生活·读书·新知
　　三联书店。
董秀芳　2005　《移情策略与言语交际中代词的非常规使用》，齐沪扬主编《现代汉语
　　虚词研究与对外汉语教学》，复旦大学出版社。
方　梅　2007　《语体动因对句法的塑造》，《修辞学习》第6期。
方　梅　2009　《北京话人称代词的虚化》，吴福祥、崔希亮主编《语法化与语法研究》
　　（四），商务印书馆。
方　梅　2017　《叙事语篇的衔接与视角表达》，《语言教学与研究》第5期。
方　梅　2019　《话本小说的叙事传统对现代汉语语法的影响》，《当代修辞学》第
　　1期。
方　梅　乐　耀　2017　《规约化与立场表达》，北京大学出版社。
郭凤岚　2008　《当代北京口语第二人称代词的用法与功能》，《语言教学与研究》第
　　3期。
吕叔湘（主编）　1980　《现代汉语八百词》，商务印书馆。
吕叔湘　1985　《近代汉语指代词》（江蓝生补），学林出版社。

---

① 陶红印（2008）使用"戏剧化"对应井苗著作中的"dramatization"、"dramaticity"和"dramatized"，本文则倾向使用"戏剧性"，主要是基于这样一个认识，我们的日常语言表达的很多方式本身就是具有戏剧性的，并不需要一个"化"（即演变）的过程。Jing-Schmidt（2005）论证的就是把字句的高戏剧性（high dramaticity）的表达方式。也就是说，戏剧性是语言本身的特性。此外，说语言是"戏剧化"的还是"戏剧性"的，本身并没有那么重要，重要的是，从戏剧性的视角看语言，给我们打开了一个新的思路。

李　明　2004　《从言语到言语行为——试谈一类词义演变》,《中国语文》第 5 期。

刘探宙　2021a　《动作指示结构式"这么一 V"的互文性——从与"这一 V"的对比说起》,《语言教学与研究》第 3 期。

刘探宙　2021b　《汉语指称的辨识问题》,《语法研究与探索》(二十),商务印书馆。

沈家煊　2001　《语言的"主观性"和"主观化"》,《外语教学与研究》第 4 期。

沈家煊　2003　《复句三域"行知言"》,《中国语文》第 3 期。

沈家煊　2019　《超越主谓结构——对言语法和对言格式》,商务印书馆。

陶红印　2008　《〈戏剧化的言谈:论汉语把字句〉述评》,《当代语言学》第 3 期。

王红梅　2008　《第二人称代词"你"的临时指代功能》,《汉语学习》第 4 期。

王义娜　2008　《人称代词移指:主体与客体意识表达》,《外语研究》第 2 期。

完　权　2019　《人称代词移指的互动与语用机制》,《世界汉语教学》第 4 期。

闫亚平　2019　《人称代词变换的立场导向》,《汉语学习》第 5 期。

姚双云　2012　《"主观视点"理论与汉语语法研究》,《汉语学报》第 2 期。

张爱民　2001　《现代汉语第二人称代词人称泛化探讨》,《徐州师范大学学报》(哲学社会科学版)第 1 期。

张伯江　2017　《语言主观性与传统艺术主观性的同构》,《社会科学评论》第 3 期。

张金圈　肖任飞　2016　《汉语口语会话中引语管领词的复说现象》,《中国语文》第 3 期。

张　磊　2014　《口语中"你"的移指用法及其话语功能的浮现》,《世界汉语教学》第 1 期。

张炼强　1982　《人称代词的变换》,《中国语文》第 3 期。

张旺熹　姚京晶　2009　《汉语人称代词话语标记系统的主观性差异》,《汉语学习》第 3 期。

朱德熙　1982　《语法讲义》,商务印书馆。

朱莉亚·克里斯蒂娃　2016　《主体·互文·精神分析——克里斯蒂娃复旦大学演讲集》,祝克懿、黄蓓编译,生活·读书·新知三联书店。

宗轶丽　2010　《三身代词的外部换指研究》,《南开语言学刊》第 2 期。

Abney, Lisa　1996　Pronoun shift in oral folklore, personal experience and literary narratives, or "what's up with you?". *SECOL Review* 20:203-226.

Berman, R. A., Ragnarsdóttir, H. and Strömqvist, S.　2002　Discourse stance:Written and spoken Language. *Written Language and Literacy* 5:255-290.

Biq, Yung-O.　1991　The multiple uses of second person singular pronoun ni in conversational Mandarin. *Journal of Pragmatics* 16:307-321.

Chao, Yuen Ren(赵元任)　1968　*A Grammar of Spoken Chinese*. Berkeley:University of California.

Clark, Herbert H. and Richard J. Gerrig　1990　Quotations as demonstrations. *Language* 66 (4):764-805.

Du Bois, John W.　2007　The stance triangle. In Robert Englebretson(ed.), *Stancetaking in Discourse:Subjectivity, evaluation, interaction*. Amsterdam:Benjamins, 139-182.

Givón, Talmy　1979　*On Understanding Grammar*, New York:Academic Press.

Jespersen, Otto　1922　*Language：Its Nature，Cevelopment and Origin.* London：George Allen & Unwin LTD.

Jing-Schmidt, Zhuo　2005　*Dramatized Discourse：The Mandarin Chinese Ba-Construction.* Amsterdam：John Benjamins Publishing Company.

Kitagawa, Chisato & Adrienne Lehrer　1990　Impersonal uses of personal pronouns. *Journal of Pragmatics* 14：739−759.

Kecskes, Istvan　2008　Dueling contexts：A dynamic model of meaning. *Journal of Pragmatics* 40（3）：385−406.

Kross, Ethan and Ozlem Ayduk　2011　Making meaning out of negative experience by self-distancing. *Current Directions in Psychological Science* 20：187−191.

Lyons, John　1977　*Semantics.* 2 vols. Cambridge：Cambridge University Press.

Levinson, Stephen　1983　*Pragmatics.* Cambridge：Cambridge University Press.

Sweetser, Eve　1990　*From Etymology to Pragmatics：Metaphorical and Cultural Aspects of Semantic Structure.* Cambridge：Cambridge University Press.

Scheibman, Joanne　2007　Subjective and intersubjective uses of generalization in English conversations, In Robert Englebretson（ed.），*Stancetaking in Discourse：Subjectivity，Evaluation，Interaction.* Amsterdam：Benjamins，111−138.

从互动视角看话语标记"这个"和"那个"话语立场差异及其对功能和使用分布的影响

刘丽艳[*]

提　要

本文借用 Berman 等（2002）对话语立场的分析框架，从取向、态度和概括性三个维度对话语标记"这个"和"那个"所参与构建的话语立场进行了考察。考察发现，二者所偏好出现的话语立场存在以下差异。从取向维度来看，"这个"偏好在信息取向话语立场中出现，而"那个"则偏好在受话者取向话语立场中出现。从态度维度的认识态度来看，"这个"常用来引介可及性较低的信息，而"那个"则常用来引介可及性较高的信息；从情态态度上来看，"这个"常在客观中立的情态立场中出现，而"那个"则常在负面情态立场中出现。从概括性维度看，"这个"后续多为概括类指性信息，而"那个"则多为具体特定的信息。由此可见，"这个"所在话语立场凸显了发话者对信息传递和语篇推进的关注，而"那个"所在话语立场则凸显了发话者对受话者的关注。为构建和实现上述话语立场，"这个"的功能主要表现为对信息的陈述引介，而"那个"则凸显为人际互动功能。以上差异也影响和制约了它们的使用分布，从而形成不同的选择偏好。

关键词

互动；话语标记；这个；那个；话语立场

---

* 刘丽艳，北京语言大学应用中文学院教授，汉语国际教育研究院兼职研究人员，研究方向为语用学和对外汉语教学研究。电子邮箱：liuliyan@ blcu. edu. cn。

Discourse markers *Zhege* and *Nage*:

Discourse stance, function and distribution in interaction

Liu Liyan

Abstract

Deriving from the analytical framework of Berman et al. (2002) on discourse stance, this paper examines the discourse stance involved in the construction of discourse markers *Zhege* ("this") and *Nage* ("that") from three dimensions: orientation, attitude and generality. It was found that the following differences in terms of the discourse stances which the two are likely to take: from the perspective of orientation, *Zhege* is inclined to appear in the "information-oriented" discourse stance, while *Nage* is inclined to appear in the recipient-oriented discourse stance; From the perspective of epistemic attitude in the attitude dimension, *Zhege* is often used to introduce low-accessible information, while *Nage* is often used to introduce high-accessible information; in terms of affective attitude, *Zhege* is often used in an objective stances, occurring in neutral stances, while *Nage* often occurs in negative stances. From the perspective of generality, the follow-up of *Zhege* is mostly generalized information, while *Nage* is mostly followed by specific information. That is, the discourse stance of *Zhege* highlights the focus of the speaker on information transmission and discourse progression, while the discourse stance of *Nage* highlights the speaker's concern for the recipient. In order to construct and realize the aforementioned discourse stance, the function of *Zhege* is mainly manifested as the presentation and introduction of information, while *Nage* is presented as the function of interpersonal interaction. These differences above

155

also affect and restrict their use distribution, resulting in different selection preferences.

Keywords

interaction; discourse marker; *Zhege*; *Nage*; discourse Stance

1. 引言

　　话语标记是互动式口语交际所特有的一类功能词，它们对话语的建构和理解都发挥重要作用。"这个"和"那个"是汉语口语交际中使用频率较高的一对话语标记，它们不仅可以共存于一个交际语篇①中，还常常同现于一个话轮②之中。那么，在口语交际中，用"这个"还是用"那个"，说话人是如何做出选择的？它们在功能表现和使用分布上存在哪些特征和差异？这些特征和差异又受到哪些因素的影响和制约？本文拟就以上问题进行探索。

　　指示代词"这"和"那"及其不对称现象一直是学界研究的热点之一（徐丹，1988；崔应贤，1997；曹秀玲，2000；丁启阵，2003；等等）。近年来，随着口语研究的持续升温，学者们开始将研究重点转向语义虚化的"这"系和"那"系词语上，从语用、语篇、社会语言学、话语立场等多个角度对它们在口语交际中的功能特征及差异表现进行考察，如 Tao（1999）、方梅（2002）、刘丽艳（2005）、郭凤岚（2009）、郑友阶和罗耀华（2013）等。

　　以上成果为我们后续研究奠定理论基础。但由于研究者们所依据的理论框架和研究方法差异较大，因此，他们所关注的不对称表现及影响因素也都各不相同，自然也缺乏对各因素间相关性的阐释。此外，有些研究把"这"系和"那"系词语不加分别地放在一起考察，因而不可避免地会忽视其内部差异性。本文把话语标记"这个"和"那个"从"这"系和"那"系中剥离出来，专门对其进行考察。

　　语言是用来表达立场的，在言语交际中，发话者总是要选择那些在功能上与所要表达立场相契合的语言形式来帮助构建和实现该话语立场。对话语标记"这个"和"那个"的使用也不例外。本文尝试将诸多因素纳入一个分析框架——话

---

　　① 即由两个或两个以上交际参与者话语组成的相互关联的对话序列。

　　② "话轮是对话中的基本组织单位，是对话参与者依次交替谈话时一个说话人的一次言谈行为。"（方梅，2002）

语立场分析框架之中，从互动交际视角来考察它们参与构建的话语立场及其差异特征，从而进一步探索立场差异对它们的功能表现和使用分布的影响。

2. 理论及分析框架

2.1 关于"话语立场"

最早明确提出立场概念的是 Biber 和 Finegan（1988）。他们将立场定义为："说话者或作者对信息的态度、感觉、判断或者承诺的显性表达。"Biber 等（1999）则明确提出，除了交流命题内容，说话者和作者通常还表达个人感觉、态度、价值判断或者评估（参见罗桂花，2014）。在近三十年的立场研究中，学者对其概念内涵的认识争议颇大。但诸位学者基本都认同以下事实，即立场是主观性、评价性和交互性融合的结果（Englebretson，2007：17-18）。

2.2 分析框架

本文对立场的考察，将借用 Berman 等（2002）的分析框架，即"话语立场"包括三个相互联系的维度：取向（orientation）维度、态度（attitude）维度和概括性（generality）维度。

取向维度主要是考虑语篇生成与理解过程中三个参与元素——发话者、受话者以及话语信息（或语篇）之间的关系，相应地产生三种取向：发话者取向、受话者取向和话语信息（或语篇）取向。态度维度包括三种类型：认识态度（epistemic attitude）、道义态度（deontic attitude）和情感态度（affective attitude）。其中，认识态度是指从可能性、确定性、信息来源等角度来考察言者（或作者）与所述命题之间的关系；道义态度是指言者（或作者）对言说对象或者事件进行评价、判断时所采取的视角；情感态度是指言者（或作者）对所述事件的情感表现（Berman et al.，2002；方梅、乐耀，2017）。概括性维度主要是考察话语中所指人物、时间和地点的一般化或特殊化程度，从而形成三个表达层面，即个人的或具体的指称、类指和非人称。

以上三个维度贯穿整个语篇，而构成话语立场这三个维度的元素可能交替出现在某一语篇之中（罗桂花，2014）。

3. 话语立场及其差异表现

3.1 取向维度

本文的"取向维度",主要指发话者在制订言语计划①过程中,其注意力投放的重点和方向。如果发话者注意力主要投放在受话者身上,则构成受话者取向的话语立场。如果发话者注意力主要投放在话语信息上,则构成信息取向的话语立场。如果发话者注意力主要投放在自己身上,则构成发话者取向的话语立场。

我们对所搜集的语料②考察分析后发现,"这个"偏好在信息取向话语立场中出现,而"那个"则偏好在受话者取向话语立场中出现。

3.1.1 "这个"与信息取向话语立场

话语标记"这个"参与构建的话语立场通常表现为:发话人即将开启的言语行为或所述话题信息已在受话者预期之内。因此,发话人在制订言语计划时,其注意力主要投放到信息的组织提取和话题语篇的设立、延展与推进上,而对受话者的关注则相对较少。为构建和实现上述话语立场,"这个"在话语交际中的功能通常表现为:在受话者期待中开启话轮、设立和转换话题等。

3.1.1.1 开启话轮

"这个"通常被用在话语交际的应答/反馈序列中来开启话轮,如(1);有时也会在权威性话语形式(如大会报告、教授指导等)的引发序列中来开启话轮,如(2)。

---

① 信息编码涉及宏计划和微计划两个过程。宏计划是指说话人为实现每一个子目标而对言语信息进行计划与选择。微计划是通过赋予信息结构、命题格式以及按照意图吸引听话人的注意来满足说话人要求等方式,把每一个要表达的信息单位塑造为一个前言语信息(桂诗春,2000)。

② 本文语料主要来自:北京语言大学语料库,简写为 BCC;日常生活现场录音转写,简写为 XC;访谈节目转写,简写为 FT;北京话口语语料库,简写为 BJH;电视剧《我爱我家》台词,简写为 5i5j。有些语料引自笔者之前已发表的论文。语料转写符号如下:"(+)",插入对话;"P",停顿,括号中的数字代表停顿的秒数;"——",音节拉长;"……",省略后文。

（1）　A：你怎么会想到请我吃饭呢？

　　　　B：这个，嗯，我想谢谢你救了我一命。（BCC）

（2）　语境：论文开题会上，几位专家从左到右依次对某研究生的开
　　　　题报告进行评论指导。Z 教授刚结束发言，按顺序下一位发言
　　　　者为 C 教授。

　　　　研究生：谢谢 Z 老师。（全体目光都投向 C 教授）

→C 教授：**这个——**（一边翻看论文）我费了好大的劲啊 P（1）才
　　　　找到你到底要做什么，具体的那个啊，你这个前面应该前
　　　　面有吗？研究 P 比如说研究对象、范围之类的。（XC）

（1）中"这个"出现在应答序列中，B 是在 A 的期待中开启话轮的。（2）中
的"C 教授"在发话前，受话者已将注意力投向发话者，并做好接收信息的
准备。"C 教授"用"这个"来开启话轮。

3.1.1.2　设立和转换话题

发话者通过"这个"来设立和转换的话题，通常是前一话轮发话者提出
并期待得到回应的话题，如（3）（4）。

（3）　（+有没有俸禄？）啊，没有。因为，我们已经是，我是民国六年
　　　　生人，民国六年没有这样儿事。但是这一点呢，您说的这儿了，
　　　　我还想说啊，**这个**所谓俸禄这事儿啊，有是有，但是在跟社会
　　　　上流传的这个啊不一样……（BJH）

（3）中说话人用"这个"所设立的话题"俸禄这事儿"，正是受话者在上一话
轮中提出并希望得到回复的内容。

（4）　语境：W 和 C 两位老师在讨论线上课程开班的问题。

　　　　W：现在学生普遍关心以下两个问题，一是线上课程学生跟
　　　　老师的沟通时间会有多少？二是如果某时区学生实在不
　　　　方便上午上课，他们自己凑够十个人，可不可以在合适
　　　　的时间开课？

　　　→C：我觉得这几个问题呢，我们一块儿商量一下也行，实际上

他第一个问题……，如果是课 sh（很轻）那个 P 课下时间嘛，这个到时候商量再定了。额——**这个**第二个问题就是关于这个开班的问题，如果他们能凑足十个人，包括十个人以上，我们……（XC）

（4）中发话者 C 在谈论完"第一个问题"后，用"这个"来转换到"第二个问题"。以上两个话题都是受话者在上一话轮中提出的，是受话者期待得到回应的话题。

3.1.2 "那个"与受话者取向话语立场

"那个"所参与构建的话语立场，通常表现为：发话人即将开启的言语行为或所述话题信息尚处于受话者注意力或预期之外，因此发话人在制订言语计划过程中，将主要注意力投放到受话人身上，关注并引导其注意力资源的分配、指向以及对所述信息的情感反馈等，其交际动机直指受话者。为构建和实现上述话语立场，"那个"在话语交际中的功能通常表现为以下几个方面。

3.1.2.1 吸引受话者注意力，使之集中到发话者言语行为上，如（5）（6）

（5）语境：在某医院住院处。病人家属 L 来到护士服务台前。三位护士都在电脑前低头工作，没有发现 L。

→L：**那个**——请问我们现在还能订饭吗？

护士甲：可以的。您现在先去一楼大厅东侧那边的窗口去交押金，然后……（XC）

（6）语境：餐厅里几个老朋友边吃边聊。

A_1：我家李××这两天就总给我……

→B：（+）**那个**李××回来了？

A_2：嗯，他这几天一直陪着我，总给我做这些菜……（XC）

（刘丽艳，2009）

（5）（6）中的发话人"L"和"B"在开启话轮之前，其受话对象都没有做好接收信息的准备。（5）中受话者"几位护士"在低头工作，而（6）中受话者 A_1 正在说话。这里用"那个"来引发话轮，就是试图将受话人注意力引向发话者的言语行为，使受话人做好接收信息的准备。

161

3.1.2.2　关注并缓和受话者接收信息后可能产生的负面情绪或反应，如（7）

（7）语境：家政服务员 Z 与雇主 L 的对话。

→Z_1：**那个——**，刘老师啊，跟你商量个事儿。

L：哎，周姨您说吧。

→Z_2：**那个——**你能把下个月的工资先支给我吗？我们家那位啊 P 俩月没开工资了……

L：（+）没问题，我这就给你拿去，够吗？不够我这儿还有。（XC）（刘丽艳，2005）

（7）中发话者 Z 向受话者 L 提出"预支工资"请求前已做出预判，该请求将会在某种程度上使受话者受损。为减缓受话者接收信息后可能产生的负面情绪或反应，发话者使用"那个"来开启话轮，使受话者感受到她的不安与关切。

3.1.2.3　标示前后信息间界和转换关系，提醒受话者前后信息存在差异，如（8）~（10）

（8）语境：某电视台记者阎在采访小品演员高秀敏。

高：如果有一天不管你创作什么小品观众都不愿意看了，那我们就不创作了，是不是这样？我觉得我是不会放弃小品，除非观众放弃小品，放弃我。

→阎：我们黑龙江的观众也不会放弃您。（笑）**那个——**每年看春节晚会啊，看您的小品已经成为大家的习惯了，那么今年您有没有考虑上春节晚会呢？（FT）（刘丽艳，2005）

（9）语境：在饭店。

G：我家李××这两天就总给我做这个菜，他这几天一直陪着我。他跟老板说**那个**我媳妇身体还没恢复好呢……（XC）（刘丽艳，2009）

（10）"……西北旺的回民公墓已经埋完了，连山上都埋完了。啊，这是解放后，解放前是三里河儿，钓鱼台儿，直到阜成门，这边儿到建国**那个**复复兴门这一片……"（BJH1102）

（8）中的"那个"用来标示并提醒受话人前后话题的转换，（9）中用"那个"来标示并提醒受话人叙述方式的转换，即从间接叙述性话语转换为直接引述，（10）中用"那个"来标示并提醒受话人信息正误的转换，即后面信息是对前面信息的修正。

3.1.3　小结

话语标记"这个"偏好在信息取向话语立场中出现。该话语立场中的发话者往往会作出如下预设：受话者已将注意力集中到发话者言语行为或所述信息上，并会尽最大努力听懂并理解发话者所述话语。话语标记"这个"在构建与实现上述话语立场过程中，凸显了它对信息的陈述引介性功能。

话语标记"那个"偏好在受话者取向话语立场中出现。该话语立场体现了发话者对受话者的高度关注与重视。话语标记"那个"在构建和实现上述话语立场过程中，凸显了它的强互动性功能特征。

3.2　态度维度

根据我们所搜集的语料，"这个"和"那个"在态度维度上的立场差异主要表现在认识态度和情感态度上。

3.2.1　认识态度

认识态度是指从可能性、确定性、信息来源等角度来考察言者（或作者）与所述命题之间的关系。"这个"和"那个"在认识态度上的差异主要表现在发话者如何看待所述信息与受话者之间的可及性关系上，即其所述信息对于受话者而言是低可及性信息还是高可及性信息①，继而形成两种不同的认识态度立场：低可及性认识态度立场和高可及性认识态度立场。

3.2.1.1　"这个"与"低可及性"认识态度立场

当发话者认为所述信息对发话者而言为低可及性信息时，通常会选择使用"这个"来引介该信息。上述认识态度立场在"这个"发挥语篇推进功能和占据话轮功能时表现尤为突出。

（一）语篇推进功能

在长话轮陈述性话语中，"这个"常用来引介与话题或事件主线相关的信

---

① 高可及性信息是指听话人较为熟悉的、容易想到或理解的信息，而低可及性信息是指听话人不太熟悉、不容易想到或不易理解的信息（刘丽艳，2006）。

息，以推进话题或语篇向前发展。通常情况下，话题或事件的主线信息，对于受话者来说都是新的、可及性较低的信息，如（11）。

（11）……这五十块钱维持全家很难维持，所以，**这个**₁解放以后，**这个**₂工作不是比较好找吗？**这个**₃儿子也考上了什么卫生训练班，二儿子也考上工厂，两个儿子都工作，**这个**₄生活就解决了，解决了。后来我又土改去，选上了西城区政府委员，每月有二百斤小米补助，**这个**₅家里生活没问题了，没问题了，后来有人又给我爱人介绍工作，他也出去了，**这个**₆三个小的儿是上大学，我们几个人供他们……（BJH）

（11）中发话者向采访者介绍解放之初自己的家庭情况，发话者用了六个"这个"来引介与事件主线相关的新信息，以推进话题向前发展。

（二）占据话轮功能

当信息提取遇到障碍时，如果发话人认为其所述信息对受话者来说是未知的或低可及性信息时，一般会选择使用"这个"来占据话轮，如（12）。

（12）语境：某老师在跟某学生讨论论文。

→老师：……"真的吗？我看见他来了"这个呢，就显然对你的否定，你说他架子很大，"真的吗"？你看他来了，那就表示你讲的不对的，"注意他来了"，这又是一个意思，"注意他来了"呢就意思就是说嗯——**这个**——**这个这个**——不要让小张听到了。

学生：嗯嗯，是的。（XC）（刘丽艳，2005）

（12）中"老师"在给"学生"讲解论文时遇到信息提取障碍。发话人认为该信息对于受话者来说可及性很低。因此用"这个"来占据话轮，为自己的思考提供时间。而受话者"学生"也不会主动帮助发话者"老师"来解除障碍。

3.2.1.2 "那个"与"高可及性"认识态度立场

当发话者认为所述信息对发话者而言为高可及性信息时，通常会选择使用

"那个"来引介该信息。以上认识态度立场主要表现在"那个"发挥语篇推进功能和占据话轮功能时。

（一）语篇推进功能

在长话轮陈述性话语中，"那个"常用来引介与话题或事件背景相关的信息，以解释补充话题的主线信息，如（13）。通常情况下，与话题或事件背景相关的信息，对于受话者来说多为已知的或可及性较高的信息。

> （13）……到放大订啦，那就是，什么珠子花儿啦、钱子、镯子、镏子。这会儿叫戒指啦，那会儿叫镏子啊，镏子。珠子花儿，头上戴的，头面装饰。哎你看那唱戏的**那个**₁，**那个**₂青衣，头上别的**那个**₃花花绿绿的，那珠子花儿。（BJH）

（13）中用三个"那个"来引介与话题相关的背景信息——关于"珠子花儿"的补充介绍。

（二）占据话轮功能

当信息提取遇到障碍时，如果发话人认为所提取信息对受话者来说是已知的或高可及性信息时，通常会选择使用"那个"来占据话轮，同时提示受话者帮助发话者一起解除障碍，如（14）。

> （14）语境：两个人在谈论作家余秋雨。
> →A₁：他爱人就是那谁，就是**那个那个**P（2）就是唱黄梅戏的P挺有名的P还上过春晚。
> B：+马兰吧？
> A₂：对对，马兰。（XC）

（14）中，A在提取"他爱人的名字"时遇到障碍，他认为该信息是受话者已知的或高可及性信息。因此，发话者使用"那个"来占据话轮，同时向听话者发出邀请，和他共同解除障碍。

3.2.2 情感态度

情感态度是指言者（或作者）对所述事件的情感表现（参看方梅、乐耀，2017）。我们对语料考察分析后发现，当发话者要表达公正、客观、中立、权威等情态立场时，通常会选择使用"这个"；而当发话者对所述信息持不喜欢、不赞同等负面情态立场时，倾向于选择使用"那个"。

3.2.2.1　"这个"与客观中立的情态立场

客观性情态立场，通常出现在较为正式的凸显其权威性、公正性和客观性的交际场合中，如大会报告、领导讲话、经验介绍等。以上交际形式中发话者通常为主讲人，对所述信息进行客观权威的解读与发布。而受话者则专注于倾听讲话内容，很少互动。"这个"通常出现在上述话语形式中，参与构建和实现上述情态立场。如果以上话语立场中的表达特征（如语气、标记等）被过度用在日常交际中，则会给人"打官腔"的感觉。在室内情景喜剧《我爱我家》中，退休干部老傅的日常口语表达就是典型的"打官腔"。演员在塑造和表现这一人物形象时，就大量使用了"这个"作为表达特征。如（15）。

（15）背景：老傅给家人开会，讨论家里日后需要做的一些工作。

　　　老傅：……你们说的这些当然都要做，可是现在还不能做。现在我们家的当务之急，是有几项工作要立刻上马。比如说要装一个太阳能热水器。

　　　和平：+诶，诶诶，咱家那儿有一电热水器挺好使的，您换什么太阳能啊？

　　　志国：就是啊。

→老傅：（语气恢复为正常的日常交流）啊，那已经落后了。现在能源紧张提倡使用太阳能嘛！啊。**这个**$_1$——我打听了一下，一般家用滴——啊——可以供四口人每天洗个热水澡没有问题，啊，呃——我们家的人口多了一点，所以我订购了一台可供 20 人滴 P **这个**$_2$——小型公共浴室用滴，啊，**这个**$_3$价格也很便宜，不过相当于一台花王吧。安装也很简单，在楼顶上铺设，啊，**这个**$_4$，把窗户打掉，上水道改线，下水道拓宽，我已经联系好了一个农村包工队，一个半月之内保证完工。

　　　众家人：+您这是干什么啊，爸！（5i5j）

（15）中，老傅在话语陈述中，通过四个话语标记"这个"及其他一系列语言手段，试图构建一个具有权威性、公正性和客观性的话语立场，以此来使家庭成员认可并赞同他的"改革"措施。

3.2.2.2 "那个"与负面情态立场

发话者对所述信息持负面态度，可能存在两种原因，一是该信息发出后可能会使自身利益或面子受损，如（16）；二是该信息发出后，可能会使受话者利益或面子受损，如（17）。"那个"在交际中的功能主要表现为降低负面信息对自己或对方的面子威胁，以减缓由此带来的负面影响或反馈。因此，"那个"多出现在道歉、检讨、解释、请求等言语行为类型中。

> （16）语境：傅明和和平母亲相互认为对方喜欢自己，他们出去谈话
> 　　　　　后回到房间。
> →　傅明：（生气）她还不承认（她喜欢我），非说我**那个那个**……，
> 　　　　　哪有的事吗，简直是岂有此理！（5i5j）

（16）中，虽然"那个"后续信息没有表述出来，但根据前后语境可知，发话者对该信息持否定和反感的态度。这在接下来的叙述中（"哪有的事吗，简直是岂有此理！"）已做明示。发话者担心该信息会受到受话者——儿女们的耻笑，从而使自己面子受损。

> （17）语境：上大学的儿子跟妈妈通电话。
> 　　　　妈妈：儿子，啥事儿？
> →　儿子：妈，**那个**——（跟）您商量个事儿。
> 　　　　妈妈：说吧！
> →　儿子：**那个**——我想换把电吉他。
> 　　　　妈妈：然后呢？
> 　　　　儿子：嗯——，有点儿贵。
> 　　　　……（XC）

（17）中，发话人"儿子"向"妈妈"提出"买吉他"的请求，"儿子"认为该请求会使妈妈利益受损，因此担心"妈妈"可能会对此做出拒绝、批评等负面回应。因此，发话人通过话语标记"那个"表达了自己对所传递信息的

负面情态立场，该立场源于发话者对所传递信息可能给对方造成损失而产生的不安与内疚，以此来降低"妈妈"做出负面回应的可能性。

3.2.3　小结

从认识态度上来看，话语标记"这个"偏好在低可及性态度立场中出现，常用来引介与话题或事件主线相关的信息，以推进话题或语篇向前发展。而"那个"则偏好在高可及性态度立场中出现，常用来引介与话题或事件背景相关的信息，以解释补充说明话题主线，从而帮助听话人更容易理解话语信息。从情感态度上来看，"这个"偏好在客观中立的情态立场中出现，以凸显其信息的权威性和可信度。而"那个"则偏好在负面情态立场中出现，体现了发话者对受话者反馈态度的关注。

"这个"和"那个"所在话语立场在态度维度上表现出来的特征，与它们在取向维度上是一致的，即"这个"所在话语立场凸显了发话者对信息发布和传递的关注，而"那个"则凸显了发话者对受话者的关注。

3.3　概括性维度

"从广义上来说，概括性维度是寄居于前面两个维度（取向维度和态度维度）之上所表现出来的功能特征。"（Berman et al., 2002）"这个"和"那个"所在话语立场在概括性维度上的差异没有前两个维度表现得那么明显，只是一种倾向性体现。根据语料，"这个"后续信息多为一般的类指性话语信息，如（18）～（19）；而"那个"后续信息则通常是具体的特定性话语信息，如（20）～（22）。

> （18）先说喜事，**这个**，男方呢，得给女方放订，有小订有大订，小订比如说吧，男方订了**这个**女方的闺女了……（BJH）

> （19）啊，那是北京话啦，文明结婚啦。所谓文明结婚呢就是，就是穿上**这个**纱衣服啊，哎戴上礼帽啊……（BJH）

（18）中"这个"所设立的话题信息"男方"和（19）中"这个"用来引介与故事主线相关的"纱衣服"都是概括的类指性信息。

> （20）那你们找那谁去，找**那个**历史系的**那个**侯仁之，知道不？他是

历史系的。老燕京的……（BJH）

（21）原来，"文化大革命"以前吧，七岁就上礼拜寺洗去。因为**那个**"文化大革命"给，都给什么了。（BJH）

（22）啊，标准的北京话现在究竟标准不标准啊，还能，你看这个电影，**那个**《我这一辈子》，那是北京标准话，《我这一辈子》那电影。（BJH）

（20）~（22）中，"那个"的后续信息分别指称具体的特定的人物"侯仁之"、历史事件"文化大革命"和电影《我这一辈子》。

4. 话语立场差异对功能和使用分布的影响

4.1 话语立场差异

话语标记"这个"和"那个"所参与构建的话语立场，在取向、态度和概括性三个维度上表现出如下倾向性。

"这个"偏好在信息取向话语立场、低可及性信息态度立场和客观中立的情态立场中出现，其后续信息多为概括的类指性信息。"那个"偏好在受话者取向话语立场、高可及性信息态度立场和负面情态立场中出现，后续信息多为具体的特定的信息（见表1）。

表1 "这个"和"那个"所在话语立场差异

维度		话语立场	
		"这个"	"那个"
取向维度		以话语信息为取向	以受话者为取向
态度维度	认识态度	低可及性信息	高可及性信息
	情感态度	客观中立的情感态度	负面情感态度
概括性维度		概括的类指性信息	具体的特定的信息

资料来源：笔者自制。

4.2 话语立场差异对功能表现的影响

"这个"和"那个"所在话语立场差异也影响和制约了它们在具体交际中

的功能表现和选择偏好。即便在表达同类话语功能时，由于话语立场不同，发话者对"这个"和"那个"的选择偏好也有所差异（见表2）。同样是发挥话轮开启功能，在信息取向或客观中立的情态立场中，多选择使用"这个"，而在受话者取向或负面情态立场中，则偏好使用"那个"。同样是发挥话题设立和转换功能，在信息取向话语立场中，多使用"这个"，而在受话者取向话语立场中则多使用"那个"。同样是发挥话题推进功能和占据话轮功能，在低可及性认识态度立场中，多选择使用"这个"，而在高可及性认识态度立场中，则多使用"那个"。

表2 "这个"和"那个"话语立场差异对功能表现的影响

话语功能	"这个"		"那个"	
	话语立场	具体功能表现	话语立场	具体功能表现
话轮开启	信息取向话语立场	信息提取与引介	受话者取向话语立场	吸引受话者注意
	客观中立情态立场	增强可信度与权威性	负面情态立场	降低面子威胁和负面反馈
话题设立和转换	信息取向话语立场	应受话者所期，推进语篇向前发展	受话者取向话语立场	提醒受话者前后信息间存在某种差异
话题推进	低可及认识态度立场	引介话题主线信息，推进话题向前发展	高可及认识态度立场	引介话题背景信息，对主线信息进行补充说明
占据话轮	低可及认识态度立场	话语延迟，独立解除障碍	高可及认识态度立场	话语延迟，期待与受话者共同解除障碍

资料来源：笔者自制。

4.3 话语立场差异对使用分布的影响

"这个"和"那个"话语立场差异，也影响和制约了它们所偏好出现的交际场景和言语行为类型。受取向维度话语立场差异的影响，"这个"偏好在长话轮个人陈述性话语形式中出现，听说双方多表现为上对下、强对弱的关系；而"那个"则偏好在互动积极、话轮频繁更替转换的交际形式中出现，听说双方多表现为下对上、弱对强或平等的关系。受态度维度立场差异的影响，

"这个"偏好在较为正式的宣告、指示类言语行为类型中出现，如大会报告、领导讲话、经验介绍等；而"那个"则偏好在道歉、检讨、解释、请求等言语行为类型中出现（见表3）。

表3 "这个"和"那个"话语立场差异对使用分布的影响

话语标记	话语立场特点	交际形式	言语行为类型	交际主体关系
"这个"	信息取向 低可及性 客观中立	长话轮个人陈述	宣告、指示类，如大会报告、领导讲话、经验介绍等	强对弱
"那个"	受话者取向 高可及性 负面情态	话轮频繁更替	日常生活中的道歉、检讨、解释、请求等	弱对强，或者亲密平等的关系

资料来源：笔者自制。

5. 结语

语言总是要表达一定的立场，任何一个语言形式都无法脱离话语立场而独立存在。话语立场通过语言形式呈现出来，同时对参与和构建它的语言形式进行择选。本文从取向、态度和概括性三个维度对话语标记"这个"和"那个"所参与构建的话语立场进行了考察。考察发现，二者所参与构建的话语立场存在以下差异。从取向维度看，"这个"偏好在信息取向话语立场中出现，而"那个"则偏好在受话者取向话语立场中出现。从态度维度的认识态度来看，"这个"常用来引介可及性较低的信息，而"那个"则常用来引介可及性较高的信息；在情态表达上，"这个"常在客观中立的情态立场中出现，而"那个"则常在负面情态立场中出现。从概括性维度看，"这个"后续多为概括的类指性信息，而"那个"则多为具体的特定的信息。以上差异也影响和制约了它们在口语交际中的功能表现和使用分布，从而形成不同的选择偏好。

参考文献

崔应贤 1997 《"这"比"那"大》，《中国语文》第2期。

丁启阵　2003　《现代汉语"这"、"那"的语法分布》,《世界汉语教学》第 2 期。

曹秀玲　2000　《汉语"这/那"不对称性的语篇考察》,《汉语学习》第 4 期。

方　梅　2002　《指示词"这"和"那"在北京话中的语法化》,《中国语文》第 4 期。

方　梅　乐　耀　2017　《规约化与立场表达》,北京大学出版社。

桂诗春　2000　《新编心理语言学》,上海外语教育出版社。

郭风岚　2009　《北京话话语标记"这个"、"那个"的社会语言学分析》,《中国语文》
　　　　第 5 期。

刘丽艳　2005　《口语交际中的话语标记》,浙江大学博士学位论文。

刘丽艳　2006　《话语标记"你知道"》,《中国语文》第 5 期。

刘丽艳　2009　《作为话语标记的"这个"和"那个"》,《语言教学与研究》第 1 期。

吕书湘　1980　《现代汉语八百词》,商务印书馆。

罗桂花　2014　《立场概念及其研究模式的发展》,《当代修辞学》第 1 期。

郑友阶　罗耀华　2013　《自然口语中"这/那"的话语立场表达研究》,《语言教学与研
　　　　究》第 1 期。

徐　丹　1988　《浅谈"这/那"的不对称》,《中国语文》第 2 期。

乐　耀　2020　《指示与非指示:汉语言谈交际中的"那个"的用法》,《语言教学与研
　　　　究》第 1 期。

Berman, R., H. Ragnarsdóttir and S. Stromqvist　2002　Discourse stance: Written and
　　spoken language. *Written Language and Literacy* 5 (2): 253-287.

Biber and Finegan　1988　Adverbial stance types in English. *Discourse Processes* 11 (1):
　　1-34.

Biber, D., S. Johansson, G. Leech, S. Conrad, E. Finegan and R. Quirk　1999　*Longman
　　Grammar of Spoken and Written English*. Essex: Pearson Education.

Leech, G. N.　1983　*Principles of pragmatics*. London and New York: Longman.

Englebretson, Robert　2007　*Stancetaaking in Discourse*. John Benjamins Publishing
　　Company.

Tao, Hongyin　1999　The grammar of demonstratives in Mandarin conversational discourse:
　　A case study. *Journal of Chinese Linguistics* 27.

互动交际中的认识权威表达[*]

——以"我跟你说"为例

张文贤　李先银[**]

提　要

在社会互动中，交际双方存在知识的不对等，这就涉及认识权威这一概念。本文基于自然口语对话语料，以"我跟你说"为例，探讨了互动交际中如何表达认识权威，更深入地挖掘了语言形式的功能。研究发现，"我跟你说"已经规约化，主要作预示语，在对话中用来彰显认识权威，其互动功能有特别告知、独特评价和重要建议等。具体而言，"我跟你说"接引重要信息、个人的特别经历、隐私信息，引出独特的正面或者负面评价，以及接续劝慰、劝诫、提醒、警告等行为。"我跟你说"彰显了认识权威与道义权威，具有交互主观性，说话人期待引起听话人的共情回应。

关键词

"我跟你说"；认识权威；共情回应；互动语言学

---

* 本文受国家社科基金重大项目"汉语自然口语对话的互动语言学研究"（项目编号：20&ZD295）的资助，原刊于《当代修辞学》2021年第6期，收入本书时作了修改。李先银为本文通讯作者。

** 张文贤，北京大学对外汉语教育学院长聘副教授、研究员，研究方向为互动语言学、篇章语法。电子邮箱：zhwenxian@ pku. edu. cn。李先银，北京语言大学语言科学院研究员，研究方向为互动语言学、语法教学。电子邮箱：lixianyin@ blcu. edu. cn。

Epistemic authority in interaction:

A case study on "*I say to you*" (*wo gen ni shuo*)

Zhang Wenxian　Li Xianyin

Abstract

In social interaction, people orient to asymmetries in knowledge which gives rise to the notion of epistemic authority. Using data of naturally-occurring conversations in Chinese, this study discusses the expressions of epistemic authority by focusing on the case of "I say to you" (*wo gen ni shuo*), to delve into the functions of language form. It is found that "I say to you" which has been conventionalized and mainly used as a preface displays epistemic authority. The interactional functions of "I say to you" are informing special issues, expressing delicate assessments or important suggestions. Specifically, "I say to you" leads to significant information, personal special experiences and private information, or solicits unique positive or negative assessments, and is succeeded by the actions of comforting, admonishing, reminding or warning. In such uses, "I say to you" shows knowledge authority and morality authority on part of the speaker. It is argued that such an expression is intersubjective in that the speaker expects to evoke empathic response.

Keywords

"I say to you" (*wo gen ni shuo*); epistemic authority; empathic response; Interactional Linguistics

1. 引言

在自然口语对话中，"我跟你说"后面可以有停顿，位置也比较灵活，不仅可以在接引内容之前，也可以在接引内容之后，甚至可以在接引内容的中间，如例（1）、例（2）、例（3）。言说动词的主观化会引起动词虚化（董秀芳，2003），"说"从言说动词语法化成了从句标记（方梅，2006），"我跟你说"中的言说动词后不可以再加"了""过"，整个短语成为一个整体，已经规约化（"规约化"的定义见方梅、乐耀，2017：24）。

（1）（（老这样））

01　黄：@@@@@哎平常都不见你这样，@@逗死我了。

02→白：我跟你说，他在我面前老这样。

03　黄：@@@

（2）（（拆下来））

01　绿：你小心那个插线板。

02→白：我第一次玩儿这个，我跟你说。

03　　（（表情激动））你不要先，你先不要把碎的拆下来你知道吗？

04　绿：没事儿：

（3）（（税））

01　A：你三百二十四（（粒））略，国内是二百五到三百粒，你是

02　　知道的。

03　B：我知道我知道的。

04→A：并且，我跟你说这只是其中一个，还有口红这些啊，很多东

05　　西我跟你说，只要你把指标找到，把美国人这边通了，打通

06　　了，只要找到了，说穿了，不上税了。（CF）

前人对"我说"的研究较多,"我说"的意义不再实在,这是学者们已经达成的共识。有的学者认为"我说"已经词汇化为语气表达成分(董秀芳,2003)。有的学者认为"我说"已经主观化为话语标记(姚占龙,2008;刘嶔,2008;曹秀玲,2010;刘焱、任璐,2019)。李宗江(2010)还指出"我说"这类话语标记并不遵循如一般虚词或形态标记一样的语义虚化的规律,决定"我说"类词语变为话语标记的动因是语境,这提示我们要注意语境的作用。

与"我说"相关的研究结论并不能完全替代"我跟你说""我跟你讲""我给你说""我给你讲"的用法。陈丽君(2010)探讨了话语标记"我给你说"的演变过程,认为由动词虚化为介词后的"给"产生引进言谈者意义后,由言谈主语"我"和动词"说"结合而成的"我说"很容易呈现从动作义到情态义的主观化倾向,部分"我给你说"概念意义便慢慢消失,变为拥有人际意义和语篇意义的话语标记。阚明刚(2016)认为"我跟你讲"主要的语篇功能是话题顺接。Lim(2019)研究了自然口语中"我跟你说"的功能,认为其核心功能是预示接下来的话语是"微妙的"(delicate),比如非偏爱的行为,不同意或者不认同。Lim(2019)的分析为我们提供了参考,但我们认为这一结论并不全面,"我跟你说"的实际用法更加丰富。

从以上研究可以看出,前人多从演变过程的角度对"我说"类固定语进行分析,专门针对"我跟你说"的考察与分析比较少,更是缺乏对"我跟你说"如何表达主观性的研究。我们试图从认识权威的角度结合对话语境对"我跟你说"的互动功能进行分析。

本文的语料来源有两个:一是来自于自行录制的日常自然口语对话的录音或录像,涉及两方或多方对话,涵盖朋友闲聊、师生交流、多人游戏等多种对话场景和类型;二是来自美国语料共建会(Linguistic Data Consortium,LDC)汉语电话谈话语料库(Call Friend)的部分语料。来源于第二类语料的在例句后注明 CF。

2. "我跟你说" 与认识权威彰显

认识不平衡会促使会话序列产生或者衰减(Heritage,2012)。在信息交换的过程中,交际双方所掌握的信息不同,存在知识不对等。Stivers 等(2011:13)指出,在社会互动中,人们在讲述的权利、断言或获取某一信息,以及在深度、具体性或者知识的完整性上存在不对称。如果说话人有权利宣称某一事实，对知识拥有更高的权威，那么说话人就具有高认识权威（epistemic authority）。"我跟你说""我跟你讲""我给你讲""我给你说"的施事都是第一人称"我"，言者主语显身，谓语都是言说类动词，是发话人向受话人提供信息，均彰显了发话人具有认识权威。这些话语变体的功能基本相同，在交际中可以混用①，如例（4）第 3 行用的是"我跟你说"，第 5 行用的是"我跟你讲"。

（4）（（地址））

01　B：我的我的地址你都不知道，这鬼家伙。

02　A：我那本丢了嘛，不就科大什么，

03→B：我跟你说，我跟你说，科大总务长办公室啊。

04　A：嗯，啊，还是总务长办公室啊？

05→B：唉，你就写那儿，我跟你讲，我那儿最保险。一有信他们就

06　　打电话告诉我，真的。（CF）

Labov 和 Fanshel（1977：100）区分了 A-events（对于 A 是已知信息，对于 B 是未知信息）和 B-events（对于 B 是已知信息，对于 A 是未知信息）。② Kamio（1997：5－38）提出交际双方有自己的"信息疆域"（territory of information）。Stivers 等（2011：9）从认识途径（epistemic access）、认识优势（epistemic primacy）、认识责任（epistemic responsibility）三个维度对对话中的知识进行了划分，其中的认识优势关乎认识权威，关乎谁对知识享有权威性，谁有权利知道知识，谁有权利宣称知道知识。Heritage（2012）提出 K+（即更多知识，more knowledge）与 K−（即更少知识，less knowledge）的概念，它们处于认识坡度的不同位置，人们小心地经营着认识域，像是坐在"认识跷跷板"（epistemic seesaw）上一样，推动对话向前发展。

汉语语法研究一贯重视"用法"的重要性（吕叔湘，1979：6；沈家煊，1989），这与互动语言学的理念相通。本文基于互动语言学的研究方法（参看

---

① 本文暂不考虑"我跟你说""我跟你讲""我给你讲""我给你说"之间的细微差别，四者与"我告诉你"的偏好稍有不同，它们之间的差别我们拟另文论述。

② 参看张文贤和乐耀（2018）的研究。

Couper-Kuhlen & Selting，2018；方梅等，2018），近观汉语自然口语语料，以"我跟你说"为例，讨论互动交际中的认识权威表达，探寻情景、语言形式和行为之间的互动关系，进而揭示语言真实使用对语法的影响和塑造。

3. "我跟你说"的互动功能

"我跟你说"通常作预示语（preface），与之共现的是接引内容。我们通过对"我跟你说+接引内容"的分析，反观"我跟你说"的互动功能①。考察语料发现，"我跟你说"的互动功能有：特别告知、独特评价、重要建议。下面逐一分析。

3.1　特别告知

3.1.1　告知重大信息

"我跟你说"接引的是重要信息。说话人处于 K+位置，提供听话人目前不知道的，但可能关心的、应该知道的，说话人也应该告知的重大信息，是A-events。找到工作是人生中的大事儿，例（5）说话人 A 告知 B 王凯回来了，并且找到一个很好的工作，这是重大新闻。

（5）（（回来了））

01　B：跟我们家两个年轻人，蛮可以聊聊嘛。

02　A：哦哦。

03　B：认识认识。

04→A：嗯。我跟你说，王凯回来了。

05　B：哦。

06　A：高兴极了。

07　B：哦。

08　A：那个，他有一个 job offer 呢。

---

① 我们秉承互动语言学的理念展开分析，本文所说的互动功能主要涉及话轮和序列组织以及说话人所实施的社会行为。文中"我跟你说"主要作预示语，我们说的互动功能实为"我跟你说"及其所说内容的功能，为了叙述的方便，我们直接称之为"我跟你说"的互动功能。

09　B：什么？

10　A：有，有一个，有一个大公司。

11　B：job offer，啊。

12　A：job offer，已经已经同意他那个去了，那个，就什么，挺好

13　　　的一个大公司。

14　B：哦。（CF）

例（6）B告知A的虽然不是人生中的大事儿，但最近的出行计划也是重大的新信息，对A、B共同的日程安排有影响，也用"我跟你说（讲）"引出。

（6）（（去旅游））

01　A：多出去玩儿。

02　B：那是肯定的。

03　A：你爸，你爸你妈可满意？

04→B：唉，我跟你讲我，我跟你说，我马上要去嗯泰山，曲阜去玩

05　　　儿去。

06　A：哦，你要去泰山，咱们去旧金山哈。（CF）

3.1.2 告知个人的特别经历

"我跟你说"的接引内容也可以是个人比较特别的经历。个人经历是一手信息，自然具有权威性。杀火鸡对于中国人来说是特别的经历，例（7）说话人A介绍完自己的经历后发出笑声，表明这段经历很有意思。例（8）第1行是预序列，黑先问大家挤没挤过早晚高峰，如果大家回答没有挤过，她就可以继续讲述了。在得到否定回答后，黑开始讲述。"我跟你说"先引出自己在北京的时间长这一重要信息。黑在北京工作过很多年，而橘与条只是在北京读研究生，当然黑对挤地铁经历的讲述更权威，其讲述自然也非常可信。

（7）（（火鸡））

01→A：我倒没有这么多，不过我最近倒是，比如说，中国同学请客

02　　　啊什么的，

03　去吃了几趟啊。然后，然后感恩节不是去老师家里吃了一顿。

04　然后哦，我跟你说，自己杀了一次火鸡。@@

05　B：烤了，是吧？

06　A：那火鸡还在冰箱呢。啊，我把它切成一小块一小块的肉了。

　　　（CF）

（8）（（在北京））

01　黑：你们挤过早晚高峰吗？

02　橘：<@你什么时候挤过早@>

03　条：<@哦早哦没有@>@你挤过吗？就是被那种呼：

04　　　［吹上去的那种　　］

05→黑：［我跟你说我可是］已经：在北京工作那么多年的人：呢

06　条：@

07　黑：我怎么会没经历过：嗯：特别恐怖：

3.1.3 告知隐私信息

Pomerantz（1984）区分了两种类型的知识。她认为，"第一类可知知识（Type 1 knowables）是主体行为人有权利和义务知道的东西"，而"第二类可知知识（Type 2 knowables）是主体行为人被认为有权获得的东西"（Pomerantz，1984：187）。前者是说话人认为听说人必须知道的、合理性很高的、说话人有义务告知的知识，比如自己姓名以及自己正在做的事儿。后者是说话人假定听话人需要知道的知识，合理性没有那么高的、说话人没有义务一定要告知的知识，比如其他人做的事儿。"我跟你说"后面跟的隐私信息就是说话人非必须告知的知识，但说话人自愿告知听话人这一信息。隐私信息虽然不便告知他人，但说话人将之作为重大信息告知，拉近了听说双方的距离。如例（9）转折连词"但是"表明不能按照A所期待的那样"不退休"，"我跟你说"后面接引的"名额的关系"是说话人单位内部的规则，即一般不能对外宣称的信息。

（9）（（退休））

01　B：对，退休的话，我收入，暂时不会少，不过以后呢，两年增

02　　　加一次工资。

03　A：嗯。

04　B：退休的人就不在份儿了，就这--

05　A：哦，我明白。

06　B：诶。

07　A：所以可能还暂时不退休好，@嗯？

08→B：@但是我跟你说，这个呢，是，主要是名额的关系。

09　A：哦。

10　B：别人升不来。

11　A：哦。

12　B：所以，叫我们退休，但是工作丢不开呢，我们在上班，但是

13　　　已经算退休了。（CF）

3.2　独特评价

说话人讲述由亲身经历得出来的认识，这种认识具有说话人的个人主观印迹，比较独特。这类评价本身确认度非常高，因此非常有价值，可能不太会告知其他人，只与听话人分享。

Heritage 和 Raymond（2005）将引发评价序列的评价称为"第一位置评价"（first position assessments），回应第一位置评价的评价为"第二位置评价"（second position assessments），第一位置评价暗示认识权威，而第二位置评价处于从属地位。"我跟你说"常处于第一位置评价，说话人具有评价的知识而且具有权威性。当"我跟你说"处于第二位置评价时，表示不同意第一位置的评价，彰显评价的独立性，减少了从属性，增加了权威性。"我跟你说"引出评价时，前面常有语气词"唉""哎""诶""哎哟"等，后面可以有语气词"啊"。

例（10）中 A 在加拿大居住多年，有权利对在加拿大的生活发出评价，所做出的评价具有权威性。A 通过个人经验形成了独特观点，做出权威的评价，即加拿大经济活跃度不比国内但市场机制与科技比较强，A 的这一评价也希望得到 B 的认同。第 10 行"对"三次叠连，表达了 B 的强烈认同。①

---

① 评价的同时可能会伴随着信息告知，我们将该例归为评价是基于下一话轮验证程序，因为第 10 行"对对对"表达对评价的认同。

（10）（（加拿大））

01　B：我估计以后他可能就想去办加拿大走呢。

02→A：诶，我其，我跟你说--

03　B：嗯。

04　A：这边呢，我觉得，就是说好像，就是说，无论机会还是经济

05　　　的活跃程度我觉得不比国内，但是呢，我就觉得这边儿呢，

06　　　就是说，

07　B：嗯。

08　A：各方面他那个，系统性啊，就是说，市场机制啊，和你这个

09　　　科技的那个都已经走上正轨了。

10　B：对对对。（CF）

　　说话人发出评价时常常使用表达绝对的词，以突出说话人的笃信程度。例（11）A 与 B 观点不同，B 要依靠别人办事儿，而 A 想自己干。A 虽然处在第二位置评价，但在第 7 行，"我跟你说"后面有语气词"啊"，还有副词"其实"以及"最"，表示 A 给出了最确信的回应，A 的评价也具有权威性。"其实最简单"在 TCU 末尾重复了一次，表明这是至简的道理。第 12~19 行 A 讲述了寄东西的个人经验。在第 15 行，"我跟你说"再次出现，前面伴有表示提醒听话人注意的语气词"哎"，这一行的"我跟你说"是告知自己的具体经验，以证明第 7 行观点的正确性。

（11）（（寄东西））

01　A：那我们以后自己干咯，干吗要跟他一起干啊。

02　B：不是，很多事情不是你一个人能办成的啊。

03　A：哦我，

04　B：你肯定要靠靠其他人。

05　A：嗯。

06　B：知道吧？

07→A：我跟你说啊，其实最简单是什么啊@@就把美国的东西往国

08　　　内扔其实最简单。

09　B：也不那么容易。

10　A：也不那么容易啊，

11　B：也不那么容易。

12　A：哎，我觉得只要找到那个指标我觉得挺容易，我已经跟我们

13　　　家寄了两次东西，我觉得挺顺利的啊。

14　B：你都寄了什么？

15　A：哎我跟你说，我就先寄那些小东西嘞。

16　B：嗯。

17　A：你看那化妆品在这儿哈，我三百元买一个，

18　B：嗯。

19　A：国内是三千块钱一个，简直差价十倍嘛。（CF）

"我跟你说"的内容还可以是负面评价，如例（12）先发出了负面评价然后再用"我跟你说"增强权威性。

（12）（（质量））

01　B：噢，Burlingtons。

02　A：对呀。

03→B：那个不-那不是-质量是差远了我跟你说。

04　A：那当然那是有一点差别。但是那种，

05　B：就你们厂的好。（CF）

3.3　重要建议

"我跟你说"之后的话语还可以是实施劝慰、劝诫、提醒、警告等行为。这些行为都是基于说话人的认识权威发出的，要求对方听从，属于"建议"大类行为，大多为他益行为。[①] 根据"我跟你说"后面接引的内容，行为可以

---

① Couper-Kuhlen（2014）根据"未来行为的实施者"与"未来行为的受益者"将指示-承诺类行为进行了区分。我们借鉴他的分类方法，将未来行为的受益者是他人的行为称为他益行为。

再细分为两类：a. 接引情理①：实施劝慰行为；b. 接引后果：实施劝诫、提醒、警告行为。

3.3.1　劝慰

社会情理是交际双方的共识，也是 O-events（基于常识的信息）。"我跟你说"接引社会情理是为了劝慰听话人，让听话人按照情理去做事。例（13）B 是长辈，A 是晚辈。第 1 行"我跟你说"后面是对晚辈的称呼"小虹"，之后有语气词"啊"，暗示后续话语是听话人应该知道的道理，即"各人有各人的习惯"。

（13）（（习惯））

01→B：我跟你说，小虹啊，

02　A：嗯。

03　B：啊，（（小孩儿哭闹声））小虹啊，

04　A：嗯。

05　B：那各人有各人的习惯。知道吗？

06　A：呃。

07　B：那这肯定是，这习惯不一样的。啊？

08　A：呃。

09　B：就得，就得慢慢地，相互适应。对吧？

10　A：嗯。（CF）

"我跟你说"所接引的劝慰也可以出现在回应位置上，如例（14），"我跟你说"出现在第 2 行，是对第 1 行 A 告知行为的回应。

（14）（（苛刻））

01　A：我们买了个床，嗯。

02→B：诶，这应当，我跟你说，你们俩啊，别对自己那么那么苛刻

03　　　了。（CF）

---

① 情理指的是人们行为做事的道理、理由（李先银、洪秋梅，2017）。关于情理与行为的关联及其表达，可参看李先银和洪秋梅（2017），李先银（2019）。

3.3.2 劝诫、提醒、警告

"我跟你说"还可以接引后果。说话人通过强调后果，提示听话人要注意的风险，根据语境，可以是劝诫、提醒、警告等不同强度的建议行为。对听话人有益处的行为，尽管说出来的话可能会使听话人不那么舒服，但因为是他益行为，说话人也会说，希望听话人听从说话人所提出的劝诫、提醒或警告。

例（15）虽然"我跟你说"后面有语气词"啊"，也有呼语，但不是要告知情理，而是根据自己的经验提出劝诫，这种劝诫具有权威性，不容置疑，第6~7行使用了"要注意""不能""所以……，但是……"等词语加强权威性。第9行从反面论证，"如果要是……，那……"假设不听从劝诫会有什么后果。

（15）（（签证））

01→A：唉，我跟你说啊，嫂啊，

02　B：对，唉。

03　A：你听我说啊，一个那个什么，因为她那个学校里头写的吧，

04　　　是八月二十八号，要求的话就报-她到学校的时间，所以

05　　　这个

06　　　时间她要注意，不能去的太晚，所以她推到八号还可以，但

07　　　是我劝她不能再，

08　B：嗯，哦，嗯，她现在就定了八号了。

09　A：对，如果要是再推的话，那就麻烦了，比如说领事就会，觉

10　　　得就是说，你没有足够的时间去买飞机票，没有足够的时间

11　　　到学校，他估计你没有这些足够的时间，所以他可能会因为

12　　　这些他就可能会，会不给你签。（CF）

例（16）"我跟你说"前面有叹词"哎哟"，根据 Wu（2018），"哎哟"引入的信息具有新闻价值（newsworthiness），并表明该信息是说话人据有的（speaker-side），有认识权威。这和"我跟你说"表达认识权威是一致的。例（16）"我跟你说"发出的劝诫比较强势，"别""听不听到"等表达接近命令。

（16）（（布））

01　A：你喜不喜欢那个就是那个布啊？

02→B：哎哟，我跟你说啊，那两块布啊都挺好看的，你啊别别让人

03　　　家带了，我觉得挺沉的，还得搭人情，算了吧，听不听到？（CF）

例（17）（18）也都是劝诫，都有相关的语言形式标记表明这是需要特别重视的情况。例（17）"我跟你说"后面是假设、虚拟的极端情况，例（18）"我跟你说"后面有"最好"，提出听话人特别希望说话人做的事儿。

（17）（（都挺好））

01　A：反正都那什么，这边儿都挺好的，因为我去这地方呢，

02→B：我跟你说，如果啊，

03　A：嗯。

04　B：要是比方说，人家怀疑呀，有转移，

05　A：嗯。

06　B：或者情况不好，

07　A：嗯嗯。

08　B：你也不要说是因为这个回来。

09　A：呃呃。（CF）

（18）（（颈椎））

01　A：诶，今天我再我再继续干下去啊？这是一个事情啊，

02→B：我，我跟你说，你最好不要，你要考虑不要干，因为我觉得，

03　　　你这个现在这个痛啊，是颈椎，天天干活，天天头低着。

　　　　（CF）

例（19）（20）"我跟你说"之后是说话人提醒说话人可能会出现的后果以及要注意的事情，这些提醒对听话人有好处。

（19）（（盖房））

01　蓝：嘶。要不要盖房啊？美国，呀，那我要盖房吗？

02　　　［美国是多少］

03→黑：［盖！我跟你说］，

04　　　　 到了美国那就真破产了。

（20）（（简单））

01　灰：还有一根，来，交给我。

02→红：我跟你说，你看着在那简单，其实在那儿戳戳可重了。

例（21）"我跟你说"之后是警告行为，有威胁的意味。说话人告诫听话人如果不为说话人考虑，则有不好的结果发生。警告是从另一方面建议听话人不要这么做，要求听话人听从。

（21）（（下棋））

01→曹：噢你又翻了我另外一个车，你再敢吃我的将，我跟你说，揍

02　　　　 死你。来，又该我啦。

03　子：运气好背啊。

04　曹：又到我了，那我们来看看这是个啥吧，好不好？

4. 认识权威与引起共情回应

4.1　"我跟你说"彰显权威

"我跟你说"通过讲述个人经验等彰显认识权威，加强了可信性。说话人之所以使用"我跟你说"作为实施告知、评价、建议等的预示语，是希望听话人重视说话人所提供的信息，希望听话人同意或接受说话人的意见，希望听话人按照说话人的要求去做。"我跟你说"所表现出来的认识权威又可以分为两种。

一是知识权威彰显。告知新信息属于这一类。"我跟你说"接引的是 A-events（Labov & Fanshel，1977：100），在序列中的分布较常见位于始发话轮，也可能位于回应话轮。说话人使用"我跟你说"表达了对知识的自信程度，凸显自己的认识权威地位，通过拉大交际双方的认识势位差距，希望对方记住他传递的新信息。

二是道义权威彰显。"我跟你说"通常接引的是看法、情理、后果，发出独特的评价、劝慰、劝诫、提醒、警告都属于这一类。"我跟你说"可以位于起始话轮，也可以位于回应话轮。说话人通过强化对事理、情理的表达，彰显自己的道义权威地位，借助道义高位迫使听话人遵从该事理、情理关联的行为。

不管是知识权威彰显还是道义权威彰显，"我跟你说"实际上都是说话人调节认识立场的手段，说话人通过制造交际双方的势位差，驱使听话人注意所彰显的话语，理解该话语背后的意义并遵从由此带来的行为指引，进而实现为一定的社会行为。"我跟你说"的互动功能与交际动因见表1。

表1　"我跟你说"的互动功能与交际动因

互动功能	交际动因
特别告知（接引重要信息、个人经历、隐私信息）	知识权威彰显：希望听话人重视这一新信息
独特评价	道义权威彰显：希望听话人同意、接受、赞同说话人的意见
重要建议：劝慰（接引情理）、劝诫、提醒、警告（接引后果）	道义权威彰显：希望听话人按照说话人的要求做

4.2　共情回应

"我跟你说"不仅表达说话人对知识的确信程度高，强调自己的认识权威，还表达了说话人的态度或者评价，具有交互主观性。在不同的话语情景中，说话人通过彰显认识权威使听话人接受所彰显的内容并遵从该内容带来的或者说是说话人提出的行为指引。听说双方组成了临时共同体，说话人将独特的、有价值的而且不会告诉他人的内容告诉听话人，是为听话人考虑。这种表达拉近了双方距离，使得关系亲近，说话人也期待听话人共情。使用"我跟你说"时，说话人希望引起对方的共鸣，进一步引发共情，希望对方听从或者认同、表达与自己一致的感情。共情回应（empathic response）"源于对他人情绪状态或状况的理解，与他人的感受或预期感受类似"（Heritage，2011）。"共情字面虽含'情'字，却并非只在情感层面达成'共'，还对认知有'共'的要求。""认知的前期准备是一种对后期情感与共的铺垫。"（李克、朱虹宇，2021）如例（22）～（24）。

例（22）第3~4行说话人B告知A内心的想法是以前想结婚，这一点成功地引起了共情，说话人A在之前的话语中表达了对B的气愤，但听到B告知的想法后，有些感动，虽然在第6行仍然表现得很强势，但已经表达要跟B结婚的决心了。

（22）（（结婚））

01 B：没良心。

02 A：你放屁，你这两天要搞得我很气愤。

03→B：我还很气愤呐，我本来，我跟你说我都，我本来是想你回来

04   就结婚的，现在我真的觉得有点犹豫，我想起你好多坏

05   处来。

06 A：我告诉你，我回来要发现你找了，你小心腿给打断。

07 B：@没有啊，我找谁去啊，我们公司里的谁不知道啊。（CF）

如果没有成功地引起共情，说话人会再次提及这个话题，重新提及之前的话题时常用"所以说"或者"所以"来引导。例（23）第1行"我跟你说"之后说话人告知重要信息，暗示不要出门太晚，希望得到A的认同与共情。但是A一直没有抢过说话权，仅仅是用"对""嗯""唔"附和B，与B保持一致。B一直作为主说话人表达对天黑的担心，根据Heritage（2011），说话人的描述越详细，听话人就越有义务表现出与描述者共情。在A迟迟不共情的情况下，第13~14行，B直接表达出提醒东部的人早出发的意思，话轮起始位置的"所以说"承前总结。

（23）（（越早越好））

01→B：晚上基本上到那点儿，我跟你说，四点半就开始天

02   黑了。

03 A：啊：有可能。对对对对啊。

04 B：差不多吧，你想四点半就开始天黑了吧。

05 A：嗯。

06　B：差不多吧。你看<XXX>不是也差不多。

07　A：对啊，是是。

08　B：所以说你根本没，你想，你就算一点到，

09　A：唔。

10　B：其实稍微，有人晚到三点。那基本上就是说，现在都差不

11　　　多了。

12　A：唔唔。

13　B：所以说：就让他们越，就说我那意思就是提醒他们东部的人

14　　　越早越好，别赶点儿。

15　A：唔唔唔唔唔。（CF）

　　例（24）黑、蓝、黄三人在玩儿战士游戏棋，第1行"我跟你说"接引比较句，直接表达这个游戏不太好玩，如果蓝与黄与之共情，就会表达换成玩大富翁的游戏，但是蓝和黄继续玩这个游戏，不理睬黑，黑也只好和他们继续玩。直到第12行，蓝提出困惑，"怎么都是啥也没"，黑在第13行明确重申第1行的看法，"所以"标示找回第1行的话题。

（24）（（游戏））

01→黑：我跟你说，大富翁比 ［这好玩儿多了］。

02　蓝：　　　　　　　　　　　［一二三四五］ 这是啥？

03　黄：啥也没 ［有］。

04　黑：　　　　 ［啥］也没。

05　（（黄掷色子））

06　黑：咦，<@你咋了？@>

07　黄：<@我哭了。@>

08　（（黑掷色子））

09　黑：12345。

10　蓝：写得啥？

11　黑：啥也没。

12　蓝：怎么都是啥也没。

13　黑：嗯，所以才没意思，大富翁就啥都有。

5. 结语

本文通过分析"我跟你说"在自然口语中的用法，探讨了在交际中认识权威是如何表达的。我们发现，"我跟你说+接引内容"用来告知特别的新信息（重大信息、个人经历、隐私信息）、发出独特评价、提出重要建议等。"我跟你说"标记出后续话语的独特性，凸显重要的、有证据的、来源于一手信息的内容，彰显知识权威或道义权威，这样，听话人应该相信说话人、认真听说话人所说内容，并听从说话人的建议等。"我跟你说"所接引的内容多与说话人的个人经验相关，表明说话人愿意跟听话人分享，进而听说双方达成立场共同体，因此说话人期待得到听话人的共情回应。

交际互动关涉交际双方的认识地位，交际双方在认识权威上存在差异，而表达认识权威的语言形式长期以来未受到关注。未来，我们也将继续探讨表达认识权威的其他语言形式及其互动功能。

附录

转写体例：

（1），　话语连续

（2）。　话语完成

（3）？　疑问语调

（4）（（ ））　转写者或研究者的注释

（5）@　笑声

（6）[　]　两人说话交叠部分

（7）<@　@>　说话人边笑边说

（8）：　语音拖长

（9）-　一个词完整产出之前被截断

（10）--　完成一个完整语调单位曲拱之前，该语调单位被截断

（11）<X>　听不清

参考文献

陈丽君　2010　《话语标记"我给你说"的演变过程》，《浙江师范大学学报》（社会科学版）第 6 期。

曹秀玲　2010　《从主谓结构到话语标记——"我/你 V"的语法化及相关问题》，《汉语学习》第 5 期。

董秀芳　2003　《"X 说"的词汇化》，《语言科学》第 2 期。

方　梅　2006　《北京话里"说"的语法化——从言说动词到标句词》，《中国方言学报》第 1 期。

方　梅　李先银　谢心阳　2018　《互动语言学与互动视角的汉语研究》，《语言教学与研究》第 3 期。

方　梅　乐耀　2017　《规约化与立场表达》，北京大学出版社。

阚明刚　2016　《话语标记"我跟你讲"的语篇功能研究》，《语文学刊》第 9 期。

李　克　朱虹宇　2021　《"共情修辞"的学理渊源与机制构建》，《当代修辞学》第 4 期。

李先银　2019　《情理驱动的话语表达：互动交际的视角》，中国社会科学院语言研究所博士后出站报告。

李先银　洪秋梅　2017　《时间-行为的情理关联与"大 X 的"的话语模式——基于互动交际的视角》，《语言教学与研究》第 6 期。

李宗江　2010　《关于话语标记来源研究的两点看法——从"我说"类话语标记说起》，《世界汉语教学》第 2 期。

刘　嵚　2008　《"我说"的语义演变及其主观化》，《语文研究》第 3 期。

刘　焱　任　璐　2019　《话语标记"我说"的功能及使用限制》，《海外华文教育》第 1 期。

吕叔湘　1979　《汉语语法分析问题》，商务印书馆。

沈家煊　1989　《不加说明的话题——从"对答"看"话题—说明"》，《中国语文》第 5 期。

姚占龙　2008　《"说、想、看"的主观化及其诱因》，《语言教学与研究》第 5 期。

张文贤　乐　耀　2018　《汉语反问句在会话交际中的信息调节功能分析》，《语言科学》第 2 期。

Couper-Kuhlen，Elizabeth　2014　What does grammar tell us about action？ *Pragmatics* 24（3）：623-647.

Couper-Kuhlen，Elizabeth & Margret Selting　2018　*Interactional Linguistics：Studying Language in Social Interaction*. Cambridge：Cambridge University Press.

Heritage，John　2011　Territories of knowledge，territories of experience：Empathic moments in interaction. In Stivers Tanya，Lorenza Mondada and Jakob Steensig（eds.），*The Morality of Knowledge in Conversation*. Cambridge：Cambridge University Press，159-183.

Heritage，John　2012　The epistemic engine：Sequence organization and territories of knowledge，*Research on Language and Social Interaction* 45（1）：30-52.

Heritage，John and Geoffrey Raymond　2005　The terms of agreement：Indexing epistemic authority and subordination in assessment sequences，*Social Psychology Quarterly* 68（1）：15-38.

Kamio，Akio　1977　*Territory of Information.* Amstardam：John Benjamins Publishing Company.

Labov，William and David Fanshel　1977　*Therapeutic Discourse：Psychotherapy as Conversation.* New York：Academic Press.

Lim，Ni-Eng　2019　Preliminaries to delicate matters Some functions of "I say to you" sequences in Mandarin Chinese conversations. In Yun Xiao and Linda Tsung（eds.），*Current Studies in Chinese Language and Discourse.* Amsterdam and Philadelphia：John Benjamins Publishing Company，105-136.

Pomerantz，Anita　1984　Agreeing and disagreeing with assessment：Some features of preferred/dispreferred turn shapes. In J. Maxwell Atkinson and John Heritage（eds.），*Structures of Social Action：Studies in Conversation Analysis.* Cambridge：Cambridge University Press，57-101.

Stivers，Tanya，Lorenza Mondada and Jakob Steensig　2011　*The Morality of Knowledge in Conversation.* Cambridge：Cambridge University Press.

Wu，Ruey-Jiuan Regina　2018　Indexing epistemic authority/primacy in Mandarin conversation：*Aiyou*-prefacing as an interactional resource. *Journal of Pragmatics* 131：30-53.

引述回应标记的类型、规约化与功能倾向[*]

卢芸蓉　朱　军[**]

提　要

引述回应是指回应话语中引述前一说话人部分或全部话语的现象。本文系统讨论标示、介引引述回应语的引述回应标记。引述回应语与引述回应标记构成"话题+述题"关系，这是与其他引述标记显著的功能差异；引述回应标记有粘合式、自由式两大类型，具体形式可能是词、短语、句子、跨层结构或框式结构。引述回应标记主要有规约化、半规约化两种演变情况，主要的规约化路径是引述回应语脱落、与引述回应语整合，形成机制主要有经济原则、频率效应。规约化的引述回应标记偏好于表达负面事理立场与不认同的立场回应。

关键词

引述回应语；引述回应标记；规约化；话语功能倾向

---

* 本文受国家社科基金重大项目"汉语自然口语对话的互动语言学研究"（项目编号：20&ZD295）的资助。文章曾在第四届互动语言学与汉语研究国际学术讨论会、话语语法和语气副词工作坊宣读，陈振宇、龙海平等老师提出了宝贵意见，文中谬误概由本人负责。
** 卢芸蓉，南京审计大学马克思主义学院副教授，研究方向为语法学、语言逻辑。电子邮箱：luyunrong@163.com。朱军，南京审计大学文学院教授，研究方向为语法学。电子邮箱：zhujun0818@126.com。

Quotative response marker：

Types，functions and conventionalization

Lu Yunrong　Zhu Jun

Abstract

Quote response is a common discourse phenomenon that quotes the whole or part utterance of the last speaker in speech interaction. This paper systematically discusses the quotative response markers of indexing and introducing quotative response. The relationship between quotation and quotative response marker is "topic" and "comment", which is significantly different from other quotative marker. In terms of its relationship with the quoted utterance, quotation markers can be classified into two types：bounded and free. The concrete forms may be a word, a phrase, a sentence, a cross-layer structure or frame structure. Quotative response marker can be conventionalized or semi-conventionalized, and it can be independently used or integrated with quoted utterance. Their formation mechanism mainly includes economic principle and frequency effect. The conventionalized quotative response markers tend to display negative and dis-affiliative stance.

Keywords

quotation；quotative response marker；conventionalization；discourse function tendencies

1. 引言

在会话中，基本单位是两个相邻的话轮构成的毗邻对，表示后一个说话者对前一个说话人的回应。在后一个说话人的回应话语中，常有一种情况，就是说话者引述前一说话人的全部或部分话语来表达自己的立场和观点，我们称之为"引述回应"。会话中引述对方话语时，可以直接引述（即回声），也可借助一些话语成分，我们把后者称为"引述回应标记"，特指对话中介引引述回应语并表明说话者态度的话语成分，如例（1）（2）。

> （1）甲：爸爸不在乎我们了！
>
> 　　乙：谁说爸爸不在乎我们了！（自然会话）
>
> （2）志国：表叔可以送别的咱先送表妹。
>
> 　　和平：去你的呀什么表妹……（电视剧《我爱我家》）

上文伴随引述回应语出现的"谁说""什么"就是具有反诘功能的引述回应标记，在其他的研究中，也有称之为引语管领词、引语标记、转述标记等的，我们之所以叫引述回应标记，主要基于以下考虑。其一，语体限定不同，引述回应标记主要出现于言谈交际中，且只出现于回应一方，直接回应对方（前面说话人）的话语；其他几种说法无此限定。其二，功能不同，引述回应标记除了引出引述回应语外，还具有特定的话语功能，无论位置如何都与引述回应语之间构成类似"话题+述题"的关系（引述回应标记充当述题）；其他几类用法主要侧重其语篇功能（引用、转述），不太关注其话语功能（也不一定具有）。其三，构成成分不同，引述回应标记多样化，它们的形式可能是词、短语、句子、跨层结构或框式结构；其他几类偏重于言说、认知、研究等动词及相关结构。

单纯的引述回应（没有引述回应标记）其实就是回声现象（echo）。根据

Sperber 和 Wilson（1986）的界定，如果一个话语表征（representation）所报道的是别人所说的或所想的并表达了说话人的某种态度，那么该表征就是"回声"使用。吕叔湘先生早在《中国文法要略》中就提到了"复问"，也就是后来许多学者所讨论的回声问句。到了 20 世纪 90 年代末，国内外对回声现象的研究增多，引起了更多的关注。

与引述回应标记相关的研究主要有以下几种，如赵元任（1979）、吕叔湘（2007）、袁毓林和刘彬（2016）对具有元语否定功能的"什么"的研究；邵敬敏和罗晓英（2004）、陈一和李广瑜（2014）等对"别"的引述回应标记用法研究；另外，沈家煊（1994）对反讽标记"好不"的解释；张定（2009）对枞阳方言引述回应标记"不晓好""一大堆"的研究；李宇凤（2011，2021）对反问标记"难道"、"谁说"以及引述标记语"你是说"的研究；王长武（2017）讨论了数个回应格式，其中涉及几个引述回应标记；等等。引语管领词的成员及类型研究（辛斌，2009）也与引述回应标记研究相关，Quirk 等（1985）列举了英语中包括 say 在内的 40 个常用的引述动词；Dixon（1991）将英语中的言说动词分成转述类、呼喊类、告知类、告诉类和命令类；汉语方面，徐赳赳（1996）考察了报刊中 355 篇叙述文中引语管领词的用法等。

综上可见，现有引述回应标记研究以个案尤以反问、否定标记为常见，而引语角度的研究偏于动词结构和书面语体。总体而言，学界缺乏对汉语口语会话中引述回应标记的系统研究。

本文在互动语言学（Interactional Linguistics）（参看 Ochs et al. eds.，1996；Kern and Selting，2013；Fox et al.，2013；等等）理论背景下对汉语普通话口语交际中的引述回应标记进行系统的梳理，从互动－立场表达视角切入，主要讨论汉语会话中引述回应标记的类型、规约化（conventionalization）及其话语功能倾向。

本文语料来源是各种语体的互动交际（对话）语料，如自然会话、庭审、医患交流、访谈、电影电视剧台词、球赛解说等；关于引述回应语的类型，粗略分为完整引述回应［如例（1），即一个语段的全部］和部分引述回应/截取式引述回应［如例（2）］，后者在带有引述回应标记的话语中更为常见。

2. 引述回应标记的类型

从引述回应标记与引述回应语的组合关系来说，引述回应标记有粘合式、自由式两大类。

2.1　粘合式引述回应标记

指不能独立于引述回应语使用的标记。根据与引述回应语（A）的相对位置，粘合式引述回应标记又可分为三类。

2.1.1　前置型引述回应标记

常见有如"你才（A）"、"可不（A）"、"好一个（A）"、"还（A）"、"就（A）"和"什么（A）"等，以及具有标引引述回应语功能的否定词、疑问词等。例如：

（3）四姑娘说："我已经是自由之身了。"

福康安笑了起来，说："好一个自由之身！希望下次见你的时候，我们还是朋友，不是敌人。"（电视剧《铁齿铜牙纪晓岚》）

（4）"你不正常！"

"你才不正常！"（王朔《顽主》）

（5）医：其实主要是吃药，还有一种办法就是交融，要花费，五六万块钱左右，那么另外一个你刚刚做完这个手术吧，把这个息肉切掉，我建议你先吃点药，过了两天再说好不好。那就要住院，做交融就是插个管子插到心脏里去，把这个防通路打掉。

家：打通是吧？

医：把他打掉，什么打通，是打掉……给你吃的多少？（医患会话）

2.1.2　后置型引述回应标记

常见有如"（A）个屁"、"（A）你妹"、"（A）你个头"和"（A）什么"等，以及具有标引引述回应语功能的语气词等。例如：

（6）A：萌萌姐，我先回寝室了，啊，我先回去了，我等一下再来，

我等一下再来，啊，我等一下娜娜要过来跑步的，我回去换衣服，那我先走了啊，拜拜。

B：哎，不是…你等会再过去干啥啊^啊^你等会过去干啥^等会都十点了。

A：现在才八点多好不好，我和娜娜过来跑步咯。

B：哦。

A：哦你个头啊，真的是。（自然会话）

（7）无双：你的缺点就是太完美，完美得让人<u>后悔</u>。

小郭：<u>后悔什么</u>呀？（电视剧《武林外传》）

2.1.3 格式型引述回应标记

常见有"（A）什么（A）""怎么个（A）法""（A）就（A），B"
"（A）是/归（A），B""你说（A）不（A）""什么（A）不（A）""不是（A），是非常（A）""不（A）才怪"结构等。例如：

（8）牛大爷说："用你多嘴？小同志，你俩是新来的吧？我跟你们队长贼熟的，你看我们几个老家伙像<u>赌徒</u>吗？"

"<u>不像才怪</u>。看你长这模样：肥头胖耳响大身沉的，咋看咋不像个好东西。少废话！你们手把头，脚分开，贴墙给我站好！"（电视剧《东北一家人》）

（9）"这湖忒浅，泡两天就能浮上来，<u>死就死个彻底死个无影无踪那才有意思</u>。这儿不行。"

"你说死在哪儿，<u>怎么个死法儿</u>？"（王朔《玩儿的就是心跳》）

（10）程青早早就和桑小娜说了，说是周六<u>去植物园</u>。小娜说，我可能要加班的。程青说，这个月的货不赶，不用加班赶屏风的。小娜就说，<u>去就去吧</u>，我也还没去过植物园呢。（《小说月报》2007年第6期）

（11）所有的学生和历史老师都被惊呆了，老师指着赵有为结结巴巴地说道："你…，你…"这时，赵有为又厉声呵道："<u>你什么你</u>，是不是想去校长那里告我呀，去，你现在就去，我早就讨厌上课了，我巴不得学校赶紧把我给开除了，如果再在这里待下去我非得精神病不可，所以，我拜托你快点去让学校把我给开了。"（电影《甲方乙方》）

2.2　自由式引述回应标记

指引述回应标记与引述回应语（A）之间的组合不是很固定，比较松散，又有两种情况。

2.2.1　前后位置自由类

常见如"说/谈不上（A）"一般可变为"（A）说/谈不上"，再如"不至于（A）"一般也可变为"（A）不至于"。例如：

（12）杜林在高高的瞭望架上用望远镜往下一瞧，是新兵，噔噔噔跑下来，问："你喜欢样板戏？"

"谈不上喜欢，这句唱词和眼前景色挺吻合，随便借用一下。"（刘兆林《雪国热闹镇》）

（13）小林说："怎么不调了，你对单位又有感情了？你不怕挤公共汽车了？"

小林老婆说："感情谈不上，但以后不挤公共汽车了。我们单位的头头说，从九月份开始，往咱们这条线发一趟班车！……"（刘震云《一地鸡毛》）

2.2.2　组合关系自由类

常见有"X是说过（A）"一般可变为"X是说过，（A）"，再如"你是说（A）"也可变为"你是说，（A）""什么呀就（A）"也可变为"什么呀，就（A）"。例如：

（14）柯蓝：其实我是这样，…①我如果平时生活当中犯过一次错误，…我会记住…就是我会…比较理智的会绕开这个道路走，…只有在感情上面..我纵容我自己，…那有怎么着，…我就不能…蠢一点吗？…只要我高兴就行。

杨澜：你不是说的纯洁的纯…你是说蠢一点，…愚蠢的蠢。

柯蓝：对，…主要是不止一点儿啊。（《天下女人》121020《柯蓝：我只要一样儿》）

_____

①　…表示较长的停顿。

（15）"那你可错了！吃醋的不是我，是他！"张全义猛地从床上坐起来，指着北屋说。"<u>是他抓住别人的隐私，没完没了地做文章</u>！"

"<u>你是说，周仁他抓住</u>……"（陈建功、赵大年《皇城根》）

从韵律的角度说，就是有无停顿都可以。

3. 引述回应标记的规约化

规约化指话语成分语用意义的常态化、习惯化，最终成为比较固定的语言意义，概括起来，规约化就是指"临时用法—隐含用法—固定用法"这样的变化过程，也可指固定用法这样的演变结果（方梅、乐耀，2017：24）。

我们发现，一些引述回应标记会浮现出新的功能或用法，如能脱离引述语境单独使用，或发生语义功能变化，这些功能与用法有规约化的情况，不同引述回应标记的规约化程度并不相同，其路径与机制也会不同。下文主要讨论引述回应标记规约化的类型、路径和机制。

3.1 规约化类型

从规约化的完成度来说，可分为完全规约化与半规约化两种情况。

3.1.1 完全规约化

完全规约化主要表现为独立形式、意义的匹配体，且形式、用法相对固定，可以脱离引述回应的语境独立使用，如朱军和卢芸蓉（2017）讨论的"不至于"和朱军（2018）讨论的"不怎么样"都完全规约化了。例如：

（16）志国：爸，您别跟电扇这么别扭，回头再着凉。

傅老：胡说！这天只能中暑，怎么会着凉嘛！

圆圆：<u>不至于</u>。想当年您头顶炎炎烈日……（电视剧《我爱我家》）

（17）问：能用最简短的话评价一下你自己吗？

答：<u>不怎么样</u>。（杭懿《"广东才女"黄爱东西》）

无论是"不至于"还是"不怎么样"，在上面例子中都已经脱离引述回应语

201

境，单独表示一种话语否定（前者是程度否定，后者是消极评价），甚至可以脱离对话语境，在叙事语境中使用，这些表现都说明它们规约化、构式化了。

3.1.2 半规约化

半规约化其实就是没有完成规约化，或规约化没有彻底完成，主要表现为语义功能非常依赖于特定的语境或形式上的不完全确定，有两种以上的类似形式表达同一个意思，如"可不"。"可不"的用法基本固定，甚至已很难看到它引述回应语的用法，即便出现，也常是一些回指性的指代成分，如"可不这样"，但我们注意到，其用法也没有完全固定下来，可用"可不"，也可用"可不是"，还有"可不是这样""可不是咋的（地）"等。例如：

（18）秋微：蒋欣应该是…就是真的做自己嘛，就你真的有问题来…问那个紫鹃姐姐。

蒋欣：我情感上没问题！

韩红：她情感…可不是没问题嘛，…她现在跟小叶很稳定。（《天下女人》20131119）

（19）"白？还不是在那大绿屋里捂的。叫他到咱台儿沟住几天试试。"有人在黑影里说。

"可不，城里人就靠捂。要论白，叫他们和咱香雪比比。……"（铁凝《哦，香雪》）

（20）"听说是房倒屋塌呢！"

"可不是。在山东那次，我还小……"（杨争光《蛾变》）

例（18）～（20）中的"可不""可不是"等是可以随意替换的，基本语义不会有变化（语体色彩上稍有一点差异）。但对对话语境的依赖以及回应性序列位置还是有要求的，不能脱离这样的序列环境使用。

语义上非常依赖于特定语境的例子有"真是"，还有"好一个 X"，如例（21）（22）。

（21）"一丝乡愁百般眷恋。"

"好一个一丝与百般！"（BCC 对话）

（22）姐姐说："第一次见面总算过去了，我倒觉得非常自在。这次我既然能够应付，等他下次再来，我便不会发窘。他星期二能到这儿来吃饭，我倒很高兴，因为到那时候，大家都会看出，我和他不过是<u>无所谓的普通朋友</u>。"

伊丽莎白笑着说："<u>好一个无所谓的朋友</u>！吉英，还是当心点儿好！"（简·奥斯汀《傲慢与偏见》）

例（21）中的"好一个（A）"功能是积极评价，例（22）中的"好一个（A）"功能是消极评价，语义主要取决于语境及说话者的态度。

3.2 规约化路径

规约化可以涵盖未必成句的表达形式的意义（Levinson，1983），如本文中所讨论的虚实度等级不同、语言单位大小不等的各类引述回应标记。引述回应标记与引述回应语组合的密切程度不同，在规约化的过程中就有了两种不同的路径。

3.2.1 引述回应语脱落

主要指自由式的引述回应标记，我们以"无所谓"为例：

（23）稍顿，他说："也就是说，林老板宁可赔上几十万也不下来<u>道歉</u>？"

孙先生说："<u>无所谓道歉</u>，这是正常的生意，几十万对六合来讲不是太大的事情。"（电视剧《大染坊》）

（24）"你不能<u>晚上不回家</u>吧？"我问米兰。

"<u>那倒无所谓</u>，我今天出来倒是和家里说了回农场。问题是我晚上不走住哪儿啊？"（王朔《永失我爱》）

（25）"<u>你喜欢不喜欢</u>？"她问我。

"<u>无所谓</u>，"我说，"<u>无所谓喜不喜欢</u>。"（王朔《永失我爱》）

（26）孟朝阳：我不！不写，哪里有压迫，哪里就有反抗！砍头不要紧，只要主义真，杀了我孟朝阳，还有你贾志国…

志国：我老了，<u>无所谓了</u>（朝阳看见门口的和平，一屁股坐在椅子上），哼，你还年轻，跟你说句掏心窝子的话，赶紧跟那唱大鼓的 sa yo na la，嘿嘿……（电视剧《我爱我家》）

例（23）～（26）大概反映了"无所谓"作为一个独立构式的规约化过程：先是与引述回应语的组合［位序比较自由，如例（23）也可以说"道不道歉无所谓"］，到引述回应语可以用一个指代性的成分［例（24）］，再到引述回应语的脱落即引述回应标记单用［例（25）］，单用后的引述回应标记也可自由带有一些时体成分［例（26）］。

引发话论：话语 A

回应话论：引述回应标记+A

→

引发话论：话语 A

回应话论：引述回应标记

3.2.2　引述回应标记与引述回应语的整合

这种情况主要是指粘合式的引述回应标记，这些引述回应标记与引述回应语整体结构发生规约化，整个格式中，引述回应标记是起决定性作用的。这里既有熟语性的构式如"不怎么样"，也有格式性的构式如"你才 A"。这个整合过程就是形式上的稳定以及语义上固定下来的过程。我们仍以"不怎么样"（朱军，2018）为例，其形式上有短语用法、固化用法两类，如例（27）（28）。

（27）阿姨便说，要不你自己先去看一下吧，他在公园里摆了个照相的摊子。我一听笑了，说这个人我早见过了。阿姨说，<u>你觉得怎么样？</u>我说，<u>不怎么样</u>。（刘国芳《爱情麻雀》）

（28）郭：以后是三蹦子都有于谦的照片。

　　　于：<u>不怎么样</u>！（相声《白事会》）

例（27）中"不怎么样"是个固化结构，独立充当引述回应语。形式上的规约化其实就是前一种用法的衰退以及后一种用法占据主导地位。"不怎么样"还可以从疑问句的答句进一步发展为对事物和现象的负面评价，也就是可以脱离问答语境，发展为一种消极评价构式，如例（28），而此种用法逐渐成为"不怎么样"的主要用法，形式、意义的匹配关系固定下来了。

引发话论：话语 A

回应话论：引述回应标记+A

→

引发话论：话语 B

回应话论：引述回应标记+A

两种路径进一步发展，就是一些引述回应标记不受对话语境的限制，可以自由地出现在叙述或其他语体中。

3.3 规约化机制

规约化机制更多的是语用因素，具体到引述回应标记，其用法的规约主要是经济原则与频率效应。

3.3.1 经济原则

规约化将语用层面的关联性与互动关系逐步内化到话语结构中，成为话语意义的一部分，很多规约化的引述回应标记可以脱离引述回应语单独使用，如"谁说 A—谁说的 A—谁说的"。经济原则就是用简单的形式表达更丰富的内容，这在引述回应语脱落的类型中表现得比较明显，整个引述格式的功能负载到引述回应标记上。例如：

（29）甲：五十九。五十九岁，属牛的。你这人轴啊！

乙：谁说的我属牛？谁说属牛？（自然会话）

（30）把门的老头子说："告诉你不许带水听见没有？"

柳莺这时被拽得有些上火，也不由得提高了嗓音说："谁说的？哪儿写着不许带水了？"（徐坤《狗日的足球》）

例（29）因甲的话语中信息较多，乙回应时，要带上引述回应语，一旦没有这个干扰因素，引述回应语就不出现，如例（30）。

经济原则如何体现在整合的回声构式中呢？我们认为有两点。

一方面，抛开多种具体的意义和形式，在它们的基础上抽象出独立的形式/意义匹配体。如下面的"你才 X"，"X"是变量，可以出现各种成分和具体的语义，但在更上位的语义上是一致的（构式义一致），所以都可纳入"你才 X"格式中。另一方面，就具体句子而言，表现为应答者直接引述前一说话人的话语，不需要重新组织话语。例如：

（31）我喊："混蛋！不许打那只小狗！……"
他们都仰起脸来。为首一个说："谁骂的？"另一个指着我说："那小子！"
"你才混蛋！"（梁晓声《冉之父》）

（32）洋鬼子听了瞪眼，说：你们是不是有毛病？回答应该是：我们没毛病，你才有毛病——但要防止他把我们的商务代表送进疯人院。（王小波《从 Internet 说起》）

3.3.2　频率效应

频率效应的作用也不可忽视，它主要表现在形式、意义的确定层面上。如"不怎么样"在近代汉语中的用法具有分散性，既可以表示积极意义也可以表示消极意义。但因"怎么样"问句受到"偏向常态"〔即偏向正面是人的正常心态（沈家煊，1997）〕的作用，其偏向于表示积极义，而回应的"不怎么样"句则相应地偏向于表消极义。例如：

（33）志国：爸，这大神儿跳的怎么样啊？
傅老：不怎么样，顶多也就是乡镇一级的巫婆水平，都进不了省城的。（电视剧《我爱我家》）

一旦两种用法的频率差异过大，优势用法在构式义中就会体现出来，而这种用法一旦固定下来，就成为构式义的一部分。

4. 引述回应标记的功能倾向

引述回应标记特别是规约化的引述回应标记还有很显著的立场表达功能，这是它们不同于普通的引述回应标记的重要区别，即便是一些看似客观的引述回应标记，也具有一定的立场表达功能。立场表达具体指说话者通过言语表达自己对事物的评价、说话人的情感、说话人的认识状态以及说话人的认同等（Du Bois，2007；方梅、乐耀，2017）。

引述回应标记的话语功能呈现多样化，且每个具体的引述回应标记可能都具有多个话语功能，本文不具体讨论这些话语功能，而是关注它们的话语功能所表现出来的共性与倾向。

4.1 立场表达的负面事理倾向

少数引述回应标记的评价功能具有单一性和明确性，如现代汉语中"不怎么样"基本表达的是消极立场（评价）；多数具有多种具体的立场，但大类上是一致的，如"X什么X"，有"提醒、意外、反驳、斥责"四种立场类型，但总体是偏于负面事理立场（朱军，2014）；再如"你才X"表达的立场有"婉否""嗔怪""反驳""指责""斥骂"（王长武，2017：209），都属于负面事理立场。

一些规约化程度不高的引述回应标记拥有相反相对的评价功能，如"真是（X）"，可以表达正面事理立场，也可以表达负面事理立场，从这个意义上说，还是半规约化的状态。例如：

> （34）柯凡：这两场球确实对，这个普莱斯啊……
>
> 杨毅：*刮目相看*。
>
> 柯凡：*真是刮目相看*。（14—15赛季NBA常规赛湖人VS公牛-新浪体育台20141226）
>
> （35）A：谢谢你，我不是臭大粪了。
>
> B：回去需要我给袁政委带什么话吗？
>
> A：不用，其实我根本就不认识他，对不起，如果现在征求我的意见，我不会让你回去的……
>
> B：*冤家*。
>
> A：*真是冤家*。（电视剧《潜伏》）

例（34）显然是一个积极评价，例（35）则是对两人关系的一个消极评价。从使用频率上看，也是消极评价的用法明显多于积极评价。

有学者认为引述回应具有否定功能（如郑娟曼，2012；李宇凤，2021；等等），这种否定功能多数是表达负面事理立场，其负载体其实是引述回应标记。根据我们的调查，大致情况确为如此。

4.2 立场回应的不认同倾向

如果说负面事理立场主要指的是引述回应标记或相关格式本身的立场特性倾向，那么"认同（affiliation）"就是从另一个角度来看引述回应标记或格式的立场，它表示立场回应（必须出现在回应话轮），是校准一个相邻对中言者双方在观点或立场（stance-taking）上是否具有一致性及表达一致性程度的话语行为（朱军，2020）。"认同"主要包括"认同"与"不认同（dis-affiliation）"两个次类，它们之间具有一定的对立性，也具有连绵性。例如：

（36）杨健：这斯普利特借着詹姆斯这一肘直接飞出去了！再看啊，双方身体上都在有纠缠的动作。嚯啊，<u>詹姆斯这动作，也挺大的</u>。

张卫平：<u>确实是动作大</u>，但按道理不至于这么、这么倒。（2013–14赛季 NBA 总决赛热火 VS 马刺第一场 20140606）

（37）"别说啦。我全知道了——小杜刚跟我说了一遍。……我明儿就去拜见他，<u>负荆请罪呀</u>。"

"<u>谈不上负荆请罪</u>。据我所知，金老爷子压根儿就不怨恨您。您老二位见个面儿，谈开了，也就没事儿啦。"（陈建功、赵大年《皇城根》）

（38）杨澜：你好车晓，来，欢迎来到我们的节目；你好老师，欢迎来到我们的节目，来，请坐。一看啊…这母女二人，首先这个妈妈漂亮，女儿也天生丽质，但你看车晓的打扮就特别时尚的那种的，王老师打扮也<u>挺时尚</u>。

王丽云：<u>还时尚呢</u>，昨天啊在家做饭还穿这一身呢。（《天下女人》20121110《王丽云、车晓专访："虎妈" VS "乖乖女"》）

以上例句表现了引述回应标记认同表达的几种情况：例（36）中"确实X"是表示认同，例（38）的"还X"表示不认同，例（37）的"谈不上X"既不是完成的认同，也不是完成的不认同，可看作中间状态。

总体来说，无论是整体还是个案的使用频率，引述回应标记表达不认同的情况要远远多于表达认同的情况。我们根据王长武和雷璐荣（2019）所统计的汉语常用应答语可知，其中 50 个是具有认同功能的引述回应标记，在认同功能上的分布见表 1。

表 1 常用引述回应标记的认同功能分布

功能类型	不认同	认同或不认同	认同	其他类型
标记数量(个)	40	2	3	5
所占比例(%)	80	4	6	10

注：这里的其他类型，指有条件认同、受劝式认同等，无法用认同、不认同直接归类。
资料来源：王长武和雷璐荣（2019）。

我们基本的推测是：如果表达认同，只需要直接引述回应语（回声）就行了（朱军，2020），不太需要引述回应标记的使用；如果使用引述回应标记，更多是用来表达不认同。

5. 结语

引述回应现象是能体现会话语体互动特点的话语现象之一，说话者在话语表达的过程中，与对方深度互动，用对方的话语作为材料建构自身话语，使语篇具有较强连贯性。

引述回应标记从形式、结构、功能等各方面都与一般的引语标记有显著的差异；另外，它不但起到篇章衔接的作用（客观上的引述），还主要用来表达说话者各种立场与立场回应。

引述回应标记在会话语境中使用，逐步规约化为话语构式，随着规约化程度的提高，它对对话语境的依赖性逐步减弱（方梅，2017），这说明语法结构的规约化与序列环境呈反向对应关系。关于这方面的规律，我们将另文讨论。

参考文献

陈　一　李广瑜　2014　《"别+引语"元语否定句探析》，《世界汉语教学》第 4 期。
方　梅　2017　《负面评价表达的规约化》，《中国语文》第 2 期。
方　梅　乐　耀　2017　《规约化与立场表达》，北京大学出版社。
李宇凤　2011　《回声性反问标记"谁说"和"难道"》，《汉语学习》第 4 期。
李宇凤　2021　《从"你是说"引述回应看元语解释的否定功能》，《语言教学与研究》
　　　第 1 期。
吕叔湘主编　2007　《现代汉语八百词》（增订本），中国社会科学出版社。

邵敬敏　罗晓英　2004　《"别"字句语法意义及其对否定项的选择》，《世界汉语教学》第 4 期。

沈家煊　1994　《"好不"不对称用法的语义和语用解释》，《中国语文》第 4 期。

沈家煊　1997　《语用·认知·言外义》，《外语与外语教学》第 4 期。

王长武　2017　《互动视角下的现代汉语引述回应格式研究》，华中科技大学出版社。

王长武　雷璐荣　2019　《汉语常用应答语》，华中科技大学出版社。

辛　斌　2009　《引语研究：理论与问题》，《外语与外语教学》第 1 期。

徐赳赳　1996　《叙述文中直接引语分析》，《语言教学与研究》第 1 期。

袁毓林　刘　彬　2016　《"什么"句否定意义的形成与识解机制》，《世界汉语教学》第 3 期。

张　定　2009　《枞阳方言两个回声否定词的语法化》，《中国语文》第 4 期。

赵元任　1979　《汉语口语语法》，商务印书馆。

郑娟曼　2012　《从引述回应式看汉语习语构式的贬抑倾向》，《浙江师范大学学报》第 3 期。

朱　军　2014　《反问格式"X 什么 X"的立场表达功能考察》，《汉语学习》第 3 期。

朱　军　2018　《构式"不怎么样"的话语功能和消极评价》，《互动语言学与汉语研究》（第二辑），社会科学文献出版社。

朱　军　2020　《回声话语的认同功能——基于互动与立场表达的视角》，《语言教学与研究》第 4 期。

朱　军　卢芸蓉　2017　《从引述回应标记到程度否定构式："不至于"的话语功能与话语特点》，《海外华文教育》第 7 期。

Dixon, R. M. W.　1991　*A New Approach to English Grammar. On Semantic Principles.* Oxford：Clarendon Press.

Du Bios, John W.　2007　The stance triangle. In Englebretson. Robert（ed.），*Stancetaking in Discource：Subjectivity, Evaluation, Interation.* Amsterdam and Philadelphia：John Benjamins.

Fox, Barbara A., Sandra A. Thompson, Cecilia E. Ford and Elizabeth Couperkuhlen　2013　Conversation analysis and linguistics. In Sidnell, Jack and Tanya Stivers（eds.），*The Handbook of Conversation Analysis.* Chichester：Blackwell Publishing Ltd.

Kern, Friederike and Margret Selting　2013　Conversation Analysis and Interactional Linguistics. In Chapelle, Carol A.（ed.），*The Encyclopedia of Applied Linguistics.* Chichester：Blackwell Publishing Ltd.

Levinson, Stephen C.　1983　*Pragmatics.* Cambridge：Cambridge University Press.

Ochs, Elinor, Emanuel A. Schegloff and Sandre A. Thompson（eds.）　1996　*Interaction and Grammar.* Cambridge：Cambridge University Press.

Quirk, R., Sidney Greenbaum, Greoffrey Leech, Jan Svartvik and David Crystal　1985　*A Comprehensive Grammar of the English Language.* Cambridge：Cambridge University Press.

Sperber, Dan and Deirdre Wilson　1986　*Relevance：Communication and Cognition.* Oxford：Blackwell.

从焦点悬挂看句法合作和情态对抗[*]

——以"X的是"触发的意外为例

李静文　史金生[**]

提　要

本文考察了焦点标记"X的是"悬挂在始发话轮尾的特殊序列位置。焦点悬挂的目的是说话人通过明示立场，打下情感基调，期待听者共情。从形式上看，焦点"X的是"的悬挂是不完整的，需要听者完句，双方共建一个句法单位。从产出过程来看，"诱导产出""主动接续""话轮保持"是"X的是"引发的合作共建方式。本文重点观察了证明程序中言者是如何对听者合作的句法进行反馈并表达意外情绪的，并结合事件理论重点探讨了3种"句法合作但情态对抗"的情况。本文认为这里的反馈是对自身始发话轮中共情期待的呼应，也是对听者合作共建的评价，还体现了当下惊讶情绪的外显，是多层叠加的效果。随后，本文从"评价立场""交互主观性""关联理论"的角度对其动因和机制进行了分析。最后，还对比了其他焦点标记句法共建的后续意外表达的情况。总之，与以往单纯就意外事实进行的主观性研究不同，本文以言听双方在线产出的句法为起点，探索意外情绪在合作共建中的动态激发。以期打破传统静态功能语法研究的局限，也为意外范畴的研究提供了新的思路。

关键词

合作共建；事件立场；焦点标记；"X的是"；言者意外

---

* 本课题研究得到国家社科基金项目"基于'行、知、言'三域理论的北京话虚词功能及其演变研究"（项目编号：18BYY180）和国家社科基金重大项目"元明清至民国北京话的语法演变研究与标注语料库建设"（项目编号：22&ZD307）的资助。

** 李静文，青岛大学讲师，研究方向为句法语义学、语音智能、国际中文教育。电子邮箱：morongjing19@126.com。史金生，首都师范大学文学院教授，研究方向为句法语义学、语音智能、国际中文教育。电子邮箱：shijsh@aliyun.com。

Syntactic cooperation and modality confrontation of focus hanging constructions:

A case study of the triggered unexpectancy of "X *deshi*" (X 的是)

Li Jingwen　　Shi Jinsheng

Abstract

This paper investigates the special sequence position of the focus marker "X *deshi*" (X 的是) hanging at the end of the initial turn. We believe that the purpose of focus hanging is to express the speaker's position, lay the emotional tone, look forward to the listener empathy. Formally, the suspension of focus "X *deshi*" (X 的是) is incomplete, which requires the hearer to complete the sentence, and the two sides jointly build a syntactic unit. From the output process point of view, induced output, active succession, turn-holding is "X *deshi*" triggered cooperative co-construction. This paper focuses on how the speaker in the proof procedure gives feedback to the syntax of the listener's cooperation and expresses unexpected emotions. Combined with event theory, this paper focuses on three kinds of syntactic cooperation but modality confrontation. This paper argues that the feedback here is the echo of the empathy expectation of the initial turn, the evaluation of the cooperation and co-construction of the hearer, and the explicitness of the current surprise. It is the effect of multi-layer superposition. Then, this paper analyzes the motivation and mechanism from the perspective of evaluation position、interactive subjectivity and relevance theory. Finally, we also compare the subsequent accidents of syntactic co-

construction of other focus markers. In short, unlike previous studies on the subjectivity of unexpected facts, this paper explores the dynamic excitation of unexpected emotions in co-construction based on the syntax of online production of both speech and listening. In order to break the limitations of traditional static functional grammar research, it also provides new ideas for the study of unexpected categories.

Keywords

co-construction; event position; focus marker; "X *deshi*"; speaker's accident

1. 引言

口语交际中的语法不是静态的，而是在线生成的动态语法。最能体现这种动态性的语法现象就是参与者通过合作共建产出的对话语法单位。互动对话的语言中常常出现这样的现象，先前的说话人想要投射的话语，正好被当时处于听话人地位的交际参与者共建了。这种共建并不是说话人会话的失败，因为听话人已经可以产出预测的话语，表明说话人想要传达信息的目的达到了。如例（1）。

> （1）王行娟：现在仍然是这样，我们开展的课题，红枫中心的发展，坐在你旁边的强雅丽就是一个典型，她现在帮助我们做快记，才拿几百块钱，她在外面可以拿到几千她都不拿，她来帮助我们做速记。现在她全力担负起注册的工作，她一分钱不拿在帮助红枫，<u>这些真的是</u>。
>
> 　　邢云：<u>会让你很感动</u>。
>
> 　　王行娟：对，我们在宣武区那些贫困单亲家庭的单亲母亲，举办他们的成长小组。（《博闻天下》2009-08-07）

从例（1）中我们可以看出，"这些真的是"和"会让你很感动"合作共建了一个完整的句法结构。提示态度功能指的是话语标记"真的是"在交际中可用以向听者指示说话人的真实态度，减轻听者对说话人交际意图理解的负担，体现语言主观性。可见，"真的是"已经固化为话语标记，在话轮的尾部出现的情况也很常见。

观察语料发现，除了被固化的"真的是"外，言者还会用焦点标记"X的是"进行话语占位，预示"X的是"后的信息将被凸显。功能派认为焦点反映了新信息，它与话题相对，"话题-焦点"被看作由旧信息向新信息的传递。也有学者看到了用信息的新旧给焦点下定义遇到的困难，对焦点进行了重新分类，Rochement（1986）认为可以将焦点分为两类：介引焦点（presentational focus）和对比焦点（contrastive focus），前者是指由新信息充当的焦点，即语义焦点或信息焦点；后者既有介引性，又有对比性。方梅（1995）认为一个句子的焦点是句子语义的重心所在，其将焦点分为常规焦点和对比焦点。刘丹青和徐烈炯（1998）将焦点分为自然焦点：［+突出］、［-对比］；对比焦点：［+突出］、［+对比］；话题焦点：［-突出］、［+对比］。徐烈炯和潘海华（2005）又进一步对焦点的分类进行了梳理，将其分为信息焦点、对比焦点、语义焦点、话题焦点、心理焦点。Van Valin 和 Lapolla（2002）的看法是：不是所谓的"新"信息本身具有信息价值，而是"新""旧"信息之间的关系使得断言具有信息价值，信息的对比也可以产生焦点。由此可见，从信息的角度而言，话题和焦点并不是对立的。除了从信息角度来看焦点外，还可以从人际互动的主观性角度来观察焦点。Halliday（1967）认为焦点是一种强调，是说话人在话语中标记出的一部分或者全部信息块，以期听者能将之解释为具有信息价值的部分。Jackendoff（1972）认为焦点是说话人假设不为听者所共知的信息。张黎（1987）认为焦点是说话人所要传达的信息重点，也是听者接收的新信息（new information）中的重点信息。徐杰和李英哲（1993）认为焦点是言者所强调的重点。刘丹青和徐烈炯（1998）指出由于说话人态度有主观性，所以我们选择以信息强度而不是信息新旧来定义自然焦点，强度是说话人主观赋予的，而新旧应该是客观存在的。本文认为，焦点是说话人在言谈交际中想要向听话人凸显的部分，常与听话人的知识储备有关。"的是"作为焦点标记与"X"一起打包成一个态度立场的提示语，为说话人向听者传递信息打下情感基调。

从语言表现形式来看，焦点分为有标记和无标记两种形式，无标记焦点是指自然焦点，有标记焦点是指具有凸显焦点成分的表现形式，一般是指焦点标记，焦点标记一旦出现就约束其标记的成分为焦点。这些焦点标记包括以下内容。其一，焦点标记词：是、连、给、来、数、有等，以及一些副词、提顿词。其二，句法上的标记：倒装、准分裂句、"把"字句、周遍句、对举格式、双宾句。当然，祁峰（2011）还认为这些焦点标记是弱标记，它标记的成分能否成为焦点还需要考虑操作策略和上下文语境。我们在考察焦点标记的时候发现，前置的焦点标记在口语里也可以置于话轮尾，如例（2）。

（2）小雨：他怎么知道你书包里有情书？难道有特异功能？

小雪：我想他是在瞎编，正因为他太了解咱们了。<u>但可怕的是……</u>

小雨：<u>他上次也猜对了。</u>

小雪：何止上次啊，这几次全都让他说准了，以后他怎么给爸爸妈妈胡扯，爸爸妈妈肯定都相信他了。（《家有儿女》电视剧台词）

本文认为例（2）中，言者话轮尾"可怕的是"与听者话轮头的"他上次也猜对了"构成句法合作共建。还原影视语料发现，这种情况是言者邀请听者共建，这时言者意欲与听者互动，抛出一个所要谈论话题的情绪节点，想让听者接应。本文认为这种现象的存在与汉语可断可连的流水句有关（Chao，1968；沈家煊，2019）。是断是连以及断连位置也具有可预测性和偏爱性。Luke（2021）认为在可能完句处，出现了"无头"或者"无尾"的话轮构建单位。这里"X 的是"悬挂在话轮尾，为无尾话轮。

除了"X 的是"引发听者的接应以外，参与双方的合作共建还会激发言者意外情绪。这体现在第三位置的反馈话轮中，原因主要有以下两点。一是在诱导产出和话轮保持中，言者期望听者关注，焦点"X 的是"常出现在转折句中，听者默认言者知识信息低于自己，"X 的是"只提示了言者态度，减轻了交际中主观性共识的负担，但是因为听者和言者的信息量存在偏差，常常会出现交际过程的话语意外。二是在主动接续中，听者抢占话语权，这种情况一般出现在听者自认为信息量比言者多时，但是打断是不礼貌的行为，因此在第三位置的反馈话轮中常会出现言者意外语气表达的证明程序。第一种是期待落空后的失望，第二种是被突然打断后的惊讶。

Tao（2021）用"微观语境"的概念分析了"量度准分裂句"，认为该句法现象与极端情态关联。本文认为在反馈话轮中表达意外的"X 的是"同样需要考察微观语境，它具有多层"参照框架"。在互动交际中，这一范畴有三个限定关系。一是听者预期参照框架。言者总是认为自己的认知是合理的。言者以听者的预期 P（M | O）来判断其与自身认知事实 P（M）的关系，如果两者不相等就会激发意外情绪。二是三域参照框架。言者根据事件状态（知识信息）、主观认知（评价立场）、言语行为（人际关系）来判断听者预期与自身合理化事实存在差距的原因。三是互动语境参照框架。言者通过听者的话

语来推导听者的预期，并通过序列构建、位置敏感、交互主观性等来观察听者的回应话语及说话者的反馈话语。在言语互动中，预期不断被确认或修正的过程便是话轮转换的过程，即发话者首先存在一种预期说明，发话者自身或受话者会根据自己的观察和经验对先前的预期作出回应（response）（郑娟曼，2018）。

关越和方梅（2020）探讨了汉语口语中也有句法合作共建的现象，认为共建是交际中言者向听者投射的语言现象。那么，焦点标记是前一话语向后一话语投射的标志吗？为什么引起听者注意的焦点标记能够悬空？如果听者的推测和言者的预期程度有偏差是否会引起句法上看似合作共建，但却导致言者意外的现象？听者有没有可能接续言者未知的新信息？听说双方面对同一件事情的时候会不会有相反的立场？为什么会引起这些情况的出现？说话人如何反馈？等等一系列的问题亟须我们去解决。

2. 焦点标记"X 的是"的结构分析

"X 的是"应分为两种情况考虑，一是"的"字结构和表判断的"是"的结合，"是"与后面的成分形成了谓语结构，前面"的"字结构充当主语，句法语义关系是单纯的判断。如"红的是苹果"。二是"X 的是"是一个体现突出和对比的焦点标记，具有游离性，去掉后不影响句子的合法性，这时"是"往往与"X 的"关系更紧密，"是"后常有停顿，X 表心理或情绪的成分为多，凸显了后续成分，强调主观性，如"令人遗憾的是，这部作品并未最终完稿"。本文主要研究第二种即"X 的是"作为焦点标记的情况，并重点研究 X 为表评判、认知、心理或情绪范畴（包括致使义）的情况，如 X 为遗憾、难过、可笑、令人兴奋、可贵、纠结、有价值等。陈景元和周国光（2009）认为"X 的是"为主位评价结构，并分了 3 种评价类型：情感型、判断型和鉴赏型。X 除了光杆形式外，方清明（2012）还分了 3 种形式：令/叫类、更类、值得需要类。杨才英和赵春利（2014）分析了"X 的是"的 4 种话语关联和 3 种语义类型，揭示了背景句与焦点句之间前轻后重的转折、递进、追补、因果 4 种话语关联对焦点句的性质及其焦点功能的制约，以及 3 种语义类型：情感激发型、言思引发型、评判促发型。周明强（2017）认为"X 的是"是强调类话语标记，并分了 7 种类型进行说明，又根据话语类型的不同分了 15 种类型。王艺文（2016）认为"的是"作为话语标记，有引入、延续、切换、拉回话题的功能。可见前人都是就"X 的是"语义类型和话语功能进行研究的，而对于在实时互动的语言中"X 的是"具有怎样的价值却鲜有学者涉及。方梅（2000）认为目前话语分析理论中比较普遍的观点是——话语标记语具有话题处理、话轮转换、指示说话人态度、指示段落或意群的开始或结束 4 个基本作用。就话轮转换而言，学者一般认为"X 的是"只能用于话轮中部或者非起始话轮的首部，不能用于话轮尾部，但是根据我们的观察，"X 的是"也可以用于句尾，由听者接续后续小句，这就形成了焦点标记"X 的是"的悬挂。那么"X 的是"的哪些语法特征会促发其悬挂呢？我们先来看"X 的是"存在于话轮结尾的例子，如例（3）。

（3）A. 张小燕：经历了这场灾难以后，<u>最需要的是</u>？

白马仁措：我们最需要继续活下去，活下去就有希望。（《新闻和报纸摘要》2010-04-22）

B. 主持人：来，我们看看光远，你觉得这样的做法在落实过程当中<u>要注意的是</u>？

马光远：我觉得就是说这个政府的投入到什么样的限度，在教育里边达到什么样的限度，我觉得这个需要我们去进一步的界定。（《22 度观察》2009-06-03）

C. 记者：<u>您最期待的是</u>？

闵婕：这个耶鲁的。（《面对面》2009-06-06）

我们认为"X 的是"能悬挂是因"的是"本身可以省略后续疑问代词"什么"进行提问。另外，"X 的是"后常会有停顿现象，如例（4）。

（4）傅剑锋：刚才文涛提到了就是说，李老师做滥杀的研究，其实我觉得从媒体人的角度来看的话，这几年确实会让人心里觉得很<u>压抑的是什么</u>。就是滥杀的情况我们看到的很多，还有是有很多滥杀是发生在一些公共场所，就比如说幼儿园，比如说可能公交车上，特别是像最近厦门的。（《中文台》2013-10-02）

例子中"压抑的是什么"后有停顿。紧接着用"就是"引发解释。可见"X 的是"后常会有因言者提请注意而停顿或者邀请听者接续的情况。

那么我们需要思考：这些例子与我们讨论的"X 的是"悬挂在话轮尾与听者合作共建的现象有什么关联？"X 的是"是否在互动会话中发生了功能浮现？杨才英和赵春利（2014）讨论了"X 的是"的标记焦点功能、话语关联、句法语义关系、语义类型及其验证方式。其研究从话语层面揭示了背景句与焦点句之间前轻后重的转折、递进、追补、因果四种话语关联对焦点句的性质及其焦点功能的制约；从句法层面阐明了焦点句的焦点命题与焦点标记间的诱发性语义关系，使话语标记带有［受动性］特征，后面的内容体现［施动性］和［引发性］特征。这证明了"X 的是"的焦点标记功能。可见，"X 的是"明示了语境假设，减轻了听者理解话语的负担，从而引领说话人走向最佳关联。听者会根据主观评价进行语用推理，发掘出蕴含义，保证交际顺利进行。如例（5）。

（5）A 那时候简直不敢接戏了，一背台词脑袋就嗡嗡的。

B 但，我听说，<u>当时庆幸的是</u>……

A <u>也因此走红</u>。

B 是啊，竟然走红了。（《谈心社》）

观察例（5）我们发现，"庆幸的是"表达了反对递进（转折）关系，后续焦点部分"也因此走红"是反预期事实，也是言者觉得"庆幸"的原因。后续听者合作共建的焦点为听者 K+ 的信息，对于言者来说是意外信息，只是借听者的口进行了强调。

冉永平（2000）认为话语标记可以将听者引向言者所期待的语境和语境效果，从而对听者的话语理解过程形成制约。我们认为导致"X 的是"悬挂的情况主要有以下几个方面。其一，作为焦点标记也是话题标记的"X 的是"表达了言者的主观评价和态度立场，说它是话题标记是因为说话者想要围绕引发"X"情感的对象进行说明，说它是焦点标记是因为言者想要诱导听者产出后续的意外信息。就宏观来看"X 的是"主要分为正面立场和负面立场两类，正面的有"兴奋的是""可贵的是""可以肯定的是"等，负面的有"遗憾的是""毫无价值的是""令人怀疑的是"等，涉及言者的情绪、认识和视角。

在会话序列中，如果言者只表明了自身立场而没有言说具体什么事情引起了这种主观立场，那么"的是"就会出现悬挂。其二，作为焦点标记的"X的是"是把后续部分前景化的过程，有提示后面内容为交际关注点的作用，也就是说，不管言者表达了哪种立场都为后续要说的话定好了基调。在会话序列中，言者只说出了提示性成分"X的是"，而听者紧接着推出了言者投射的后续内容，那么就会导致"的是"悬挂。其三，"X的是"还具有交互主观性，言者说出"X的是"期待听者与自己产生共情，即，言者说出"令人悲伤的是"希望听者也会因为后续事件而悲伤。当"X的是"出现在话轮之尾时，只是传递了言者期待共情，如果听者理解了这种期待就会接应后续事件。其四，如果听者想要接续的新信息与言者当前掌握的信息不符，或者听者想表达与言者相反的立场，那么言者之前使用的具有亮明立场的"X的是"正好给听者接续话轮或者有意接续提供一个契机，这样就形成了听说双方共建一个句法结构却给言者造成意外的现象。总之，为设置话题或突出焦点提供情感基调、为意外信息提供前景化提示、期待听者共情、为听者提供接续意外回应的契机等是"X的是"出现焦点悬挂现象的原因。

"X的是"是准分裂结构，把焦点和非焦点成分分开了。我们认为，后续的焦点是激发言者主观性意外情感的反馈原因，即后续表示原因的新信息焦点倾向于与言者预期相反。那么既与言者预期相反又默认听者未知的焦点新信息，为什么在反馈位置常会出现意外表达，在什么情况下会在第三位置的证明程序中出现意外表达呢？这就需要我们结合事件理论和合作共建的方式进行深入的讨论。

3. 从事件理论的角度看"X的是"的合作共建情况

合作共建（collaborative construction）与口语的短暂性和话语时间压缩性也有一定的关系。严格地讲，合作共建的句子特指缺少前件时后件不能成立的句子。对合作共建的细致分析揭示了在线句法处理本质上是互动的，其不是孤立地发生在个人的头脑中。Lerner（1991，1996）称之为"进行中的句子"（sentences-in-progress）和合作完成的话轮序列（collaborative turn sequence）。Lerner在这一领域的工作可以说是开创性的。他注意到，在涉及他所称的"复合话轮构建单元"（compound turn-constructional units）的语境中，协作式结构尤其常见，这是产生合作共建的句子的重要形式。他认为序列组织是联系会话的，基本单位是毗邻对（adjacent pair），但实际情况远远比简单的前件和后件相连更复杂，序列组织涉及一系列常规或非常规的插入、扩展，序列操作的结果是一个句子或者表达完整意思。Ono 和 Thompson（1996）专注于这种现象的句法方面，但他们使用术语"共构"（co-constructions）来描述它。

合作共建的两个话轮单位为复合的话轮构建单位，这些复合 TCUs 的典型特征是，只有最后一个成分的末端是一个过渡关联点（TRP）。Lerner（2004）认为附属话轮，即受话人接续言者完成句法的话轮，有四个特点：一是使用了正在进行的话轮结构单位的形式，二是有机会去维持话语的延续性，三是促使正在进行的话轮单位的完成，四是为已经说的话提供可选择的版本。总之，附属话轮被认为是话轮完成的行为。并且他认为合作话轮序列由四部分组成：一是最初成分部分（preliminary component），二是预先完成部分（pre-emptive completion），三是延迟完成部分（delayed completion），四是对完成话轮的回应部分（receipt）。本文将通过三个部分研究"X 的是"，分别是最初成分部分、预先完成部分、反馈。其中，最初成分部分是言者起始话轮，预先完成部分是受话人接应部分，反馈包含了言者的延迟完成和对已完成话轮的整体回应。

合作共建作为一种双方协作互动的话语现象，既关注句子结构合作（co-constructions），也关心人际交互组织（interactional organization）。双方立场出现偏差的情况非常常见，即使在句法合作的情况下也是如此，这就造成了句法上虽然合作，但听者接续的话语却让言者感到意外的现象。言者在反馈中将证明这种意外情绪，并对其进一步解释。下面我们就从事件理论的角度对"X 的是"合作共建的方式与特点，以及反馈情况，进行详细的分析。

多数学者认为"X 的是"不可能用在语篇的开头也不可能用在句子或语段的末尾。但是口语中我们观察到有"X 的是"句尾悬挂的情况出现，这就为句法的合作共建提供了条件。那么在合作共建中话轮是如何转接的？方梅（2000）认为话轮转换方式有三种，一是不同说话人的谈话顺次前后相连；二是后一说话人的谈话承应上一话轮的结束标志；三是后一说话人的谈话始于打断上一话轮。本文认为，诱导产出的情况，是言者把"X 的是"作为结束的标志，期待听者接应。而听者主动接续的情况，属于话轮转换中"后一说话人的谈话始于打断上一话轮"的情况。那么这两种情况的言者话轮尾和听者话轮头各有什么不同，会不会存在话轮保持的情况呢？下面将详细分析。

3.1　诱导产出与听者 K-状态的 A 事件

诱导产出是指这样的情况：言者给受话者提供了一个机会来进行合作生产（co-production），而不是对下一个言者强行选择（co-optation），当然其中也不排除上一个言者通过吸引的方式来让受话者进行预期完成（anticipatory completion）的话轮。也就是说，在会话中，由随后的发言者预先完成了前一个发言者的话轮结构单元（Sacks et al.，1974）。前面的话有激发和投射作用，引发了下一个言者进行合作。这就提高了话轮构建单位的可投射性（enhanced projectability of the TCU）。"X 的是"处于话尾敏感位置时，言者的目的是使用悬挂式的焦点结构"X 的是"来表达自己的立场，为接下来的话定下基调，提示听者下面的话语内容是重要的信息，有时言者故意停下话语，故意把话语权交出去，期待听者跟他产生共情，这样就促使听者跟言者共建一个句法的情况的出现，这时听者如果处于 K-的状态，就会根据言者提供的立场和基调去推测是什么事件能引发言者的情感、认识和评价。如例（6）、例（7）。

（6）梁文道：他们喜欢回乡。

许子东：28.5%的人口现在英国人住在乡下，比过去的 20 年增加了 13%，但中国比较可怕的是……

窦文涛：陶渊明占多数。

许子东：就是跟中国的农民工正好相反。而且人家国外到农村去住的人年龄是 25 到 44 岁，不是老人，而是青壮年的他们回乡村。

窦文涛：这可真是，我就感觉到他们人口也有关系，我们没法学，就是我们人口这么多，土地这么有限，我就觉得你知道奢侈。（《锵锵三人行》2009-01-19）

例（6）中言者处于 K+位置，"比较可怕的是"与"陶渊明占多数"构成了句法共建，反馈句中许子东用"就是"进行解释，听者以"这可真是"作为回应，表达了窦文涛理解的方向与许子东想要表达的信息相异。言者为了达到交际效果想与听者共情，但两者信息不对等导致共情失败，从而言者产生了意外，用"就是"引出言者真正的意图。这时听者也以意外的形式"这可真是"作为回应。

(7) A 今天我去河边钓了一天的鱼，本想晚上可以大餐一顿，<u>可遗憾的是</u>……

    B <u>连一条鱼都没钓上来。</u>

    A <u>怎么会呢？只能说收获不多。</u>

    B 哈哈哈，有收获还是不错啦，比没有好。（BCC 语料库）

例（7）中，言者 A 说完焦点标记"可遗憾的是"之后就没有再说接下来的事情，为听者留下了猜测的空间，A 表达了"遗憾"的情绪，预期能够激发听者和自己一样产生"遗憾"的情绪。听者 B 接续了"连一条鱼都没钓上来"，与"可遗憾的是"合作共建为一个句子，即"可遗憾的是连一条鱼都没钓上来"。但是 B 因为处于 K-的状态，他的全量否定猜测超出了 A 料想的范围。也就是说，虽然 B 的猜测迎合了 A 的"可遗憾的"立场，预期的方向并没有反，只是在量的方面超过了 A 的预期，于是产生了意外。"连一条鱼都没钓上来"用了"连……都"结构，是一种极端的含义，表达未预期意外，A 的疑问句反馈是对这种猜测的意外，属于话语意外，即元语意外。因为遗憾导致言者阻塞，"的是"后面隐晦不说。

另外，我们认为言者的反馈是针对受话人的接应而言的，而言者的补救是对自身在序列起始时话语期待的补救。第三个话轮的反馈是用来重申话轮的权威性的。可以是赞同的也可以是不赞同的，或者处于两者之间。还可以重复没说完的话。反馈对预先完成的工作具有权威性的解读（Lerner，2004）。听者在推断以"的是"为悬挂式的结尾后的内容的过程中会与言者的预期不同，这就需要言者进行权威的解读。

3.2 主动接续与听者 K+状态的 B 事件

合作共建中言者可以放弃自己的话语权，把话语权交出去让第二个人完成，也可以是受话者以主动接续的形式抢夺话语权。对话的轮接系统将谈话组织成一系列的轮接，每个言者在一个单元完成之前都有资格发言。也就是说，听者在接受说话人的信息的时候不是被动地接收，而是自觉地根据背景知识对即将出现的信息进行预测或是提供新的信息。这时，不能把初始的成分的末尾看作下一个成分的投射，也就说初始话轮结尾不能被预测为一个话轮过渡的地方，而应该看作一个未完成单位的扩展。"X 的是"一出现就被听者推断出了言者想要表达的事实，或者听者急于表达与言者产生的共情，这两种情况都会引起焦点标记的悬挂。"X 的是"的出现提示了听者应该在这里接续。

　　听者虽然在句法上与言者合作共建，但是并不是在猜言者强调的内容，而是处于 K+ 的状态，即听者知道的比言者多，这时言者处于 K- 的状态，这样可能导致两种意外情况。一是出现反预期意外，即真正的事实与言者说的恰恰相反，言者在之前并不知道。二是预期量不同导致的意外，即事实对人造成的反应比言者所要表达的情绪更严重或者更弱。只是这时言者在反馈中不是表达权威，而仅仅是表达接受新信息后的意外。如果听者处于 K+ 的状态，他更急于表达自己的想法和所见所感，更容易在言者说出情态焦点时就打断言者正在进行的话，以否定言者的情感认知。

　　先来看第一种反言者预期的意外情况，如例（8）、例（9）。

　　（8）窦文涛：而且我觉得，因为都知道你们这个圈里很黑暗嘛，所以我觉得很疑惑的是……

　　　　马未都：我们比医药行业要好一点。

　　　　窦文涛：还有个医药行业？

　　　　马未都：比养殖行业要好一点。（《锵锵三人行》2009-11-09）

　　例（8）中马未都并没有接续窦文涛的疑惑的话题，而是另外接续了新信息，这让窦文涛感到意外，在反馈话轮中用疑问的形式表达，即："还有个医药行业？"

　　（9）A 他虽然现在还在为生计奔波，但幸福的是……

　　　　B 那是父母之命，他并不喜欢她。

　　　　A 啊，都什么年代了，竟然还包办婚姻。（日常对话）

　　例（9）中，A 看到了"他"现在生活的表象——爱情幸福美满，他想用

"幸福"来强调，但是 B 却处于 K+ 的状态，B 更了解"他"现在的情况——婚姻并不幸福，因此与 A 的预期相反，造成了期待的扑空。A 在反馈话轮中用"竟然"表示知道新事件后的意外。

再来看另一种接受新信息后的超预期意外情况，如例（10）。

> （10）A 别看他平时挺瘦小的，<u>但令人欣赏的是……</u>
> 　　　 B <u>他直接跟歹徒搏斗。</u>
> 　　　 A <u>还跟歹徒搏斗呢</u>，我只知道他那天勇敢地站到了最前面。
> （BCC 语料库）

例中，A 预期 B 接续的应是"他"令人欣赏的一面，B 接续的话轮超出 A 的预期量。"他直接跟歹徒搏斗"是 A 没有料想到的。所以 A 在反馈话轮中用"还 X 呢"格式表达了惊讶的情绪。

3.3　话轮保持与听说双方知识平等的 AB 事件

"话轮保持"（turn holding）是指会话参与者在 TRP 处没有发生话轮转换，当前说话者把持或留在了自身话轮，继续产出下一个 TCU（Couper-Kuhlen & Selting，2018：88）。在会话中不断向后延伸句子是普遍现象，理论上可以形成"永不结束的句子"（neverending sentences）（Auer，1992）。

"X 的是"的话轮保持位置是指，"X 的是"悬挂在发话人话轮尾进行话语占位，并在几个话轮后还继续言说自己的立场，如例（11）。

> （11）周轶君：所以您与其说她是通过好像讲失败者的回忆，还不如说她是多角度提供了我们看历史的一种方式。
> 　　　 许子东：对，就是从人的角度来讲战争，战争归根到底，你今天回过头来讲秦代灭齐国的战争，白起埋四十万将领的战争。空杀多少万人，那些人每个人都是人的儿子，都有家庭。
> 　　　 周轶君：两句话在史书上写完了，当中有多少的悲欢离合。<u>而且最有趣的是，</u>
> 　　　 窦文涛：<u>对。</u>
> 　　　 周轶君：<u>你看她书里面写到，</u>说她采访了很多人，写出来的不

到三分之一，其实我们做记者的都知道，能写成故事的都是精彩的部分，我们这次采访都在期待，有一个人告诉我们一个凄惨的故事，多少年以后，怎么怎么样，一个巧合。没有，更多的故事是没头没尾的。（《锵锵三人行》2016-03-04）

观察例（11）我们可以看到，周轶君（言者）在"而且最有趣的是"后停顿了一下，期待听者共鸣，窦文涛（听者）突然醒悟，进行了程序性的应答。周轶君（言者）继续表达了自己观点，没有给听者留下继续话轮的空间。迫于时间压力，言者特别想缩短话轮的回合，直接表达听者基于情理的意外事实。这无所谓谁掌握的信息多寡，其实是言者跳过听者自己完成了一个句法共建，即"最有趣的是，你看她书里面写到"。

双方虽然处于平等的知识状态下，即无所谓 K+ 和 K-，但由于情感、视角、认识的不同往往会有不同的主观评判。这就形成了句法合作但是立场悖逆，如例（12）。

（12）A 天气预报说，全国很多地区都在下大雨，悲惨的是……

　　　B 干旱地区……

　　　A 干旱地区得到了缓解。我只想到了那些被大雨涝了的地区了。（BCC 语料库）

例（12）中，B 的立场与 A 不同，B 是站在大雨带来的有利影响的角度，A 是站在大雨所造成的损失的角度。所以这场大雨给 A 的感受是悲惨的，而给 B 的感受却是值得庆幸的。这点与 A 预期 B 接续的内容相反，形成了反预期意外。A 处于悲观的情绪中，而 B 处于乐观的情绪中，由于 B 急于表达自己相反的观点，所以话轮常常是被打断的，即"悲惨的是，干旱地区得到了缓解"。

在会话交际中，还有一种情况与信息多寡无关，是在序列构建中产生的话语意外。听者根本没有理会言者的焦点强调而是自说自话，这时言者会因接续断裂而产生意外。如例（13）。

（13）窦文涛：拿我倒这个，有一点出乎我的意料，就说明这国家认识到这错误之后，还是算认认真真地要赔的意思是吧？

止庵：但是你看它说的，我就看它又列了一些项，曾经有一个报告，就是这个，就是什么金银这首饰这个比较好办，文物大部分都没有了。

窦文涛：没了。

梁文道：可是我好奇的是……

止庵：藏书？这最好玩了，书是大部分找不着主，昨天一看我这不是我们家的书，但是。

梁文道：不是，我只是很好奇的是，什么样的条件、原因使得当时的政府忽然觉得可以落实政策啊、可以还书呢？它转折是什么？

止庵：不是，这个如果是，不是，落实政策是"文革"以后，真正的落实在"文革"以后，但是"文革"中。

梁文道：但是为什么"文革"中，你刚刚讲到就已经有。（《锵锵三人行》2016-06-27）

例（13）中止庵延续了自己前一话轮中的内容，但是仅仅接续了句法结构，即"我好奇的是""藏书"，但梁文道根本就不是说的这个。这也就是言听双方所谈及话题的方向不同，导致了言者意外。梁文道因话语意外在下一话轮证明程序中重复了"好奇的是"，保持了之前话轮中的态度，目的是想把话题拉回自己想要表达的"好奇"中。又如例（14）。

（14）陈晓楠：曾妹就是这样，曾妹我觉得她是一天一天数着活。

许子东：应该是艾滋的关系。

陈晓楠：她吸了毒，得了艾滋病，生了一个孩子又被人抱走，孩子也是艾滋病，而且至今抱走她孩子的人不知道那个孩子是艾滋病，然后我记得给我印象最深的是。

许子东：抱走孩子的人不知道。

陈晓楠：不知道，对。

许子东：不是还有传染的可能吗？

陈晓楠：是啊。

窦文涛：当然。

陈晓楠：所以你会有巨大的无力感，你帮得了她吗？<u>其实印象</u><u>比较深的是她当时在化妆</u>，然后她那个脸其实是非常非常苍老了，没法看得了，然后我们摄像在拍她的时候，她就画眉毛，她突然转向我们摄像师说，这样是不是好看点。（《锵锵三人行》2009-10-11）

例（14）中听者插入了自己的理解，陈晓楠其实想说的是"印象最深的是"她当时在化妆，她那个脸其实是非常苍老了。许子东接续的"抱走孩子的人不知道"引述了陈晓楠的话，表达了听者想继续强调这一信息，听者之所以选择在言者"X的是"结尾位置突然打断，是因为焦点标记"的是"引起了听者更多的关注，也就是在听话者看来"印象最深的是"应该接续的焦点信息，但言者并不是要说这件事是印象最深的，这就形成了"看似合作共建，实则言者意外"的表达。

总之，根据上面的例子我们可以看出，"的是"悬挂在话轮结尾会出现诱导产出、主动接续、话轮保持等不同的合作共建情况。具体而言，一是在诱导产出中，当听者为 K-时，听者为了急于表达共情，迎合言者的情感和心理，揣测事件发生的情况，但是由于揣测往往有主观性，并不是叙实，会与言者知识有偏差而产生意外。二是在主动接续中，听者急于表达自己的知识状态或者观点，当听者为 K+时，言者因为获取了新信息而产生了意外。三是在话轮的保持中，参与者双方知识水平相当，听者与言者观点、立场、视角不同也会导致言者意外。

由此可见，邀请共建导致的意外是言者主动，言者想要跟听者寻求共情，无论哪一方对事件的掌握有偏颇或者观点不同都会导致共情失败，言者期望扑空，从而导致意外。主动接续导致的意外是听者主动，听者急于表达自己的认识，但是两个人的事件知识和观点不可能完全相同，因此会产生意外。也就是说，两者的不同是，诱导产出共建往往是"情绪为主，事件为辅"，言者因失去共情意外；主动接续共建往往是"事件为主，情绪为辅"，言者因新信息意外。

本文认为，最终的意外的表达既是对始发话轮期待和焦点抛出的呼应，也是对听者的反馈，还是对当前惊讶情绪的反应，按照言语行为复合性的理论，这是多层叠加的效果。

4. 句法合作但情态对抗的动因

4.1 立场的协商与对抗

　　立场的协商的过程是会话的延展性动态变化的过程，立场达到一致会话不断延伸，立场不一致会话将受到阻断。胡壮麟（2015）认为说话人表达态度立场实际上是在邀请听者分享情绪反应，或者至少希望听者把这种情感反应看成是适当的、有理由的、可理解的，当听者接受这种情感时，言听双方的情感联系就得到了加强。就本文而言，说话人将"X 的是"打包成一个言者立场的焦点提示语，不管是主动的还是间接的，都是在与听者寻找共情，只是听者的反应不同，对言者的影响也不同。第一种情况，当听者猜准了言者想要强调的事实时，这种态度立场就得到了加强，这时的意外只能是认识程度或量的偏差导致的。第二种情况，当听者提供了与言者立场相反的事实，即认识立场不同时，这就代表听者反驳了言者的态度立场。这种意外是与认识立场相关的事实反预期导致的。第三种情况，虽然听者的话加强了言者的态度立场，但是又提供了听者未知的信息。这种意外是与认识立场相关的新信息导致的。第四种情况，针对同一件事，因为视角不同从而态度立场相反，这种意外是纯粹的态度立场导致的。前两种情况是听者处于 K-位置，第三种情况是听者处于 K+位置，第四种情况是 AB 事件的特殊情况。

4.2 面子交互与言者期待

　　交互主观性指的是"说/写者用明确的语言形式表达对听/读者自我的关注，这种关注可以体现在认识意义上，即关注听/读者对命题内容的态度；但更多的是体现在社会意义上，即关注听/读者的面子或形象需要"（转引自吴福祥，2004）。如果主观性是一个全集的话，那么交互主观性是它的子集，其更注重考虑受众需求。一个句子的意义除了命题所表达的客观意义之外，还常常表达言者对命题的态度、情感等方面的意义。言者使用"X 的是"作为悬挂式的结尾，主动邀请听者接应，关注了听者的主体地位。听者在提供的暗示焦点标记处主动打断言者的话，表现了听者的积极沟通的态度。对于同一件事情由于双方的情感、视角、认识的不同往往会有不同的主观评判。而对于处于共同立场的双方，因为对事件的把握程度不同，也会出现预期量上的偏差。另外，双方储备知识的多寡也会影响对事件的主观态度。综合上述原因，当言者对听者的期待与听者实际给出的回应之间产生差距时，这种差距就会造成意外。

4.3　寻找最佳关联

言者使用"X 的是"构式为听者提供了一个明示，表明了自己的态度，预期言者会按照自己所表达的态度进行推理，从而在合作共建的时候听者付出较小的努力就能理解言者的意图，形成关联。需要指出的是，有时候言听双方的合作也未必是符合最佳关联的。第一，有时候听者虽然能推理出言者的态度，但对其程度的把握会围绕预期的标准上下浮动。第二，言者用未知的信息来证明事实与言者立场是相反的。第三，虽然立场相符，但是听者却提供了对言者而言的新信息。第四，面对同样的事件听说双方站在对立的立场进行解读。我们假定双方交互一定是关联的，那么这种表面上不相关的情况，一定存在言外之意，给听者传递新信息或者表明新立场提供环境，这样就造成了言者的意外。

5. 交互中的元意外

意外是人们突发的短暂心理状态，它是一种吃惊的情绪。导致意外出现的情况很多：与预期相反、高于或低于预期量、预言的实现、未料想的新信息出现等。国内外学者早就注意到互动交际中的意外现象。Aikhenvald（2012）以说者、听者、主要角色为参项把意外范畴的语义细化为 5 部分。陈振宇、杜克华（2015）关注言者的指向，认为在"意外三角"中，疑问、感叹分别借助"意外"这一桥梁向对方转化。他们虽在互动中研究意外，但都是从人们预期客观事实的认知范畴角度来研究的。本文认为，除了事实激发的意外情绪外，在互动中还隐藏着言语双方对话语理解的期待。从说话人的角度，在陈述的时候，他期望听者能够理解、证实甚至接续他的话语内容；在感叹的时候，他期望听者能够与他产生共情；在祈使和疑问的时候，他期望听者对他的话语做出回应。在自然对话中很少有完全合预期的情况出现，往往都会因听者合作共建时的情感偏差，而激发言者的意外情绪，这时言者就会在反馈中证明他的意外情绪。

如上文所讨论的焦点构式"X的是",言者期待听者能站在他的立场理解他接下来将要强调的重点,一旦听者理解了他的观点就会与其产生共情,但即使情感共鸣方向对了,听者的理解也并不一定完全符合言者的期待,总会出现高于或者低于言者预期量的情况,这时言者就会在反馈中进一步证明。听者除了处于K-的状态下因推测言者的立场表达而产生超预期量的情况外,还有可能处于K+状态,表达违背期许或者表达言者未料想的事件。这就是本文前面分析的几种情况,一是听者所接续的事实与言者期待的事实相反,二是虽然立场相合,但是听者提供了言者未料想的新信息,三是针对同一件事听者与言者的立场相反。在反馈中言者常会进行意外标记,如"还X呢""可别说X了""怎么会呢""何止啊""竟然""连X都/也"等等。

6. 其他焦点标记的句法合作

以上我们考察了个案"的是"在话轮尾部悬空虽然引起句法合作,但是情态意外的情况。焦点标记悬空为后续接话人提供的预示信息并不是"的是"独有的。焦点标记本身就有提醒听者注意的功能。下面本文分几类表现形式对其他类焦点标记的句法合作进行简要说明。想说明的是,其与本文所研究的"的是"不同,因为"X的是"已经给后续定下了评价和情感的基调,如"令人喜悦的是",听者只能推测什么情况才有可能是令说话人喜悦的,出现立场悖逆或者听者处于K+的情况较少。与此类似的还有"N$_{-价认知}$+是",也事先表明了立场。而其他大部分焦点标记没有暗示言者立场,只是提请注意,因此是中性的,后面接续与言者立场一致或者立场悖逆的话语的可能性都比较大。

其一,"是"字类,作为焦点标记"是"没有"确认"义。根据方梅(1995)提出的标记词不是句子线性结构中的基本要素的观点,它被省略掉以后句子依然可以成立。"是"的省略不影响句子的成立。"是"后的焦点成分是预设的对比焦点。除了"X的是"以外,还有断定悬空格式,如"副词+是",其也渐渐凝固为焦点标记。如,"A我喜欢音乐,尤其是……B古典音乐"。根据A"尤其是"的明示,B推理出A所表达的信息。

其二,"连"字类,方梅(1995)提出焦点标记词除了"是"以外就是"连"。"连"字标记后面的成分常常具有极端义,刘丹青和徐烈炯(1998)认为"连"与"是"不同，"连"常常标记话题焦点。如，"A 他弹钢琴好投入啊，连……B 雨停了他都没发现"。B 和 A 处于共同认知环境下，共享知识相同，因此 B 接续了 A 说话的内容，形成了句法共建。

其三，副词类，范围副词"只、仅、仅仅、就、才、光、单"，否定副词"不、没有、没"往往把后面的词语视为焦点，"尤其、特别、尤其是、特别是、也、还、甚至、连"也可以用来提示后面的词语是焦点。另外，我们认为"难道""偏偏"也是副词作焦点标记，很明显，这些副词只有做前置焦点标记的时候才能引起句法合作。如，"A 挺好挺聪明的一个孩子，偏偏……B 整天不干好事"。A 和 B 形成了句法合作，立场达成一致。

其四，对举结构，刘丹青和徐烈炯（1998）谈到话题焦点时，指出平行的句子互以对方的话题焦点为背景。陈昌来（2000）认为对举句对比的方式可以显示焦点。如，"A 知道的以为他在唱歌，不知道的……B 以为他在朗诵呢"。双方的感受相同，都认为他唱歌不好听，同时 A 话尾的"不知道的"与 B 话头的"以为他在朗诵呢"也形成了句法共建。

另外，还有一些情况比较少见，本文只列出这种情况，不再举例，如"给""数""有"等其他词做焦点标记的情况。

7. 余论和不足

综上，焦点具有强调新信息的功能，而且"X 的是"具有强烈情感"递进"和"转折"。在互动中，当"X 的是"整体打包后悬挂在话轮尾时，言者就打下了"X"的情感基调，这就意味着下一话轮听者合作共建的内容必须是令人产生强烈情感的信息，而这一信息又往往因双方知识多寡和立场差异产生情态对抗的情况。

本文在句法合作共建的大背景下，研究了焦点标记"X 的是"的立场表达功能。把"X 的是"放在互动中分析，探索了"句法合作，情态对抗"是如何激发言者元话语意外情绪表达的，从序列位置、立场协商、事件信息、最佳关联的角度对其功能及动因进行分析，打破了传统语言学中焦点不能悬挂的观点，也为单纯事实意外的研究提供了新的视角，具有一定的创新性。但本文仍存在不足：一是没有考虑三方或者多方交际者参与的情况；二是因语料有限，所以具体的统计调查不足，使用自然语料解释的力度还不够。

另外，我们不禁思考，这种焦点悬挂引发句法合作但是情态对抗的意外表达现象是不是只存在于汉语中？是否还存在类型学的意义？这些都需要我们进一步探索。

参考文献

陈昌来　2000　《现代汉语句子》，华东师范大学出版社。

陈景元　周国光　2009　《主位型评价结构"X的是"及其评价功能》，《社会科学论坛》第 12 期。

陈振宇　杜克华　2015　《意外范畴：关于感叹、疑问、否定之间的语用迁移的研究》，《当代修辞学》第 5 期。

董秀芳　2003　《无标记焦点和有标记焦点的确定原则》，《汉语学习》第 1 期。

方　梅　1995　《汉语对比焦点的句法表现手段》，《中国语文》第 4 期。

方　梅　2000　《自然口语中弱化连词的话语标记功能》，《中国语文》第 5 期。

方清明　2012　《论现代汉语"XP的是，Y"有标格式》，《语言教学与研究》第 1 期。

冯光武　2004　《汉语语用标记语的语义、语用分析》，《现代外语》第 1 期。

关　越　方　梅　2020　《汉语对话中的句法合作共建现象初探》，《语言教学与研究》第 3 期。

胡壮麟　2015　《语言学教程》（第 5 版），北京大学出版社。

黄瑰辉　2003　《焦点、焦点结构及焦点的性质研究综述》，《现代外语》第 4 期。

李丽娟　2010　《现代汉语"X的是"类话语标记语研究》，华中师范大学硕士学位论文。

李宗江　2012　《"A的是"短语的特殊功能》，《汉语学习》第 4 期。

刘丹青　徐烈炯　1998　《焦点与背景话题及汉语"连"字句》，《中国语文》第 4 期。

祁　峰　2011　《"X的是"：从话语标记到焦点标记》，《汉语学习》第 4 期。

冉永平　2000　《话语标记语语用学研究综述》，《外语研究》第 4 期。

沈家煊　2019　《超越主谓结构》，商务印书馆。

石毓智　2005　《论判断、焦点、强调与对比之关系——"是"的语法功能和使用条件》，《语言研究》第 4 期。

王艺文　2016　《"X+的是"话语标记语研究》，暨南大学硕士学位论文。

吴福祥　2004　《试说"X不比Y·Z"的语用功能》，《中国语文》第 3 期。

徐　杰　李英哲　1993　《焦点与两个非线性句法范畴："否定""疑问"》，《中国语文》第 2 期。

徐烈炯　刘丹青　2003　《话题与焦点新论》，上海教育出版社。

徐列炯　潘海华　2005　《焦点结构和意义的研究》，上海教育出版社。

玄　玥　2002　《焦点问题研究综述》，《汉语学习》第 4 期。

杨才英　赵春利　2014　《焦点性话语标记的话语关联及其语义类型》，《世界汉语教学》

第 2 期。

袁毓林　2000　《论否定句的焦点、预设和辖域歧义》，《中国语文》第 2 期。

袁毓林　2003　《从焦点理论看句尾"的"的句法语义功能》，《中国语文》第 1 期。

袁毓林　2003　《句子的焦点结构及其对语义解释的影响》，《当代语言学》第 4 期。

袁毓林　2008　《反预期、递进关系和语用尺度的类型——"甚至"和"反而"的语义
　　功能比较》，《当代语言学》第 2 期。

张伯江　方　梅　1996　《汉语功能语法研究》，江西教育出版社。

张峰辉　周昌乐　2008　《"DJ+的是+M"的焦点和预设分析》，《语言研究》第 2 期。

张　黎　1987　《句子语义重心分析法刍议》，《齐齐哈尔师范学院学报》（哲学社会科学
　　版）第 1 期。

张全生　2009　《现代汉语焦点结构研究》，南开大学博士学位论文。

郑娟曼　2018　《从互动交际看"好吧"的妥协回应功能》，《当代修辞学》第 4 期。

周明强　2017　《强调类话语标记语"X 的是"的语用功能考察》，《语言科学》第 2 期。

Aikhenvald, Alexandra Y.　2012　The essence of mirativity. *Linguistic Typology* 16（3）：
　　435-485.

Auer，Peter　1992　The never-ending sentence：Rightward expansion in spoken language. In
　　Miklo Klntra and Tamas Varadi（eds.），*Studies in Spoken Language*：*English*，
　　German，*Finno-Ugric*. Budapast：Lingustics Instute，Hungarian Academy of Sciences，
　　41-59.

Chao，Yuen Ren（赵元任）　1968　*A Grammar of Spoken Chinese*. Berkeley：University
　　of California. 吕叔湘译《汉语口语语法》，商务印书馆，1979。

Couper-Kuhlen，Elizabeth ＆ Margret Selting 2018 *Interaction Linguistics*：*Studying
　　Languagein Social Interaction*. Cambridge：Cambridge University Press.

Gundel，Jeanette K.　1999　Different kinds of focus. In Peter Bosch and Robvander Sandt
　　（eds.），*Focus*：*Linguistic*，*Cognitive*，*and Computational Perspectives*. Cambridge：
　　Cambridge University Press，293-305.

Halliday，Michael A. K.　1967　Notes on transitivity and theme in English. *Journal of
　　Linguistics*（3）：199-244.

Jackendoff，Ray　1972　*Semantic Interpretation in Generative Grammar*. Cambridge，
　　Mass.：MIT Press.

Lambrecht，Knud　1986　Topic Focus，and the Grammar of Spoken French. Doctoral
　　dissertation，Berkeley：UC Berkeley.

Lambrecht，Knud　1987　Sentence focus，information structure，and the thetic-categorical
　　distinction. In *Proceedings of the 13th Annual Meeting of the Berkeley Linguistics Society
　　Berkeley*，366-382.

Lambrecht，Knud　1994　*Informational Structure and Sentence Form*：*Topic*，*Focus*，*and
　　the Mental Representation of Discourse Referents*. Cambridge：Cambridge University
　　Press.

Lerner，Gene H.　1991　On the syntax of sentences-in-progress. *Language in Society* 20
　　（3）：441-458.

Lerner, Gene H. 1996 On the "semi-permeable" character of grammatical units in conversation: Conditional entry into the turn space of another speaker. In Elinor Ochs, E. A. Schegloff and Sandra A. Thompson (eds.), *Interaction and Grammar*. Cambridge: Cambridge University Press, 238-276.

Lerner, Gene H. 2004 Ontheplace of linguistic resource in the organization of talk in interaction: Grammar as actionin prompting a speaker to elaborate. *Research on Language and Social Interaction* 37: 151-184.

Ono, Tsuyoshi & Sandra A. Thompson 1996 Interaction and syntaxin the structure of conversational discourse: Collaboration, overlap, and syntactic dissociation. In Eduard H. Hovy& Donia R. Scott (eds.), *Computational and Conversational Discourse*, 67-96. Berlin: Springer.

Rochment, Michael 1986 *Focus in Generative Grammar*. Amsterdam: John Benjamins.

Rooth, Mats 1995 A theory of focus interpretation. *Natural Language Semantics* 1 (1): 75-116.

Sacks, Harvey, Emanuel A. Schegloff & Jefferson Gail 1974 A Simplest systematics for the organization of turn-taking for conversation. *Language* 50 (4): 696-735.

Van Valin, Robert D. and Randy J. LaPolla 2002 *Syntax: Structure, Meaning and Function*. Beijing: Peking University Press.

Rooth, Mats 1985 Association with Focus. Doctoral dissertation, Amherst: University of Massachusetts.

Luke, Kang-Kwong (陆镜光) 2021 On front-truncated and back-truncated TCUs. 4th International Conference on Interactional Linguistics and Chinese Language Studies (IL-CLSC4).

Schegloff, Emanuell A. 1996 Turn organization: One intersection of grammar and interaction. In Elinor Ochs, Emanuel A. Schegloff and Sandra A. Thompson (eds.), *Interaction and Grammar*. Cambridge: Cambridge University Press, 52-133.

Tao, Hongyin 2021 Scalar pseudo-cleft constructions in Mandarin conversation: A multimodal approach. *Lingua* 266, 103-202.

Zubizarreta, Maria L. 1998 *Prosody, Focus, and Word Order*. Cambridge: MIT Press.

汉语自然口语中"不是"的语用功能
与韵律特征分析[*]

李　嘉[**]

提　要

本文对汉语口语日常对话中频繁出现的"不是"的语用功能进行了考察。通过对 20 组说话人的汉语自由对话语料的分析，得出了如下结论。其一，口语中的"不是"可以单独出现，或出现在话轮结尾处，但更多的是在话轮起始位置或话轮中间出现。其二，"不是"可以和其他应答词或助词同时使用，以达到不同的效果。其三，"不是"的语用功能可以分为 5 种：否定应答；副词"不"+动词"是"的组合，为否定句的成分；反问句"不是……吗?"的成分；作为"自我发起的自我修正"开始的标记；作为引导话题回归的话语标记。最后，笔者对不同语用功能的"不是"进行的韵律特征考察反映出它们的持续时长（音长）、语调升降曲线、语音弱化的程度都有或多或少的区别。

关键词

否定词；话语标记；会话分析；韵律特征

---

[*]　本文受到 2019—2020 年岐阜圣德学园研究基金资助。

[**]　李嘉，岐阜圣德学园大学专任讲师，研究方向为语用学、互动语言学、会话分析、汉日对比语言学。电子邮箱：lijia@ g. ecc. u-tokyo. ac. jp。

Pragmatic functions and prosodic features of *bushi*(不是) in Mandarin Chinese spontaneous speech

Li Jia

Abstract

This research provides a survey of pragmatic functions of a high frequency negative expression *bushi* in Mandarin Chinese spontaneous speech. The findings of this research indicate the distribution of *bushi* can be classified as independence, utterance-initiation, mid-utterance, which is similar to the previous research of pragmatic marker *bushi*. Moreover, the result also shows that *bushi* can appear independently or combine with other interjections or particles. *Bushi* can be utilized as disagree response, negative copula, part of rhetorical question and two types of discourse markers (Alert of self-initiated self-repair and Topic recurrence marker). Prosody analysis result shows the duration, pitch contour and phonological reduction degrees of *bushi* display differently with its pragmatic functions.

Keywords

negative copula; discourse marker; conversation analysis; prosodic features

1. 引言

1.1　已有研究

"不是"在汉语口语或书面语中的出现频率都相当高，Tao（2019）在讨论反问句"不是……吗?"的语法化问题时就曾提及，在 2008 年出版的《现代汉语常用词表》56008 个常用词之中，动词"是"与副词"不"以及它们的组合"不是"的使用频率分别居第 2 位、第 5 位和第 564 位。其在 2021 年出版的《现代汉语常用词表》（第 2 版）56790 个常用词中依旧是这样的排位。

"不是"的释义看似简单，在吕叔湘主编的《现代汉语八百词》（增订版）中，没有专门对"不是"的记述，在副词"不"条目中，有提到"不"用在动词、形容词或个别副词前，表示否定的说明（吕叔湘主编，1999）。其中"不是"作为用例出现。在《现代汉语词典》（第 7 版）中，"不是（bú·shi）"作为名词出现，意为"错处，过失"。除此之外，没有关于作为一个词出现的"不是"的记述。在《白水社中国语辞典》（2002：113-114）中，"不是"作为否定动词、形容词、含"是"的一般疑问句的否定应答动词出现。

根据刘丽艳（2005）以电视剧台词、电话录音和大学生之间的对话录音为语料的研究，"不是"有四种用法，其中一种是作为存在于北方方言的一个话语标记，有引发序列、应答序列、反馈序列 3 种使用模式，具有引发和反应两种功能。它标志着说话人在话语交际过程中交际状态或认知倾向上前后不一致。殷树林（2011）在对以影视作品台词及电视节目中的会话为语料的研究中，也阐述了相似的论点，称"不是"的语用价值在于标示说话人所接受的信息与自己的认知状态有偏差。但不同于刘丽艳（2005）的研究，殷树林认为"不是"有强烈的应答性，其只有应答功能，使用模式都是典型应答模式。

殷树林（2011）在讨论"不是"的语法化路径时，还对"不是"的韵律特征进行了简单的说明，认为反问句"不是……吗?"中的"不是"和话语标记"不是"有不可重读、发音含混、"是"可以脱落等共性。李先银（2017）在对话语否定标记的判定标准中，除了强调意义和功能上的标准，也提到了作为话语否定标记的词语在语音上常有弱化或音变现象和可能存在话语变体的特点。但是，对于"不是"的语音如何变化，语音变化与不同的语用功能有何关系，李先银没有做出具体的解释和分析。方梅（2000）和谢心阳等（2016）在针对话语标记的语音弱化现象进行分析时，关注了弱化连词这一类词，那么同样具有不同功能的"不是"是否也会在时长、音高、停顿时长上有所不同，也值得探讨。

Chiu（2012）从 450 分钟的脱口秀节目会话中收集到 450 例含有"不是"及"没有"的语料，作者对其中句法成分完整的 299 例进行分析，从出现位置及会话行为（conversational action）的角度对"不是"和"没有"的功能进行分类。Chiu（2012）指出基本序列的相邻对后件中出现的"不是"具有辨明和否定的话语功能。扩张序列的相邻对后件中出现的"不是"则有更多的功能，如将会话引回正题、修复、取得话语权、提供新话题。同样从序列的角度出发，Yu 和Drew（2017）对从太原市及其周边收集的 53 小时的日常对话和机构性谈话（institutional talk）语料进行分析，认为汉语中存在否定副词"不"与"是"的组合和肯定修饰语（affirmative modifier）两种"不是"。作为肯定修饰语出现的"不是"在讨论日常困难和麻烦（trouble）的话语序列中，有两种功能，一种是投射出即将出现的与麻烦相关的话语，另一种是讨论麻烦话语本身。

Chen（2018）使用 CCL 语料库语料对"不是"由否定系词（negative copula）（Chen，2018：89-90）发展成语用标记（pragmatic marker）（Chen，2018：90-97）的过程进行了历时性的研究。而 Zhan 等（2021）通过对古汉语和现代汉语文学作品语料的观察，得出与 Chen（2018）不同的观点，指出话语标记"不是"应是由表示否定的形容词演变而来的。两者均未对韵律及其变化进行考察。

虽然释义不难理解，但对于口语中"不是"的话语功能，学界一直存在上述关于功能和起源的分歧，笔者认为这些分歧主要是由于语料分析角度及参照标准不同。比如"不是"有无引发功能，可用于完成什么样的行为，话语标记"不是"的起源是形容词还是否定系词等。各种研究在选取、处理和分析语料时所使用的方法也不尽相同，还有可以细致分析的余地，也值得进行更深入的探讨。

1.2　本文观点及研究课题

本文采用会话分析的研究方法，以汉语母语者的自由对话录音/录像为语料，旨在对汉语日常对话进行微观细致的分析，以论证在话语序列（sequences）中可能出现含有"不是"的话轮（turn）的位置以及"不是"在话轮中的位置，从而梳理出"不是"所具有的语用功能。在此基础上，对具有不同语用功能的"不是"的韵律特征进行观察和分析，并提出韵律特征与语用功能之间的关联性，以及引起音变的可能因素。

在此需要强调的是，本文采取会话分析的手法对较大规模的语料进行了较为详尽的分析，是对客观世界存在进行的描述和说明，但并不能穷尽汉语口语日常会话中"不是"的所有功能，希望本文作为认识"不是"全貌的一片拼图发挥作用，也希望本文能给话语标记与语法化研究提供新的线索和实例。

本文的研究课题为：其一，"不是"在话轮中的出现位置是什么；其二，"不是"有哪些语用功能；其三，"不是"的语用功能和韵律特征之间有何联系。

2. 语料收集与分析方法

本文的相关语料采集自 30 位以北京话或北方方言为母语的会话参加者，录音及录像共计约 15 小时。其中包含家人朋友之间的日常会话，师生间和同学间的日常会话，也有面试官与被面试者的会话录音，对话全部不限内容，为两人一组的说话人的现场发挥、自由会话。本文所分析的语料为音频质量较好、足以进行韵律分析的部分（约 10 小时），如表 1 所示。

表 1　本文使用的语料一览

管理 ID	对话人关系	使用方言	对话内容
1	母女	北京	聊天
2	母女	北京	聊天
3	母女	北京	聊天
4	父女	北京	聊天
5	朋友（女,同性）	北京	聊天
6	朋友（女,同性）	北京	聊天
7	朋友（男,同性）	北京	聊天
8	夫妻（62/54 岁）	北京	聊天

管理 ID	对话人关系	使用方言	对话内容
9	夫妻（29/26 岁）	北京	聊天
10	男女朋友	北京	聊天
11	男女朋友	北京	聊天
12	表兄弟	北京	聊天
13	表姐妹	长春	聊天
14	面试官与面试者	北京	工作面试
15	朋友（女,同性）	北京	聊天
16	同事	北京	工作
17	教师与学生	北京	聊天
18	教师与学生	北京	聊天
19	同学（男,同性）	北京	聊天
20	同学（女,同性）	北京	聊天

3. "不是"的出现位置

在对语料进行观察时，笔者发现"不是"在话轮中的出现位置相对自由，可出现在话轮起始位置、话轮中间位置、话轮结尾位置，也可以单独出现。这些"不是"的发音，出现了除了 *búshì* 之外的 *bú：shì：*、*búshi/búri*、*búr*、*bú*。具体分布情况及表现形式见表 2。"不是"的分布情况为：话轮起始位置的出现频率最高，占 48.68%，其次为话轮中间位置，占 44.08%，单独用法及话轮结尾处的"不是"分别占 3.95% 和 3.29%，属于少数。

表 2 "不是"的出现位置及表现形式

单位：次

表现形式（发音）	出现次数				
	各表现形式合计	话轮起始	话轮中间	话轮结尾	单独用法
búshì	44	22	18	3	1
bú：shì：	8	5	0	1	2
búshi/búri	15	12	1	0	2
búr	72	32	38	1	1
bú	13	3	10	0	0
各位置合计（百分率）	152（100%）	74（48.68%）	67（44.08%）	5（3.29%）	6（3.95%）

由此可见，"不是"在日常会话中，主要与其他话语成分共同使用，并且通常在说话人说出"不是"之后，还会有其他话语成分出现。

4. "不是"的语用功能分析

4.1 分类

在对语料中出现的"不是"进行分类时，"不是"在话轮中的位置以及包含"不是"的话轮在会话序列中的位置至关重要。通过观察我们发现，包含"不是"的话轮多是为了回答先行话轮的问题，或就先行话轮的内容提出反对意见的应答序列，在相邻对（adjacency pair）（Schegloff，1968；Schegloff and Sacks，1973）中处于后件（second pair part）的位置。但也有一部分属于应答序列缺席（official absence）（Pomerantz，1984）时的代用话轮或插入序列（insertion sequence）（Schegloff，1972，2007）。

从内容上观察，处于后件起始位置的"不是"是为了表达反对意见或否定回答，在后件中间位置的"不是"则多为"副词+动词"形式的构句成分或"不是……吗？"反问句的一部分。在插入序列的中间位置也常见"不是……吗？"句式，这与插入序列常在为解决前件的问题或为后件的产出作准备不无关系。在作为应答序列缺席时的代用话轮的话轮起始位置，"不是"常被作为引导话题回归的话语标记。最后，在花费时间较长的叙述性话轮中间位置，常见作为"自我发起的自我修正（self-initiated self-repair）"（Schegloff et al.，1977）开始的话语标记"不是"，Schegloff 和 Lerner（2009）也称具有类似功能的话语标记为 Alert。

我们在语料中一共收集到 152 个含有"不是"的话段，对其中前后文完整的 149 个进行了分类，分类情况见表 3。

表 3　本文对"不是"的分类

单位：件

分类	件数
"自我发起的自我修正"开始的标记	12
副词"不"+动词"是"	16
表达否定观点的应答词	37

分类	件数
引导话题回归的话语标记	39
反问句"不是……吗?"的组成部分	45
合计	149

从统计数据中可以看出,反问句"不是……吗?"在口语中的使用频率最高,其次就是话语标记之一的引导话题回归型话语标记,与它不相上下的还有表达否定观点的应答词。由此可见,口语中最常用的"不是"与我们提到"不是"这个词时所理解的字面意思和词典记述的释意有所偏差,这也体现了口语研究的重要性和急切性。

4.2 各功能的实例与分析

在本节,我们根据使用频率由低至高的顺序,来介绍和分析"不是"各语用功能的实例。为了更好地还原说话人的真实发音,在每个话轮的汉字下配有与发音最相似的拼音(有些不是标准发音)。

4.2.1 "自我发起的自我修正"开始的标记

片段(1)截取自母亲(JY)与女儿(LJ)就旅游经历进行讨论时的日常会话。由于话题中提到的旅游发生在 LJ 不记事的年代,所以这段对话的主要叙述者为 JY,见第 2 行至第 5 行。旅游的目的地名称应在第 4 行出现而未出现,为该话轮的修正源(trouble source),第 5 行出现了一个候补答案,但立即被 JY 自己用"不是"来否定掉,随后继续搜索答案,是典型的自我发起的自我修正,故在此位置上的"不是"可以理解为标志着"自我发起的自我修正"开始的话语标记。

(1)

1. LJ:坐船   没   什么   印象,[但是, 啊
   zuòchuán   méi shénme yìnxiang, [dànshì, a

2. JY: [然后, 等. 回来,
                          [ránhòu, děng huílai,

3. JY：抱着 　你，然后 　 　 再 　坐车.

　　　bàozhe　nǐ, ránhòu　zài　zuòchē.

4. →JY：去的是 　那个，那是：

　　　 qùde shì　nèige　nèishi：

5. →JY：一线天， 　不是（1.0） 　那 　叫 　什么 　呀.

　　　 yíxiàntiān， búshì.（1.0） nèi jiào　shénme ya.

6. LJ：忘了.

　　　wàngle.

7. 　（3.0）

8. JY：那 　叫:::.

　　　nèi　jiào:::.

4.2.2　副词"不"+动词"是"

　　片段（2）截取自丈夫（WA）与妻子（TM）的日常会话。WA 在说明经常与演员邓超搭戏的另一名演员的名字时，遇到困难，TM 为了帮助他在第 3 行提出问题以缩小答案的范围，WA 在第 4 行回答 TM 问题的同时，采用"不是他老婆"否定，排除了可能的答案之一，进一步缩小了答案的范围。在这句话里，"不是"只可作为构句成分理解。

（2）

1. WA：（click）那叫 　 谁 　啊，老-老 　跟 邓超

　　　　　　nèi jiào　shéi　a，lǎo-lǎo　gēn DèngChāo

2. WA：一块儿 　演 的 那个.

　　　　yíkuàir　yǎn de nèige.

3. TM：男的 女的？

　　　 nánde nǔde？

4. → WA：女的，不-不是 　他 老婆.

　　　　nǔde， bú-búshì　tā lǎopo.

5. TM：老 跟 邓超 　 　一起 演 的， 　 　不 知道，

　　　 lǎo gēn DèngChāo yìqǐ yǎn de， bù zhīdào,

6. TM：是 谁　啊 .

　　　　shì shéi　ɑ.

4.2.3　表达否定观点的应答词

　　片段（3）是母亲（JG）与女儿（LA）之间的日常会话片段，对于 LA 的旅游目的地属于哪个省，JG 先给出了"浙江"这一答案，但从第 2 行与第 3 行 LA 的反应可以看出她对这个答案持怀疑的态度。对此 JG 在第 4 行给予了一个断定的回答，面对这个回答，LA 选择用"不是"加语气助词"吧"来表达反对意见。

（3）

1.　JG：应该　是　浙江，　　［浙江，　　　浙江 .
　　　　　yīnggāi shi zhèjiāng，　［zhéjiāng，　zhèjiāng.

2.　LA：　　　　　　　　　　　　［您别－ 您　别　聊　了，
　　　　　　　　　　　　　　　　［nín bié- nín bié liáo le，

3.　LA：我　怎么　觉得　说得　那么　不 靠谱 啊 .
　　　　　wǒ zěnme juéde shuōde nème bú kàopǔr ɑ.

4.　JG：就是　　浙江 .
　　　　　jiù shì　zhèjiāng.

5.→LA：不：是：　吧 .
　　　　　bú shì　　bɑ.

6. JG：是：吧 .
　　　　　shì　bɑ.

　　有趣的是，对比片段（2）和片段（3），我们不难看出，（3）可以看作（2）的一种扩展，二者是具有连续性的，LA 借用了第 4 行 JG 的肯定句"就是浙江"，在此基础上说出了"不是吧"来否定前件，我们甚至可以把"不是吧"还原为"不是（浙江）吧"。最后，在第 6 行，JG 又以第 5 行的句式作为资源进行反驳。两位说话者通过"（不）是"的长音与表推量的语气助词"吧"，巧妙地使一段互相否定的紧张对话变得缓和。

　　除此之外，还有另一种更偏向于话语标记的应答词"不是"出现。片段

（4）是男女朋友间的日常会话。SP（男）说出了进行中的录音时长之后，对笔者的录音计划比较了解的 DH（女）以"不是"开启话轮，向 SP 说明"录音时间不一定局限在 30 分钟"这一事实。

（4）

1. SP：二十五　　分钟　　五十五　　秒．

　　　　èrshiwǔ　fēnzhōng　wǔshiwǔ　miǎo.

2. →DH：不是　你　不　一定　那个　按照　　三十　分钟=

　　　　búshì　nǐ　bù　yídìng　nèige　ànzhào　sānshi　fēnzhōng=

3. DH：=你 可以（.）　超过　　三十　分钟．

　　　　=nǐ　kěyǐ（.）　chāoguò　sānshi　fēnzhōng.

4. SP：啊　也　可以啊．来　看　咱 什么时候　　排上　　什么时候 停．

　　　　a　yě　kěyǐ a. lái　kàn　zán shénmeshío　páishang　shénmeshío tíng.

第 2 行的"不是"否定的并非"二十五分钟五十五秒"这个命题，而是 SP 通过叙述这个数字所投射的行为，即"还有四分钟五秒就停止录音"，这是（4）与（3）的区别，这一区别也导致了（3）的"不是"可以独立出现，而（4）的"不是"需要说话人的进一步解释说明。（4）这种话轮起始位置的"不是"具有话语标记的特点，但与此同时又具有比较强的否定色彩，可以归类为元话语否定（沈家煊，1993）的一种，是话语标记语法化过程中的一个阶段。这种"不是"也有语音弱化的现象。

4.2.4　引导话题回归的话语标记

片段（5）截取自母（MM）女（LM）之间的一段日常会话。对话围绕 MM 常去问诊的医院里的一位奇怪的病人展开。根据上下文 MM 的说明可知该病人在到达医院后经常不直接去就诊，这让医生感到困扰。对此 LM 提出了"问题是他去哪儿了啊"的问题，在序列中作为前件（first pair part）。与此同时 MM 并没有把发话权让给 LM，而是继续产出自己的话轮，因此在转写的第 1 行与第 2 行之间产生了短时间的话语重叠（overlap）。重叠中 MM 的话语不能理解为对 LM 话语的回应，所以我们应该把在重叠结束后的"不是"视为

MM 开启另一个较长的话轮的起始位置。由于这个长话轮在内容上并没能回答 LM 在第 1 行提出的问题,所以 LM 在长话轮结束后又再次以不同的语法结构提出了相同的问题(见第 6 行),这样的问题重复在 Pomerantz(1984)中被称为"pursuit of response"。由此可见,MM 的以"不是"开启的长话轮在序列中扮演的角色并不是应答,而是作为应答序列缺席(official absence)(Pomerantz,1984)时的代用话轮。

"不是"在这个长话轮开启位置出现,但并不能回答 LM 的特殊疑问句,故没有否定功能或表示反对的功能。参考现有关于话语标记的研究(Schiffrin,1987;刘丽艳,2005;李先银,2017;等等),我们可以把这类"不是"归为转移话题类的话语标记。通过观察现有语料,我们进一步发现,由这类"不是"所转换到的话题为对话中曾经出现的话题,所以在这里我把它们定义为"引导话题回归"的话语标记。这类话语标记在韵律上也有特点,对此将在下一节进行具体说明。

(5)

1.　　LM:问题　是　他去哪儿了　啊↑]
　　　　　[Wèntí shi　tā qù　nǎr　le　a↑]

2.→　MM:[啊,　他也　不喊]不是,他每次　都　是　那个,
　　　　　[A,　　tā yě　bù hǎn] pur, tā měicì　dōu　shì　nèige,

3.　　MM:那个　什么,那个,　他都跟　那　大夫　说,
　　　　　nèige　shénme, nèige, tā dōu gēn　nèi　dàifu　shuō,

4.　　MM:"我早　就来　了"你　知道　么.
　　　　　"wǒ zǎo　jiu lái　le" nǐ　zhīdao　me.

5.　　MM:大夫说"你早来　了　不是　跟　你说　么,跟我　这儿　报个到"。
　　　　　Daifu shuo "ní zǎo lái　le　búshi gēn　nǐ shuō me, gēn wǒ zhèr　bào ge dào".

6.　　LM:那　他去哪儿了　问题是.就那么久.
　　　　　Nà　tā　qù　nǎr le　wèntí shì. Jiù nème jiǔ.

4.2.5　反问句"不是……吗？"的组成部分

片段（6）出自父（LT）女（LJ）之间的一段关于古董的对话。LJ认为LT所持的古董为赝品，故意将纹样说成是传入中国时间较晚的"西红柿"，提出了第1行"那这西红柿是什么呀"的问题。LT听出其言外之意，没有直接回答问题，而是在第2行对问题的预设进行否定，称"那个时代没有西红柿"即"古董上的纹样不是西红柿"。对此，LJ以"不是……吗"进行反问，以反驳LT并强调自己的主张。在此位置的"不是"也常见韵律上的改变。

（6）

1. LJ：那　这　　西红柿　　是什么　呀.
　　　　nà zhèi xīhóngshì shì shénme ya.

2. LT：那-那　那会儿　没　西红柿　　呢.
　　　　nèi-nèi nèihuǐr méi xīhóngshì ne.

3. → LJ：这　不是　西红柿　　吗？
　　　　　zhe pur xīhóngshì ma?

4. LT：我看　是　草莓　是　西红（h）柿（h）啊 haha.
　　　　wǒ kàn shi cǎoméi shi xīhóngshì　　　a haha.

"不是……吗"或"不是说……吗"常常作为一个固定的反问句式被认识，实际会话中，除了"不是"部分的韵律变化，结尾的"吗"也有被省略的情况。片段（7）展示的就是这种情况。

母亲MM和女儿LM在讨论两个人都在听的有声书，书中故事的主人公是一只立过战功的狗。MM在第1行询问了狗的结局后，LM对结局稍作解释，表示没有更多信息可以提供。第5行MM以"不是"开启的话轮则提示出说话人需要了解的信息为"上前线后"的情况。

（7）

1. MM：然后　呢　哎　那　狗　后来　　怎么着　　　了.
　　　　ránhòu ne ēi nèi gǒu hòulái zěnmezhāo le.

2. （0.8）

3. LM：没　　怎么着　　啊．

   méi　zěnmezhāo　ɑ.

4. LM：就是　　立　了　大　功　了　呗．

   jiùshi　lì　le　dà　gōng　le　bei.

5. →MM：不是　说　ji∷∷　上　　前线　　啦∷

    búr　shuō　ji∷∷　shàng　qiánxiàn　lɑ∷

6. LM：对　啊　就　上　　前　［线　了．你　听　到-

   duì　ɑ　jiù　shàng　qián　［xiàn　le.　nǐ　tīng　dào-

7. MM：　　　　　　　　　　　［然后　呢　（.）侦察员∷

          ［ránhòu　ne　（.）zhēncháyuán∷

8. LM：你　听　　到　哪儿　了．

   nǐ　tīng　dào　nǎr　le.

  在此段会话中，LM 对第 1 行的问题已经给出答案（见 3~4 行），但 MM 并不满意，通过"不是说 ji∷∷上前线啦∷"这句话，具体提示出自己所需的信息，帮助 LM 继续给出答案。第 5 行可以被理解成非最小后方扩展（non-minimal post-expansion）（Schegloff，2007：148）作为后续可能会出现的相邻话对的前件来理解。

5. "不是"的韵律特征分析

  上一节讨论"不是"的语用功能时已经提及其韵律特征的变化，如片段（5）和片段（6）的转写符号所示，当中的"不是"被发成了与 IPA 符号［pur］比较相近的语音，而这种发音并没有被包括《北京话儿化词典》（增订本）在内的词典收录。关于这个发音，除了殷树林（2011）的话语标记语音弱化说（并没有说明具体是何种发音）之外，Tao（2019，2020）提出了其在"不是……吗？"句型中出现，属于北京方言的观点。本文在现存研究基础上使用 Praat（Boersma and Weenink，2018）对语料中出现的"不是"的韵律特征进行具体分析。

  为了方便对比，本文中用来分析的音频来自同一说话人（MM），其母语为北京方言，录音时在北京居住超过 50 年。图 1 为否定命题的否定应答词

"不是"的波形·音高·频谱图，可以清楚地从波形和频谱上判断两个汉字发音相对应的声母和韵母，进而分界。从语调升降曲线来看，其也基本符合"不"bú "是"shì 的标准发音。最后观察音长，"不"音长约为 0.25 秒，"是"音长约为 0.26 秒，共计约 0.52 秒。

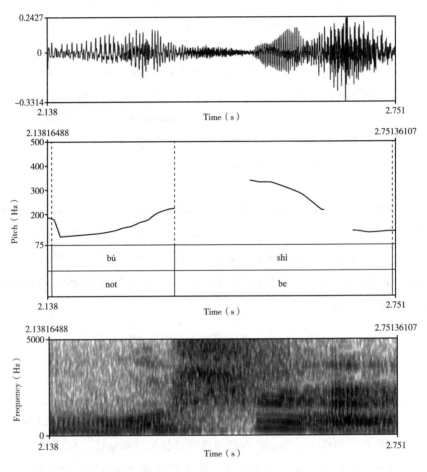

图 1　"不是"作为否定应答词的波形·音高·频谱

　　图 2 为 MM 在（5）中使用的"引导话题回归的话语标记"的波形·音高·频谱图。语音的处理、观察方法与图 1 所示语音完全一致，但波形、频谱、音高、音长都与图 1 大相径庭。图 2 两个音节之间并不能观察到明显的边界，"是"没有明显的声母部分，语调升降曲线在略微上升后非常平滑，几乎无下降趋势。关于音长，由于无法判断两个音节的边界，只能测量其整体长度，约为 0.22 秒。

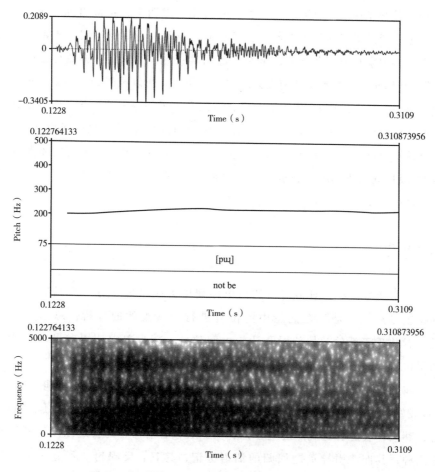

图 2 "不是"作为话语标记的波形·音高·频谱

通过对比图 1 和图 2，不难发现两种发音的不同之处，尤其在音长方面，后者长度不及前者的 1/2。出现这种区别的原因之一可能与方言有关，这点已经在现存研究（刘丽艳，2005；Tao，2019，2020）中被提及，而在笔者分析的语料中，也只有在以北京方言为母语的说话人的话语中观察到明显的发音区别。其次还可能与各种"不是"的使用频率相关，经过弱化的［puɹ］常见于表 2 中出现频率最高的两种"不是"，即引导话题回归的话语标记和"不是……吗？"句型中。

此外，本文通过对不同类型的"不是"进行分类，得出了一个普遍性还需进一步验证的假说，即随着"不是"在语法化过程中"否定"的色彩逐渐变淡，其韵律特征也开始改变，语音的弱化愈发明显，越常出现。在上一节中，笔者谈及了"副词+动词"型"不是"与两种否定应答词"不是"的连续性，再观察其余三个分类，作为"自我发起的自我修正"开始标记的"不是"，在话轮中也起到了让前文失效的否定作用，所以虽然其是话语标记的一种，但在语料中出现的 12 例中，只有 4 例产生了韵律上的变化。引导话题回归的话语标记"不是"没有明确地对序列中前件的命题或预设进行否定，只起争夺话轮的目的，所以否定的意味并不深，常见高度音变。最后"不是……吗？"反问句所表达的是表示肯定的"是"，不存在"否定"的意味，故也可产生高度音变。

6. 结语

本文通过对汉语日常对话的话语序列中可能出现含有"不是"的话轮的位置以及"不是"在话轮中的位置进行微观细致的分析，总结出"不是"常出现于话轮起始位置及话轮中间位置，较少单独使用或出现在话轮结尾位置。

在此基础上，我们还梳理出"不是"所具有的几项语用功能：其一，"自我发起的自我修正"开始的标记；其二，副词"不"+动词"是"的组合；其三，表达否定观点的应答词，其中又包含对命题的否定以及元话语否定两种；其四，引导话题回归的话语标记；其五，反问句"不是……吗？"的成分。

我们对这些具有不同语用功能的"不是"的韵律特征进行观察与分析，发现音变后的"不是"无论是波形还是语调升降曲线，抑或是音长，都与无音变的"不是"有较大差异。"自我发起的自我修正"开始的标记的语音的弱化现象明显，副词"不"+动词"是"的组合及命题否定的应答词的韵律变化不明显，元话语否定的应答词有韵律变化，但没有观察到弱化至［pur］的现象，引导话题回归的话语标记和作为反问句"不是……吗？"的成分出现的"不是"语音弱化现象明显，在口语中的出现频率也最高。

最后，在肯定关于话语标记和语法化等现存研究所得结论的基础上，对具有不同语用功能的"不是"及其相对应的韵律特征，我们提出了随"不是"在语法化过程中"否定"色彩的逐渐淡化，其韵律特征也发生改变，语音的弱化愈发明显，越常出现的假说。为了验证这一假说，接下来还需要对更多自然发生的口语语料进行分析。另外，受篇幅限制，本文对文中出现的对话片段中出现的含有"不是"的话轮在序列中的位置进行了简短的描述。像这样的含有"不是"的话轮在序列中有什么分布规律和特点，也是值得运用会话分析手段进一步探究的问题。

附录：本文例句所涉及的口语转写符号说明

→	目标行
[	话语重叠开始处
]	话语重叠结束处（非必需）
–	话语中断并立即重启处
:	长音
下划线	重读
↑	语调快速升高
（second number）	停顿的时间
haha	笑声
（h）	呼气
?	升调（语调平缓升高）
.	正常语调停顿且停顿前的话轮在句法上比较完整

（参见 Jefferson，2004）

参考文献

方　梅　2000　《自然口语中弱化连词的话语标记功能》，《中国语文》第 5 期。

贾采珠　2019　《北京话儿化词典》（增订本），上海教育出版社有限公司。

李先银　2017　《现代汉语话语否定标记研究》，世界图书出版公司。

刘丽艳　2005　《作为话语标记语的"不是"》，《语言教学与研究》第 6 期。

吕叔湘主编　1999　《现代汉语八百词》（增订本），商务印书馆。

沈家煊　1993　《"语用否定"考察》，《中国语文》第 5 期。

谢心阳　方　梅　2016　《汉语自然口语中弱化连词的韵律表现》，载方梅主编《互动语言学与汉语研究》第一辑，世界图书出版公司。

伊地智善继编　2002　《白水社中国语辞典》，白水社。

殷树林　2011　《说话语标记"不是"》，《汉语学习》第 1 期。

中国社会科学院语言研究所词典编辑室编　2016　《现代汉语词典》（第 7 版），商务印书馆。

Boersma, Paul and David Weenink　2018　Praat：doing phonetics by computer［Computer program］. Version 6. 0. 37, retrieved 14 March 2018 from http：//www. praat. org/.

Chen, Jiajun　2018　（Inter）subjectification at the left and right periphery：Deriving Chinese pragmatic marker bushi from the negative copula. *Language Sciences* 66：83-102.

Chiu, Hsin-fu　2012　*Méiyǒu-/búshì-*（"*No-*"）prefaced turns in talk show interaction：Constitutive elements of entertainment broadcasts in Taiwan. *Language and Linguistics* 13（3）：391-435.

Jefferson, Gail　2004　Glossary of transcript symbols with an introduction. In Gene H. Lerner（ed.），*Conversation Analysis：Studies From the First Generation*. Amsterdam：John Benjamins, 13-31.

Pomerantz, Anne　1984　Pursuing a response. In J. M. Atkinson and J. Heritage（eds.），*Structures of Social Action：Studies in Conversation Analysis*. Cambridge：Cambridge University Pres's, 152-163.

Tao, Liang　2019　Usage based language change and exemplar representations in Beijing Mandarin Chinese. In Yun Xiao and Linda Tsung（eds.），*Current Studies in Chinese Language and Discourse*. Amsterdam：John Benjamins, 27-56.

Tao, Liang　2020　Usage, media, and grammaticalization：The rhetorical question "bu35shi51...ma" in Mandarin Chinese. *Chinese Language and Discourse* 11（1）：55-83.

Schegloff, Emanuel A.　1968　Sequencing in conversational openings. *American Anthropologist* 70（6）：1075-1095.

Schegloff, Emanuel A.　1972　Notes on a conversational practice：Formulating place. In David Sudnow（ed.），*Studies in Social Interaction*. New York, NY：The Free Pres's, 75-119.

Schegloff, Emanuel A.　2007　*Sequence Organization in Interaction：A Primer in Conversation Analysis* 1. Cambridge：Cambridge University Press.

Schegloff, Emanuel A. and Harvey Sacks　1973　Opening up closings. *Semiotica* 8：289-327.

Schegloff, Emanuel A., Gail Jefferson and Harvey Sacks　1977　The preference for self-correction in the organization of repair in conversation. *Language* 53（2）：361-382.

Schegloff, Emanuel A. and Gene H. Lerner　2009　Beginning to respond：Well-prefaced responses to Wh-questions. *Research on Language and Social Interaction* 42（2）：91-115.

Schiffrin, D.　1987　*Discourse Markers*（*Studies in Interactional Sociolinguistics*）. Cambridge：

Cambridge University Press.

Yu, Guodong and Pual Drew   2017   The role of *bushì*（不是）in talk about everyday troubles and difficulties. *East Asian Pragmatics* 2（2）：195-227.

Zhan, Fangqiong, Yue Zhang and Haiping Long   2021   Origin of modern Chinese pragmatic markers *bushì*：Negative copula or negative adjective? *Lingua*：*International Review of General Linguistics* 250：1-16.

从话语互动看威妥玛《语言自迩集》对《问答篇》的改编*

王继红　全文灵**

提　要

　　威妥玛编著的北京口语教科书《问答篇》与《语言自迩集·谈论篇》存在由于改编而形成的互文关系。改编过程中编者增加了较多互动性话语成分，目的是构建现场效应、促进话语互动、凸显言者身份和促进叙述视角的互动性表达。其中的"有+量+名"结构、"瞧"类话语标记、言者显身以及叙事与评价交错的模式、变换叙述视角和保证交际顺畅等受到传统话本小说叙事方式的影响。

关键词

　　话语互动；《问答篇》；《语言自迩集》；清代北京话

---

*　本文曾在第四届互动语言学与汉语研究国际学术讨论会（2021 年 4 月）上宣读，后发表于《华文教学与研究》2021 年第 3 期。

**　王继红，北京外国语大学中国语言文学学院教授，研究方向为翻译与语言接触。电子邮箱：wangjihong@ bfsu. edu. cn。全文灵，北京外国语大学中国语言文学学院博士研究生，研究方向为汉语语法。

On the adaptation of Thomas Francis Wade's *Yü Yen Tzǔ êrh Chi* to *Wen Da Pian* from the perspective of discourse interaction

Wang Jihong   Quan Wenling

Abstract

There is an intertextuality relationship between *Yü Yen Tzǔ êrh Chi* and *Wen Da Pian* because of the adaptation. Both books are textbooks of Spoken Beijing dialect compiled by Thomas Francis Wade. In the process of adaptation, more interactive discourse elements are added in order to build field effect, promote discourse interaction, highlight speaker's identity, change narrative perspective and ensure smooth communication. The structure of "*you*（有）+ quantifier + noun", the discourse markers of "*qiao*（瞧）", the speaker's manifestation and the interweaving mode of narration and evaluation are influenced by the narrative tradition of Chinese storyteller script.

Keywords

discourse interaction; *Wen Da Pian*; *Yü Yen Tzǔ êrh Chi*; Beijing dialect in Qing Dynasty

1.《问答篇》与《语言自迩集》的互文关系

　　威妥玛是 19 世纪来华的英国外交官和汉学家，主持编写了北京话口语教材《问答篇》和《语言自迩集》等，① 对 19 世纪中叶北京话的语音、词汇、语法做了较为详细的记录和分析。《问答篇》成书于 1860 年，是威妥玛编写的一部北京官话口语教材。《问答篇》序言曰："但以京师士大夫所习之语言为官话，直省之方言不得并焉。入官者，非先能官话，则龃龉而跆于辞。予奉命来中土，职兼教习翻译事务。因与应君龙田以官话设为《问答》，笔之于篇，又为《登瀛篇》，是二编也，诚后学之舌人翻译之嚆矢也。"因为北京官话是当时官场的必备技能，所以《问答篇》是威妥玛为培养翻译人才而编写的北京官话教材。

　　澳大利亚国家图书馆藏有《问答篇》刊刻初版，其封面有"庚申年镌"的字样。美国哈佛大学燕京图书馆藏有《问答篇》批注版。② 该书封面上有很多英文修改痕迹，《问答篇》书名右边写有人名"锡伯尔德"，第二页下面印有"1860""上海"等字样，说明此书也是《问答篇》的第一版，与澳大利亚《问答篇》版本一致。值得注意的是，哈佛版本《问答篇》中有很多增删修改的痕迹，应该是当时某位汉语教师或者学习者使用的教材。如果按照这个影印本上的增删痕迹进行修改，得出的内容就是 1867 年出版的《语言自迩集》中的课文《谈论篇》③。修改后的《问答篇》与《谈论篇》几乎完全一致。

　　《问答篇》和《谈论篇》出版时间相隔 7 年，篇章内容大致相似，具有互文关系。《问答篇》分上下两卷，共 103 章。《谈论篇》比《问答篇》少三篇

---

①　《语言自迩集》初版于 1867 年在伦敦由特吕布纳公司（London：Trübner & Co.）刊行，在上海印刷。《语言自迩集》后又出版两次，分别是 1886 年修订版和 1903 年删节版。

②　内田庆市《〈语言自迩集〉的研究》收录了哈佛大学燕京图书馆所收藏的带有批注的《问答篇》影印本。

③　《语言自迩集》一套四本，第一本为 Colloquial Chinese（口语），《谈论篇》是其中一部分。《语言自迩集·谈论篇》下文简称为《谈论篇》。

课文，分别是《问答篇》上卷第 41 章以及下卷的第 35 章和第 50 章。课文删减的原因应该与这三篇课文的内容有关。上述课文内容涉及沉溺女色、买女做妾和凶徒杀人等情节，与全书劝人向善、勤学孝亲的整体风格不符。

从文本语言差异来看，《问答篇》和《谈论篇》共有 959 组（以句子为单位）互文对应性例句存在改写关系，涉及称谓词、指示代词、助词以及句末语气词等多种语法词汇现象，其中包括 109 组话语交际互动类改写。从话语互动角度来看，语法是言者在交际互动过程中经常调用的一种资源。语法结构的选择和使用对话轮的转换、话题的叙述以及篇章的衔接连贯具有重要作用。同时，也制约某些语法规则的保留和替换。作为口语教材，《谈论篇》对《问答篇》109 组话语互动成分的改写是编写者有意为之的内容。本文从话语互动视角出发，分析这些变化的语法特征和语用功能，并进一步探讨话本小说叙事传统对清代北京话的影响。

2. 话语互动标记的增加

自然口语表达过程中，特别是对话交际时，由于时间压力和即席性的影响，话语产出会出现更多的话语标记、填充标记、占位标记、沉默、延迟应答、省略、叠连、交叠等情况。《问答篇》作为一部北京话口语教材，采用一问一答的会话形式，含有较多的话语互动成分。威妥玛团队在对《问答篇》的改编过程中进一步增加了各种类型的话语互动成分（见表 1），使文本呈现出强烈的现场互动特征，这也是话本小说作为说书人表演底本的典型叙事特征。

表 1　《谈论篇》比《问答篇》增加的话语互动成分

单位：个，%

话语互动成分	用例数量	占比
增加关联性成分	29	27
增加话语标记成分	26	24
副词的变化	18	17
人称代词的选择	15	13
增加叹词	11	10
反问句的变化	10	9
总计	109	100

2.1　增加关联性成分

关联词语是连句成章的重要语法手段。《问答篇》和《谈论篇》关联词语的使用存在有规律的倾向性差异。《谈论篇》增加或修改为表假设关联词"若是""若论"等的例子共 9 组。例（1）"若论"表示列举，引入叙述对象，相当于现代汉语中的"比方说"。"若是"与"若"用法相近，都可以表示假设。但在交际互动之中，例（2）"若是"是对听话人的鼓励。例（3）增加关联词"若……就"表示假设，凸显前文中带有说话人主观色彩的语气副词"幸亏"，使语篇更加连贯。

> （1）【问】① 就是高亲贵友们里头，送来的好东西还少么？（70 章）
>
> 　　【语】若论你纳高亲贵友，送来的礼物还少么？（69 章）
>
> （2）【问】你学的太长了，句句儿顺当，字字儿清楚，没有一点儿胳星儿。若考，可以拿得稳，必得。（7 章）
>
> 　　【语】你学得大有长进了，句句儿顺当，字字儿清楚，没有一点儿胳星儿。若是考，可以操必胜之权。（7 章）
>
> （3）【问】幸亏你来的早，略迟些儿，也赶不上。（31 章）
>
> 　　【语】幸亏你来得早，若略迟些儿，就赶不上了。（31 章）

除了表假设的"若是""若论"之外，《谈论篇》还增加了其他关联词语。例（4）到例（7）中，"总是……才"表示劝诫，"纵使……也"表示条件，"况且"表示让步，"不然"表示虚拟的转折，与前文中表揣度猜测的"想是"照应。这些关联词的增加更加符合口语表达习惯，不仅增强了语句篇章的衔接性和连贯性，而且保证了话语互动的正常进行。

> （4）【问】虽是个人身子，却是牲口肠子，略躲着些儿走好。（65 章）
>
> 　　【语】虽是个人身子，却是牲口肠子，总是躲着他些儿才好呢。（64 章）
>
> （5）【问】再要这样儿的多说话，大哥就在我脸上啐吐沫，我情愿甘心领受。（68 章）

---

① 本文例句中，【问】表示《问答篇》，【语】表示《语言自迩集·谈论篇》。

【语】日后再要这么样儿多说话，<u>纵使</u>兄台往我脸上啐吐沫，我<u>也</u>甘心领受。（67章）

(6)【问】给你是人情，不给是本分，反倒使性子摔搭人，那就是打错了主意略。（79章）

【语】<u>况且</u>给是人情，不给是本分，你反倒使性子摔搭人，那儿有这个情理呢？（78章）

(7)【问】想是有谁得罪了他略罢，还有一说。（62章）

【语】想是有谁得罪了他略罢，<u>不然</u>，还有一说。（61章）

2.2 增加话语标记成分

董秀芳（2007）认为，话语标记是序列上划分言语单位的依附成分，它并不对命题的真值意义产生影响，只是作为话语单位之间的连接成分指示前后话语之间的关系。话语标记既标示话语单位之间的序列或连贯，也表达说话人对所说内容或听话人的态度、情感和立场。与《问答篇》相比，《谈论篇》中增加了较多话语标记，主要有"我+X+（你）"、"X是"、"瞧/看"类和"说"类。

"我+X+（你）"类话语标记包括"我问你……""我告诉你……""我想……""我的意见……"等形式，主要功能是突出问答形式，显示言者身份以及表明个人观点。例（8）增加"我问你"，主要突出问答的形式，除了引出后面的会话内容，更暗含说话人的较高认识立场。例（9）将"我想"语序提前，增强了整句话的主观色彩。例（10）增加"我的意见"，除了具有言者显身的作用，此处更重要的是表达说话人的观点态度。

(8)【问】喝了茶，再称给你。你这不是初次出门么？（31章）

【语】等喝了茶，我再称给你。<u>我问你</u>，你这不是初次出门么？（31章）

(9)【问】过去的事情虽然都应了，但只未来的事我想未必能毂应他说的话罢。（39章）

【语】<u>我想</u>过去的事情虽然都应了，但只未来的事怕未必能应他的话罢。（39章）

（10）【问】这个空儿，就只请一位名师教他念书。（56 章）

　　　　【语】*我的意见*，不如趁这个空儿，赶紧请一位名师教他念书。
　　　　（55 章）

　　《谈论篇》中增加的"X 是"类话语标记有"原是""本是""算是"等。例（11）增加了提示信息来源的话语标记"原是"，没有太多情感体现，意在将其归于众所周知的常识范畴。例（12）将"是"改为"本是"，同样是说明信息来源，但带有追根溯源、明确责任的意味。例（13）叙事与评价交错，而"说是"正是隔断二者并开启评价的标记。《谈论篇》增加跨层结构"其实不过"，与前文中的"说是"相照应构成前后转折关系。

（11）【问】俗语儿说的，"识人识面不知心"。（62 章）

　　　　【语】*原是*俗语儿说的，"知人知面不知心"。（61 章）

（12）【问】谁和他说长道短了么？是他的话逼着叫我说啊。（63 章）

　　　　【语】谁和他说长道短了么？*本是*他的话逼着叫我说啊。（62 章）

（13）【问】急急忙忙来到你家，*说是*诊脉，使指头混摩一回，胡哩
　　　　吗哩的开个药方子，拿上马钱去了。（53 章）

　　　　【语】慌慌张张的来到家里，*说是*诊脉，*其实不过*使指头混摩
　　　　一回，胡哩吗哩的开个药方儿，拿上马钱去了。（52 章）

2.3　副词的变化

　　副词作为意义比较虚化的一类词，经常反映说话双方对谈论内容的认识情况或情感态度。与《问答篇》相比，《谈论篇》有意识地提高副词的使用频率。例（14）增加副词"就"带有主观色彩，与前文中的"枉然""没用""没法儿"相照应，表达言说者的无奈心理，并向听话人重点强调，以便下文延续这一话题。例（15）增加副词"都"表示言者对信息来源方的肯定确认，以及说话人积极赞同的态度。例（16）"也"是相对于前文中的"除了我""不拘是谁"而言的，表示在我之外的人都不会让你。在原有的反问句基础上增加"也"，更凸显言说者的较高认识立场和强调意味。例（17）"都"不是单纯地表示范围，而是说话人在考虑到听话人情感反应的基础上个人主观态度

表达的语法表现。此处增加副词"都"是交互主观性的一种体现，言者的态度行为拉近了言听双方的心理距离。

（14）【问】跳神也枉然，送祟也没用，没法儿，贱贱的价儿卖了。（37章）

【语】跳神也枉然，送祟也没用，没法儿，贱贱的价儿<u>就</u>卖了。（37章）

（15）【问】新近城外头来了一个看八字儿的，说是很灵。（39章）

【语】新近城外头来了一个算命的，<u>都</u>说是很灵。（39章）

（16）【问】若除了我，不拘是谁，肯让你么？（79章）

【语】若除了我，不拘是谁，<u>也</u>肯让你么？（78章）

（17）【问】真是个好孩子，到如今题起来，我替你伤心。（89章）

【语】那才真是个好孩子，到如今题起他来，我<u>都</u>替你伤心。（87章）

副词"才""真""可"也是威妥玛团队添加较多的成分。例（18）"才"是对前文所说条件的回应，只有"下雨下雪的日子"，"他在家里"这种情况才会发生。这也意味着"才"是回应听话人问题关键点的提示标记。例（19）增加了"真使"，"真"表示确实如此，肯定强调；"使"是使役成分标记，表示处置。例（20）增加副词"可"，此处可以理解成能愿动词"可以"或疑问语气词"难道"，与反问句连用更是增强了说话人的怀疑程度，并暗含着说话人不希望"瞧着叫他死"的事情发生或落在自己身上的心理。

（18）【问】平素间，下雨下雪的日子，他在家里。（60章）

【语】他素来没一天不在街上，下雨下雪的日子，他<u>才</u>在家里。（59章）

（19）【问】因这个话上，我的气就到了脖胫子上咯。（63章）

【语】<u>真使</u>我的气就到了脖胫子上了。（62章）

（20）【问】大哥说虽是这样儿说，如今可怎么样呢？当真的瞧着叫他死么？（71章）

【语】老兄话虽是这样儿说，现在他既落到这步田地，<u>可</u>当真

的瞧着叫他死么？（70 章）

2.4 人称代词的选择

方梅（2019）在讨论话本小说叙事传统时，认为人称选择是体现叙述视角的重要途径。人际交互类元话语反映作者与读者之间的互动，其作用是吸引读者参与到交际中来。从《问答篇》与《谈论篇》的比较可知，人称代词的选择确实会影响叙述视角，同时会影响言听双方的话语互动。例（21）增加人称代词"我"，不仅增加主语，突出了言者身份，而且考虑到听话人的反应。增加"我"也就意味着向听话者强调自己这边的情况也很好，让对方不用担心，体现了语言的交互主观性。例（22）"你"换为"你们"，指称范围扩大，从确指变为概指，定指变为不定指，带有传统话本小说叙事的色彩。例（23）增加人称代词"你们"，且此处"你们"意义已经虚化，并非确指，只是提醒对方关注后面的叙述和评价。"你们瞧瞧"也是说书人常用的一种通过问答来构建现场效应的方法。

（21）【问】你纳请上坐！这儿坐着舒服。（74 章）

　　　【语】你纳请上坐！我这儿坐着舒服。（73 章）

（22）【问】哎呀，这猴儿从那儿来？你倒别把他看轻了。（30 章）

　　　【语】哎呀，这猴儿从那儿来？你们别把他看轻了。（30 章）

（23）【问】瞧瞧，长得嘴巴骨，脹着个大肚子，竟是个傻子，还只是充懂文墨的，好叫人肉麻啊。（101 章）

　　　【语】你们瞧瞧，长得那个嘴巴骨子，脹着个大肚子，直是个傻子，还自充懂文墨的，好叫人肉麻啊。（99 章）

第一人称代词"咱们"也是《谈论篇》改写时特别审谨之处。"咱们"包括听话人在内，是言者在为听者考虑的前提下做出的人称代词选择，可以使信息表达更为准确、引入言者的评价和情感态度，拉近双方的交际心理距离。例如：

（24）【问】咱们悄悄儿的商量的话，如今吵嚷的，处处儿人都知道

了。（67章）

【语】咱们俩悄悄儿商量的话，如今吵嚷的，处处儿没有人没听见过了。（66章）

（25）【问】瞧我们朋友去来着，他家住的远，在西城根儿底下呢，又搭着留我吃便饭，故此略迟些儿。（75章）

【语】我是瞧咱们朋友去来着，他家住得太远，在西城根儿底下呢，又搭着留我吃了一顿饭，故此回来的略迟些儿。（74章）

哈佛大学燕京图书馆藏《问答篇》批注本中，有两处将《问答篇》原文中的"咱们"改为"你"，但是1867年出版的《语言自迩集·谈论篇》中并没有改动，与1860年《问答篇》原文保持一致。人称代词"咱们"是包括式，突出言听双方，将说话人与听话人放在一个群体之中进行交流，可以拉近双方的交际距离。而第二人称代词"你"则是单数指称，直接指称听话人，缺少"咱们"的熟悉度和亲近感。相比之下，《谈论篇》不做修改的做法值得赞同。如例（26）。

（26）【（燕京）问】① 他也是学会得罢咧，并不是生出来就知道的啊，你那点儿不如他？任凭他是怎么样儿的精熟，你只要拿定主意用心去学，虽到不了他那个地步儿，也就差不多儿咯。（3章）

【问/语】他也是学会得罢咧，并不是生了来就知道的啊，咱们那点儿不如他？任凭他是怎么样儿的精熟，咱们只要拿定主意用心去学，虽然到不了他那个地步儿，料想也就差不多儿咯。（3章）

2.5　增加叹词

叹词是可以独立使用的语法单位。《谈论篇》对《问答篇》的改编中，增

---

① 【（燕京）问】表示哈佛大学燕京图书馆藏《问答篇》的批注本。【问/语】表示该例句在《问答篇》与《语言自迩集·谈论篇》中相同，未做修改。

加了 11 例叹词，分别是"哎"（6 例）、"嗳"（3 例）、"嗐"（1 例）、"啊"（1 例），基本表示感慨或惊讶。例如：

（27）【问】说的是甚么话呢？自己行的自己不知道么？（47 章）

　　　【语】哎，说的是甚么话呢？自己行的自己不知道么？（46 章）

（28）【问】昨儿我去瞧他。脸面儿还像先么？（60 章）

　　　【语】昨儿我去瞧他。啊，脸面儿还像先么？（59 章）

（29）【问】世上没有记性的人再没有过于你的了。（67 章）

　　　【语】嗳，世上没有记性的人再没有比你过逾的了。（66 章）

（30）【问】这个样儿的燥热天，别人儿都是赤身露体的坐着还怕中暑呢。（95 章）

　　　【语】嗐，这样儿的燥热天，别人儿都是光着脊梁坐着还怕中暑呢。（93 章）

2.6　反问句的变化

　　《谈论篇》提高了反问句的使用频率。张文贤和乐耀（2018）认为，从信息交流的角度来说，反问句的使用一般会引起谈话双方新信息的交换和流动，它的使用体现了交际双方信息的不对等，并且多会在反问句后进一步提出证据来保证新信息的交换。也就是说，反问句的出现会推动会话的进程。例（31）增加"若是傍不相干儿的人肯这么说得关切么"，不仅利用反问句中的假设条件凸显说话人与听者的亲密关系，更是言者显身的具体表现。例（32）增加反问句"可不是么"，既表示说话人对上句内容的赞同，也引出后面的新话题或补充说明成分。

（31）【问】顽笑是拌嘴的由头，久而久之，生出什么好事来呀？你寡长了个身子，岁数儿还早呢。（56 章）

　　　【语】顽笑是辩嘴的由头，久而久之，生出甚么好事来呀？若是傍不相干儿的人肯这么说得关切么？你寡长了身量，岁数儿还早呢。务必要留心改了啊！（55 章）

（32）【问】A：这春天的时候儿，一点儿事没有，白闲着在家里坐着，很闷的慌啊。

B：昨儿我兄弟来，说往城外头游玩去，约会我出城。（92 章）

【语】A：这春天的时候儿，一点儿事没有，白闲着竟在家里坐着，很觉闷得慌呵。

B：可不是么？昨儿我兄弟来了，往城外头游玩去，约会我出城。（90 章）

《谈论篇》的反问句中往往会增加《问答篇》里所没有的主观性语言成分。例（33）在反问句中增加指示代词"那"，特指某一类情形，带有明显的责怪意味。例（34）在反问句中增加表示程度的修饰成分"这么"，责怪对方的行为不合理，后面的反问是对此事的具体说明。

(33)【问】譬如我当了差使回来，剩下的空儿，歇歇儿，不好么？（6 章）

【语】譬如我当了差使回来，剩下的空儿，歇歇儿，那不好么？（6 章）

(34)【问】你怎么外道呢？咱们从几儿分过彼此来着？（72 章）

【语】你怎么这么外道呢？咱们从几儿分过彼此来着？（71 章）

《谈论篇》对《问答篇》反问句改写时，也会增加能愿动词。例（35）增加反问句"能彀么"，使说者言语中指责讽刺的意味更加明显。同时能愿动词本身表能力意愿的含义，导致增加能愿动词形成的反问句的礼貌程度相对其他反问句等级更低。例（36）《谈论篇》中的反问句增加了能愿动词"能够"。"正经官场中"是明确给出的语境前提，意即根据社会常识，大多数人的看法应该是不把弹琵琶弦子算正经官场中的本事的。因此反问句中增加能愿动词"能够"，并非为了询问对方看法，而是寻求对方的确认。

(35)【问】人家脸上过不去，也给过你好些次了，心里还不知足么？必定尽其所有的都给了你么？（79 章）

【语】人家脸上过不去，也给过你好些次了，你心里还不知足么？必定叫人家尽其所有的都给了你，能彀么？（78 章）

（36）【问】正经官场中，把弹琵琶弦子算得本事么？（102 章）

【语】正经官场中，能够把弹琵琶弦子算得本事么？（100 章）

3. 话语互动功能的凸显

从会话分析、篇章语言学和叙事学的角度来分析，上文讨论的《谈论篇》增加的言语互动成分具有引入话题或评价、构建现场效应、变换叙述视角、叙事与评价交错和保证交际顺畅等话语互动功能（见表 2），这些正是传统话本小说的叙事特点。《谈论篇》对《问答篇》改写时所增加的"有+量+名"结构、"瞧"类话语标记以及叙事与评价交错的模式等，也承袭了传统话本小说的叙事方式，可以看出话本小说叙事传统对清代北京话口语的影响。这些变化符合威妥玛编写《语言自迩集》的最初设想，即真实记录当时的北京官话口语。当然，这也说明威妥玛十分重视话语语用功能的实现，反映了威妥玛的语言学思想。

表 2　《谈论篇》增加的话语互动成分的主要功能

单位：个，%

话语互动功能	用例数量	占比
引入话题或评价	44	40
构建现场效应	30	28
变换叙述视角	10	9
叙事与评价交错	20	18
保证交际顺畅	5	5
总计	109	100

3.1　引入话题或评价

一般来说，话题是言听双方的共同谈论对象，评价则是交际双方针对话题内容产生的情感态度表达。利用指称和"有"字句引入话题或评价是传统说书人的一种叙事套路。《谈论篇》对《问答篇》改写时，主要通过指代结构、关联成分等形式引入相关话题。例如：

（37）【问】有了年纪儿的人总不同啊。（14 章）

【语】<u>这姓张的待人很冷淡，我认得一个有了年纪儿的人，却不是这样儿</u>。（14 章）

（38）【问】<u>那个阿哥</u>，是咱们旧街坊啊。（20 章）

【语】<u>那个人哪</u>，是咱们旧街坊啊。（20 章）

（39）【问】别说别的，黑豆的价儿就十分便宜，十咯个钱一升，许多年没有这么贱。（32 章）

【语】别说别的，黑豆的价儿就十分便宜，十来个钱一升，<u>这有</u>许多年没有这么贱了。（32 章）

（40）【问】而且又是旗人，吃不愁，穿不愁，不种地，不挑担子，不做手艺，坐着吃国家的粮米。自幼儿若再不肯努力勤学，拿什么本事给主子出力呢？（80 章）

【语】而且又是旗人，吃的不愁，穿的不愁，不用种地，不用挑担子，不用作手艺，坐着吃国家的粮米。<u>有这些个便宜</u>，自幼儿若不努力勤学，以着甚么本事给主子出力呢？（79 章）

例（37）将"有了年纪儿的人总不同啊"换为"这姓张的待人很冷淡，我认得一个有了年纪儿的人，却不是这样儿"，不仅增加了"这姓张的待人很冷淡"这一说话人对上文谈论对象的评价，而且后半句增加主观性表达"我认得"和"一+量+名"结构。方梅（2019）指出，"一+量+名"主语句具有截断话题链的功能。因此例句中的"一个有了年纪儿的人"作为说话人"我"的已知对象，便具有开启后面评价的作用。例（38）"阿哥"换为"人"是词汇变化，而"那个"作为特定指称形式，在句中起着导入话题和开启叙述的作用。例（39）增加"这有"，用"指示代词+有"结构引出说话人的主观评价。例（40）增加"有这些个便宜"，既是对上文的总结概括，也是下文表达评价看法的前提条件，在句中处于结束叙述和开启评价的过渡地带。

3.2　构建现场效应

传统说书艺人会利用"咱们""您看""您瞧"等蕴含人际交流意义的词构筑言者与受众的互动关系，促使听者参与交际行为。《谈论篇》承继这一叙事方式，比《问答篇》更加注意运用人称代词、话语标记或副词等蕴含说话人身份或情感态度的形式来凸显言者身份，以构建现场效应。例如：

(41)【问】甚么贱货儿啊，竟不是个人哪！（43章）

　　【语】<u>你看</u>这种贱货，竟不是个人哪！（42章）

(42)【问】你若说我说的话信不的，你瞧不但没有一个人儿和他相好的，若不指着他的脊梁骂他的，那就是他的造化了。（65章）

　　【语】<u>你看</u>我说的话信不得，你瞧不但没有一个人儿和他相好的，若不指着他的脊梁骂他，那就是他的便宜了。（64章）

(43)【问】因为这上头，我很疑惑，才要问他，又来了一个亲戚，打住了。（60章）

　　【语】我<u>瞧着</u>很疑惑，才要问他，可巧又来了一个亲戚，把话打住了。（59章）

(44)【问】实在是老人家的福气，他的造化好，第二天另请了一个大夫治，<u>眼瞧着</u>一天比一天的好了。（52章）

　　【语】谁想那老人家的福气大，病人的造化好，到了第二天另请了一个大夫治了治，<u>眼看着</u>一天比一天的好了。（51章）

"你看"本来是用来引起听话人注意的插入语，但在例（41）中，它还表示说话者对行为对象的不满与愤恨，并且希望得到听话者的相同评价，带有强烈的主观感情色彩。而例（42）"你看"的意义发生虚化，不是让对方真正观看某物，而是帮助听话人能够有效参与对话，产生一种现场互动的效果。例（43）增加"瞧着"，例（44）将"眼瞧着"改为"眼看着"，是为听话人或读者提供一种新的介入故事情节的视角，让受众产生身临其境的感觉。这些都与传统现场说书和话本小说的叙事模式非常相似。

3.3　变换叙述视角

　　叙述视角通常是指叙述人观察事物的角度。但在会话语篇中，针对不同的受话人，同一说话人的言说方式会发生变化。会话过程中，叙述焦点也有转移的情况。《谈论篇》中主要利用人称代词和关联成分的变化来实现叙述视角或焦点的转换。例如：

(45)【问】跳了不久的工夫儿，开开立柜，拿出许多衣裳来挟在胳肢
窝底下，从窗户里出去了。他心里暗想着，若果然是鬼，有拿衣
裳的理么？正想着的时候儿，那个斫头的又进来了。(35 章)

【语】那鬼跳了不久的工夫儿，就开开了立柜，拿出许多衣裳
来。挟在胳肢窝里，从窗户跳出去了。我那朋友心里暗想着，
若果然是鬼，有拿衣裳的理么？正想着的时候儿，那个该杀的
又进来了。(35 章)

(46)【问】是啊。看饭去，说把现成儿的快送了来。(74 章)

【语】老弟请。看饭去，把现成儿的先拿了来。(73 章)

(47)【问】往回里走着的时候儿，又一片儿一片儿的铺开了稠云了。
(96 章)

【语】往回里走着的时候儿，忽然一片一片的铺开了稠云了。
(94 章)

例（45）前面增加句子主语"那鬼"，后面将"他"换为"我那朋友"。改编
后叙述者其实以全能视角和情节内人物视角的切换来叙述"那鬼"和"我那
朋友"的情况。"斫头的"换为"该杀的"并非情节内人物的直接看法，而是
全能视角叙述者看法的渗入，也就是言者显身。例（46）《问答篇》表肯定确
认的"是啊"换为礼貌客套用语"老弟请"。这里的言谈对象是"老弟"，而后
面"看饭去"则明显转变了言谈对象，改为对家中下人发出指令。例（47）
"又"换为"忽然"，叙述视角没有变化，但叙述的对象从说话人本身变成了
"天空"。传统说书人在讲故事时通常以全能视角和人物视角的切换来展开叙述
和评价。《谈论篇》等北京话口语教材便继承了这种说书叙事传统。

3.4 叙事与评价交错

述评结合是传统话本小说常有的叙事方式，不仅切合受众的普遍看法，也
代表一定的言者立场。《谈论篇》通过关联小句、话语标记等形式增加了《问
答篇》中缺乏的表示说话人或叙述者情感态度的语气评价成分，构成了叙述
与评价交错的叙事模式。例如：

(48)【问】但只恨我自己没有甚么朋友，一个人儿念书很冷清。(23 章)

【语】<u>好虽是好啊</u>，但只恨是我自己，没有甚么朋友，一个人儿念书很冷清。（23章）

（49）【问】先说潦了，又说早了？（32章）

【语】<u>这奇怪咯</u>，他们不是先说潦了，又说早了么？（32章）

（50）【问】总而言之，咱们有是有的道理，没有是没有的道理。（76章）

【语】<u>远些是远</u>，总而言之，咱们有是有的道理，没有是没有的道理。（75章）

以上例子直接增加了小句作为衔接成分或表示态度评价。例（48）增加让步评价成分"好虽是好啊"，与下文的"但"构成转折，使前后情况形成鲜明对比，以此引起听话人的同情，造成一种隐性的言听双方的情感互动。例（49）则直接在句首增加小句"这奇怪咯"，表示说话者对行为变化的疑问和惊异。后面直接跟说话人转述他们的话语，先评价后叙述。例（50）增加"远些是远"表明说话人对上述语句的态度，并为后面的总结性言论提供缓冲的时间。这种通过增加评价性成分，构成叙事与评价交错的叙事结构同样继承了话本小说的表述传统。

3.5 保证交际顺畅

会话交际中为保证双方交流顺畅，必须考虑对话双方的身份地位、言语环境等社会现实因素。作为传统说书人底本的话本更是注重说书现场的人情世故，以免听众出现愤怒情绪或说书被迫中断。在对《问答篇》的改编中也有不少为确保交际顺畅而改写的用例。例如：

（51）【问】大哥<u>骑着</u>，我<u>躲</u>了你了啊，乏乏的又下来作甚么？（23章）

【语】兄台<u>请骑着</u>，我<u>失躲避</u>了啊，乏乏的又下来作甚么？（23章）

（52）【问】我正闷的慌呢，<u>想来你也没有要紧的事</u>，咱们坐着说一天的话儿。（72章）

【语】我正闷得慌呢，<u>想来你也可以抽点空儿么</u>，咱们坐着说一天的话儿。（71章）

（53）【问】我要托大哥一件事，只是怪难开口的。<u>甚么缘故呢？因为求的事情太多了</u>。（83章）

【语】我有一件事要托吾兄，只是怪难开口的。甚么缘故呢？<u>实在</u>求的事情太多了。（82章）

例（51）"躲了你"换为"失躲避"，并在称谓词"兄台"后面增加礼貌用语"请"，与"失（礼）"对应。这些替换显然更符合不同身份地位的言谈双方的交际情况。例（52）将陈述句"想来你也没有要紧的事"改为"想来你也可以抽点空儿么"，说话人考虑到对方的实际情况，秉着合作的原则，使用更加委婉的话语表达了请求。例（53）增加了语气副词"实在"，不仅表示一种主观强调，而且还隐含着说话人不情愿的心理态度。前后构成的设问句其实是说话人自己为语气委婉形成的一问一答，并对上文的"怪难开口"进行解释。这种迂回的会话修复其实是有求于人时的一种交际策略，目的就是保证交际顺畅。上述用例分别利用会话交际中的礼貌原则和合作原则，推动言谈的顺利进行。

4. 结语

方梅（2019）提出，传统说书是现场讲述，为了与听众互动会采用叙述视角的变换和穿插评论性表述的方式，话本小说的叙事传统对现代汉语语法产生了重要影响。通过《问答篇》和《谈论篇》的对比可知，威妥玛及其团队将话语互动性表达视为北京话口语特征之一，《语言自迩集》改编后增加了关联性成分、话语标记、叹词、反问句、变换叙述视角和表明言者立场等话语互动成分，从而达到更好地构建现场效应、促进话语互动、凸显言者身份和切换叙述视角等话语互动效果。《语言自迩集》中增加的互动性表达，如"有+量+名"结构、"瞧"类话语标记、言者显身以及叙事与评价交错的模式等，明显受到传统话本小说叙事方式的影响。

话本小说叙事传统对现代汉语产生影响的过程需要进一步细化。清代旗人汉语对北京话系统产生直接影响，又对现代汉语普通话的形成与规范发挥间接作用。另外，关于清代北京话的判断标准，自太田辰夫先生以《红楼梦》《儿女英雄传》等清代白话小说和《官话指南》《语言自迩集》等汉语教科书为语料得出清代北京话的七个重要特征之后，刘云和李卉（2015）、陈晓（2015）又分别就旗人作家京味小说和满汉合璧文献中的北京话内容对清代北京话语法特征展开研究，并取得了一定成果。近年来随着互动语言学的发展，清代北京话研究又有了新的视角和方法。本文通过研究认为，清代北京官话口语教材《语言自迩集》在编著过程中增加的大量话语互动标记，既是对传统话本小说互动现场性的叙事特点的继承，也可以成为清代北京话特征的一部分。

参考文献

陈　晓　2015　《从满（蒙）汉合璧等文献管窥清代北京话的语法特征》，《民族语文》
　　　第 5 期。
董秀芳　2007　《词汇化与话语标记的形成》，《世界汉语教学》第 1 期。
方　梅　2019　《话本小说的叙述传统对现代汉语语法的影响》，《当代修辞学》第 1 期。
刘　云　李　卉　2015　《清末民初北京话的语法特点》，《现代语文》（语言研究版）
　　　第 4 期。
刘　云　2018　《早期北京话语法演变专题研究》，北京大学出版社。
内田庆市　水野步　宋　桔　2015　《〈语言自迩集〉的研究》，好文出版社。
申　丹　王丽亚　2010　《西方叙事学：经典与后经典》，北京大学出版社。
太田辰夫　1991　《汉语史通考》，江蓝生等译，重庆出版社。
威妥玛　2002　《语言自迩集：19 世纪中期的北京话》，张卫东译，北京大学出版社。
张文贤　乐　耀　2018　《汉语反问句在会话交际中的信息调节功能分析》，《语言科学》
　　　第 2 期。

学科前沿

语篇韵律与互动言语行为

李爱军[*]

提　要

　　语篇的意图理解是智能语音技术的核心，涉及语篇的语音、音系、句法、语义和语用等多层级信息之间的互动关系。从认知语言学角度来说，意图就是语篇或者语境中的语用义，不存在脱离语境和语用的语义；从话语分析的角度来说，意图就是互动言语行为，既包括直接言语行为，也包括间接言语行为。文章从语篇韵律的编码和解码角度，阐述了语篇韵律特征与互动言语行为（意图）、语境之间的关系。

关键词

　　语篇韵律；言语行为；意图；韵律特征；语调

　＊　李爱军，中国社会科学院语言研究所研究员，研究方向为言语韵律、L1＆L2语音习得、情感语音。电子邮箱：liaj@ cass. org. cn。

Contextual prosody and speech acts in interaction

Li Aijun

Abstract

Understanding the intention in discourse is at the core of intelligent speech technology, which involves the interplay of phonetic, phonological, syntactic, semantic, and pragmatic information of discourse at multiple levels. From the standpoint of cognitive linguistics, intention is seen as the pragmatic meaning in discourse. In conversational analysis, intention is regarded as interactive function including both direct and indirect speech acts. This paper explores the interplay among prosodic features, speech acts (intentions or pragmatic functions), and context from the perspective of the encoding and decoding of contextual prosody.

Keywords

contextual prosody; speech acts; intention; prosodic features; intonation

1. 汉语语篇

1.1　口语语篇的界定

　　语言学上对"语篇"（discourse）没有统一的定义，通常翻译为"篇章"或"话语"等。例如，van Dijk（1997）认为语篇既指口语也指书面语。语篇分析涉及多个学科，从多种定义中可以归纳出语篇的三个主要属性或者范畴（Couper-Kuhlen，2001）：① 大于句子的任何成分（anything beyond the sentence）；②语言的使用（language use）；③与语言应用相关的研究，包括非语言和非特定语言的内容。这里提到语言和语言的使用，就要区分语言与言语。语言学家索绪尔（1917）首次将语言和言语两个概念加以区分。①语言是一个群体（民族）所共有的符号系统，而言语是人们在活动中运用语言和表达意识活动的过程。②语言是社会现象，具有很大的稳定性，而言语是心理意图的体现，具有个体差异和多变性。③语言是交际和思维工具，而言语是交际过程，是运用语言工具的活动过程（党建武、刘宝林、李爱军，2013）。因此，口语理解是言语理解，涉及语言的规约和内隐的知识。

　　可见，在不同语境中交际双方的互动话语，不仅指说出的话本身，还指说话的行为。在互联网环境中，各种信息发布、社交平台等是新型的网络语境，时刻产生着海量的语音、文字和多模态的语篇信息。口语语篇包括口语独白话语和口语对话，具有交际和交流功能的话语都属于口语语篇。

1.2　汉语口语语篇的特点

　　语言学上认为语篇是具有系统和层级的组织结构，其语音、音系、词法和句法形式与语义之间不是简单的对应关系。

　　方梅（2005）指出，篇章语法分析是以范畴为出发点的、针对跨句语篇的语法现象的分析。屈承熹（2009）总结了汉语的两个特点：一个是"孤立型"〔isolating，与西方语言的"屈折型"（inflectional）对立〕或称"分析型"〔analytic，与"综合型"（synthetic）对立〕，另一个是"话题显著"〔topic-prominent，与西方语言的"主语显著"（subject-prominent）相对立〕。这两个特点对句法分析会产生很大的影响，如汉语分析不能拘泥于词类变化的形式，对主语的要求不甚严格，等等。其实，其重要性也许更体现于篇章研究上的差异，例如话题在篇章衔接上所展现的重要性。

汉语作为声调语言和分析语，与印欧语言比较，缺乏句法形式标记，韵律手段是汉语自身的一种重要形态手段（沈家煊，2011，2012）。沈家煊（2017，2019，2020）提出汉语"大语法"概念，强调将汉语语法研究置于语篇中，置于对言中，"突破句法的范围，词法、句法、章法贯通；集语音、语法、语义、语用于一体，以用为本"。将韵律作为汉语"大语法"的一部分："英语，语法是语法，韵律是韵律，二者分立，有一个交界面（interface），语法和韵律在这里有一个交互作用。汉语，语法是大语法，包含韵律，韵律本身是'大语法'的一部分，不存在语法和韵律的交界面。都叫韵律语法，英语的韵律语法指韵律和语法的交集，汉语的韵律语法是指（大）语法的一个子集。"

沈家煊（2012）强调汉语口语语法特点是零句占优，整句由零句组成。零句是根本。零句可以独立。赵元任（Chao，1968）提出零句没有主语—谓语形式。它最常见于对话以及说话和行动掺杂的场合。大多数零句是动词性词语或名词性词语。"整句只是在连续的有意经营的话语中才是主要的句型。在日常会话中，零句占优势。"在汉语里零句"更是根本，甚至更加常用"。

汉语口语另外一个特点是流水句。吕叔湘（1979）最早使用这个概念，他说："用小句而不用句子做基本单位，较能适应汉语的情况，因为汉语口语里特多流水句，一个小句接一个小句，很多地方可断可连。"沈家煊（2012）指出："造成汉语'特多流水句'的原因就是零句占优势，零句可以组合成整句又可以独立成句，句与句之间除了停顿和终结语调没有其他形式标志，有没有关联词不能作为判别标准，而且关联词经常不用，意义上的联系靠上下文来推导。""汉语以对言格式为主干，两个词、两句话对着说才表达一个完整的意思，才成为一个完好形式。"（沈家煊，2019）

上面这一段话同时指出了口语语篇的另外一个特点：汉语口语语篇的修辞结构关系中关联词经常不出现，即语句之间的语义联系具有并置性（沈家煊，2012），"因为并置所以意合"（沈家煊，2019）。

所谓修辞结构关系（Mann and Thompson，1987）是指语篇中"语句"之间的语义关系。其从功能的角度解读语篇的整体性和连贯性，并对微观结构中小句间关系进行描写。常见的修辞结构关系有 30 多种（Mann and Thompson，1987），如递进关系、转折关系、因果关系等。例如对话："A：你怎么不去跑步了？B：因为雾霾，所以我不跑步了。"口语中 B 表达因果关系可以说"雾霾，不跑步了"或者"不跑步了，雾霾"，因果关联词"因为"和"所以"都可以省略，都由零句组成，并且两个零句之间的"因"和"果"的顺序也很自由。

没有关联词的修辞结构关系称为隐性修辞结构关系，语句之间的语义关系有时候也会有歧义。汉语修辞结构关系中隐性关系占比高达 70%，而英语为55%，西班牙语为 55%，德语为 61%（乐明，2006）。张良（2018）统计了汉语新闻、公告、故事和书信四类文体中隐性修辞结构关系的比例，分别为：新闻 59%、公告 67%、故事 70%、书信 74%。随着语篇的正式程度下降、口语化程度加强，隐性修辞结构关系的比例越来越高。

2. 语篇韵律

韵律是发生在大于一个音段的语言单位上的语音现象，包括音调、重音、节奏等超音段特征。其通过音高、时长和音强等声学特征表达非词汇层面的语言和语用信息。韵律使语篇关联性增加，明确了话段之间的语义关系，指示对话中的言语行为，等等。因此，韵律现象直接与更高层的语言学组织相联系，如信息结构、修辞结构、话题结构等。

口语语篇的功能是传递信息，因此其是一个信息流，具有信息结构。Lambrecht（1994）指出信息结构就是"话语命题的语用结构的形式表达"，"跟语法系统的所有表义层面均有关"。Halliday（1967）提出了三类信息结构："预设的新旧信息结构（the structuring of propositional information into given and new）、语篇指称信息状态（the information status of discourse referents）、话题与焦点（topic and focus）。"新旧信息的表达除了句法和上下文语境的标记，在口语中与语音特征特别是韵律特征密切相关。新信息比旧信息在语音上更突出，语义焦点比话题更突出。因此，语篇韵律特征与语篇的新旧信息、焦点信息和指称信息之间的关系有助于对信息结构的解码（Ward et al.，2001）。

口语交际的目的是传情达意，所以除了传递语言学上的意义，还传递话者的情感和态度，表达各种言语行为，传递话者意图，即在特定语境中，话语的言语行为或者语用意义，包括字面上的意义和字面外的意义。语境信息在言语处理中至关重要，意图的表达和理解依赖交际双方的认知和所处语境。而口语中韵律信息也承载着传递意图的功能，在一定语境中，"谢谢"用不同的语调来表达，可以表示感谢，也可以表示回声问、祈使、婉言谢绝、不耐烦、无可奈何、讽刺等各种真实意图；语句"我想起来了"，如果将重音放在"想"上，表示动补结构，如果放在"起来"上，表示连动结构，重音在不同词语上，表达不同意义；疑问语气"已经中午了？"，语气功能是疑问，但真实意图可能是惊讶。正如苗兴伟、翟红华（2000）所说："从语用的角度看，语篇并不是单纯的句子的组合，而是言语行为的序列，即话语序列的连贯关系是通过句子所实施的交际功能实现的。""要正确理解这一序列的连贯关系，首先必须依赖一定的语境来推导出句子的言外功能。"因此，仅从句法上来分析语篇显然是不够的，更需要分析其韵律特征，这样才能了解说话人的真实意图。

2.1　语调理论

语调指具有系统组织且表达"后词汇"或句子层面语用意义的韵律特征或者超音段特征。从韵律特征来说，狭义的语调专指句子音高模式的变化，而广义的语调还包括音强、音长、嗓音音质（voice quality）等方面的变化。语调所表达的功能在不同语言中非常相似，除了表达情感等副语言（paralinguistic）信息之外，一般还用来表达信息结构、陈述/疑问等语法范畴。语调可以用来凸显句子的成分，标记句子或语篇的边界，区别不同的句子类型（语气）。

对汉语来说，声调和语调在声学上共用一条音高曲线（基频 F0 曲线）作为其主要声学特征，因此汉语语调研究的核心问题始终在声调与语调的关系上。赵元任（1922，1929，1933）开创了现代汉语系统研究之先河，第一个阐明了声调与语调的关系，用"橡皮带""代数和""大波浪与小波浪"来进行比喻。这种语调分析方法相对于"线性观"是一种"叠加观"，即表层的语调可以分为不同层级的韵律成分。

汉语语调研究著述颇丰。吴宗济（2004）继承和拓展了赵元任先生的语调思想，揭示了汉语语句和语篇中的各种语调组成单元遵从必然变调规律和或然变调规律；沈炯（2020）认为汉语语调的有声性主要表现为全句声调音域高音线和低音线两方面有系统的调节；林茂灿（2012）从赵元任的语调理论出发，结合 AM 语调理论（Pierrehumbert，1980；Pierrehumbert et al.，1988），提出了汉语语调的"双要素"模型；许毅（Xu，2004）提出了并行编码和目标接近语调模型（PENTA）；石锋提出了语调格局理论（2013）；等等。

2.2　语篇的层级结构与语篇韵律的层级结构

从口语语篇处理的角度，Ingram（2007）基于语言能力（language competence）理论提出了一个形式与意义或者说形式与功能整合的表示体系。汉语语篇的表示体系，也涉及语音学、音系学、句法语义学、篇章语言学以及语用学等多个跨语言学理论，特别是基于认知语言学的联结主义理论。

张清芳等（Zhang et al.，2019）通过对汉语词汇产出心理机制的研究发现，汉语词汇通达的过程中，词条通达（lemma access）到口语词产出的音系编码呈现的是离散模式（discrete pattern），而拼音语言呈现的是交互模式（interactive pattern），音段（segment）和音位（phoneme）是拼读语言的提取单元（proximate units），音节则是汉语的处理单元。这一结果支持了沈家煊（2017）提出的观点：汉语语法和韵律的基本单位是"字"，但是双音字组已经成为强势字组。

根据汉语特点，图 1 给出了汉语语篇层级结构表示体系（Jia and Li，2016）。在音段和词之间增加一个音节层。这里的"词"就是"强势字组"。

韵律层级结构概念来自音系学，认为语篇结构与语法结构对应，也有其音系或者韵律组织。涉及比音段大的结构的音系现象能按线性排列组成适用于不同韵律域的类型，而且使每一个较小的域恰好被包括在下一个更大的域里。一般认为这些域从小到大依次为莫拉、音节、音步、韵律词（音系词）、韵律短语（音系短语）、语调短语和话语。针对汉语，很多学者提出了汉语的韵律层级（王洪君，2008；冯胜利，1998；端木三，2000；张洪明，2014），争议最大的是汉语是否有音步（张吉生，2021）。

语音学研究中，很多学者支持汉语韵律结构没有音步层级，如李爱军（Li，2002）提出汉语韵律标注系统 C-ToBI。郑秋豫（Tseng，2006）提出阶层式多短语韵律句群（Hierarchical Prosodic Phrase Grouping，简称 HPG）的假说，强调语篇（discourse）韵律是来自音节（Syl）、韵律词（PW）、韵律短语（PPh）、呼吸组（BG）、韵律组（PG）到语篇韵律规范的总和（见图 2）。这里也体现了汉语没有音步这个层级，但呼吸组是从生理角度定义的一个层级，在通用的韵律结构标注体系中也可以选择使用。郑秋豫强调，语音学研究韵律必须在语音单位、研究角度和研究重点上更新我们以往的看法。韵律语音单位方面，不能只局限于字调、词而止于句型，必须有大于简单句的语流韵律单位。研究角度方面，不能只采取"由下而上"着重小单位的微观研究角度，必须兼容"由上而下"进行较大单位的宏观研究。研究重点不能只局限于孤立语音或韵律单位的研究，必须放大语音讯号中的语境，检视语音单位间的关联性，在复杂的表面变异中，找出大单位的基型。语流韵律的研究，说明语调单位（Intonation Unit，IU）是韵律语流的次级韵律单位，各短语是姊妹关系，即使同为叙述短句，成为 PG 的次级单位后，也必须依照 PG 指派的位置修正调整，以产生大语段的韵律语流。这也是语流中短语语调变化多端的原因。在这个跨短语的基型之上，可以再附加表达焦点、强调、语气等功能的其他语音现象。

我们认同汉语除了一部分轻声词，在句法词层面没有区分句法意义的词重音（周韧，2017；张吉生，2021），但在口语语篇产出中，话语（utterance）除了有其系统的韵律结构外，也有对应的重音层级结构，从小到大的韵律单元对应的重音层级有韵律词重音、韵律短语重音和语调短语重音等。口语的韵律结构，与句法结构相比较，有很大的不同，从结构树的深度来看，口语韵律树（口语句法树）对传统的句法树进行了"扁平化"操作。

2.3　口语语篇的韵律—语境研究范式

传统的语篇研究对韵律与语篇语义的编码、解码关系研究不够重视，而基于互动语言学的语篇分析（Sacks et al.，1974），则强调韵律在互动中的作用，认为韵律在口语语篇中有系统的组织，说话者将韵律作为基本手段表达与语境相关的意图，从而将韵律研究与口语语篇研究关联起来，而不再局限于传统的孤立句子层面（Couper-Kuhlen，2001）。

Couper-Kuhlen（2001）总结了从传统语调研究到语篇语调研究，再发展为口语语篇视角下的韵律研究所经历的几个阶段：①语法的语调（intonation-as-grammar approach），从语法出发来研究语调；②信息流的语调（intonation-as-information flow approach），从信息结构来研究语调；③语篇或者语境的语调（intonation-as-contextualization），从更大的语篇范围来研究语调；④语篇与韵律特征，在语篇范围，考察韵律特征与各种语篇结构意图表达的关系。在实

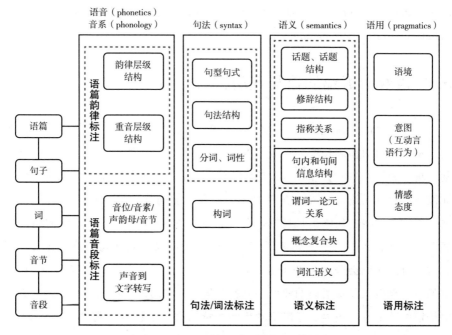

图1 汉语语篇层级结构表示体系

资料来源：Jia 和 Li（2016）。

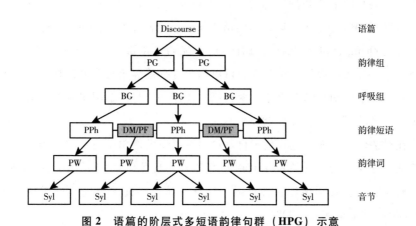

图2 语篇的阶层式多短语韵律句群（HPG）示意

资料来源：Tseng（2006）。

际声学分析中，除了分析语调对应的音高（F0），音长和音强往往也是非常重要的特征，甚至嗓音音质等在情态语气表达中也有显著的作用，所以更多考察韵律特征与语篇的关系，将韵律特征视为语境/语篇特征之一（prosody-as-contextualization cue），这种研究范式也称为语境/语篇特征研究范式（contextualization-cue paradigm）。

3. 口语对话语篇韵律与互动言语行为

汉语语篇韵律研究方面，吴宗济（2004）很早就开展了相关研究，他指出篇章中短语的移调程度和扩域程度受到语体的制约而服从篇章韵律的规则。胡明扬、劲松（1989）指出，"流水句在语音上的特征是除了全句结尾的句终句段末尾出现句终语调外，在其他一个或几个非句终句段末尾也出现句终语调，不过在这些有句终语调的非句终句段后面的停顿明显短于正常的句间停顿"，"一个流水句内部的句终语调后面的停顿如果长到和句间停顿相等，那么这个流水句就会分解为两个或几个句子"。郑秋豫（Tseng，2006）在 HPG 框架下，提出三段式语篇韵律模式，就像句法界定的语调模式一样。杨玉芳等对语篇中的重音、边界、音高下倾等韵律特征进行了研究（陈玉东等，2009；杨晓虹等，2011；赵建军等，2011，2012），并开展了多项语篇的大脑表达和认知机制研究（Wu et al.，2016；Yang et al.，2014，2015）。殷治纲（2011）分析了各层级的重音和韵律边界的声学表现，给出了普通话口语语篇节奏模式。贾媛（2019）基于朗读语篇的信息结构、修辞结构等开展韵律接口研究。张良等（Zhang et al.，2014a，2014b）发现韵律层级结构、韵律特征与语篇的修辞结构关系有很好的相关性，可以作为区分修辞语义关系的特征；并采用产出和心理学感知相结合方法，探索语篇韵律特征与语篇因果关系、语篇中复杂焦点信息的关系（张良，2018）。

在对话语篇方面，也有基于自然口语对话库的产出研究，如对语句边界韵律特征的分界功能、话轮提示功能和言语行为功能的研究（熊子瑜，2003），对"嗯、啊"类话语标记在各种语用功能下韵律特征的研究（熊子瑜、林茂灿，2004；Yin et al.，2008）。

下面重点介绍研究者在口语对话的韵律特征与对话语用功能（言语行为）的编码、解码方面的研究工作。

3.1　自然口语对话的互动言语行为

对话行为指对话参与者的交际活动，也可解释为具有某种交际功能和语义内容的交际活动。对话互动言语行为代表对话人的意图，与对话功能语段的作用相关。

周可艳等（Zhou et al., 2010）对汉语口语对话言语行为进行标注和研究，并参考谢心阳（2016）对问答关系的语用功能分类，对应答言语行为从功能和形式上进行了统计研究（Li, 2018）。从语篇库 Discourse-CASS 中挑选了话剧、面对面自由交谈、网络及手机聊天、服务行业电话对话等四个场景中的 1171 段对话，统计分析了它们的应答形式和语用功能分布（Huang et al., 2018）。表 1 给出了回应的句法形式统计结果。单词型指用一个词的回应形式，常常是话语标记词、是非判断词类（包括话语标记词和是非判断词的组合），如"是、不是、可以、好、好好"等。单句型通常是一个小句。小句型通常指多个小句。在四个应用场景中，都是单句型占比最高，均接近 50%。至于小句型和单词型相比较，话剧场景是小句型占比较高；网络及手机聊天场景内，小句型和单词型占比相当；服务行业电话对话和面对面自由交谈场景单词型占比明显高于小句型，其中，服务行业电话对话单词型和小句型占比分别为38.67% 和 12.37%，面对面自由交谈场景单词型和小句型占比分别为 39.63%和 14.63%。

表 1　典型回应中的回应形式标注统计

单位：个，%

场景		网络及手机聊天		话剧		服务行业电话对话		面对面自由交谈	
		个数	百分比	个数	百分比	个数	百分比	个数	百分比
小句型	clau	464	25.88	163	35.98	1495	12.37	24	14.63
单句型	phra	872	48.63	217	47.90	5917	48.96	75	45.73
单词型	wrd	457	25.49	73	16.11	4674	38.67	65	39.63

由此来看，单句回应最符合人们一问一答的基本话轮交互，是回应形式的主要类型。这种单句回应形式占比较高的情况在服务行业电话对话、网络及手机聊天、面对面自由交谈以及话剧等场景都存在。对于服务行业电话对话和面对面自由交谈场景，单词型回应明显多于小句型回应，究其原因，这些场景对话的目的是咨询或者解决问题，都是问题导向的。问话方对应答的主导权大于回答方，双方都需要高效解决问题，所以应答以简短回应，如"嗯、啊、对、

好"等占比较高，而较长应答占比相对其他场景要低。面对面自由交谈时，视觉上看到的东西可以帮助理解，比如一个眼神或一个动作都可以代替语言解释，这种心领神会正是单词型应答占比高于小句型应答占比的原因。对于话剧来说，由于时间限制和叙述手法的要求，一些背景或人物关系需要通过话语交谈中的扩充信息来展示。而网络及手机聊天通常是在相互比较熟悉的人之间进行的，点到为止的简短回答和相谈甚欢的情景均可能出现。

从韵律单元与句法形式的对应关系（见表2）看，每一类句法形式对应的韵律单元个数逐渐减少；三类句法形式，纵向看，对应同一类韵律单元，逐渐增加。但四个场景的分布也有一些差异，比如对应IP个数最多的是面对面自由交谈中的小句型，对应PP个数最多的是服务行业电话对话中的小句型，反映了场景的差异。

表2　四种不同场景对话中的回应句法形式和韵律单元个数之间的对应关系
（PW、PP、IP分别代表韵律词、韵律短语和语调短语）

单位：个

韵律单元		话剧			面对面自由交谈		
		PW	PP	IP	PW	PP	IP
单词型	wrd	1.18	1.07	1.06	1.12	1.05	1.02
单句型	phra	2.54	1.45	1.19	2.75	1.63	1.16
小句型	clau	5.71	3.12	2.28	9.21	3.92	2.46
韵律单元		网络及手机聊天			服务行业电话对话		
		PW	PP	IP	PW	PP	IP
单词型	wrd	1.24	1.08	1.03	1.38	1.12	1.03
单句型	phra	2.99	1.60	1.16	3.25	1.66	1.09
小句型	clau	8.09	3.90	2.15	8.93	4.33	2.03

再看回应的功能。在话语分析中，一般认为提问者的问题对应答者产生一定的约束和导向，因此问话者具有控制对话的交际地位。但是应答者往往规避直接回答，或者所答非所问，或者有意转换话题。Stivers和Hayashi（2010）分析了这种转换应答现象（transformative answer），将转换应答分为对问题的措辞转换（question term transformation）和规程转换（question agenda transformation）两大类，并且从对"问"的设计（design）和规程（agenda）的组织程度看，第一类违反问题的设计，第二类两个都违反。

措辞转换和规程转换又可以再分为不同小类（Huang et al.，2018）。下面这个例子的回应是一种纠正型措辞转换："A：我们会尽快回复您，是打您 136 这个电话吗？B：189 的那个电话。"下面这个例子是焦点型规程转换："A：你中午去超市了，是吗？B：今天超市搞活动。"

表 3 统计结果表明有 64.80% 的回应属于典型回应，也就是直接回答；29.20% 为转换型回应（其中措辞转换型回应和规程转换型回应分别为 18.83% 和 10.37%）；6.00% 为非答案型回应。但四个应用场景的分布有差异，反映了不同互动场景下应答形式和功能分布模式各有特点。结果对口语对话理解有两点启示：一是间接应答行为占比相当高，大约 35% 的回应为非直接回应，应答的真实意图是不能从字面意义上直接得到的；二是应答的形式和语用功能分布与场景、语境密切相关。

表 3　回应功能统计

单位：个，%

场景	话剧		面对面自由交谈		网络及手机聊天		服务行业电话对话		平均占比
	个数	百分比	个数	百分比	个数	百分比	个数	百分比	
典型回应	257	56.73	113	68.90	1049	58.51	9072	75.06	64.80
措辞转换型回应	83	18.32	34	20.73	439	24.48	1426	11.80	18.83
规程转换型回应	79	17.44	4	2.44	212	11.82	1180	9.76	10.37
非答案型回应	34	7.51	13	7.93	93	5.19	408	3.38	6.00

3.2　语调的互动功能与语境的关系

我们以对话中回声问为例，来说明语调互动功能与语境之间的关系。所用语料来自 Discourse-CASS，语调分析基于 AM 语调理论，区分局部韵律特征（如边界调、重音）和全韵律特征（如音高整体走势）。

3.2.1　语境与回声疑问语气关系

在我们的语音库中，有各种形式的回声问/话语，我们对其从句法形式和语用功能两个维度来进行分类。尽管从分类上是表示疑问语气，但根据上下文语境所表达的语用义，这些回声问/话语的言语行为或者语用义有多种（Huang et al.，2018）。表 4 中给出一些回声话语的例子，从句法形式和对话语用功能上加以说明。

表 4　自然口语对话中回声话语的句法形式和对话言语行为举例

例句(有下画线的语句为目标句)	问句类型	对话言语行为
A:你要点什么呢? B:一个地三鲜。A:<u>地三鲜?</u> /。B:两碗米饭。	是非问(陈述疑问)	应声确认 Backchannel(b)
A:你要点什么呢? B:一个地三鲜。A:<u>地三鲜?</u> B:对,两碗米饭。	是非问	请求确认 Request for Affirmation(raf)
B:青椒肉丝。A:<u>尖椒肉丝,是不是?</u>	附加问	请求确认 Request for Affirmation(raf)
B:青椒肉丝。A:<u>是不是尖椒肉丝?</u>	正反问	请求确认 Request for Affirmation(raf)
B:一个酸菜粉丝。A:<u>要白酸菜还是绿酸菜呢?</u> B:白。	选择问	请求确认详细信息 Request for Details(rdt)
B:一个酸菜粉丝。A:<u>要白酸菜吗? 还是绿酸菜呢?</u>	是非问+选择问	请求确认详细信息 Request for Details(rdt)
A:豆腐有豆腐平安豆,有青菜烧豆腐。B:<u>什么烧豆腐?</u> A:嗯,青菜烧豆。	特指问	请求重复 Request for Repetition(br)
A:留个电话吧。B:八二〇五八幺八〇。A:<u>八二〇五?</u> B:八幺八〇。A:八幺八〇。	是非问	请求补充信息 Request for Supplement(rsup)
A:要送过去话也要最起码要四十五分钟左右啊。B:<u>怎么会要四十五分钟? 这么一点儿远啊!</u> A:对呀。啊,现在人那么多抽不出人手。	特指问	请求解释 Request for Explanation(rex)
A:你咋还在南宁呢呀? 你你你啥时候回来呀? B:嗯,<u>啥时候回呀?</u> 那还说不准啊。	特指问	理解确认 Understanding Check(bu)

挑选 Discourse-CASS 中 150 个自然对话的 5870 个语句进行分析,其中回声问有 857 个,占 14.60%。857 个回声问中,是非问有 531 句,占 61.96%;附加问 265 句,占 30.92%;特指问 48 句,占 5.60%;选择问 13 句,占 1.52%。进一步对 531 个是非问句进行对话功能分析,请求确认的有 345 句,占 64.97%;请求补充信息的有 86 句,占 16.20%;应声确认的有 63 句,占 11.86%;理解确认的有 37 句,占 6.97%。

这些回声问有的是带有句法标记的,但有相当一部分是不带句法标记的,如表 4 例子中"地三鲜?""八二〇五?"。我们对其中的 531 个是非问句进行分析,有 496 个是无句法标记的,占 93.41%,这些是非问句的疑问语气是通过语调或者上下文语境来实现的。我们对这一类回声问进一步考察(李爱军等,

2013），通过感知实验来探查语境信息对这一类回声问的疑问信息的解码的影响。我们挑选了 110 个无疑问句法标记的回声问句，如下面对话中有下画线的语句：

> B：呃，我是西区八号儿楼幺六〇五。
> A：<u>西区八号楼幺六〇五？</u>
> B：对。
> A：<u>八号楼幺六〇五？</u>
> B：对，八号儿楼的幺六〇五。
> A：嗯。

听辨这些回声问句在有上下文对话语境和离境两种情况下疑问语气的强弱，图 3 和图 4 为两种情况下的感知结果，显示疑问语气的感知模式很不相同。在有上下文语境的情况下，所有的回声问都可以被感知到有疑问语气的存在，且大部分（约 70%）的疑问语气强于非疑问语气；在离境情况下，绝大部分回声问（约 93%）的疑问语气弱于非疑问语气，而其中还有约 46% 不能被感知为疑问句。因此，上下文的语境信息对无标记的回声问句的疑问功能感知起很大的作用。交际双方会将包括上下文的语篇结构信息和语义、语调韵律等特征综合起来，对疑问信息进行编码和解码。

这里我们对回声问研究没有区分其具体的言语行为，而是从统计角度考察语境与无标记回声问的关系，要进一步厘清对话中无标记回声话语的编码解码机制，还需从言语行为功能与语音特征的关系入手进行语音产出和语音感知研究。

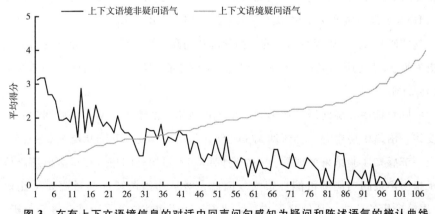

图 3 在有上下文语境信息的对话中回声问句感知为疑问和陈述语气的辨认曲线

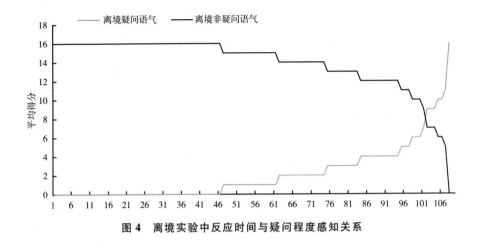

图 4　离境实验中反应时间与疑问程度感知关系

3.2.2　疑问语调的韵律特征

学界对无疑问标记的回声疑问语气的韵律特征研究颇多。不带疑问语气词的疑问句句尾使用高语调（胡明扬，1987；劲松，1992）；陈述语调是高音线骤落形式和低音线下延形式结合而成的，疑问语调是高音线渐落形式和低音线上敛形式组合而成的（沈炯，2020）；是非疑问句和陈述句的音高曲线的差值曲线是一种类指数或者二次指数函数关系（Liu and Xu，2005）；焦点和疑问信息之间的关系都是抬高音高，疑问从焦点词开始，不同疑问句的音高抬高有细微的差异，特别是句末位置（Liu and Xu，2005）；疑问语调和陈述语调的语气主要体现在后边界调（林茂灿，2012）。汉语疑问和陈述语调的语音特征涉及全局特征（音高整体走势）和局部特征（重音和边界调），疑问和陈述语气的区分，局部特征作用大于全局特征；声学相关量除了音高、时长外，谐噪比（HNR）是与重音关系密切的一个参数（Liu et al.，2016）。

这些研究表明，语调疑问句的音高比陈述句高，特别是在焦点重音后音高表现更为明显；疑问语气功能在句末表现为高语调特征，陈述语气功能在句末表现为低语调特征。

实际对话中，疑问语调在不同语境中承载不同的语用功能，语调调位有各种变体，语篇中使用哪一种语调调位变体，是由语篇交际互动功能决定的，正如上一节感知实验结果体现的，一个疑问语气不强的疑问句，在特定语篇语境中承担回声疑问功能的可能性很大。因此，对疑问语调特征的考察要采用语境/语篇分析的范式，从句法形式、韵律单元和语用功能等多个维度进行分析。

　　基于 3.2.1 中对真实语料的分析结果，我们设计一些对话，使同样的回声话语表达不同语用功能交际（Li et al.，2019）。除了陈述语气（SD）作为对比，还设计了 5 种回声话语的语用功能：请求确认（raf）（EQ1），请求确认详细信息（rdt）（EQ2），请求解释（rex）（EQ3），请求重复（br）（EQ4），应声确认（b）（EQ5）。控制目标句为 3~4 个音节，具有不同的句法结构，如蒸花蟹、咸水鸭分别是 1+2 和 2+1 结构。同时使边界音节的声调覆盖所有声调类型。对所有的对话进行模拟场景录音，得到 2304 个目标句回声问和相应陈述句。

　　分析得到这些语句的语调音高模式，如图 5 给出的一个例子，不难发现，不同语用功能的音高模式不同，整体的 F0 走势和边界调变化都有差异。图中音高走势最高的是 EQ2，即请求确认详细信息的回声问语调；最低的不是以前我们认为的表陈述语气的 SD，反而是表达应声确认的 EQ5，其他回声问语调高音也不比陈述句高。边界调最高的也是 EQ2，陈述句的边界调与其他几种语用功能的边界调没有显著差异。

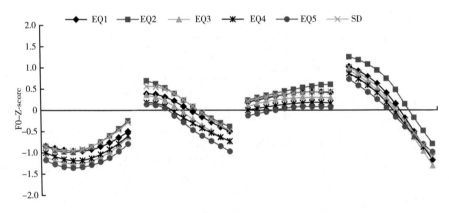

图 5　"黄焖鸡块"的 6 种语用功能对应的语调音高模式

注：音高按照发音人进行了 Z-score 规整，并且在每个音节韵母段上平均取 10 点音高值。

　　分别对语调的全局和局部特征，包括音高、时长、HNR 等参数进行统计分析，发现语调模式的变化与对话言语行为相关。边界声调特征本身并不能很好地预测回声问句和陈述句的区别。利用线性区分实验（LDA）来分析各种特征的作用，发现回声问句和陈述句以及回声问句的不同语用交际功能可以根据全局特征（整句 F0 斜率和平均 F0 等韵律特征）整体变化，结合局部特征（边界调特征）变化进行区分。在区分实验中，如果包含形态句法结构和边界音节的声调分类信息，对陈述和回声功能的两类判别分析准确率平均为 85.0%，对 6 种不同的对话言语行为功能的判别分析准确率平均为 68.6%。在不考虑形态句法结构信息，将边界声调类型和语句音节数作为协变量的情况下，对话言语行为功能的判别分析准确率分别下降到70.9%（2 组）和 40.9%（6 组）。这表明结构信息和语境信息在二分任务中的贡献约为 30%，在六分任务中的贡献高达 60%。从语音特征贡献看，全局音高变化和局部边界调特征贡献高于局部时长信息。结果也支持 3.2.1 中的感知实验。

3.2.3　疑问语调的语音感知

上节分析表明，对话交互中，韵律信息与对话言语行为相关，也就是说，韵律特征对语用功能的编码起作用。从语音感知角度，韵律特征是如何在解码端对语用功能或者意图起作用的呢？

这里分享我们的一个感知实验（Huang et al.，2021）来说明。表 5 给出了语料说明，这里的语篇语用功能限定为 3 种（C1~C3），作为对比，C0 设置为无语境信息陈述句。

表 5　回声问感知实验语料说明

语境编号	目标句的对话言语功能	语料示例（实验展示中无句末标点）
C0	陈述（语境不确定的孤立句）	酸菜鸡丝。
C1	回声问，请求确认，后续话轮给出确认回答	M:点个酸菜鸡丝吧。 F:酸菜鸡丝? M:对。
C2	回声话语，应声确认，并进行焦点转程	M:再来个酸菜鸡丝。 F:酸菜鸡丝（","或者"?"）还需要别的吗?
C3	陈述语气，详细回答，并且对方后续话轮给予评价	M:他点的什么菜? F:酸菜鸡丝。 M:就一个啊!

感知实验的刺激句，将语音产出研究中具有请求确认功能（C1）的目标句的语音特征平均值作为原始样本声音，通过改变其陈述句的全局和局部音高、时长等信息获得。边界调的音高斜率和调阶分别设置 3 个变化步长；全局整体音高变化两个步长；边界音节和非边界音节的时长分别变化 5 个步长。共得到 90 个合成的刺激句，再将其分别嵌入 3 个对话语境中，得到 270 个对话（详见 Huang et al.，2021）。

感知任务是听辨对话中 270 个合成刺激句以及无语境的 90 个合成刺激句

的疑问语气强弱，给出 1~5 分的评分，分数越高表示感知到的疑问语气越强烈。四种语境下的疑问语气听辨结果如图 6 所示，横轴代表 90 个刺激，纵轴为感知得分。每种语境的感知结果都按照感知得分从低到高排序，C0 为上下文不确定的陈述句，可以作为其他三种感知结果对比的基准线。

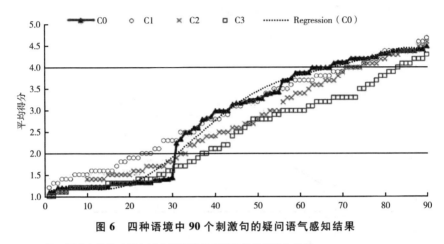

图 6　四种语境中 90 个刺激句的疑问语气感知结果

注：图中点线是对无上下文语境信息的感知结果的拟合曲线。

图 6 显示，对具有同样韵律特征语调的感知，受到对话语境的显著影响，其感知模式不同。在无语境（C0）的低分数段（小于 2 分），感知为陈述语气，C3 的语境促进语调的语用功能感知为陈述；C2 是陈述疑问功能，语境使其疑问语气感知低于 C1 而高于 C3；C1 通过目标句的后续话轮给出一个确认回应，加强了目标句的疑问语气感知，因此 C1 的感知得分明显高于其他语境。在 C0 的疑问语气加强阶段（2~4 分），C1 语境指示了疑问功能，因此分布与 C0 接近；而 C2 指示陈述疑问，因此感知结果尽管均为疑问语气，分数却明显低于 C0 和 C1；表示肯定回答的 C3，疑问语气感知得分最低，对疑问语气的感知产生了消解作用。在 C0 的疑问语气高分段（大于 4 分），所有语境下疑问语气的感知得分均很高，语境的影响程度降低，此时，疑问语气主要由韵律特征决定。C1 作为回声问语境，感知曲线最早达到 2 分，C3 作为陈述语气的语境，最晚达到 4 分。结果支持了 3.2.1 中指出的语境影响疑问信息的感知。

因此，我们认为语境信息对韵律特征表达的语气具有一种调制（modulation）作用。语境信息与韵律特征表达意图一致时，语境信息对语气感知起到增强作用；冲突时，语境信息对语气的感知起到一定的抑制作用。具有疑问语用功能的语境增加疑问语气的感知强度，具有陈述语用功能的语境降低疑问语气的感知强度；疑问信息的感知主要依靠韵律特征，语境信息对听者的疑问语气程度感知也影响语用功能的解释。

　　韵律特征与语境到底有何交互作用呢？通过对感知结果与韵律特征进行线性回归分析（见图 7 至图 9），可以得到明确的答案。

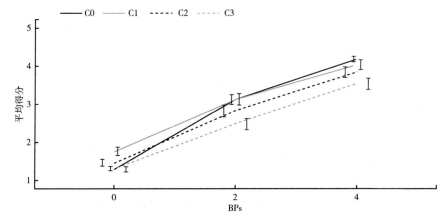

图 7　四种语境中边界调斜率变化与疑问语气感知的关系

注：横坐标代表边界调音高终点目标值变化的四个水平（0, 2st, 4st）。

　　图 7 结果表明，边界调的斜率变化与疑问语气的感知显著相关（$\eta^2 =$ 0.012，p<0.001），与 C0 比，C1 是促进疑问语气的感知的，而 C2、C3 有制约作用，得分上 C1>C2>C3。

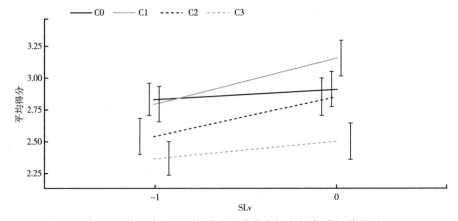

图 8　四种语境中语调整体音阶变化与疑问语气感知的关系

注：横坐标代表整句音高整体变化的两个水平（-1st, 0）。

图 8 结果表明，整个语句的音阶抬高，也使疑问语气感知加强（η^2 = 0.003，p<0.05），但在没有语境信息（C0）的情况下，改变调阶没有语气的变化；而其他三种语境都有显著影响，但对陈述语气语境（C3）的影响比另外两种疑问语境的影响小，得分仍然是 C1>C2>C3。

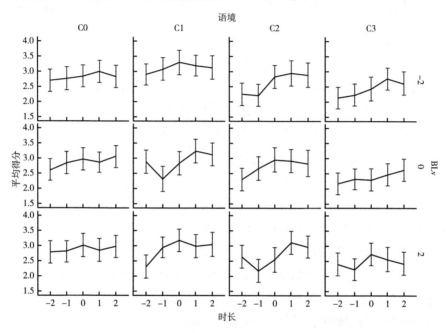

图 9　四种语境中时长和边界调调阶变化对应的部分感知结果

注：横坐标是时长变化情况，−2 表示所有音节都缩短 25%，−1 表示只缩短边界 25%，0 是不做改变的，1 是只拉长边界音节 25%，2 表示所有音节都拉长 25%。三行图对应边界调调阶变化的三个水平（−2st，0，2st）。

图 9 表明，时长、边界调调阶和语境有交互作用（η^2 = 0.012，p<0.001）。增加边界音节和整体语句的时长，可以加强疑问语气的感知，只拉长边界调的时长效果好于整体时长变化；相反，缩短边界调和整个语句的时长，可以降低疑问语气的感知，全句语速变慢，疑问语气降低更多，但有 4 个例外，如 C2 语境下，边界调调阶为 2st，只缩短边界调后的疑问语气感知明显低于整体语速变快的情况。疑问语气的感知也受到边界调调阶和语境的明显影响。在时长不改变的情况下，C1 语境下，边界调的调阶抬高有加强疑问语气感知的作用，其他两种语境与调阶的变化没有显著关系。

从统计结果看，语调的局部特征对语气感知的贡献大于全局特征。

4. 结论和讨论

4.1　语篇韵律对于互动言语行为的编码和解码与语境信息密切相关

通过对语料库中各种回声问句的离境和具有上下文语境的感知实验，以及对不同语境中具有不同对话言语功能的回声话语的语调特征分析、语篇中不同语调特征的疑问语气感知实验，我们确认语境信息对语调韵律产出和感知均产生显著的影响，也就是说，韵律特征与其语篇语用功能相关。

从产出上看，韵律特征是由上下文语境、句法语义等信息决定的。以传统的疑问句来说，语篇中采用何种疑问语气的韵律特征，是由语篇中要表达的言语行为即语用信息决定的。我们可以将不同程度的疑问语气语调视为疑问语调范畴的语调位变体，那么，即使孤立语境中韵律特征表现为陈述语气，在语篇语境中，也可以作为疑问范畴中的韵律特征。在这个意义下，我们之前很多的研究，都只是针对典型语调范畴的韵律特征分析。

从感知上看，语境对韵律特征表示的语气感知具有调制作用。当韵律特征表示的语气与语境的语用功能和意图一致的时候，语境有增强作用；当韵律特征表示的语气与语境的语用功能和意图不一致的时候，语境信息会对语气起到一定的抑制作用。也就是说，在一定语境下，表达的意图或者语用功能对应的语调韵律特征，不一定是我们传统上不考虑语境的"典型"韵律特征。比如，上述研究中，在具有回声疑问请求确认的语用功能的语境 C1 中，一个典型的陈述语调完全可以被感知为一个疑问程度较高的回声问；而一个疑问程度较高的语调，在一个具有确认信息或者回声确认的语用功能的语境中，感知到的疑问语气会相对减弱。因此，从语调来看，陈述和疑问语气范畴没有明确的范畴边界。

就上述回声话语的研究来看，语调的全局和局部边界调音高特征均对不同语用功能语调的产出和感知起作用。边界调等局部韵律特征的作用大于整体语调的韵律特征的作用。

然而，意图传递与韵律的关系较为复杂，语篇整体对话言语行为的变化，体现在对话双方采用趋同或者趋异的韵律特征变化，这为语篇韵律提供了新的研究视角。一些研究发现对话中有韵律趋同（entrainment）现象（Xia et al.,

2014)，遵循 Grice（1975）提出的会话互动双方的"合作原则"；随着交互双方会话的深入，韵律特征的趋同性与合作的态度、信任度和认识的变化密切相关（Gálvez et al.，2020）。

4.2　意图或者互动言语行为由语篇多维度信息共同编码、解码

本文主要围绕回声疑问语气的韵律特征以及其几种对话言语行为关系来展开研究，说明了言语韵律与互动意图的关系问题。但是，人们在实际互动交际中，并非总是遵守"合作原则"，可能会故意违反"合作原则"，产生"特殊会话含义"。比如，表 3 中除了典型回应，其他类型回应在不同程度上都是对问题的"反抗"，从而产生"特殊会话含义"，听话人需透过说话人话语的表面含义进行一定推理才可以理解说话人真实的意图。

本文的感知实验和产出的区分实验都表明，除了韵律特征，句法、语境信息也共同对语用功能起了作用，还有很多的语用功能或者意图与韵律关系不那么"直接"，需要基于语言学知识、基本认知常识进行推理获得，也就是沈家煊（2003）指出的语义分析涉及的"行域"、"知域"与"言域"中的后两域。

实验也给出了证明。熊子瑜（2003）对 123 个无疑问语气词的问句从文本上进行言语行为判断，发现可以通过句子中的词语判断为疑问语气的占 40.7%，而增加韵律特征信息后正确识别率提高到 79.1%，也就是说，这里句法语义信息贡献了近 40%。即使语气信息判断正确，意图也还需上下文语境并进一步推理才能获得。比如对话："儿子：妈妈，你来接我时能给我带两块巧克力吗？妈妈：你忘了牙医说过最近要少吃甜食了？"儿子用疑问语气表达的真实意图是请求妈妈拿两块巧克力，用一个疑问语调表达祈使语气是口语交际中常常使用的手段；妈妈并没有直接回答行或者不行，而是用疑问语调表达否定回答，这也是一个转换型回应，真实意图是不同意给儿子吃巧克力。所以，从语调韵律我们可以获得的信息是儿子用了疑问语气，妈妈也用了疑问语气回答，但他们的真实意图分别是祈使请求、拒绝并给予否定回答。所以，理解真实的互动意图不但要利用言语信息，也要靠语言层面的各种知识（"知域"与"言域"）来共同推测，包括语篇之间的互文信息（徐赳赳，2018），即与当前语篇相关的其他语篇，以及上下文语境、句子语义和人们的认知常识。

除了上面讨论的言语行为，情感和态度也是语篇意图的重要内容，汉语韵

律特征如何在语篇中对情感态度和言语行为进行编码、解码，相关研究还有待加强。但我们确信，在口语语篇理解系统中融合更多的韵律信息，将提升汉语自然口语交互系统的性能。

4.3　语篇韵律研究与汉语语调教学

　　语篇语调研究，除去可以应用到人机交互系统中，还可以应用到对外汉语教学中。林焘（1996）早就指出，"除声调外，对汉语轻重音和语调教学重视不够也是洋腔洋调形成的主要原因。过去这方面的研究成果少，教学上无可借鉴，想重视也无法重视。近些年汉语轻重音和语调研究都取得了相当大的进展，是应该考虑如何把这些研究成果运用到汉语语音教学中的时候了"。这么多年过去了，对外汉语语调教学还没有做到"用法教学"。按照汉语的大语法的观点，语法教学包含语调韵律教学，也就是说，要把语调韵律同表达的意图或者互动言语行为结合起来教授和学习。

　　汉语作为声调语言，语调作为韵律特征，在重音对焦点的实现，边界调对情感、语气的表示上，与其他语言存在类型上的异同（Lin，2004；Li，2015；林茂灿、李爱军，2017），我们应该对其进行深入研究，并针对汉语做出自己的贡献。

参考文献

陈玉东　吕士楠　杨玉芳　2009　《普通话中语段重音对小句声学特征的调节》，《声学学报》第 4 期。

党建武　刘宝林　李爱军　2013　《言语链：言语生成、感知及其交互》，《中国计算机学会通讯》第 5 期。

端木三　2000　《汉语的节奏》，《当代语言学》第 4 期。

方梅　2005　《篇章语法与汉语篇章语法研究》，《中国社会科学》第 6 期。

冯胜利　1998　《论汉语的"自然音步"》，《中国语文》第 1 期。

胡明扬　1987　《北京话初探》，商务印书馆。

胡明扬　劲松　1989　《流水句初探》，《语言教学与研究》第 4 期。

贾媛　2019　《汉语语篇分层表示体系构建与韵律接口研究》，中国社会科学出版社。

劲松　1992　《北京话的语气和语调》，《中国语文》第 2 期。

乐明　2006　《汉语财经评论的修辞结构标注及篇章研究》，中国传媒大学博士学位论文。

李爱军　贾　媛　柳雪飞　张　良　2013　《自然口语对话语境中回声问句的解码初探》，*Proceedings of the International Conference on Phonetics of the Languages in China*（*ICPLC* 2013）。

林茂灿　2012　《汉语语调实验研究》，商务印书馆。

林茂灿　李爱军　2017　《英汉语调的相似性与对外汉语语调教学》，《中国语音学报》第 7 辑，中国社会科学出版社。

林　焘　1996　《语音研究和对外汉语教学》，《世界汉语教学》第 3 期。

吕叔湘　1979　《汉语语法分析问题》，商务印书馆。

苗兴伟　翟红华　2000　《话语序列的连贯关系》，《山东外语教学》第 1 期。

屈承熹　2009　《汉语篇章语法：理论与方法》，《对外汉语研究》第 5 期，商务印书馆。

沈家煊　2003　《复句三域"行、知、言"》，《中国语文》第 3 期。

沈家煊　2011　《从韵律结构看形容词》，《汉语学习》第 3 期。

沈家煊　2012　《"零句"和"流水句"——为赵元任先生诞辰 120 周年而作》，《中国语文》第 5 期。

沈家煊　2017　《汉语"大语法"包含韵律》，《世界汉语教学》第 1 期。

沈家煊　2019　《超越主谓结构——对言语法和对言格式》，商务印书馆。

沈家煊　2020　《汉语大语法五论》，学林出版社。

沈　炯　2020　《现代汉语语音语调研究——沈炯学术文集》，商务印书馆。

石　锋　2013　《语调格局——实验语言学的奠基石》，商务印书馆。

索绪尔　1917　《普通语言学教程》，高名凯译，商务印书馆，1980。

王洪君　2008　《汉语非线性音系学——汉语的音系格局与单字音》（增订版），北京大学出版社。

王韫佳　2008　《普通话疑问语气表达的复杂性》，《第八届中国语音学学术会议暨庆贺吴宗济先生百岁华诞语音科学前沿问题国际研讨会论文集》。

吴宗济　2004　《吴宗济语言学论文集》，商务印书馆。

谢心阳　2016　《问与答：形式和功能的不对称》，中国社会科学院研究生院博士学位论文。

熊子瑜　2003　《自然语句边界的韵律特征及其交际功能》，中国社会科学院研究生院博士学位论文。

熊子瑜　林茂灿　2004　《"啊"的韵律特征及其话语交际功能》，《当代语言学》第 2 期。

徐赳赳　2018　《现代汉语互文研究》，北京师范大学出版社。

杨晓虹　赵建军　杨玉芳　吕士楠　2011　《汉语语篇层级性对焦点声学表现的影响》，《声学学报》第 5 期。

殷治纲　2011　《汉语普通话朗读语篇节奏研究》，中国社会科学院研究生院博士学位论文。

张洪明　2014　《韵律音系学与汉语韵律研究中的若干问题》，《当代语言学》第 3 期。

张吉生　2021　《也论汉语词重音》，《中国语文》第 1 期。

张　良　2018　《汉语语篇因果关系的认知加工：理解与韵律产出研究》，中国社会科学院研究生院博士学位论文。

赵建军　杨晓虹　杨玉芳等　2011　《音高和时长在语篇语句重音中的作用》，《声学学报》第 4 期。

赵建军　杨晓虹　杨玉芳等　2012　《汉语中焦点与重音的对应关系——基于语料库的初步研究》，《语言研究》第 4 期。

赵元任　1933　《汉语的字调跟语调》，《中研院史语所集刊》第 4 本第 3 分册，中华书局。又见《赵元任语言学论文集》，商务印书馆，2002。

赵元任　1929　《北平语调的研究》，《最后 5 分钟》附录，中华书局。又见《赵元任语言学论文集》，商务印书馆，2002。

赵元任　1922　《中国言语字调底实验研究法》，《科学》第 7 卷第 9 期。又见《赵元任语言学论文集》，商务印书馆，2002。

周　韧　2017　《汉语韵律语法研究中的轻重象似、松紧象似和多少象似》，《中国语文》第 5 期。

Chao, Y. R.　1968　*A Grammar of Spoken Chinese.* Berkeley/ Los Angeles：University of California Press. （吕叔湘节译本《汉语口语语法》，商务印书馆，1979）

Couper-Kuhlen, Elizabeth and Margret Selting（eds.）1996　*Prosody in Conversation：Interactional Studies.* Cambridge：Cambridge University Press.

Couper-Kuhlen, Elizabeth　2001　Intonation and discourse：Current views from within. In Deborah Tannen, Deborah Schiffrin and Heidi E. Hamilton（eds.），*Handbook of Discourse Analysis.* Oxford：Blackwell, 13–33.

Gálvez, Ramiro H., Agustín Gravano, Štefan Beňuš, Rivka Levitan, Marian Trnka and Julia Hirschberg　2020　An empirical study of the effect of acoustic-prosodic entrainment on the perceived trustworthiness of conversational avatars. *Speech Communication* 124：46–67.

Grice, H. Paul　1975　Logic and conversation. In P. Cole & J. Morgan（eds.），*Syntax and Semantics.* New York：Academic Press, 41–58.

Halliday, Michael Alexander Kirkwood　1967　Notes on transitivity and theme in English：Part 2. *Journal of Linguistics* 3：199–244.

Hart, Johan, René Collier and A. Cohen　1990　*A Perceptual Study of Intonation.* Cambridge：Cambridge University Press.

Huang, Gan, Aijun Li, Sichen Zhang and Liang Zhang　2021　Prosody and dialogue act：A perceptual study on Chinese interrogatives. *ISCSLP* 2021, Hong Kong.

Huang, Gan, Lin Zhu and Aijun Li　2018　Syntactic structure and communicative function of echo questions in Chinese dialogues. *ISCSLP* 2018, Taipei.

Ingram, John C. L.　2007　*Eurolinguisitics：An Introduction to Spoken Language Processing and its Disorders.* Cambridge：Cambridge University Press.

Jia, Yuan and Aijun Li　2016　A linguistic annotation scheme of Chinese discourse structures and study of prosodic interactions. *Proc. ISCSLP* 2016, Tianjin.

Ladd, D. Robert　2008　*Intonational Phonology.* Cambridge：Cambridge University Press.

Lambrecht, K.　1994　*Information Structure and Sentence Form：Topic, Focus, and the Mental Representation of Discourse Referents.* Cambridge：Cambridge University Press.

Li, Aijun 2002 Chinese prosody and prosodic labeling of spontaneous speech. In B. Bel and L. Marlin (eds.), *Proceedings of the Speech Prosody 2002 Conference*. Aix-en-Provence, France, 39-46.

Li, Aijun 2015 *Encoding and Decoding of Emotional Speech: A Cross-Cultural and Multimodal Study Between Chinese and Japanese* (1st ed.). Springer.

Li, Aijun 2018 Response acts in Chinese conversation: The coding scheme and analysis. *ISCSLP* 2018, Taipei.

Li, Aijun, Gan Huang and Zhiqiang Li 2019 Prosodic cues in the interpretation of echo questions in Chinese spoken dialogues. *APSIPA* 2019, Lanzhou, China.

Lin, Maocan 2004 On production and perception of boundary tone in Chinese intonation. *International Symposium on Tonal Aspects of Languages: With Emphasis on Tone Languages*, Beijing.

Liu, Fang and Yi Xu 2005 Parallel encoding of focus and interrogative meaning in Mandarin intonation. *Phonetica* 62: 70-87.

Liu, Xuefei, Aijun Li and Yuan Jia 2016 How does prosody distinguish wh-statement from wh-question? A case study of Standard Chinese. *Proc. Speech Prosody* 2016: 1076-1080.

Mann, W. C. and S. A. Thompson 1987 Rhetorical structure theory: Description and construction of text structures. In Gerard Kempen (ed.), *Natural Language Generation*. Dordrecht: Springer, 85-95.

Pierrehumbert, Janet B. 1980 *The Phonology and Phonetics of English Intonation*. Ph. D. Dissertation, Massachusetts Institute of Technology.

Pierrehumbert, Janet B. and Mary Beckman 1988 *Japanese Tone Structure*. Cambridge, MA: The MIT Press.

Sacks, Harvey, Emanuel A. Schegloff and Gail Jefferson 1974 A simplest systematics for the organization of turn-taking for conversation. *Language* 50 (4): 696-735.

Stivers, Tanya and Makoto Hayashi 2010 Transformative answers: One way to resist a question's constraints. *Language in Society* 39 (1): 1-25.

Tseng, Chiu-yu 2006 Higher level organization and discourse prosody. In *The Second International Symposium on Tonal Aspects of Languages* (*TAL* 2006). La Rochelle, France, 23-34.

van Dijk, Teun A. (ed.) 1997 *Discourse Studies: A Multidisciplinary Introduction*, Vol. 1-2. London: SAGE Publications.

Ward, Gregory and Betty J. Birner 2001 Discourse and information structure. In Deborah Tannen, Deborah Schiffrin and Heidi E. Hamilton (eds.), *Handbook of Discourse Analysis*. Oxford: Basil Blackwell Publishers, 119-136.

Wu, Yingying, Xiaohong Yang and Yufang Yang 2016 Eye movement evidence for hierarchy effects on memory representation of discourses. *PLOS ONE* 11 (1): 1-9.

Xia, Zhihua, Rivka Levitan and Julia Hirschberg 2014 Prosodic entrainment in Mandarin and English: A cross-linguistic comparison. In *Proceedings of Speech Prosody* 2014,

65-69.

Xu, Yi 2004 Transmitting tone and intonation simultaneously: The parallel encoding and target (PENTA) model. In *Proceedings of International Symposium on Tonal Aspects of Language* (*TAL* 2004). Beijing.

Yang, Xiaohong, Lijing Chen and YufangYang 2014 The effect of discourse structure on depth of semantic integration in reading. *Memory and Cognition* 42 (2): 325-339.

Yang, Xiaohong, Shuang Chen, Xuhai Chen and Yufang Yang 2015 How distance affects semantic integration in discourse: Evidence from event-related potentials. *PLOS ONE* 10 (11).

Yin, Zhigang, Aijun Li and Ziyu Xiong 2008 Study on "ng, a" type of discourse markers in Standard Chinese. *Interspeech* 2008: 1683-1686.

Yuan, Yi, Aijun Li, Yuan Jia, Jianhua Hu and Balázs Surány 2016 Phonetic realizations of post-nuclear accent under dual-focus conditions in Standard Chinese. In *Proceedings of Speech Prosody 2016*, 941-945.

Zhang, Liang, Yuan Jia and Aijun Li 2014a A preliminary research on rhetorical structural and prosodic features in Chinese reading texts. *ISCSLP* 2014: 265-269.

Zhang, Liang, Yuan Jia and Aijun Li 2014b Analysis of prosodic and rhetorical structural influence on pause duration in Chinese reading texts. *Proceedings of Speech Prosody* 2014: 824-828.

Zhang, Qingfang and Markus F. Damian 2019 Syllables constitute proximate units for Mandarin speakers: Electrophysiological evidence from a masked priming task. *Psychophysiology* 56 (4).

Zhou, Keyan, Aijun Li and Chengqing Zong 2010 Dialogue-act analysis with a conversational telephone speech corpus recorded in real scenarios. *OCOCOSDA* 2010: 2407-2413, Nepal.

韵律作为互动的资源：以话语延伸和会话交叠为例*

乐　耀　乔雪玮　郑上鑫**

提　要

语音和韵律在语言使用中作为必不可少的成分，与语法、身体动作、手势等其他模态资源一同参与互动的组织过程并实施社会行为。文章对会话语音学的理论、方法和主要发现进行综述。首先，介绍这一研究范式的两大理论背景；其次，以互动中的话语延伸和会话交叠为例，整理和回顾这两种互动现象中与语音和韵律相关的重要研究成果；最后，具体阐释自然会话语音分析的七条研究原则，强调要使用自然发生的言谈语料、依赖参与者取向的论证原则、紧密联系序列位置和社会行为等。

关键词

语音；韵律；会话语音学；话语延伸；会话交叠

---

* 本文得到 2020 年度国家社科基金一般项目"汉语口语修补现象的语法研究"（项目编号：20BYY175）的资助。文章由三位作者分工合作完成。文中若有任何错误由第一作者负责。本文曾发表于《中国语音学报》2022 年第 1 期（第 17 辑）。感谢《中国语音学报》匿名审稿专家提出的修改建议。论文写成后，张惟老师、李爱军老师先后通读全文并给予了宝贵的意见，特此一并致谢。

** 乐耀，厦门大学中文系教授，研究方向为理论语言学、话语功能语法、会话分析和互动语言学。电子邮箱：yueyao82@ 163. com。乔雪玮，厦门大学中文系博士研究生，研究方向为话语功能语言学。电子邮箱：qiaoxuewei@ stu. xmu. edu. cn。郑上鑫，美国加州大学圣塔芭芭拉分校社会学系博士研究生，研究方向为会话分析和社会语言学。电子邮箱：shangxin_ zheng@ ucsb. edu。

Prosody as an interactional resource: Take increment and overlap as examples

Yue Yao　Qiao Xuewei　Zheng Shangxin

Abstract

Phonetics and prosody are integral component of language use; they are constantly deployed in organizing social interactions and constructing social actions, together with grammar, body movements, hand gestures and other modalities. This article sets out a review of the theories, methodologies, and major findings of the study of phonology-for-conversation. Firstly, it introduces the two theoretical foundations for this research paradigm. Secondly, it looks at the studies of phonetics and prosody in two particular interactional phenomena—increment and overlap. Finally, it is concludes with an elucidation of the seven principles for noticing and analyzing phonetic and prosodic patterns in conversation, underscoring the use of naturally occurring data, participants' perspective, and the omnirelevance of sequential positions and social actions.

Keywords

phonetics; prosody; phonology-for-conversation; increment; overlap

1. 互动韵律研究的背景

将语音韵律①作为互动交际的重要资源来研究，较早来自英国约克大学的语音学家（York phoneticians），尤其是 John Local、John Kelly 和 Bill Wells②（参看 French and Local，1983；Local et al.，1985；Local and Kelly，1986；Local et al.，1986）。他们以会话分析理论和方法为基础，系统地研究真实言谈交际中语音韵律资源的互动意义，由此开创了会话语音学（phonology-for-conversation）的研究范式。该研究范式深受英国语言学家弗斯（John Rupert Firth）和社会学领域会话分析学派（Conversation Analysis）的影响。下面分别介绍相关的理论背景。

1.1 弗斯的语言学思想

英国语言学家、现代语言学伦敦学派的创始人弗斯的核心语言学思想是：语言研究的目标不是语言系统本身，而是将语言的使用作为"社会过程"的一部分来观察。他认为意义不仅与特定情景和声音环境相连，而且深深地根植于人们赖以生存的社会活动过程之中（冯志伟，2013）。

弗斯有关语境、功能和言语交际之间关系的立场涉及三方面（Firth，1935/1957）。第一，语言被认为是一种社会工具，它是社会行为的载体。在说话时，交际双方都是社会成员，有社会角色和身份，有社会交际的目标和任务，有情感和认知立场，所有这些都可以随着即时交际而改变。第二，语境化（contextualization）的意义是语言学的中心问题。意义的研究不应脱离完整的

---

① 一般认为韵律是超音段或非音段的，语音是音段的。但一方面，二者并非截然二分；另一方面，会话分析和互动语言学研究领域的语音学家发现，在真实的言语交际中，参与者组织和构建社会互动时，常常同时以韵律和语音为资源（Local and Walker，2004）。所以，本文多数时候使用"语音韵律"并称。

② Bill Wells 和 William H. G. Wells 为同一位学者，见 Local 等（1986）。

语境。对我们来说，语境包括对话的序列和相互作用的语境，以及语言和社会互动场景。第三，语言被视为一套交互系统，语言分析在其领域（如语音、词汇、句法和形态学等）内或跨领域分析，这体现了语言使用的多系统性（polysystematicity）。

就韵律研究而言，弗斯将韵律限制在单个说话人的话语中。而专门从事会话语音韵律研究的英国约克学派认为，韵律研究可以延伸到会话双方的话轮之间。比如，在会话的特定话轮或序列位置上，一个说话人的语音模式（sound pattern）设计与另一个说话人的会话具有意义的关联。会话语音韵律研究与弗斯关注内容的一致性在于：意义主要是社会性的，因为它是由社会中的人们共享的，并被社会互动环境语境化。而在语言会话的多系统性中，韵律研究也应该从交际双方的互动视角来看它对构建会话意义的贡献。

1.2 会话分析学派方法

在方法论上，会话互动的语音韵律研究深受会话分析学派（以下简称"CA"）的启发。而 CA 植根于对话互动的实证研究传统，这源自哈罗德·加芬克尔（Harold Garfinkel）（Garfinkel，1963，1967）创立的"常人方法论"（ethnomethodology）的社会学理论（Heritage，1984）。这种方法的主要分析假设是，社会互动是由互动者自己不断构建和理解的，而不是预先给定的，对其进行解释离不开社会背景。也就是说，社会互动及其社会秩序是不断浮现的（emergent）；参与者社会互动过程中有关意义的形成过程，在很大程度上依赖于所有符号线索的语境敏感性，或者用常人方法论的术语来说，即索引性（indexicality）。

在常人方法论的社会学理论的影响下，CA 认为社会互动是有序的、成系统的，语言是用于互动的资源，在特定的会话环境中，交际者用它来实现适当的社会行为。因此，会话分析不应该从社会互动中分离出来，互动是有结构组织的，这种组织的痕迹可以在互动本身中找到。同时，会话分析也不应该置于互动上，而应从会话参与者的视角选择进行分析的范畴、单位来解释。因此，CA 特别强调实证研究，它的一系列假设是在细致分析音频或视频记录的真实发生的言谈会话基础上产生的。会话分析家试图将每一次社会言谈互动都展现为互动参与者共同合作的活动。

那么，回到会话互动的语音韵律研究领域，我们也可以认为，语音韵律的使用模式在互动中也是有序的，是会话参与者完成社会行为所依赖的必要资源，也是构建和识解互动意义的重要手段。一些语音韵律的参数和特征可以被作为交际者的工具，用于社会互动中会话序列的组织和管理。它们可以作为符号系统的一部分，与句法、词汇、身姿和其他语境化线索一起，被用来分析和解释话轮构建、话轮转换、序列组织等互动机制。

在对日常会话序列组织和互动功能进行分析时，有必要对语音韵律细节进行考察。因此，我们应该平等对待所有语音资源，不应给予一种语音参数比另一种语音参数更优先的分析特权，不应有预定的语音分析范畴。我们应该为所描述的、以言谈参与者取向（participant orientation）观察到的语音特征提供严谨的分析证据。当要发展一种语音解释理论时，应该将其与言谈互动中基于行为的序列分析相关联。

总之，在做互动中的语音韵律研究时，要将自然发生的语料分析放在首位。任何其他形式的语料数据（如问卷调查、访谈、实验产出或焦点小组访谈①）对日常互动序列分析帮助都不大，因为它们不能揭示会话互动结构的特点。在分析自然语料的时候，要将其视为上下文的一个组成部分。并且，任何会话都是在实时行进的互动中浮现的，因此，要将分析的范畴植根于自然会话本身，通过言谈参与者的取向来论证分析范畴的有效性。

下面分别以日常互动中的话语延伸（increment）② 和会话交叠（overlap）为例，择要介绍这两类互动现象在会话语音韵律研究中的一些重要成果，从而勾勒出互动语音韵律研究的理念、方法和原则。当然，会话语音韵律研究所关涉的互动现象不止本文所讨论的这两类，还有很多是关于话轮的投射（projection），话轮的转换，会话序列的行进、修补（repair）现象，特定社会行为的构建等方面的语音韵律研究（Couper-Kuhlen，2009，2011；Couper-Kuhlen and Ford，2004；Couper-Kuhlen and Selting，1996；Ogden，2012，2022；Schegloff，1998；Selting，2010；Szczepek Reed，2007，2013；Walker，2014）。

---

① 焦点小组访谈是社会科学研究中常用的质性研究方法。一般由一个经过研究训练的调查者主持，采用预先设定部分访谈问题的方式与一组被调查者交谈。

② 本文中的"话语延伸"属于话轮延续（turn continuation）这一大类，囊括了各类 TCU 延续（TCU continuation）和自由成分（free constituent），但不包括完全独立的新 TCU。Schegloff（1996，2000a）提出的增量（increment）是话语延伸的一个次类。在许多文献中也常常使用"increment"来泛指话语延伸各类相关现象，这是较宽泛的理解，故本文英文标题和摘要也沿用该术语翻译。

2. 话语延伸现象的语音韵律研究

　　话语延伸是指在言语互动中，一个话轮构建单位（turn-constructional unit，TCU）完结之后，说话人会延续该话轮，常会临时添加一些话语。而这些话语通常与前一个 TCU［也被称为宿主（host）］在句法、韵律、语义、行为上存在或多或少的联系，以此区别于新的独立 TCU。如下面的例子所示：

（1）转引自 Ford 等（2002：24）①

    1   Abbie：［Ah：

    2   Terry：［We had him，（.）this summer，（1.5）for

    3   f：i：ve weeks.

    4   （0.8）

    5→   When we were out at the campground?

    6   Rachel：Oh really.

　　第 2、3 行的 TCU 到达了可能完结处（possible completion point）后，听话人没有接话。在 0.8 秒的沉默（silence）后，Terry 在第 5 行继续产出了与宿主 TCU 在句法、语义、行为、韵律上均有连续性的话语，提供了第二个话轮转换相关位置（transition-relevance place，TRP）（Ford et al.，2002）。

　　因此，这种现象可以看作话轮（句子）在口语交际中被或紧或松地扩展和延伸了，体现了 TCU 的可扩展性（Sacks et al.，1974）。随着跨语言的对比研究增多，更多类型的话语延伸现象被纳入研究视野（乔雪玮、乐耀，将刊）。于是，语音韵律作为重要资源在话语延伸中的互动意义被逐渐认识到，并且进一步揭示了互动会话中韵律和句法等其他资源的相互协作和制约关系。下文以研究的对象语言为线索，评介话语延伸韵律研究方面的一些重要成果，其中也关注并分析了汉语话语延伸的韵律研究的现状。

---

　　①　该例原文中的转写符号说明如下："［"表示交叠开启处，"（.）"表示小于 0.2 秒的停顿，"（1.5）"为停顿的时长，"："表示声音延长（sound stretch），下画线表示重音，"，.?"分别表示延续、下降和上升语调。下文例子中出现的相同符号同理。

2.1 英语的相关研究

Schegloff（1996）从语法的连续性上来界定增量的不独立性，尚未考虑韵律上的因素。① Ford 等（2002）的研究除了涉及句法、语用和语义因素，还注意到了两种不同的增量在韵律上也表现出差异。其中扩展的第一个重读音节和前一个 TCU 最后一个重读音节的音高（pitch）相同或更低，而自由成分则有音高重置（pitch reset）的特点。② 这种韵律特征的差异进一步说明扩展类的依附性更强，而自由成分类则是介于依附与独立之间的中间状态。虽然两类增量都出现在听话人接管话轮出现问题的情况下，但扩展类是对前一 TCU 的行为延续，提供了 TRP；而自由成分则是一个新的行为，大多实施评价并表达立场态度。文章还发现有的扩展类也会像自由成分类一样表达立场，这种功能的不对应现象主要是由韵律上的音高重置导致的。因此，这种现象在一定程度上表明了韵律可以压过句法，对交际互动中的行为影响较大。

以上有关话语延伸韵律特点的研究主要是基于听觉感知进行的。Walker（2004a）结合听觉和声学的分析方法，较为系统地研究了英语自然会话中增量的语音韵律特征，主要从音高、响度（loudness）、音速（rate of articulation）和发音特征（articulatory characteristics）等参数角度进行了实证分析。在音高表现上，大多数增量的最后一个音步（foot）的音高曲拱（pitch contour）、音域（pitch range）和基频（baseline pitch）都和宿主 TCU 的近似。同样，音强的最高峰值（peak intensity）和音速也大体相同。在其他特殊的发音特点上，可能会和宿主 TCU 一样表现出释放齿龈音闭合（alveolar closure）后无声的鼻腔气流（voiceless turbulent nasal airflow），或者同样包括嘎裂声（creaky voice）和呼吸（breath）。文章通过语音分析进一步证明了韵律也是一种重要的互动资源，强调增量对宿主 TCU 的延续性。对于增量在互动中的功能而言，间隔后（post-gap）的增量出现在听话人缺乏回应的情况下，可以消解宿主 TCU 中

---

① 例如 Schegloff（1996：90）中的例子，时间状语从句"When I get home"出现在"I'll give you call tomorrow"这一完整的 TCU（句法、语用、韵律均完结）后，二者在句法上衔接在一起可以构成完整的句法结构。

② 该文中的"扩展"等同于 Schegloff 所指的"增量"，但将自由成分也囊括入"增量"中。自由成分通常为非附属的名词短语（unattached NPs），如"She had it yesterday. Ten pounds"（Ford et al.，2002：27）。

潜在的歧义，避免听话人理解困难；他人话语后（post-other-speaker-talk）的增量在听话人已经接话之后增补信息；毗邻（next-beat）增量出现在宿主TCU刚刚完结后，立刻对可能造成理解困难和立场分歧的话语进行处理。

在此基础上，Walker（2004b）详细分析了话轮在开端、完结和延续这三个敏感位置的语音特征。其中，话轮的延续有三种不同的韵律模式，与两个TCU突然连接（abrupt-join）（下文3.1将有介绍）相比，枢纽（pivot）① 和增量则较为特殊。与枢纽不同，增量开启之前呈现的是韵律完结的特征，而音高、音强、音速和其他语音特征都表现出与之前话语的连续性，这说明增量的性质是隶属于宿主TCU的单位。该文通过将增量和另外两种话轮延续的韵律模式进行对比，揭示了相同序列位置不同话语延伸类型的韵律差异。

总之，话语延伸的研究虽然最初只关注了语法在互动中的作用，但Ford等（2002）和Walker（2004a，2004b）逐渐认识到韵律资源在互动会话中的重要作用，全面地总结了不同类型话语延伸的韵律特征和互动功能。但是，以上研究都以英语为对象语言，基于英语研究的发现有待于更多其他语言类似现象的验证。只有这样，才可以发现互动交际中与话语延伸相关的语音韵律模式使用的个性和共性。

2.2　跨语言视角研究

Vorreiter（2003）基于跨语言（英语、日语和德语）的对比分析，对话轮延续进行了更加系统的分类。在这个分类体系中，整个话轮延续根据句法、语义、语用和韵律四个因素逐层划分。② 作者特别将TCU延续从韵律上分为附加类（add-on）和非附加类（non-add-on）两大类。附加类的韵律特征主要指延续的成分与宿主TCU之间有韵律断裂（prosodic break），在听感上是明显添加上去的。相反，非附加类则与宿主TCU形成一个韵律曲拱。该文没有严格地界定韵律断裂的标准，但展示了几个比较典型的特征。例如，停顿、音高曲拱和节奏模式（rhythmic pattern）的断裂都是比较常见的韵律断裂表现。附加类和非附加类对听话人而言有明显的感知差异。因此，附加类在间隔后或他人

---

① 枢纽是指说话人通过语音手段在TCU句法、语用完结后继续说话，使其成为前后都能融入的语法成分。枢纽是前一TCU的末端，同时也是后一TCU的开端。
② 在该体系中话轮延续分为TCU延续和新TCU，自由成分则介于二者之间。

话语后通常实施修补，而非附加类则更常表达情感（Geluykens，1994）。

Couper-Kuhlen 和 Ono（2007）基于 Vorreiter（2003）的分类体系对英语、德语和日语进行了更详细的对比分析。文章认为韵律上为非附加类型的 TCU 延续在句法和语义上表现为错位（out of place）或右偏置（right dislocation）①，与宿主 TCU 之间没有韵律断裂，形成了一个韵律融合的整体。这种非附加类的韵律表现在三种语言中出现的频率差异较大：英语中很少出现②，而日语和德语中则频繁出现。这一韵律倾向性差异产生的原因主要是不同语言的语序差异：英语是左向中心语（left headed），而日语和德语则是右向中心语（right headed）。语序的差异导致 TCU 延续类型的倾向性不同，同时也伴随着韵律特征的差异。另外，文章还注意到在英语中较丰富的黏着（glue-on）③ 类延伸成分前面必须有韵律断裂，否则就不存在 TCU 延续了。

在韩语这样的音节节拍型（syllable-timed）语言中，TCU 延续和宿主 TCU 在语音连贯性（phonetic coherence）上有不同表现。Kim（2007）发现韩语的 TCU 延续的音节节拍与宿主 TCU 相同。延伸成分重复了宿主 TCU 的韵律结构，通过平行的韵律结构特征展示出二者的延续性关联。当 TCU 延续和宿主 TCU 最末成分的音节数量不对应时，韩语会表现出加快语速或添加停顿等特征，以此来实现与宿主 TCU 的韵律平行。这种韵律特征可被视作再次完结手段（re-completer），其目的是促进听话人接管话轮做出回应。

2.3　汉语的相关研究

Luke 和 Zhang（2007）强调韵律在识别汉语 TCU 扩展中具有重要作用。文章从句法、韵律、语义/语用和信息焦点四个参数区分了 TCU 扩展和新 TCU。作者强调句法连续性只是 TCU 扩展的必要不充分条件，韵律因素也需要考虑。句法和韵律虽然常常是协调一致的，但有时会有相互矛盾的复杂表现。具有句法连续性的话轮延续也可能是韵律上独立的单位，其性质就是独立的 TCU，而非 TCU 扩展。如下例：

---

① 错位即插入（insertable）类型，如"Silly thing that"；右偏置即替换（replacement）类型，如"Cyd rang this evening Cyd Arnold"（Couper-Kuhlen and Ono，2007：518）。

② Geluykens（1994）的英语口语语料中 123 个右偏置只有 17 个是韵律上非附加类的。

③ 这里的黏着等同于 Schegloff（1996）的"增量"和 Ford 等（2002）的"扩展"。

（2）转引自 Luke 和 Zhang（2007：627）

1　　Ming：尤其到（0.3）最市中心的地方，那真

2　→　　　　是密度绝对是北京赶不上的.（0.4）

3　　　　　　↑①广州也赶不上.

第 1~2 行是一个话题和说明结构的 TCU。在 TRP 和 0.4 秒的停顿后，第 3 行新添加的小句是同一话题的第二个说明，通过副词"也"构成平行结构。但第 3 行的完整语调和承载的信息焦点使其成为独立的 TCU（Luke and Zhang，2007）。

TCU 扩展在韵律上要表现出连续性或依附性，具体包括音高和音强与宿主 TCU 相同或更低，音速也常常加快，即非完整语调（non-full intonation）或从属语调（subordinate intonation）。文章发现在区分 TCU 扩展和新 TCU 的四个参数中，韵律上的从属语调更具有区别作用。在语义/语用上，TCU 扩展总是回溯性的（retrospective），具有对宿主 TCU 进行修补或增添信息等互动功能。

Zhang（2012）和 Zhang 等（2012）两篇文章都关注了话轮延续和宿主 TCU 之间衔接的韵律表现以及互动功能。Zhang（2012）发现在缺少听话人接话的情况下，说话人的话轮延续成分之前可能出现一个间隔。在另一种情况下，说话人或者在 TCU 可能完结处之前快速冲破（rush-through）②边界，立刻开启下一话语内容；或者将下一话语内容的开端与前一 TCU 紧密相扣（latching）。快速冲破和紧密相扣这两种韵律表现都是维持话轮的手段，其功能在于抢先（pre-emptive）进行话轮延续。但文章认为二者存在差异，快速冲破只能发生在同一说话人的话轮内；而紧密相扣则既可以出现在同一说话人的话轮内，也可以出现在两个不同说话人的话轮间。此外，紧密相扣的话轮延续成分之前的 TCU 一般表现为韵律完结语调特征，只是缺乏 TCU 间自然的沉默（natural beat of silence）；而快速冲破的话轮延续成分之前的 TCU 在韵律上并未完结③，

―――――――――――

①　"↑"表示音高重置。

②　"快速冲破"是另一个在 TRP 处使用韵律资源进行多单位话轮（multi-unit turn）组织的惯例（practice）（Schegloff，1982，1987，1996）。Schegloff（1987：77~78）如此形容该惯例："当前说话人接近 TCU 的可能完结处时，加快语速，使语调曲拱（intonation contour）和语调短语越过完结点持续行进至一个新序列（或另一个 TCU），直至放慢语速或进行吸气……"

③　因此，快速冲破的话轮延续前一个 TCU 只是从句法和语用两个参数上判断为到达了可能完结处。

并且最后一个音节常常被压缩，前后两部分没有可识别的韵律断裂。虽然存在以上差异，但文章认为紧密相扣是更大的一个上位概念，可以包括快速冲破，二者都用于模糊话轮转换相关位置，抢先进行话轮延续以调整立场、避免可能遇到的问题和提供更多信息。①

基于以上的探讨，Zhang 等（2012）进一步从音高变化、音强和元音音长等方面分析了汉语普通话中快速冲破和紧密相扣的具体差异。快速冲破的前一个 TCU 最末音节被压缩，音长缩短，音高范围也相应被缩短。快速冲破前后的两个音节流畅地融合在一起，没有明显的交界处。这一韵律表现比较明显地预示了说话人在当前 TCU 完结后会产生话轮延续，确保了维持话轮的权利。与此不同，紧密相扣的前一 TCU 最末音节没有被压缩和加速，反而可能被延长，其音高变化不如典型的韵律边界调那么明显。相比于快速冲破来说，紧密相扣没有那么明显地投射后面要产生话轮延续。该文还发现汉语中有些现象是介于二者之间的韵律表现，如前一 TCU 的最末音节音长没有被压缩，音高也几乎没有变化。这很可能是说话人准备产出话轮延续的一种表现。可见，对于汉语这种有声调的语言而言，音高在话轮维持中的重要性还有待进一步研究。

Lim（2014）赞同 Luke 和 Zhang（2007）对汉语 TCU 延续的界定和分类，认为韵律上的从属语调是判断汉语 TCU 延续最主要的标准。汉语 TCU 延续在会话互动中具有调整立场、阐明或消除歧义、重构序列行为、确保或寻求听话人的接收等功能。这些互动动能的实现可以依赖句法和韵律这两种互补的资源。一方面，话轮延续如果是句法不连续的类型，则往往通过从属语调、紧密相扣或快速冲破等韵律手段来弥补，加强其会话连续性。另一方面，话轮间隔后和他人话语后的话轮延续在韵律上是断裂的，则可以通过黏着的句法手段来加强其连续性。② 因此，韵律和句法都是话轮延续这一交际互动过程中重要的资源，二者相互协作和制约，共同构建 TCU 延续这一互动行为。

2.4 小结

话语延伸中的语音韵律作为重要的资源，与句法等其他资源共同构建互动

---

① 该文认为快速冲破和紧密相扣在互动功能上没有明显差异，但紧密相扣的话轮延续可能更容易发生交叠。

② 文章统计表明，70%的韵律不连续的话轮延续是句法关系衔接较紧密的黏着类型，话轮延续和宿主 TCU 之间构成连动、动宾、动补、偏正等句法结构关系。

行为。在不同的语言中，各类型话语延伸的使用频率差异较大，往往也伴随着韵律上的明显差异。对于汉语而言，韵律特征是识别和判断 TCU 延续的重要因素，从属语调、快速冲破、紧密相扣等韵律特征都证明汉语话语延伸倾向于表现出与宿主 TCU 的高韵律依赖度。在一定程度上，汉语 TCU 延续的韵律依赖度和强化立场态度的人际功能正相关，但与信息功能、会话结构功能负相关（刘奕，2014）。但是，汉语是一种有声调的语言，自然口语中语调和声调的复杂关系会给界定话语延伸造成困难，这是今后需要进一步解决的问题。

3. 会话交叠现象的语音韵律研究

话轮转换系统是社会互动的基础设施之一，其基本原则是"一时一人"（one-speaker-at-a-time）（Sacks et al.，1974）。虽然"一时无人"（no-speaker-at-a-time，即发生沉默）（Sacks et al.，1974；Hoey，2020）和"一时多人"（more-than-one-speaker-at-a-time，即发生交叠）的情况本身并不罕见，但自然会话中并非所有的沉默或交叠都是对话轮转换规则的违反；同时，多数沉默和交叠是有序的、成系统的，亦可反证会话参与者对遵守话轮转换规则的取向。本节将关注的交叠现象尤其如此（Jefferson，1983a；Schegloff，2000b）。

在会话分析领域，Jefferson（1983a，1983b，1986，2004）和 Schegloff（2000b，2001）可以说是关于会话交叠的奠基性研究。二人均将交叠视为一个由参与者共同协商、逐步塑造的过程，因此，分别探讨了交叠的不同阶段及其内在有序性（Jefferson，2004；Schegloff，2000b），并展现了交叠与话轮转换系统之间的相关性（Jefferson，1983b；特别是 Schegloff，2000b）。下文将按照交叠不同发展阶段的顺序，在已有研究的基础上，分别考察和总结语音韵律作为互动资源在交叠各阶段中的使用惯例与相关的互动意义。

3.1 预开启

投射和投射性（projectability）是会话分析中的核心概念，同时也是互动言谈实现的基础（Auer，2005；Deppermann et al.，2021）。说话人可以通过各种资源（语法、韵律、体势等）在实时互动中投射出尚未说出的话语，甚至整个 TCU/话轮所承载的社会行为；同样，受话人在逐步理解当前行进的话轮（turn-in-progress）时，也可以根据各种资源或大或小的投射性预测出当前说话人随后的话语与行为。交叠现象也不例外。所以，与交叠相关的第一阶段并非交叠的开启（onset），而是预开启（pre-onset），即当前尚未处于交叠的说话人有可能观察到其他尚处沉默的受话人即将发话的预开启（pre-beginning)[①] 行为（比如吸气、头或眼神的转向等，详见 Schegloff，1996)，随即通过某些特定惯例在交叠的预开启阶段提前遏止对方即将开启的话语。

Schegloff（2000b）提到在交叠预开启阶段，当前说话人用于提前阻断交叠开启（阻断某位/些受话人即将开启的话语）的语音惯例有：①提高音量（volume）或音高；②加快语速（pace）。不论是音量或音高的提高还是语速的加快，都可以理解为当前占据话轮空间（turn space）的说话人在面对其他参与者可能发话并造成交叠时所使用的互动惯例；当前说话人通过动用韵律资源（这里涉及响度、音高以及语速），提前巩固自己对于话轮空间的控制，并向可能的发话人发出信号，阻断其即将开启的话语。[②]

除了即将发话的预开启行为，交叠预开启处所出现的韵律变化还与一个重要的 TCU/话轮位置有关，那就是话轮转换相关位置（TRP）。话轮转换规则决定了潜在的下一说话人在 TRP 处发话的合法性或常规性，不管是通过他选（other-select）还是自选（self-select）（Sacks et al.，1974）。因而当前说话人如果计划——特别是在当前 TCU 临近结束时临时计划——继续开启下一TCU，即形成一个多单位话轮的话，就必须面临潜在的下一说话人进行合法话轮转换并与之交叠的风险。Local 和 Walker（2004）发现，说话人在当前 TCU接近 TRP[③] 时，可能会使用"突然连接"的手段继续开启新的 TCU，完成新的社会行为，其语音特征主要有：①前一 TCU 末尾音节的音高和响度上升，持续到后一 TCU 首个重读音节；②前一 TCU 末尾音节的语速加快，但突然连接后语速明显减慢；③前一 TCU 末尾音节从不出现声门闭合（glottal closure）或其他截断（cut-off）特征。

① 此处的"预开启"是话轮组织的一个阶段（Schegloff，1996），应注意与交叠的"预开启"阶段区分开。

② 另外一类 Schegloff（2000b）没有谈到，但我们在语料中时常会观察到的现象是：交叠中的第一说话人（交叠前占据话轮空间的说话人）虽然通过某些预开启行为察觉到了潜在的下一说话人可能要发话，但没有以任何手段阻断其即将开启的话语，而是提前放弃当前行进的话轮，常表现为语音的截断，即将话轮空间顺势让给下一说话人，最终并未与之形成交叠。

③ 具体而言，是指当前 TCU 句法和语用的可能完结处的前一音节。

3.2　开启

下一阶段是交叠的开启。对于交叠开启，需要考虑的问题是：第二说话人（交叠前未占据话轮空间的说话人，与第一说话人相对，参看 French and Local，1983）是否有可能意识到在此处发话会造成交叠？如果有，其仍要发话的原因是什么？如果没有，是什么造成了这种情况？如果是两人同时发话（不存在第一/第二说话人之分），那其在此处发话的原因又是什么？Jefferson（1983a）部分回答了上述问题。她认为会话中大部分交叠开启都是成系统的，总共可以归为三类：①转换型开启（transitional onsets）；②识别型开启（recognitional onsets）；③前进型开启（progressional onsets）。其中，转换型开启和前进型开启尤其涉及第二说话人对于第一说话人当前话语韵律特征的关注，是韵律在交叠中作为互动资源的另一表现。

3.2.1　转换型开启

在转换型开启中，第二说话人发话时关注的是当前话轮的可能完结处，其发话实质上可视为合法的话轮转换。但是，并非每次合法的话轮转换都是无缝对接的（clean transition），下一说话人早一些或晚一些发话都有可能造成交叠①，尽管这些交叠大多是很短暂的，甚至（对于参与者和分析者来说）是不起眼的。

过往对于参与者如何投射和预测 TRP 这一问题已有许多讨论（如 Ford and Thompson，1996；Ford，2004；相关综述见乐耀，2017），其中发现 TRP（或所谓 TCU 的可能完结处）不仅表现为句法和语用的完结，还体现为韵律的完结。说话人和受话人为此所动用的韵律资源并不是单一的［比如只依赖于语调曲拱的（末尾）走势］，而是多样的、组合使用的。已有研究所发现的能够指示"转换就绪"（transition readiness）的韵律资源包括：①音高重音（pitch accent）（Schegloff，1998；Wells and Macfarlane，1998）；②不同类型的沉默（Local and Kelly，1986）；③音高、响度、音长、语速等的组合（Local et

---

① 还有一种可能是，第二说话人的发话位置相对于当前行进中的话轮的可能完结处不早也不晚，但第一说话人（当前说话人）同时继续产出话语，这时也会发生交叠。Jefferson（1983a）称这样的交叠为"副产品"（byproduct），与"取得的交叠"（achieved overlap）相对。前者是两个参与者不同行为的附带结果；后者则是第二说话人能够预测到在下一位置发话可能会造成交叠，却依然选择在此处发话，因而随后的交叠应视为是其"取得"的。

al., 1986; Wells and Peppé, 1996; Wells and Macfarlane, 1998）; ④节奏和语速（Auer et al., 1999; Couper-Kuhlen, 1993）; ⑤特殊音质（non-modal voice quality）（如嘎裂声、气浊声、耳浊声等）（Ogden, 2004; Ogden and Routarinne, 2005）。

　　参与者可以通过上述韵律资源在当前 TCU 的实时构建中投射和预测 TRP，而这反映在交叠的转换型开启期。例如，当第二说话人通过第一说话人当前正在构建的 TCU 的韵律信息判断出其何时到达 TRP 时，他就可以在该 TRP 稍早一些发话。此时虽然会造成交叠，但这样的交叠往往是微小的、短暂的——可能只是当前 TCU 最后一个音素或音节（Jefferson, 1983a）。因此，在当前 TCU 的可能完结处稍早一些的转换型开启仍然是合法的，或者至少是可预测的。另外，Jefferson（1983a, 1986）发现，会话中常见的话轮转换非但不是无缝转接或稍早转接，反倒是稍晚转接，即在当前话轮结束后、下一说话人发话前会出现一段自然沉默，可称之为"无标记的下一位置"（unmarked next position）。当下一说话人稍晚发话，而当前说话人却在当前 TCU 可能完结处后继续产出话语时，就会发生交叠；这类交叠开启从话轮转换系统来看同样是合法的，虽然表面上看会被误认为是第二说话人在企图打断第一说话人。针对这类交叠开启，Couper-Kuhlen（1993）从韵律角度给出了解释，认为在英语或其他重音节拍型（stress-timed）语言中，沉默的"无标记"与言语节奏（speech rhythm）密切相关，只有符合相邻言语节奏而产生的沉默才不会被受话人注意并认为是需要解释的。

3.2.2　前进型开启

　　在互动言谈中，参与者始终关注并偏好互动进程保持连续性或前进性（progressivity）; 这种前进性既包括微观的 TCU/话轮中话语（或其他模态）的连续向前产出，也包括宏观的行为序列之间的连贯进展（Schegloff, 1979; Stivers and Robinson, 2006）。因此，当交叠中的第二说话人被视为由于当前的话轮在行进中出了问题而发话，就称之为前进型开启。当前话轮在行进上出现了问题可能直接表现为语法的不连贯，比如某些语言成分的重复（如"我我今天好多了"）; 但更常见的是表现为语音/韵律的不连贯，而这就涉及互动言谈中的修补组织（organisation of repair），特别是其中的修补开启标记（repair initiator，以下简称"修补标记"）（Schegloff et al., 1977）。

　　韵律实现的修补标记一般被视为会话中的障碍（hitch）和扰乱

（perturbation），包括语音的截断［一般表现为声门闭合（Jasperson，1998，2002；Laakso and Sorjonen，2010）］和延长、节奏的断裂和音高或响度的急剧提升（Cutler，1983），以及各种形式的停顿填充词（pause filler）① 和未填充的停顿（unfilled pause）（Local and Kelly，1986）。这些所谓韵律形式的障碍或者扰乱，既可以被说话人用来投射当前话轮的组织遇到了问题（有时也可以投射问题的类型），同样也可以被受话人用来监测（monitor）当前行进的话轮，判断其在前进性上受到了阻碍或破坏，从而在下一位置（非TRP）开启话轮，以帮助恢复互动的前进性。如果此时第一说话人也选择继续产出话语，就会与第二说话人的话语形成交叠，使之成为前进型开启。这些在前进性上表现出困难和阻碍，虽然并非位于 TRP 但仍然经常发生话轮转换（前进型开启）的地方，也是话轮转换的机会空间（opportunity space）中除 TRP 外的另一重要位置（Lerner，1987，1996）。值得注意的是，在某些前进型开启中，第二说话人恰恰利用了这些韵律资源和转换位置，表面看来是为了促进前进性，但实际上却关注和实现着其他互动功能（郑上鑫、乐耀，2021）。

3.3　交叠期间：开启后与预解决

上一节总结了韵律在交叠开启阶段——特别是在转换型开启和前进型开启中——是如何作为互动资源被参与者关注和使用的。即将讨论的下一阶段是交叠期间（within-overlap）。该阶段所涵盖的范围较广，从交叠开启后一直到交叠解决前都可以视为交叠期间，只要当前话轮空间仍然被两人或多人占据。由于持续时间较长的交叠② 在互动言谈中并不常见，下面我们将重点关注交叠期间首尾两个关键位置：开启后（post-onset）与预解决（pre-resolution）。

在开启后这一位置，交叠双方所面对的互动任务可分为两方面。一方面，任意一方在认识到交叠开启之后，都可以选择放弃当前行进的话轮，从话轮空间的竞争中退出，使下一时刻的会话恢复一时一人的常态；而放弃当前话语，通常表现为语音上的截断。另一方面，任意一方也可以选择继续组织当前行进

---

① 有一些停顿填充词（如英语的 uh 和 um）在言谈互动中可能已经具有词汇的性质（Jefferson，1974；Clark and Fox Tree，2002）。

② 这类交叠也被称为"持久延展交叠"（extended overlap），详见 Schegloff（2000b）及其个案分析。

的话轮，持续竞争话轮空间。当然，做此选择的说话人可以正常地产出话语，使其看起来好像并未认识到自己身处交叠①；但时常发生的是，交叠一方或多方通过韵律的调整为其在交叠期间的竞争加码。与预开启处类似，Schegloff（2000b）观察到交叠一方可能在交叠开启后以放慢语速或提高音量的方式对当前所发生的交叠做出反应。需要注意的是，同样涉及语速这一韵律参数，说话人在预开启处表现的是加快语速，而在开启后则是放慢语速。同一互动资源的实际使用在不同互动位置上的变化正是互动言谈"对位置敏感的语法"（positionally sensitive grammar）的体现（Schegloff，1996）。

而所谓交叠的预解决，并不是分析者能够看到的所有交叠临近结束的位置都是"预解决"；交叠预解决的识别以及其中韵律的变化实际上与 TRP 相关。当交叠一方的话语接近可能完结处时，另一方就可能延长某个/某些音以"吸收"（absorb）② 对方即将到达 TRP 的话语，从而将自己尚未完结的话语保留至交叠解决后，并在交叠的竞争中获得优势。在交叠预解决处的语音延长也被称为"预解决延长"（pre-resolution stretch）（Schegloff，2000b）。

3.4　解决后与交叠话语的恢复

经过短暂或持久的交叠，交叠获得解决，会话回到正常秩序。本小节将聚焦交叠解决后（post-resolution）以及双方在交叠结束后试图恢复（retrieve）因交叠而受到破坏的话语时是如何运用韵律资源达到该互动目的的。

交叠解决后这一位置紧邻交叠结束处。交叠双方有可能在意识到交叠发生后，同时或接近同时放弃自己的当前话语，将话轮空间让给对方，此时带来的结果可能是节奏上的断裂，也就是沉默。或者，其中一方放弃当前话语或达到完结点，此时另一方便失去了通过韵律升级（upgrade）或其他手段竞争话轮空间的理由，但其往往只有在交叠结束后稍晚一些［具体而言是第二个节拍（Schegloff，2000b）］才能认识到会话已经恢复至一时一人的状态，因此，我们经常可以发现结束后的一方可能会将交叠期间的韵律（如响度增大、语音延长）带到交叠解决后这一位置，并随后伴随着一时一人的恢复，其韵律表

---

① Jefferson（2004）称之为"无标竞争"（unmarked competition），另可参看 Schegloff（2000b）。

② 关于交叠的吸收及对方的回应策略，参看 Schegloff（1987）。

现也回到常规的无标记状态。

　　交叠作为非常规的话轮转换，会对其后话轮和序列的发展产生影响。先前交叠的双方在交叠结束后所面临的一个重要问题便是：如果交叠对话语在听、说、理解等任一方面产生了破坏，那么对交叠话语的恢复和修补就是紧邻交叠结束后①的相关行为。交叠结束后的恢复与修补相同，可以分为自我恢复（self-retrieval）与他人恢复（other-retrieval）（Jefferson，2004）。自我恢复可以通过有标记的重启（restart）先前话语和无标记的接续先前话语完成。这里值得从韵律方面考虑的问题是：参与者"重启"和"接续"时的语音韵律特征是否存在差异？如果存在差异，那又是否与实时互动相关，或者说是否真正得到了参与者的关注？"重启"和"接续"的语音韵律特征与语法是否对应？对应或不对应是否也反映了不同的行为（参看 Local，1992）？与之相对，他人恢复的手段包括有标记的请求对方重复相关话语（repeat request）和无标记的对对方交叠中的话语表示确认（acknowledgement）或将其部分或全部重复并嵌入（embedded repeat）自己随后的话语中（Jefferson，2004）。这些手段同样涉及韵律作为互动资源的运用，比如交叠结束后进行他人恢复的说话人在嵌入重复时，不同的语音韵律表现可以使相同的形态句法成分实施不同的社会行为，或表现不同的认识地位、立场态度等。

3.5　小结

　　本节按照交叠发展的顺序，即交叠的预开启、开启（转换型开启与前进型开启）、交叠期间（开启后与预解决）、解决后与交叠话语的恢复，讨论并总结了说话人在不同阶段运用韵律资源参与互动的惯例及相关的互动意义。目前，以汉语会话为语料使用会话分析的方法研究韵律作为互动资源参与交叠构建和发展的成果甚少。通过综述上述已有研究，至少能够得到两点启示：①应关注不同互动位置对于韵律作为互动资源在使用时的限制与塑造；②韵律/语音特征的描写本身可以不断细化，但只有那些被参与者关注或使用的，才是真正参与互动组织、具有互动价值的资源。

---

　　① 如果对交叠话语的恢复和修补延后至非紧邻交叠结束后的位置进行，那么其相关性（relevance）就会大大减弱，同时还要与其他序列所蕴含的行为竞争或协调，致使其恢复效果相应降低（比较 Schegloff，1992）。

4. 余论和总结

4.1 余论

我们通常把言语交际理解为意义从言者的思想转移到听者的思想之中，而语言是这一转移最重要的载体。但是，互动语言学家认为意义的传达是由交际参与者在话轮交替的互动模式中共同合作完成的。语音韵律资源是会话交际最重要的资源之一，交际中语音的设计在一定程度上是它所处会话序列的产物，同时它也受所传达的社会行为的制约。

若从言谈参与者的视角看，交际双方是通过听觉分析（auditory analysis）和感知来看语音线索在互动交际中的作用的，所以在做会话语音韵律分析时，需要通过反复比较声音记录中可听辨识别的语音范畴来做互动功能的理解。若从分析研究者的视角看，会话参与者取向的听觉分析可通过声学分析（acoustic analysis）手段来验证，因此，听觉分析和声学分析相结合的方法在该领域研究中越来越普遍（Walker，2013）。但是，依靠耳朵的听觉分析依旧是根本，比如，会话分析学派的创始人之一盖尔·杰斐逊（Gail Jefferson）为记录真实的自然会话而设计的精细转写系统，就反映了社会学家认识到了语音细节潜在的社会互动相关性。

4.2 总结

英国约克学派语音学家 John Local 和 Gareth Walker 提出了自然会话语音分析领域关于研究方法的七条"律令"（imperatives）（Local and Walker，2005）。在此，将我们对这七条研究原则的理解和解读作为本文的总结。

（1）只使用互动言谈（talk-in-interaction）的语料。因为互动言谈语料能从会话序列结构展现参与者取向的研究视角，它反映了数据的有效性和自然性。正如 Schegloff（1996）所言："在日常会话和其他形式的言谈互动中，会话中的话轮序列是重要而贴近互动组织结构的'生态龛'（the key proximate organizational niche），它是语言使用和适应的环境。"这里的"生态龛"借用自生态学术语［也叫"生态位"（ecological niche）］，指一个物种所处的环境以及其本身生活习性的总称。而语言的生态龛是社会互动交际，这是它的使用环境，其具体的使用模式就是一轮一轮的言谈互动序列。因此，来自实验环境的或来自内省的数据并不能准确地反映对话互动参与者的实际行为。

（2）语音分析和互动分析是并行（parallel）的，而不是有先后之分的。言语交际是口耳相传的，研究者在对言语做交际功能的解释时不能回避可听的语音线索。也就是说，在分析处理来自交际对话的语料时，一些语音细节和特定的互动功能是密不可分的，二者缺一不可。因此，从这个角度来看，我们在对自然会话做互动分析的时候，也应该同时做语音分析，两者是并行的，而不应把语音分析当作额外的、可选的内容。

（3）对提出的任何分析范畴和主张都要从参与者取向来论证。当分析者想要论证某些语音特征是构成一个特定话轮或序列的重要因素时，就需要证明会话参与者自己也将其视为重要因素对待。不能仅依靠分析者的直觉或者心理猜测，还应该依赖参与者取向的论证原则。这样才能够确保所描述的各种语言资源（包括语音韵律资源）的使用惯例对参与者自身具有某种现实意义，并且这是参与者语言能力的一部分。

（4）确保个案分析解释和个案集合的分析解释一样具有说服力。任何单一的交际事件都是参与者在进行互动时综合使用一系列交际惯例（各种模态资源）的结果。但是，互动现象的个案研究不是孤例研究。要通过仔细考察相似的、复现（recurring）的个案总和（the aggregate）来概括互动现象的语言手段或语音韵律模式，这样才能发现互动结构和语言资源之间的关系。

（5）在反复听语音材料的过程中仔细检查每一个言谈片段。在分析真实的言谈材料时，所有层面（语音韵律、句法语义、互动行为、其他模态等）的讨论都应该认真细致地参考音频/视频所记录的语料，依靠上述原则方法和研究范式来查验所研究分析的言谈片段。这种查验不应孤立地从会话序列中抽离出来做去语境化的分析，而应不断地联系前后话轮来展示参与者取向的交际场景。

（6）将所有层级的所有细节都视为与言谈参与者有潜在的相关性。这一点是很困难的，作为分析者，我们总是有预设地将一些分析范畴作为假定的分析对象，但是，从会话参与者的视角来看，从一开始，我们就不知道哪些细节可能与言谈双方有关，哪些细节在当下可能具有特定的交际功能。这一要求不仅适用于语音细节，也适用于整个言谈组织的语言和非语言模态资源。

（7）要注意所考察的对象在互动序列和结构中的位置。会话语音韵律研究的主要内容之一是要弄清语音参数群和语音模型的互动功能。其中涉及的重要方法是做比较，要为实例建立可靠的可比性。这需要观察特定的语音范畴在话轮中和序列间的位置分布。不同的序列位置——横向看话轮内、纵向看话轮构成的序列——对语音参数群构建的使用模式要求不一样，不同的语音模式在不同的序列位置上所具有的互动功能也不同。所以，这体现了语法（此处的"语法"是包括语音韵律使用规律的"大语法"）对序列位置的敏感性。

参考文献

冯志伟　2013　《现代语言学流派》（增订本），商务印书馆。

刘　奕　2014　《汉语会话增量研究：语言结构与功能》，上海外国语大学博士学位论文。

乔雪玮　乐　耀　将刊　《话语延伸及相关现象的研究述评及思考》，《语言教学与研究》（已选用）。

乐　耀　2017　《互动语言学研究的重要课题——会话交际的基本单位》，《当代语言学》第 2 期。

郑上鑫　乐　耀　2021　《修补与交叠的相关性：以汉语会话的修补中交叠为例》，第四届互动语言学与汉语研究国际学术讨论会，线上。

Auer，Peter　2005　Projection in interaction and projection in grammar. *Text* 25（1）：7–36.

Auer，Peter，Elizabeth Couper-Kuhlen and Frank Müller　1999　*Language in Time：The Rhythm and Tempo of Spoken Interaction.* New York：Oxford University Press.

Clark，Herbert H. and Jean E. Fox Tree　2002　Using *uh* and *um* in spontaneous speaking. *Cognition* 84（1）：73–111.

Couper-Kuhlen，Elizabeth　1993　*English Speech Rhythm：Form and Function in Everyday Verbal Interaction.* Amsterdam/Philadelphia：John Benjamins.

Couper-Kuhlen，Elizabeth　2009　Prosody. In Sigurd D'hondt，Jan-Ola Östman and Jef Verschueren（eds.），*The Pragmatics of Interaction.* Amsterdam /Philadelphia：John Benjamins，174–189.

Couper-Kuhlen，Elizabeth　2011　Pragmatics and prosody：Prosody as social action. In Wolfram Bublitz and Neal R. Norrick（eds.），*Foundations of Pragmatics.* Berlin：Mouton de Gruyter，491–510.

Couper-Kuhlen，Elizabeth and Cecilia E. Ford（eds.）　2004　*Sound Patterns in Interaction.* Amsterdam/Philadelphia：John Benjamins.

Couper-Kuhlen，Elizabeth and Margret Selting（eds.）　1996　*Prosody in Conversation：Interactional Studies.* Cambridge：Cambridge University Press.

Couper-Kuhlen，Elizabeth and Tsuyoshi Ono　2007　"Incrementing" in conversation. A comparison of practices in English, German and Japanese. *Pragmatics* 17 (4): 513-552.

Cutler, Anne 1983 Speakers' conceptions of the function of prosody. In Anne Cutler and D. Robert Ladd (eds.), *Prosody: Models and Measurements*. Berlin: Springer-Verlag, 79-91.

Deppermann, Arnulf, Lorenza Mondada and Simona Pekarek Doehler 2021 Early responses: An introduction. *Discourse Processes* 58 (4): 293-307.

Firth, John Rupert 1935/1957 The technique of semantics. Reprinted in John Rupert Firth, *Papers in Linguistics (1934-1951)*. London: Oxford University Press, 7-33.

Firth, John Rupert 1957/1968 A synopsis of linguistic theory (1930-1955). Reprinted in Frank Robert Palmer (ed.), *Selected Papers of J. R. Firth (1952-1959)*. Bloomington: Indiana University Press, 168-205.

Ford, Cecilia E. 2004 Contingency and units in interaction. *Discourse Studies* 6 (1): 27-52.

Ford, Cecilia E. and Sandra A. Thompson 1996 Interactional units in conversation: Syntactic, intonational, and pragmatic resources of the management of turns. In Elinor Ochs, Emanuel A. Schegloff, and Sandra A. Thompson (eds.), *Interaction and Grammar*. Cambridge: Cambridge University Press, 134-184.

Ford, Cecilia E., Barbara A. Fox and Sandra A. Thompson 2002 Constituency and the grammar of turn increments. In Cecilia E. Ford, Barbara A. Fox and Sandra A. Thompson (eds.), *The Language of Turn and Sequence*. New York: Oxford University Press, 14-38.

French, Peter and John Local 1983 Turn-competitive incomings. *Journal of Pragmatics* 7 (1): 17-38.

Garfinkel, Harold 1963 A conception of, and experiments with, "trust" as a condition of stable concerted actions. In O. J. Harvey (ed.), *Motivation and Social Interaction*. New York: Ronald Press, 187-238.

Garfinkel, Harold 1967 *Studies in Ethnomethodology*. Englewood Cliffs, New Jersey: Prentice-Hall.

Geluykens, Ronald 1994 *The Pragmatics of Discourse Anaphora in English: Evidence from Conversational Repair*. Berlin/New York: Mouton de Gruyter.

Heritage, John 1984 *Garfinkel and Ethnomethodology*. Cambridge: Polity Press.

Hoey, Elliott M. 2020 *When Conversation Lapses: The Public Accountability of Silent Copresence*. New York: Oxford University Press.

Jasperson, Robert Merchant 1998 Repair after cut-off: Explorations in the grammar of focused repair of the turn-constructional unit-so-far. Ph. D. dissertation, University of Colorado at Boulder.

Jasperson, Robert Merchant 2002 Some linguistic aspects of closure cut-off. In Cecilia E. Ford, Barbara A. Fox and Sandra A. Thompson (eds.), *The Language of Turn and Sequence*. New York: Oxford University Press, 257-286.

Jefferson, Gail   1974   Error correction as an interactional resource. *Language in Society* 3 (2): 181-199.

Jefferson, Gail 1983a Two explorations of the organization of overlapping talk in conversation, 1: Notes on some orderlinesses of overlap onset. *Tilburg Papers in Language and Literature* 28.

Jefferson, Gail 1983b Two explorations of the organization of overlapping talk in conversation, 2: On a failed hypothesis: "conjunctionals" as overlap-vulnerable. *Tilburg Papers in Language and Literature* 28.

Jefferson, Gail 1986 Notes on "latency" in overlap onset. *Human Studies* 9: 154-183.

Jefferson, Gail 2004 A sketch of some orderly aspects of overlap in natural conversation. In Gene H. Lerner (ed.), *Conversation Analysis: Studies from the First Generation.* Amsterdam/Philadelphia: John Benjamins Publishing Company, 43-59.

Kim, Kyu-hyun 2007 Sequential organization of post-predicate elements in Korean conversation: Pursuing uptake and modulating action. *Pragmatics* 17 (4): 573-603.

Laakso, Minna and Marja-Leena Sorjonen 2010 Cut-off or particle—devices for initiating self-repair in conversation. *Journal of Pragmatics* 42 (4): 1151-1172.

Lerner, Gene H. 1987 Collaborative turn sequences: Sentence construction and social action. Ph. D. dissertation, University of California, Irvine.

Lerner, Gene H. 1996 On the "semi-permeable" character of grammatical units in conversation: Conditional entry into the turn space of another speaker. In Elinor Ochs, Emanuel A. Schegloff and Sandra A. Thompson (eds.), *Interaction and Grammar.* Cambridge: Cambridge University Press, 238-276.

Lim, Ni-Eng 2014 Retroactive operations: On "increments" in Mandarin Chinese conversations. Ph. D. dissertation, University of California, Los Angeles.

Local, John 1992 Continuing and restarting. In Peter Auer and Aldo di Luzio (eds.), *The Contextualization of Language.* Amsterdam/Philadelphia: John Benjamins, 273-296.

Local, John and Gareth Walker 2004 Abrupt-joins as a resource for the production of multi-unit, multi-action units. *Journal of Pragmatics* 36: 1375-1403.

Local, John and Gareth Walker 2005 Methodological imperatives for investigating the phonetic organization and phonological structures of spontaneous speech. *Phonetica* 62 (2-4): 120-130.

Local, John and John Kelly 1986 Projection and "silences": Notes on phonetic and conversational structure. *Human Studies* 9: 185-204.

Local, John, John Kelly and William H. G. Wells 1986 Towards a phonology of conversation: Turn-taking in Tyneside English. *Journal of Linguistics* 22 (2): 411-437.

Local, John, William H. G. Wells and Mark Sebba 1985 Phonology for conversation: Phonetic aspects of turn delimitation in London Jamaican. *Journal of Pragmatics* 9 (2-3): 309-330.

Luke, Kang-kwong and Wei Zhang 2007 Retrospective turn continuations in Mandarin Chinese conversation. *Pragmatics* 17 (4): 605-635.

Ogden, Richard　2004　Non-modal voice quality and turn-taking in Finnish. In Elizabeth Couper-Kuhlen and Cecilia E. Ford（eds.）, *Sound Patterns in Interaction*. Amsterdam/Philadelphia: John Benjamins, 29-62.

Ogden, Richard　2012　Prosodies in conversation. In Oliver Niebuhr（ed.）, *Understanding Prosody: The Role of Context, Function and Communication*. Berlin/Boston: Walter de Gruyter, 201-217.

Ogden, Richard　2022　The phonetics of talk in interaction. In Rachael-Anne Knight and Jane Setter（eds.）, *The Cambridge Handbook of Phonetics*. Cambridge: Cambridge University Press, 657-681.

Ogden, Richard and Sara Routarinne　2005　The communicative functions of final rises in Finnish intonation. *Phonetica* 62: 160-175.

Sacks, Harvey, Emanuel A. Schegloff and Gail Jefferson　1974　A simplest systematics for the organization of turn-taking for conversation. *Language* 50（4）: 696-735.

Schegloff, Emanuel A.　1979　The relevance of repair to syntax-for-conversation. In Talmy Givón（ed.）, *Syntax and Semantics 12: Discourse and Syntax*. New York: Academic Press, 261-286.

Schegloff, Emanuel A.　1982　Discourse as an interactional achievement: Some uses of "uh huh" and other things that come between sentences. In Deborah Tannen（ed.）, *Analyzing Discourse: Text and Talk*. Washington: Georgetown University Press, 71-93.

Schegloff, Emanuel A.　1987　Recycled turn beginnings: A precise repair mechanism in conversation's turn-taking organization. In G. Button and J. R. E. Lee（eds.）, *Talk and Social Organization*. Clevedon: Multilingual Matters, 70-85.

Schegloff, Emanuel A.　1992　Repair after next turn: The last structurally provided defense of intersubjectivity in conversation. *American Journal of Sociology* 97（5）: 1295-1345.

Schegloff, Emanuel A.　1996　Turn organization: One intersection of grammar and interaction. In Elinor Ochs, Emanuel A. Schegloff and Sandra A. Thompson（eds.）, *Interaction and Grammar*. Cambridge: Cambridge University Press, 52-133.

Schegloff, Emanuel A.　1998　Reflections on studying prosody in talk-in-interaction. *Language and Speech* 41（3-4）: 235-263.

Schegloff, Emanuel A.　2000a　On turn's possible completion, more or less: Increments and trail-offs. *Paper Presented at the Euro-Conferences on Interactional Linguistics*, Spa, Belgium.

Schegloff, Emanuel A.　2000b　Overlapping talk and the organization of turn-taking for conversation. *Language in Society* 29（1）: 1-63.

Schegloff, Emanuel A.　2001　Accounts of conduct in interaction: Interruption, overlap, and turn-taking. In Jonathan H. Turner（ed.）, *Handbook of Sociological Theory*. New York: Kluwer Academic/Plenum Publishers, 287-321.

Schegloff, Emanuel A., Gail Jefferson and Harvey Sacks　1977　The preference for self-correction in the organization of repair in conversation. *Language* 53（2）: 361-382.

Selting, Margret　2010　Prosody in interaction: State of the art. In Dagmar Barth-Weingarten,

Elisabeth Reber and Margret Selting （eds.）, *Prosody in Interaction*. Amsterdam/ Philadelphia: John Benjamins, 3-40.

Stivers, Tanya and Jeffrey D. Robinson   2006   A preference for progressivity in interaction. *Language in Society* 35 （3）: 367-392.

Szczepek Reed, Beatrice   2007   *Prosodic Orientation in English Conversation*. London: Palgrave Macmillan.

Szczepek Reed, Beatrice   2013   Conversation analysis and prosody. In Carol A. Chapelle （ed.）, *The Encyclopedia of Applied Linguistics*. Oxford: Wiley-Blackwell, 1082-1086.

Vorreiter, Susanne   2003   Turn continuations: Towards a cross-linguistic classification. *Interaction and Linguistic Structures* （39）: 1-25.

Walker, Gareth   2004a   On some interactional and phonetic properties of increments to turns in talk-in-interaction. In Elizabeth Couper-Kuhlen and Cecilia E. Ford （eds.）, *Sound Patterns in Interaction: Cross-linguistic Studies from Conversation*. Amsterdam/ Philadelphia: John Benjamins, 147-169.

Walker, Gareth   2004b   The phonetic design of turn endings, beginnings, and continuations in conversation. Ph. D. dissertation, University of York.

Walker, Gareth   2013   Phonetics and prosody in conversation. In Jack Sidnell and Tanya Stivers （eds.）, *The Handbook of Conversation Analysis*. Oxford: Wiley-Blackwell, 455-475.

Walker, Traci   2014   Form ≠ function: The independence of prosody and action. *Research on Language and Social Interaction* 47 （1）: 1-16.

Wells, Bill and Sarah Macfarlane   1998   Prosody as an interactional resource: Turn-projection and overlap. *Language and Speech* 41 （3-4）: 265-294.

Wells, Bill and Sue Peppé   1996   Ending up in Ulster: Prosody and turn-taking in English dialects. In Elizabeth Couper-Kuhlen and Margret Selting （eds.）, *Prosody in Conversation*. Cambridge: Cambridge University Press, 101-130.

Zhang, Wei   2012   Latching/Rush-through as a turn-holding device and its functions in retrospectively oriented pre-emptive turn continuation: Findings from Mandarin conversation. *Discourse Processes* 49 （3-4）: 163-191.

Zhang, Wei, Bin Li and Angela Chan   2012   Preliminary observations of phonetic characteristics cuing turn continuation in spoken Mandarin. In *Proceedings of Meetings on Acoustics 163ASA* （Vol. 15）, Hong Kong.

自然口语对话中的话语叠连现象
研究综述[*]

曹佳鸿　张文贤　李先银[**]

提　要

话语叠连是日常口语对话中常见的语言现象，如"对对对""no no no"等。文章回顾了话语叠连现象的相关研究，主要从话语叠连与重叠的关系、话语叠连的界定、话语叠连的形式及功能这几方面进行总结与分析。重叠是构词或者构形手段，而话语叠连是语用手段，没有语法意义，具有交际功能。叠连的形式多样，常见的叠连次数是两次与三次。叠连的功能主要有强化、表达立场不一致、阻止对方行为以及祈使与催促四类。文章最后还指出了已有研究存在的问题及对未来研究做出了展望。

关键词

话语叠连；重叠；语用；自然口语对话

＊ 本文受国家社科基金重大项目"汉语自然口语对话的互动语言学研究"（项目编号：20&ZD295）的资助。

＊＊ 曹佳鸿，厦门大学人文学院中文系博士研究生，研究方向为话语功能语法、互动语言学。电子邮箱：756113378@qq.com。张文贤，北京大学对外汉语教育学院长聘副教授、研究员，研究方向为互动语言学、篇章语法。电子邮箱：zhwenxian@pku.edu.cn。李先银，北京语言大学语言科学院研究员，研究方向为互动语言学、语法教学。电子邮箱：lixianyin@blcu.edu.cn。张文贤为本文通迅作者。

A review of studies on multiple sayings in conversation

Cao Jiahong   Zhang Wenxian   Li Xianyin

Abstract

Multiple sayings are common in natural conversations, such as "*dui dui dui* (yes yes yes)" "no no no" and so on. This paper gives a brief review of relevant researches on multiple sayings, focusing on the relationship between multiple sayings and reduplication, the definition of multiple sayings, and the forms and functions of them. Reduplication is the method of formation and configuration, but multiple sayings which are not grammatical phenomenon are pragmatic means to communicate. The forms of multiple sayings are various and usually repeat two or three times. For the functions of multiple sayings, four types are categorized: intensification, unaligned stance, preventing others' behaviors and urging others. Finally, this paper points out the problems in the existing researches and shows the prospect of future studies.

Keywords

multiple sayings; reduplication; pragmatics; conversation

1. 引言

在自然口语对话中，经常出现说话者连续多次重复一个语言形式，中间没有停顿的现象，即话语叠连现象。如例（1）第 5 行中的"放放放"：

（1）【做饭】

01　　C：等一 xi 等我捞完你再放。

02　　（（C 从锅里往出捞花椒））

03　　A：天呐，我觉得你这个油不行，冒烟啦！

04　　C：昂［放吧］

05→　B：　　［开始］，放放放。

06　　（（A 往锅里放豆角））

07　　B：再来一点。

08　　C：其实应该先放一点肉。①

上例中，A、B、C 三人在炒菜（豆角炒肉），第 5 行 B 使用"放放放"来催促 A 往锅里放豆角。虽然叠连是日常口语中出现频率非常高的语言现象，但是目前对于该现象的研究并不丰富，仍有待进一步深入。

在会话分析研究早期，叠连和重复（repetition 或者 recycling）纠缠在一起，Schegloff 等（1977）与 Schegloff（1987）在研究修复现象时注意到了重复现象，Müller（1996）在研究衔接语等会话现象时也提到了叠连，但都没有深入探讨。专门对叠连现象进行系统研究的是 Stivers（2004），随后才有一些学者开始关注自己母语中叠连的功能以及出现的语言环境。

叠连在国内长期不受重视。汉语学界关注的热点在于词法和句法内部的重

---

① 例（1）及例（7）、（8）、（10）、（14）均转引自曹佳鸿（2020）。

叠现象，其相关著作、论文以及综述类研究都成果颇丰，但是大多不包括话语叠连。2000 年 1 月在华中师范大学召开的"汉语重叠问题国际研讨会"上，绝大多数论文将重叠现象限制在词法与句法内部来探讨其功能。关于重叠的综述研究也都将"是是是"这类叠连现象排除在外（吴吟，2000；董为光，2011；蒋协众，2013；王静，2017）。但随着互动语言学的发展，研究视角逐渐转向真实的自然口语，一些学者开始关注以往被忽视的话语叠连现象，相关研究取得了重要进展。

本文将就话语叠连与重叠的关系、话语叠连的界定、话语叠连的形式及功能这几方面进行综述，力图为话语叠连的进一步研究提供参考。另外，我们还将就当前研究存在的问题进行分析。

2. 话语叠连与重叠

重叠一直是学界关注的热点，从 2000 年 1 月到 2012 年 3 月，与"重叠"相关的论文多达 641 篇（蒋协众，2013）。与重叠研究相比，话语叠连研究不仅起步晚，而且数量较少。话语叠连与重叠的区别，是在重叠研究的不断深入以及国外研究的影响下逐步厘清的。

2.1　重叠

重叠包括构词重叠与构形重叠。构词重叠指的是一个音节或者语素重叠后成为词。构形重叠是语法手段，重叠后的成分具有较为稳定的语法意义，不会因语境等非语言因素的影响而产生较大变化。如动词重叠表示动作短暂或尝试，形容词重叠表示程度减轻或加重。重叠的基式不可以是词组，只能重叠两次，方式有"ABAB"或"AABB"，且读音通常发生变化，如"打扫打扫"。重叠在英语中为"reduplication"，属于构词法，如 click-click，没有交际强化（communicate reinforcement）功能。

2.2　话语叠连

话语叠连是语用手段，没有语法意义，具有交际功能，在英文中表达为"repetition"或"multiple sayings"。叠连在不同语境中产生的语用效果差异较大，且没有具体的语义解释。丁崇明（2001）指出，说话者产出的叠连在违反问话人的心理企盼时，会产生不礼貌的语用效果，如例（2）中乙的回答。相反，当叠连所产生的语义正好符合对方的心理企盼时，会产生礼貌的语用效果，如例（2）中丙的回答。

> （2）甲：张主任让我来复诊。请问，他在吗？
> →乙：不在不在。　　　　　丙：在在在。①

叠连的基式可以是词、词组或者小句，且可以叠连两次以上，如"不在不在不在"，方式只有"ABAB（AB）"，且读音不发生变化。

2.3 话语叠连研究的独立

朱德熙（1982：25）早就指出，在研究重叠式时，应该注意以下几个方面：①重叠式的结构类型和语音特征（重音、变调）；②基式和重叠式的语法功能的异同；③重叠式的语法意义。随后的很多研究均从这三个角度入手，重点关注重叠内部的构形重叠及其语法表现（邵敬敏，1990；李珊，1993；李宇明，1996；陈光，1997；张谊生，1997；郭继懋，1999）。但这些研究主要是关于构词重叠与构形重叠的，与语用重叠相关的研究较少。另外，该阶段的语用重叠仍被认为是语法层面的词语重叠，如范晓（1983）在讨论重叠短语时认为"你看你看"这类短语重叠也可以组成重叠短语，李宇明（1996）在讨论动词重叠（中间没有停顿）表示多量时列举了下面这个例子，可见语用重叠还未从词语重叠中完全分化出来。

> （3）结婚结婚结婚，一张口就是结婚，烦死了。②

进入 21 世纪，随着对重叠研究的不断深入，有学者开始关注这种语用重叠，并将其称为"词语叠连"，如丁崇明（2001）关注了词语叠连后会产生不礼貌的语用效果。由此，"叠连"自成一类，"好！好！好！"之类的话语形式不再被看成重叠了（董为光，2011；蒋协众，2013）。有学者区别了词语叠连

---

① 转引自丁崇明（2001）。
② 转引自李宇明（1996）。

与词语重叠（杨玉玲，2013），让具有语用意义的语言形式从关注语法意义的重叠中脱离出来。

但学者们并未全面考察"叠连"的形式与功能，研究范围只停留在词语叠连上，如邵敬敏、朱晓亚（2005）关注"好"的叠连，李艳（2010）关注"对"的叠连。直到李先银（2016）使用"话语叠连"一词来表明这是互动口语交际中常见的语言使用现象，说明叠连本质上是一种交际中的语用现象，并不只局限于词语叠连内部，还可以有"太好了太好了"这样的非词叠连。

这种从构词重叠向话语叠连方向的转变，实际上是传统语法研究向用法研究的转变。从前被排除在研究范围外的话语叠连现象，逐渐被学者们纳入研究视野，说明了其研究的必要性以及语言学研究的发展。

2.4 叠连与重叠的关联

除了上文提到的叠连研究由重叠研究分化而来外，也有学者就二者的关联开展了历时性及共时性研究。

在历时性方面，李英哲（2000）、刘丹青（2012）认为话语的叠连形式有可能发展为重叠。李英哲（2000）引用上古汉语中只有重复而没有重叠的例子来论证重叠是重复转变的结果。如"行行重行行"中的"行行"指的是"走路再走路"，不能翻译为"走走"，可见从"行行"到"走走"经历了由重复变为重叠的过程。刘丹青（2012）提到了一种由作为引语的反复话语发展而来的重叠，认为这是通过引述宾语的功能扩展及状语化而完成了由叠连到重叠的转化。例如：

（4）王金龙也不客气，大哥大哥地随着他叫了起来。①

在共时性上，Gil（2005）将区分叠连与重叠的六条标准（输出单位、交际强化功能、语义解释、语调范围、基式连续性、基式数量）与实际语言情况进行比对，发现孤立语（印度尼西亚语）中有些例子更靠近叠连，有些更靠近重叠，在叠连与重叠之间存在着一个连续统。这为我们研究汉语中的重叠与叠连提供了思考与启发。与Gil（2005）的方法论一致，徐默凡（2009）将

---

① 转引自刘丹青（2012）。

修辞性重复和语法性重复放到一个连续统中进行考察，发现有一些修辞性重复已经开始语法化的进程，例如：

（5）伏尔加河像一棵枝权蔓生的大树，它的中下游大约分布着 200 条大大小小的支流，其中 70 多条可以通航。

徐文认为，"大大小小"这种两个反义形容词重叠连用的用法，往往具有遍指意义，"意味着该格式已经发展出曲折的量的含义"，即已进入语法化进程。

3. 话语叠连的界定

在国外研究中，学者们普遍认为话语叠连是一种重复现象（Johnstone，1987；Gil，2005；Tannen，2010；Wong，2015），并没有针对叠连进行专门的研究。Stivers（2004）是最早对话语叠连这种现象进行系统研究的学者，她将其称为"多重话语"（multiple sayings），并进一步定义了多重话语的特征：①一个完整的谈话单元必须重复多次；②必须由同一个说话者产出；③必须具有相同的音段成分；④必须是即时连续发生；⑤必须在同一个语调单位内部完成。

国内大部分研究将叠连定义为超越句法单位的话语单位的重复，属于语用层面和语篇层面的语言现象（彭兰玉，2003；崔静，2007；徐默凡，2009；孙利萍、方清明，2011；刘丹青，2012）。彭兰玉（2003）将叠连称为"词的话语重现"，认为叠连是一种话语重叠，是动态的，是话语活动的临时组合。崔静（2007）直接将叠连称为"语用重叠"，认为其是同一说话者临时性地全部或部分地重复使用能独立运用的同一语言单位或构成模式。徐默凡（2009）将叠连称为"修辞性重复"，认为其是临时构造的可以表达主观态度的语篇现象。孙利萍、方清明（2011）认为叠连是一种前置话语标记。与彭文一致，刘丹青（2012）也认为重叠属于话语单位的重复，是由话语反复发展而来的一种次生重叠。

以上研究都没有涉及叠连的语音形式，涉及叠连语音表现的有丁崇明（2001）、杨玉玲（2013）、李先银（2016）。丁崇明（2001）在研究叠连不礼貌语言时指出，叠连的词语之间没有语音停顿，两个或两个以上词语重复连着说出来。与丁文不同，杨玉玲（2013）指出，词语叠连虽然语气比较急促，但中间可以停顿。李先银是国内首个从互动交际的角度来考察叠连的学者，并明确给出了话语叠连的定义：话语叠连指互动交际中某个独立的语言形式被同一个说话者多次重复连用，中间没有语音停顿，形成一个完整的语调单位（李先银，2016）。

4. 话语叠连的形式

4.1 叠连的基式形式

国外研究中，Stivers（2004）发现英语中叠连的基式形式可以分为词语叠连与短语、句子叠连这两类。词语叠连主要有"alright, no, yes, wait, oh, okay，good"等，频率最高的是"yes"和"no"的叠连。短语叠连的形式文中只提到一种，即"right there"的叠连；句子叠连一般是短句，长度为2~3个词，如"wait a minute""I'll eat them"。

在国内研究中，从语法形式上看，徐默凡（2009）认为基式的形式可以有动词、形容词、量词、名词、疑问代词、程度副词，还可以有短语和句子。孙利萍、方清明（2011）发现叠连基式可以是助词和副词，还可以带语气词。曹佳鸿（2020）发现，词语叠连的出现频率明显高于结构叠连，词语叠连的种类少，但出现的例数多；结构叠连的种类较多，但出现的例数不如词语叠连。词语叠连中，基式的词性从名词、数词、代词、动词、形容词、副词、叹词到助词均有分布。动词、形容词、副词以及叹词的出现频率较高。结构叠连中，主谓结构、述宾结构、定中结构、状中结构、述补结构、数量结构、介宾结构、"的"字结构、"词+语气词"结构均有出现。主谓、述宾、状中、"词+语气词"结构的出现频率较高。

除了按照语法形式分类，还有学者按照表意将词语叠连分为四种类型。抱怨式词语叠连，如：玩玩玩，就知道玩。曲解式词语叠连，如：离婚离婚，离开发昏的女人。称呼式词语叠连，如：你总是导演导演地叫我，好像很怕我的样子。话题式词语叠连，如：家庭家庭不顺，事业事业不顺（杨玉玲，2013）。但其分类只涉及句内成分。

从基式的长度看，曹佳鸿（2020）发现的基式从单音节到六音节均有分布，最长的六音节基式形式为"出个小一点的"。主要集中在单音节和双音节基式，共占总数的85%。叠连的基式越长，出现频率越低，叠连次数也越少。

赵军（2010）、李先银（2016）、王静（2017）均将叠连从形式上分为完全重叠和不完全重叠。不完全重叠指的是"你跟我嚷什么你"这种在句尾出现重复的情况，也称为间隔重叠（董为光，2011）。孟琮（1982）最早提到了这种现象，李向农（1985）认为这种现象属于汉语口语中的一种追加现象——表示感叹、命令、急促回答，并认为后面的追加成分是前面已经出现的成分的意念成分。张旺熹（2012）也专门针对这种叠连进行了研究，认为这种结构是言者主要用来进行情感表达而非信息传递的一种话语结构。

4.2 话语叠连的次数

一般来说，话语叠连的次数为两次及以上。在英语的叠连现象中，Stivers（2004）发现话语叠连的次数有二至五次不等，词语叠连一般为三至五次，短语或句子叠连为二至三次。在德语的叠连研究中，Barth-Weingarten（2011）研究了"ja"（"是"）的叠连模式，发现叠连次数与其序列环境相关，常见的叠连次数为两次，但是在某类特别语境（制止、请求）下，叠连次数还可以更多。在汉语的叠连现象中，叠连一般没有次数限制（彭兰玉，2003；刘丹青，2012），双音节词的叠连次数通常为两次，单音节词通常叠连三次（丁崇明，2001；马庆株，2009；孙利萍、方清明，2011；李先银，2016），有时甚至可以七叠（李先银，2016）、八叠、九叠，八叠、九叠的只能是单音节词，如"退退退退退退退退退"（曹佳鸿，2020）。李艳（2010）认为"对"三次叠连远远多于二次叠连的原因在于三次叠连在时长上与二次叠连和不叠连区别度大得多，这就使说话者赢得组织话语的时间，从而使话语变得前后连贯。

5. 话语叠连的功能

在国外研究中，社会语言学者Tannen（2010）指出，在人际①中，叠连以一种更加普遍且微妙的方式表达了说话者的态度，在系统功能语言学派看来，

---

① 指的是系统功能语言学中三大元功能中的人际功能。

叠连应该被定义为一种评价。那么，叠连在互动中的主要功能是什么？说话者在使用叠连形式时到底想要实现什么交际意图？综观国内外研究，叠连的功能主要可以分为强化、立场不一致、阻止对方行为以及祈使与催促这几类。

5.1　强化

很多学者认为叠连最主要的功能为强化（intensify）。不少学者指出，叠连体现了语言的象似性（崔静，2007；徐默凡，2009；刘丹青，2012；李先银，2016），用重复的形式来表征意义领域的数量变化，非常符合我们的知觉体验（徐默凡，2009）。Müller（1996）认为叠连能够增强识别度（recognition），并引用了一个法语会话的例子来进一步说明。

> （6）【展览】
>
> 01　A：j'ai vu qu'il y avait l'exposition：au Musée des
>
> 02　　　I saw there was an exhibition at the Art
>
> 03　B：Beaux-arts ça je vais y aller. C'est pas：ça vient
>
> 04　　　Museum I'm going to go there. It's not：it just
>
> 05　　　d'ouvrir aujourd'hui là.
>
> 06　　　opened today.
>
> 07→B：Oui oui oui
>
> 08　　　yes yes yes
>
> 09　A：ça je vais y aller ça dure tout' l'été，（continues）
>
> 10　　　I'm going to go it's on all summer（continues）[①]

从这个例子中可以看到，08 行面试官 B 产出了一个叠连形式"yes yes yes"。一方面，Müller（1996）认为，叠连后的"yes yes yes"识别度强于"yes"；另一方面，Müller（1996）还认为，"yes yes yes"是面试官 B 在表达自己非常确信对方说的内容，以此来鼓励对方继续说下去，这样做还可以引导面试者说更多他想要的东西，成为一种促使对方谈话的资源。

　　与国外研究一致，国内很多学者也认为，叠连最主要的功能是强化（孟

---

① 转引自 Müller（1996）。

琼，1982；马庆株，2009；杨玉玲，2013；孙利萍、方清明，2011）。丁崇明（2001）认为叠连的基本功能为通过量的增加起到强调某种语义的作用。叠连强化的内容可以是多方面的，有事物量、礼貌度、情绪性、持续性、状态性、信息性（彭兰玉，2003）。具体来说，无论叠连的基式是简是繁，是肯定还是否定，叠连均可实现强化功能。从表示肯定的"是""对""好"（赵聪，2006；李艳，2010），到表示否定的"不""没"（丁崇明，2001；李先银，2016；李先银、张文贤，2022），从简单的叹词（杨婕、王晓凌，2017）到小句（马洪海，2003；彭兰玉，2003；张文贤、王成英，2020），都可通过叠连获得强化，表达强烈的意愿，加强其表情、表态以及语气。

在叠连表示强化的研究中，出现较多的是肯定和否定叠连，其基式一般为单个的肯定或否定应答词，如英语的"yes""no"，汉语的"对""是""不"等。这类出现在应答中表示强化的肯定或否定叠连，均遵循了数量上的象似性，是肯定或否定意义的强化叠加。

李先银（2016）认为肯定叠连主要分为三类：应答类叹词，如"嗯嗯"；表达肯定判断和评价的动词和形容词，如"是是是""对对对""好好好"；一些短语或惯用表达、习语性构式，如"没问题没问题"。其中，已有研究中关注较多的是第二类，如邵敬敏、朱晓亚（2005）发现叠连后的"好"可以用于赞赏以及应允对方，并指出这种用法属于积极应对功能。赵聪（2006）、李艳（2010）在研究中指出，"对""是""好"叠连后都还能表达原有的赞同、增加认同的功能。下面例子中04行的"对对对对"属于肯定叠连，用于肯定对方给出的答案。

（7）【吃火锅】

01　　L：叫李平有点像（0.2秒）金庸小说里的。

02　　B：不像金庸小说，像那个：嗯：什么时候会叫李平？

03　　Y：就是都市剧里面普通男女[的名字]。

04→　B：　　　　　　　　　　　　　　　　[啊对对对对]，什么王伟呀，这种。

李先银（2016）将否定叠连分为否定性叹词兼拟声词，如"呸呸"；否定应答词，如"不不不"；话语否定标记，如"好了好了"。这类否定叠连与肯定叠连的数量象似性一致，属于否定意义的直接强化叠加。李先银、张文贤

（2022）又将否定叠连定义为：同一说话者连续重复使用否定词"不""没
（有）""别"等或由否定词参与构成的语块而形成一个独立语调单位的现
象。文章发现，汉语的否定叠连比较发达，否定叠连用于对始发行为的回
应，常位于回应话轮开头位置，偏好用于对受夸赞等"利己"行为和受贬
低等"损己"行为作回应，用于"利己"行为回应表现为礼貌和语气弱化
的谢绝或否认，用于"损己"行为回应表现为语气强烈的拒绝或否认，这
种语用上呈现出来的对立，是互动交际中维护社会关系还是维护利益动态调
节的结果。文章还发现，"不"的叠连倾向于否定行为层，"没"的叠连倾
向于否定命题层，当话语包含命题时二者呈现出较强的中和倾向，这是由否
定回应的复合性造成的。

总的来说，自然口语中的话语叠连所实现的强化功能，均是为了在话语情
境中实现某种交际目的（Gil，2005；张旺熹，2012；李先银，2016；曹佳鸿，
2020；李先银、张文贤，2022）。如 Gil（2005）指出，在交际过程中，话语叠
连可以"有效传送信息，确保对方听到；抗噪声干扰，避免信息丢失；增加
信息强度，给听者留下更强的印象"。另外，叠连还可以为话语填补空档，增
加思索和生成下一个话语单位的时间（刘丹青，2012）。曹佳鸿（2020）认
为，说话者使用叠连可以增加信息的确定性，增强言者的情感态度，以此实现
自己的交际目的。

5.2 立场不一致

话语叠连除了表达强化外，还可以表达说话人的立场不一致。Stivers
（2004）指出这类话语叠连的位置一般在回应位置，但并不是针对上一话轮的
回应，而是针对先前一系列行为的回应。"一系列行为"指的是可以分为多个
阶段或多步的行为。其功能也相应地从"表示与上一话轮的立场不一致"扩
展到"表示与先前说话者一系列行为的立场不一致"。在这种语境下，说话人
通过叠连，既可以将原本表示立场一致的语言形式如"好"变为表达立场不
一致的"好好好"，也可以将原本不表示立场的一般词语如"吃"变为不认同
的"吃吃吃"。

曹佳鸿（2020）认为，说话者虽然使用了"好""行"等肯定词，但是其
叠连后所浮现出来的隐含义是内心的不认同。"好""行"无法表达字面意思
背后的不认同，只有叠连后的"好好好""行行行"才能浮现出这种姑且认同

的语义。下面这个例子中，H、B 二人发生意见不一致的情况（02、03 行），在 B 的请求（"把你的行李箱摊地上"）被拒绝后，04 行 B 用叠连"行行行行行"做出妥协，06 行紧接着产出了"要你的行李箱何用"表示抱怨，可见 04 行的"行行行行行"只是表面上同意对方，实际上内心并不认同。随后 07 行 H 继续就行李箱放不放东西进行争论，B 此时再次产出叠连"好好好好好"来结束争论，同时伴随着叹气，可见这里的叠连也只是姑且认同。

（8）【收拾东西搬家】

01　H：呀能寄走的就寄走，我行李箱里尽量少放。

02　B：哦对你还有行李箱，把你的行李箱摊地上吧。

03　H：嗯先把这些能寄走的都寄走再摊我的行李箱。

04→ B：行行行行行。

05　H：给！

06　B：要你的行李箱何用，这这要吗？

07　H：要，不是，那你说反正要花钱呢，让我受苦干嘛？

08→ B：好好好好好（（叹气））。

　　除了肯定形式的叠连外，其他非肯定形式的词也可以表示立场不一致。当消费义动词"吃"变为"吃吃吃"时，有学者认为这是一种不耐烦、不满意、不赞成（马庆株，2009），如例（9）。曹佳鸿（2020）认为这是一种间接表达，在例（10）中，说话者通过叠连形式给出一个自己的答案，巧妙拒绝了对方的答案，避免了对方对该答案进行质疑或更改的可能。

（9）吃吃吃，你就知道吃。①

（10）【做贺卡】

01　J：活泼，活泼用英文怎么说呀，褒义的。

02　C：（（喝饮料））energetic。

03→ J：actively actively actively，actively，等下啊，他上课很活跃怎

04　　么说，我给你写一下，actively in class……

---

① 转引自马庆株（2009）。

5.3 阻止对方行为

阻止对方行为这一功能往往是从叠连表达立场不一致中衍生出来的。说话者通过产出肯定形式的叠连，姑且认同对方的观点，除了表示内心不认同的立场外，还有一个重要的交际目的，即阻止对方继续该话题。

（11）【晚饭】

01　JUD：<F：resh french fries. >（（showing them to ROB））

02　ROB：［Co^o：l.

03　JUD：［You are going to eat the：se；

04　JUD：b［ecause they're fr：esh；［so-］［（（putting fries back））

05→　ROB：［Right o：n.　　　　　　［I'll］eat 'em＝［I'll eat 'em

06　　　　　＝I'll eat 'em.

07　VIC：Hambur［ger.（（holding up plate of burger patties to ROB））

08　ROB：　　　　［So-［Uhm

09　VIC：　　　　　　　　［You like uh hamburger, uh chili cheeseburger①

Stivers（2004）分析道，上面这个例子中，Judy 和她的室友 Robert、Victory 在吃晚餐，通常 Robert 是不吃薯条这类垃圾食品的，Judy 为了劝他吃薯条说这是新鲜的炸薯条。然而 Robert 已经表示了自己愿意吃薯条（02 行），但是对方还在劝他。于是从 05 行开始，Robert 连着说了好几次"I'll eat them"，以此来表示自己已经知道对方的劝说意图了，不用再劝了。随后 Judy 悄无声息地放弃了劝说。从这个例子可以看出，Robert 产出叠连的意图是制止对方正在进行的劝说行为。

与 Stivers（2004）的发现一致，还有一批研究（Golato and Fagyal，2008；Barth-Weingarten，2011；Seuren and Huiskes，2017）在德语中也发现了肯定叠连用于阻止对方行为的情况。Golato 和 Fagyal（2008）考察了德语中"jaja"（"是是"）的互动功能，发现当重音在第一个音节上时，说话者在表示自己已经知道了上一说话者想要告知的信息，想要进一步制止对方。Seuren 和

---

① 转引自 Stivers（2004）。

Huiskes（2017）在研究德语的"jajaja"（"是是是"）时也发现了同样的功能，并在此基础上提出它适合出现在结束序列中。

国内也有一些学者认为当说话者使用叠连形式时，虽然表面上看是让步，实际上却是在阻止对方继续说话。邵敬敏、朱晓亚（2005）认为"好"的这种叠连用法可以用于让步，当对方提出某种尖锐批评、否定性评价或者说出听话者不愿意听的话时，为了避免与对方直接发生冲突，维持双方的关系，听话者就只能用"好"叠连以做出让步；同时，这里实际上也起到一种阻止对方继续说话的拦截功能。

"行行行"也具有阻止对方继续说话的功能。赵聪（2006）认为下面例子中的"行行行"可以表达让步和劝阻功能，但是带有一种不耐烦的语气。

（12）【炊事班】

01　胡：姜啊，姜，花儿买了吗？

02　姜：那个卖花的没了，要不这两样你挑一样。

03　（（一手拿了一把韭菜一手拿了一把芹菜））

04→胡：行行行，一边去，弄点水果，弄点水果去。[①]

04 行中说话者其实是在阻止对方，使用"行"的重叠形式不仅可以达到阻止的目的，还可以表现应答者对对方行为或话语的不耐烦。与赵文类似，上文例（9）中的"吃吃吃"也是在阻止对方，说话者内心并不想让对方继续"吃"。

张文贤、王成英（2020）认为，叠连使用的"我知道"有时也是表面认同，实为阻止对方言谈，表达不耐烦的态度，表示"你说的我都认同，够了，请你不要再说了"。出于情面，说话者用这种表面认同的伪装形式表达不耐烦，希望对方能停止谈论这方面的话题。这时，"知道"前面可以用"都"或者"全"加强语气。例如：

（13）【聊天】

01　A：哎，我跟你讲，你妈妈讲通了，要买那个什么，要买空调呢。

02　B：哎，这点就我都知道。我，我……

---

① 转引自赵聪（2006）。

03　　A：哦，是吗？我跟你讲，那个谁，姐姐那护照是怎么回事儿啊？

04→　B：嗯，我知道，我，呃，我，我都知道我都知道我都知道，

05　　　　我的现在你甭说我们家事儿，我们家事儿我全知道。①

5.4　祈使与催促

马庆株（2009）认为"来来来"这种自主动词的叠连表示的是祈使、督促，如"来来来，快点来"。"来"叠连为"来来来"表明说话者强烈的意愿，增加的也是说话者的情感意图。丁崇明（2001）认为趋向动词"去""来""开""出来""起来""下来""进来""过来""下去""上去""回去""过去"、中补短语"学习去""劳动去"、单音节动词"让""走""去"，以及动宾短语"交钱"等形式所构成的叠连可以表示急切、不客气地催促他人干某事。曹佳鸿（2020）也发现叠连可以用于催促，表示急切。具体表现为急于达成某事，让对方开始、结束正在进行的行为动作及其方式等。另外，曹文还认为叠连表示急切和催促的祈使还是不如"赶紧""赶快"等直接表示催促的词语。如例（14）中的 05 行的"放吧放吧放吧"，虽然表示祈使，但对方没有立即照做，于是说话者又产出了"赶紧放"。

（14）【做饭】

01　B：调料已经放完了呀。

02　H：这个啊？

03　B：这个最后放。

04　（（L 先放了一块排骨））

05→H：放吧放吧放吧，全[放，赶紧放]。

06　B：　　　　　　　[全倒] L。

6. 结语

本文主要对话语叠连的相关概念以及已有研究做了综述。首先厘清了叠连

---

① 转引自张文贤、王成英（2020）。

与重叠的使用范围及关联，然后对叠连的界定、形式和功能做了总结与分析，我们也发现目前已有的研究还不够充分。

叠连的专门研究出现时间比较晚，还属于有待深入探讨的领域。从已有的研究来看，大部分研究只研究个别的几个应答词，如德语中的"ja"（"是"）和汉语中的"是、对、行、好"，虽然这些词语的使用频率很高，但偏向零散的研究使我们尚未看到叠连现象的全貌。

与国外研究相比，由于国内尚未建立起真正的自然口语语料库，目前的研究大多停留在非自然口语上，大部分国内学者以小说对话、电视剧台词为语料，这些语料并不能真正做到客观真实，割裂了真实语境和语言之间的紧密联系。叠连这种语言形式是非常典型的口语现象，仅仅凭小说对话或电视剧台词等语料是无法发现其在交际互动中的功能的。

除以上不足外，国内的叠连研究也有其独有的特点。国内的叠连研究主要从语法层面的重叠出发，慢慢扩展到语用层面的叠连。汉语的孤立语类型导致词与词之间的界限不易厘清，如"写写"到底是重叠还是叠连，需要放到不同语境下才能区分开，这就造成了汉语中的叠连研究常常伴随重叠的现象。而国外关于英语以及德语的叠连研究，其研究对象比较单纯，这可能是由于受到屈折语类型的影响，词内与词外的界限非常清晰，较易区分词内重叠和词外叠连。此外，我们认为，未来可以进一步研究的课题有：叠连、重复、反复之间的关系，叠连的次数与韵律之间的关系，停顿与叠连的关系，等等。我们期待更多、更好的研究出现。

转写体例

转写体例主要参考 Du Bois 等（1993）以及陶红印（2004）中的转写规则，具体如下：

（（　））　　转写者或研究者的注释，说明非言语事件或者周围非语言声音

@　　　　笑声

[　]　　　两人说话交叠部分

（2s）　　 2 秒停顿

:　　　　　声音延长

<@　@ >　说话者边笑边说

<XXX>　 听不清的部分

参考文献

曹佳鸿　2020　《自然会话中的叠连现象研究》，北京大学硕士学位论文。

陈　光　1997　《现代汉语双音动词和形容词的特别重叠式——兼论基本重叠式的类化作用与功能渗透》，《汉语学习》第 3 期。

崔　静　2007　《汉语语用重叠的象似性研究》，华东师范大学硕士学位论文。

丁崇明　2001　《论词语叠连式不礼貌语言》，《语言文字应用》第 3 期。

董为光　2011　《汉语重叠式概说》，《语言研究》第 2 期。

范　晓　1983　《谈重叠短语》，《语文学习》第 12 期。

蒋协众　2013　《21 世纪重叠问题研究综述》，《汉语学习》第 6 期。

郭继懋　1999　《再谈量词重叠形式的语法意义》，《汉语学习》第 4 期。

李　珊　1993　《双音动词重叠式 ABAB 功能初探》，《语文研究》第 3 期。

李先银　2016　《自然口语中的话语叠连研究——基于互动交际的视角》，《语言教学与研究》第 4 期。

李先银　张文贤　2022　《汉语自然口语对话中的否定叠连》，《中国语文》第 3 期。

李向农　1985　《对〈汉语口语里的追加现象〉的一点补充》，《汉语学习》第 4 期。

李　艳　2010　《"对"类标记词及其叠连用法的话语功能分析》，《暨南学报》（哲学社会科学版）第 4 期。

李英哲　2000　《从语义新视野看汉语的一些重叠现象》，《汉语学报》第 1 期。

李宇明　1996　《论词语重叠的意义》，《世界汉语教学》第 1 期。

刘丹青　2012　《原生重叠和次生重叠：重叠式历时来源的多样性》，《方言》第 1 期。

马洪海　2003　《重叠复句及其语用功能》，《语文学刊》第 3 期。

马庆株　2009　《关于重叠的若干问题：重叠（含叠用）、层次与隐喻》，《汉语重叠问题》，华中师范大学出版社。

孟　琮　1982　《口语里的一种重复——兼谈"易位"》，《中国语文》第 3 期。

彭兰玉　2003　《词的话语重现与语法重叠》，《常德师范学院学报》（社会科学版）第 2 期。

邵敬敏　1990　《ABB 式形容词动态研究》，《世界汉语教学》第 1 期。

邵敬敏　朱晓亚　2005　《"好"的话语功能及其虚化轨迹》，《中国语文》第 5 期。

孙利萍　方清明　2011　《汉语话语标记的类型及功能研究综观》，《汉语学习》第 6 期。

陶红印　2004　《口语研究的若干理论与实践问题》，《语言科学》第 1 期。

汪国胜　谢晓明（主编）　2009　《汉语重叠问题》，华中师范大学出版社。

王　静　2017　《汉语重叠研究综述》，《现代语文》（语言研究）第 9 期。

吴　吟　2000　《汉语重叠研究综述》，《汉语学习》第 3 期。

徐默凡　2009　《语法性重复和修辞性重复》，《修辞学习》第 2 期。

杨　婕　王晓凌　2017　《试析现代汉语叹词的重叠》，《浙江海洋学院学报》（人文科学版）第 1 期。

杨玉玲 2013 《汉语词语叠连的类型及其功能》,《汉语学习》第 6 期。

张旺熹 2012 《汉语人称代词复用结构的情感表达功能——基于电视剧〈裸婚时代〉台词的分析》,《当代修辞学》第 3 期。

张文贤 王成英 2020 《汉语口语中"我知道"的回应功能》,《海外华文教育》第 2 期。

张谊生 1997 《副词的重叠形式与基础形式》,《世界汉语教学》第 4 期。

赵 聪 2006 《应答词"是、对、行、好"的话语功能分析》,延边大学硕士学位论文。

赵 军 2010 《现代汉语程度量及其表达形式研究》,华东师范大学博士学位论文。

朱德熙 1982 《语法讲义》,商务印书馆。

Barth-Weingarten, Dagmar 2011 Double sayings of German *Ja*: More observations on their phonetic form and alignment function. *Research on Language and Social Interaction* 44 (2): 157-185.

Clark, Herbert H. and Thomas Wasow 1998 Repeating words in spontaneous speech. *Cognitive Psychology* 37 (3): 201-242.

Du Bois, John W., Schuetze-Coburn Stephan, Cumming Susanna and Paolino Danae 1993 Outline of discource transcription. In Jane A. Edwards and Martin Lampert (eds.), *Talking Data: Transcription and Coding in Discourse Research*. New Jersey: Lawrence Erlbaum, 45-90.

Gil, David 2005 From repetition to reduplication in Riau Indonesian. In B. Hurch (ed.), *Studies on Reduplication*. Berlin/Boston: De Gruyter Mouton, 31-64.

Golato, Andrea and Zsuzsanna Fagyal 2008 Comparing single and double sayings of the German response token *Ja* and the role of prosody: A conversation analytic perspective. *Research on Language and Social Interaction* 41 (3): 241-270.

Johnstone, Barbara 1987 Introduction: Perspectives on repetition. *Text: Interdisciplinary Journal for the Study of Discourse* 7 (3): 205-214.

Müller, Frank Ernst 1996 Affiliating and disaffiliating with continuers: Prosodic aspects of recipiency. In Elizabeth Couper-Kuhlen and Margret Selting (eds.), *Prosody in Conversation: Interactional Studies*. Cambridge: Cambridge University Press, 131-176.

Sacks, Harvey and Emanuel A. Schegloff 2007 Two preferences in the organization of reference to persons in conversation and their interaction. In Nick Enfield and Tanya Stivers (eds.), *Person Reference in Interaction: Linguistic, Cultural and Social Perspectives*. Cambridge: Cambridge University Press, 23-28.

Schegloff, Emanuel A. 1987 Recycled turn beginnings: A precise repair mechanism in conversation's turn-taking organization. In Graham Button and John R. E. Lee (eds.), *Talk and Social Organization*. Bristol: Multilingual Matters, 70-85.

Schegloff, Emanuel A., Gail Jefferson and Harvey Sacks 1977 The preference for self-correction in the organization of repair in conversation. *Language* 53 (2): 361-382.

Seuren, Lucas M. and Mike Huiskes 2017 Confirmation or elaboration: What do yes/no declaratives want?. *Research on Language and Social Interaction* 50 (2): 188-205.

Stivers, Tanya 2004 "No no no" and other types of multiple sayings in social interaction. *Human Communication Research* 30 (2): 260-293.

Tannen, Deborah 2010 Talking voices: Repetition, dialogue, and imagery in conversational discourse. *Journal of Sociolinguistics* 13 (4): 562-565.

Wong, Jean 2015 Repetition in conversation: A look at "first and second sayings". *Text and Talk* 33 (4): 407-424.

投射研究的现状与展望：
在线视角与多模态整合[*]

关　越[**]

提　要

文章梳理回顾了 20 世纪 70 年代以来国内外会话分析和互动语言学中关于投射的相关研究。投射机制使率出现的部分对后续部分的可能轨迹做出预测，是互动交际运作的基础。对投射的认识还揭示出语言结构的心理现实性，启示对语言单位观念的更新。文章首先阐述了投射的概念内涵及认识视角，在此基础上分别从语言层面以及互动交际层面具体评述各类互动资源用于投射的相关研究。随后，通过两个具体现象——合作共建和提早回应，对投射研究的未来趋势做出展望。

关键词

投射；语言资源；互动交际资源

---

　*　本文研究得到国家社科基金重大项目"汉语自然口语对话的互动语言学研究"（项目编号：
　　　20&ZD295）的资助。

　**　关越，中国社会科学院语言研究所助理研究员，研究方向为现代汉语语法、语料库语言学、
　　　互动语言学。电子邮箱：guanyue92@sina.com。

Current situation and prospect of studies on projection： Online perspective and multimodal integration

Guan Yue

Abstract

This paper reviews domestic and overseas relevant studies on projection since 1970s in Conversation Analysis and Interactional Linguistics. Projection seeds on the boundary of grammar and interaction and serves as the fundamental principle of interaction. The paper firstly illustrates the notions of projection and the major perspectives from which it has been studied. On the basis of this, it further specifies and comments on studies on projections with different kinds of interactional resources, which could largely be ascribed to two levels—linguistic level and interactional level. Then two phenomena, namely co-construction and early response, are presented to illustrate the tendency of studies on projection in the future.

Keywords

projection； linguistic resource； interactionally communicative resource

1. 引言

自然会话的有序进行，需要人们在话语产出的过程中持续对还未说出话语的可能完结点及其所施行行为的轨迹做出预示和预测。这种运作机制及其过程就被称作投射（projection）①。Couper-Kuhlen 和 Selting（2018：39）将它描述为"某个结构体率先出现的部分预示后续部分的可能轨迹，从而使它的终结变得可以预测"。

作为自然会话的基本机制，投射被广泛应用于对各种现象的分析中，一直都是互动语言学（Interactional Linguistics）领域的核心基础概念。但目前为止，国内外尚鲜有文献专门对投射的相关研究做出评述，其大多是在不同的实证研究中体现出来的。本文从投射的内涵及认识发展出发，总结梳理会话分析及互动语言学有关投射的研究成果，并对其体现的研究视角做出阐释。我们想要指出，投射研究体现出语法分析的在线视角和多模态整合理念，揭示了语言结构的心理现实性，将有助于推动语言研究的细化和深入。

2. 投射概念及类别

2.1　概念阐释

投射机制的提出是与自然会话研究的发端同步的。在会话分析（Conversation Analysis）的开创研究中，Sacks 等（1974）就明确指出话轮构建单位（turn-constructional unit，以下简称"TCU"）具有可投射性（projectability）；正是这种

---

① 需要稍加注意的是，生成语法中使用"投射"这一术语来描写论元结构和句法位置的映射关系，与本文讨论的"投射"是两个完全不同的概念。

性质使话轮的间隔（gap）① 和交叠（overlap）② 都实现最小化，从而确保话轮的顺利转接。他们同时呼吁语言学者探索不同语言单位构成的 TCU 如何做出投射（Sacks et al. , 1974：703）。

除了正常的话轮转换之外，话轮的合作共建（co-construction）现象也是观察投射作用的重要窗口。Lerner（1987，1991）讨论了未完成的话语能够投射句子的完结位置、引发另一说话人合作完成的现象，总结出七种由交际双方共建的双部件（bi-partite）结构，如 if X-then Y、X said-Y 等。这种前序部分投射另一说话人共建的现象，凸显了对话合作的本质特征：投射使交际者得以在互动中共同完成话语行为，合作解决问题（Streeck，1995：87）。这个过程体现了听说双方对语言的共同塑造：从说话人的角度，以投射（或称预示）的方式对语言形式做出选择与组构；而从听话人的角度，则是以预测（anticipation）的方式对语句进行分析识解。③ 投射和预测一体两面，相辅相成；二者的共同基础是从部分推知整体的完型（gestalts）心理（Auer，2005；Couper-Kuhlen and Selting，2018：39）。基于对行为序列及语言结构的知识，在不断猜测、确认对方接下来的话语的交际过程中，听话人逐步排除了一些不可能的猜测，从而与说话人一起实现对交际内容的识解，称为"交互性的筹划"（interactive planning）（Drew，1995）。换句话说，投射对预测的可能性做出"限制"（参看 Mondada，2021）。④ 由此可见，投射的讨论是从观察对话中的句法开始的，它所体现的在线视角也启发语言学者对"句子"等语言单位观念的更新（参看 Ono and Thompson，1995）。同时，学者

---

① 按照 Sacks 等（1974）的经典定义，话轮中间的"停顿"称为"pause"，这种停顿导致的会话不流畅是不希望被其他交际参与者接续的；"gap"主要发生在会话可能完结的位置上，我们把它翻译为"间隔"；"lapse"是话轮转换处的持续沉默，通常无声段的时间更长。三者之间是可以转化的。"silence"是它们的上位概念，表示所有会话中的"无声部分"。

② "Overlap"翻译为"交叠"，是指语音上的同时发声。未采用"重叠"是因为在语法研究中"重叠"通常指 ABAB 或 AABB 等形态变化。

③ 不少研究（如 Streeck and Jordan，2009；Deppermann et al. , 2021）在表述中就区分投射（或预示，foreshadow）和预测（anticipation）。即使表述上不做区分，各家也都默认投射的讨论包括说话人和听话人两个方面。此外，Ford（2004：28）将可投射性解释为谈话中当前时刻所赋予的一种能力，使交际者得以"预测之后谈话可能或倾向的方向"。这无疑也道出了投射与预测的密切关系。

④ 尽管如此，投射指向与听话人预测之间错位（投射被交际者误读）的情况仍可能出现（Streeck，1995），另可参看 Terasaki（2004）关于前宣告序列的讨论。

们也注意到，口语中的语言结构分析，不能不考虑韵律（特别是语调、停顿）以及会话结构（如回应位置）等因素。

2.2 投射分类的不同视角

随着学术理念的发展及相关现象研究的深入，对投射的关注也从单纯的句法维度扩展至句法、韵律、具身动作、序列、行为等多个维度。韵律方面，从20世纪80年代中叶开始，就有学者探讨停顿及语调特征对话轮完结或保持的投射作用（如 Local and Kelly，1986）。宏观的行为层面，Schegloff（1980）首先提出"行为投射"的概念，讨论了对话结构中特定手段对后续行为的投射。学者们注意到，互动中单位的构建是多种投射手段综合与协调的结果（参看 Ford and Thompson，1996；等等）。现有重要文献中提到的投射类别，就是根据做出投射的具体互动资源划分出来的（见表1）。而值得注意的是，这种划分主要出于分析中凸显具体侧面的需要，并不意味着类别之间有截然分明的界限。

表 1　主要文献中涉及的投射类别*

文献	Selting(1996)	Ford(2004)	Auer(2005)	Deppermann 等（2021）
投射类型	句法投射	语法投射	句法投射	语法投射
	韵律投射	韵律投射		韵律投射
	语义投射		内容投射（content-based projection）	
	话语–语用投射	语用投射	行为投射**（action projection）	行为投射
				序列投射
		身体动作投射		具身投射（embodied projection）

　　* 为简便直观，除我们认为有必要的，表格中各项未标注对应英文。各项在表格中的排列反映了我们对各家提出类别大致对应情况的看法，这并不代表作者及文献中专门讨论了投射的分类；空白处也不代表作者对该投射类别的否定。

　　** 完权（2018）将"action projection"译为"动作投射"，但其内涵与身体动作做出的投射不同，为便于区分，本文没有采用这样的译法。

以上列出的特定资源的投射，实际上作用于不同层面。Auer（2005）对投射概念的专门讨论中，就鲜明地指出投射包含语言和互动两个维度，是语言与互动共享的特征；两个层面的投射可以相互印证。Schegloff（2013）区分了宏观投射（macro-projection）与微观投射（micro-projection）。宏观投射涉及

TCU 和话轮的结构组织，包括 TCU 的类型以及所处的位置、多 TCU 话轮的类型以及其形式或轨迹。微观投射则关注 TCU 的具体语言组织，包括采用什么样的结构（包括词语—句法形式和语音形式），关联了下面什么成分，又为后面投射了什么，等等。以上观点反映了对于互动和语言相互塑造关系（Couper-Kuhlen and Selting，2018）的认识。对于语言学者来说，研究语言结构的原则不能不考虑它的输出作为互动的工具；局部的语法结构与整体的互动结构相互依赖、齐头并进、密不可分。

　　研究者还注意到，不同手段的投射在预示后续成分的效力上存在不同。对此，Auer（2005）提出"投射力"（projective force）这一概念并加以描述。投射力的强弱体现在对后续的限制作用上，强投射力预示后续话语只可能是个别甚至唯一的选择，具有强制性，而弱投射力则允许多种可能性，且更倾向于不对可选项做强制性要求。由此，不同层面的各项资源就均可初步建立投射的等级（见表 2），其中的要素不仅投射力有差异，投射的范围也有所不同。

表 2　投射力与投射范围等级归纳

层面	序列或结构	举例	投射力	投射范围
互动投射	a. 问答序列	问—答	最强	序列
	b. 邀请序列	邀请—接受/拒绝	稍弱	
	c. 恭维序列	恭维—拒绝/接受/认同/反恭维等		
	d. 不特指的前序列	You konw what?（"你知道吗？"）、Can I interrupt you?（"我能打扰你一下吗？"）	更弱	序列局部
	e. 强制力较弱的行为	召唤—应答、否认—解释		
语言投射	a. 介词短语	介词—名词	强	词项
	b. 句首名词短语	从句主语前置/左偏置结构	稍弱	结构后续
	c. 连词	und(和)、oder(或)	更弱	小句

资料来源：Auer（2005）。

　　宏观/微观层面以及不同互动资源分类关注的是投射实现的具体要素/环境，而投射力与投射范围则是聚焦投射本身的梯度特性。互动中可能存在不同资源投射不一致的情形。例如，Lerner（2003）指出，对语境敏感的称呼和眼神注视（gaze）的手段都可以指派下一说话人，但当二者不一致时，直接称呼通常会压倒注视。这类现象也正是由投射力与投射范围不同造成的。

3. 语言层面的投射

3.1　句法

句法是最基础的、普遍使用的投射资源。我们将用于投射的句法资源分为以下三类。

（1）词语性资源。如副词（如"只、几乎"）、介词（如 at，for）、话语小品词（如 well，oh）、填充词（如"什么"投射产出困难）以及某些习语性表达（如"问题是、我在想"）等（Huang，2013：323-329）。

（2）单句性资源。如句内动宾关系、话题—说明关系等。世界语言不同的投射类型与其语序类型相关，其投射的基础也是单句性资源。

（3）复句性资源（小句联合）。包括 Lerner（1991）提到的各类"双部格式"（two-part format），又如投射后续转折句的让步类同语式（乐耀，2016）。

投射机制使一些通常认定的"双小句"结构呈现出单句化和习语化趋势，例如英语和德语中的状语小句（adverbial clause）在口语会话中具有一定凝固性（fixedness），强烈投射后续话语（Hopper and Thompson，2008）。这是互动惯例塑造语法的典型例证。

不同语言语序对句法投射惯例的影响，是透过互动看语法的重要窗口。现有研究表明，在以小句为核心的语言中，动词是句法投射的关键，因此 SVO 语序的英语和德语由于动词出现的位置靠前可以较早做出投射，属于早投射语言；而 SOV 语序的日语则属于迟投射语言（参看 Couper-Kuhlen and Selting，2018）。Thompson 和 Couper-Kuhlen（2005）进一步指出小句（clause）[1] 是互动中被说话者投射并视为整体的最常见的语法形式。完权（2018）讨论了汉语会话的投射情况，认为汉语的特殊之处是多零句，指出汉语中零句才是语法与互动的根本。[2]

另外，句法投射也往往与相关结构参与的互动行为密不可分。在投射后续句法形式的同时，交际惯例或互动行为也就此浮现。如 Lindstöm 等（2022）

---

① 其将谓词（predicate）作为确定小句的核心，即：小句结构 = 谓词 + 同这个谓词联系的名词组 + 必要的副词性成分、介词结构等。

② 关于投射的跨语言类型差异，可参看方梅、胡苏红（2023）。

指出瑞典语中的伪分裂结构（pseudo-cleft construction）的分裂分句具有立场转变的元语用功能，多用于"专家"这一角色开展谈话，因而具有了角色投射的功能。

3.2　韵律

韵律特征①是判断当前话轮性质与何时接话的重要依据，显示着话轮单位不同的走向，可以投射当前单位的开启、延续或完结。当前韵律投射研究的资源包括以下几类。

（1）音调特征。Local 和 Kelly（1986）描述了停顿、声门保持等韵律特征对单位延续或中止的投射。② Selting（1996）指出不同的音高曲拱类型可以预示话轮的走向；讲故事、描述性、解释性话轮中，某些具有预置性的话轮单位可以预示句法上有较长的延续。Fox（2001）比较了投射话轮完结的"终结性"音调顶点（"last"pitch peak）与不投射话轮完结的"非终结性"音调顶点，结果发现前者比后者更为显著。

（2）时长特征。比如，Schegloff（1982）讨论的末尾音节压缩，这一韵律手段可以在当前 TCU 即将完结时"冲过"（rush-through）话轮转换相关位置（transition-relevance place，TRP）（Sacks et al.，1974：709），从而达到保持话语权的目的。

以上对于韵律的研究结论其实具有一定的条件限制，并非放诸四海而皆准。随着有关韵律投射的研究越来越走向细化，也有学者通过对话轮末尾音调特征的观察指出话轮末尾音高特征和话轮之间有时可能并没有绝对对应的关系，而要综合分析时长、强度和发声及声音质量（Walker，2017）。

（3）韵律投射和其他因素的协同配合使用。例如，Ford 和 Thompson（1996）考察了句法、韵律、语用（行为）因素对话轮转换的投射作用，指出句法的完结对话轮转换的投射是有限的，需要结合语调以及包含在其中的行为做出判断。三者一致的完结点被称为复合转换相关位置（complex transitional

---

① 互动语言学中的韵律特征既包括音高、响度、语速、节奏等超音段特征，也包括元音弱化等不影响词语语义表达的音段性变体形式（Couper-Kuhlen and Selting，2018，Online Chapter E：1）。但与本文讨论的投射更为相关的还是前者。

② 他们所称"清晰"的停顿与声门闭合（glottal closure）代表了两类不同的静默（silence）——脱落型（trail-off）静默与保持型（holding）静默。

relevance places，CTRP），强烈投射话轮终结。而三者不一致的情况也很常见：句法完结点未必是韵律和/或行为的完结点（Barth-Weingarten，2009）；而某些句法未完结处，韵律和行为层面却可能已被视为完结（Li，2016）。

韵律投射也被置于具体行为序列中讨论。Selting（2007）归纳了投射列举清单（list）中下一项的特定韵律特征，Couper-Kuhlen（2001，2004）观察到话轮开头的高音调起始（high-pitch onset）投射这一话轮将开启新的序列或话题，等等。这说明会话语言事实的分析中韵律经常和其他互动资源综合考虑。

4. 互动交际中的投射

尽管早期研究者对于投射的关注主要集中在互动对话中的语言形式（包括超音段层面的韵律特征），但当研究进一步聚焦于自然口语会话的更多细节和会话组织结构规程本身时，互动语言学者们发现自己已经在探讨互动交际了（Fox et al.，2013）。

投射研究从语言本身扩大到互动交际，反映了"语言应互动而生"理念的深入贯彻，也是分析手段革新推动的结果。一方面，跨越多个话轮（及语言结构单位）构成的行为序列，对其中单个"来言"与"去语"的形式具有重要影响，尤其是回应性话语［参看 Thompson 等（2015）关于回应"位置敏感"和"序列特定"的论述］；另一方面，面对面交际行为进行时，往往有交际者相互的具身动作，连同语言结构的句法和韵律一起实现特定交际目的。以上两方面恰好构成了互动层面投射研究的宏观与微观两个方向。

4.1　行为序列

序列（sequence）的基本形式是相邻对（adjacency pair），通常对应于"问—答""邀请—接受/拒绝"等成对行为（Schegloff，2007），其中前件（first pair part）会投射特定的后件（second pair part）。由实际产出的回应形式与被投射形式的相合性（conformity，或称一致性），以及投射的不同选择的优先性（preference），就成为学者们关注的重点。典型的例子如问与答的相合性研究（Turk，2006；谢心阳，2021），以及基于评价序列的优先组织研究（Pomerantz，1984；乐耀，2016；等等）。

Schegloff（1980）最早提出行为投射的概念。他指出，互动交谈中某些话语的目的并不在于其意义本身，而在于预示之后即将发出的行为，如：Can I ask you a question? 这类话语被称为预备语（preliminary）。而之后其所投射的行为（比如问题）往往不立刻出现，而是又出现其他预备语，则前一个预备语就是"预备的预备"（pre-pre）。预备语及其回应构成的相邻对称作"前序列"（pre-sequence）或"前-前序列"（pre-pre-sequence）；它们邀请受话人合作性地推进或避免其投射行为的实现，从而可以提前阻止非优先行为（比如请求或对邀请的拒绝）的产出。研究发现，不同前序列在投射力和惯用格式（见表3）上有所差别。

表 3　前序列的类型及惯用格式

投射类型	前序列类型		惯用格式
特定行为投射	前邀请（pre-invitation）		［询问是否有其他事情］如：Are you doing anything?｜What are you doing?
	前请求（pre-request）		［直接或间接的问题］如：Do you have Marlboros?｜I was wondering whether...
	前宣告（pre-announcement）（Terasaki，2004）		［Guess］　　［what］ ［Y'know］+［who］ 　　　　　［when］ +［更多细节］ ［Remember］［where］
	前施助（pre-offer）		（无特定惯用形式，解读取决于具体互动语境）如：Have you got your waterbed yet?
特定行为投射（多重投射）	前-前序列	投射自身行为	［Can I X］　　　　　　　　　　［ask you a question/something］ ［Let me X］　　　　　+　［ask you a favor］ ［I wanna/would like to X］　［tell you something/this］ 　　　　　　　　　　　　　　　［make a suggestion/proposal］ ［My X is this］　　X=question/suggestion/request...
		投射他人参与	［（Would you）X］　　　［do me a favor］ 　　　　　　　　　　+　［tell me something］ 　　　　　　　　　　　　　［listen to this］
一般的互动前提投射	泛指的（generic）前序列		·［对方的名字（或头衔）］如：John，Mummy ·［礼貌用语］如：Excuse me? ·［身体接触］如拍对方肩膀等

资料来源：总结自 Levinson（1983）、Schegloff（2007）、Couper-Kuhlen and Selting（2018）等。

汉语方面基于前序列的行为投射研究目前还很少见（仅有对请求前序列与前-前序列的初步考察，参看刘蜀、于国栋，2018）。对于互动语言学者来说，行为投射研究的关键在于探讨行为的序列性组织与语言形式之间的关系；而尤为重要的是，基于投射这一机制的高频互动模式会形成某种惯例［如回应的非优先形式（弱赞同+反对）（Pomerantz，1984）、负向回应（否定+解释）（Ford et al.，1996）、对比表达（对比+解释/解决方案+让步）（Ford，2000）、让步表达（观点 X—观点有效性的认可 X'—潜在相反观点 Y）（Couper-Kuhlen and Thompson，2000）］，从而可能进一步促进特定语言结构和功能的形成（Mulder and Thompson，2008）。

4.2　具身动作

这里说的"具身动作"属于传统上所说的副语言手段（paralinguistic device），包括眼神、表情、手势、身体动作，以及与言谈环境相关的物体的互动等。也有学者将其统称为"身体-视觉表现"（bodily-visual conduct）（参看 Li and Ono，2019），因此具身动作对于话语和/或行为的投射也被称作"视觉投射"（visual projection）（Hayashi，2005）。这方面目前讨论比较多，主要有以下几种。

（1）眼神注视。包括注视方向对语句指向的预示（Goodwin，1979），开启注视对回应的寻求（Stivers and Rossano，2010；Pekarek Doehler，2019），等等。

（2）手部动作。包括特定手势与话轮转换（尤其是话语权分配）的关系（Duncan，1972，1974；Schegloff，1984；Mondada，2007），手势与言语形式的线性关系及其对内容或行为的预示（Streeck and Heritage，1992；Streeck，2009），等等。

（3）头部动作。比如，讲述中的点头（nodding）回应显示受话人的立场以及对讲述进程的观照（Stivers，2008），而没有伴随语音形式的点头可作为表示肯定的回应标记（de Stefani，2021）。

近年来，对具身动作投射的研究开始呈现出统合的趋势，即探讨日常或特定机构场景中各类具身动作的综合协同作用，而非单一具身动作［如 Heath 和 Luff（2021）对外科手术操作中具身动作回应的研究］。值得注意的是，同韵律依附具体语言形式不同，具身动作与线性的语言结构具有各自内在的时间性，可以同时展开。语言形式与注视、手势等多种模态资源既存在内部协调——共同有序地被单一说话人用来构建在线行为，也存在外部协调——与其他运用同类资源的交际者相互回应、协商立场等。

5. 趋势展望：从分析走向综合

以上对于投射研究的阐述，是根据投射研究关涉的互动资源及其所属层面进行的，体现的是"分"的思路。这对于厘清相关因素，推进投射内涵的理解无疑是必要的。但是，从朴素的实证视角出发，对话中交际者是在短时间内综合各种线索做出投射的：既包括句法、语义，也包括行为序列、具身活动等；不同线索"通道"协同作用，彼此未必存在明确清晰的界限。

近年来相关研究恰恰体现了从分析走向综合的趋势。在多种模态资源的综合作用中，不仅关注投射的内容（对方接话的类型、模式等），还愈加关注投射的时机（timing）。在最近的研究中，投射被视为互动言谈的时间性（temporality）的重要体现，它所蕴含的在线分析视角为语言分析打开了新的视野（Mushin and Pekarek Doehler，2021）。具体来说，交际者何时识别被投射的话语和行为轨迹，又如何进一步回应，这些都会对语言形式构建及意义解读产生即时性的塑造。这方面，合作共建（co-construction）和提早回应（early response）是较为广泛讨论的两类现象。①

这两类现象的研究能直观体现交际者对行进中的交际单位（相邻对的前件）的观照。这种即时观照既是基于语法结构的模式化知识（如单句内部的语序，定中结构、动宾结构，以及不同类型的复句等）（关越，2020；关越、方梅，2020；Pekarek Doehler，2021；Vatanen et al.，2021），也参照并综合了特定行为中的韵律（停顿、音节延长等）及具身动作（注视方向、手部动作等）。2021 年 8 月，*Chinese Language and Discourse* 期刊推出了专辑《会话话轮的联合产出》（*The Joint Production of Conversational Turns*）（Luke and Fang，2021），特别揭示了汉语自然会话的特定行为序列中句法与韵律（停顿、音节延长等）、具身动作（注视方向、手部动作等）的相互参照、综合作

---

① 合作共建可进一步分为受话人对之前话轮的延展（extension），以及对未完成话轮的合作完成（co-completion）（Ono and Thompson，1995）；而提早回应则是回应话轮或者回应行为先于前一话轮或行为完结的时间产出。

用。而同样是 2021 年，1 月的时候，*Discourse Processes* 期刊推出专辑《人类交际的提早回应》（*Early Responses in Human Communication*），其中更是涉及特定行为中具身性的提早回应，体现出交际者随多种模态特征展开的即时调整：除了根据前件对回应逐步细化、调整或修复，回应也可能反过来影响正在产出的前件。

总之，从对某类互动资源的投射做专门分析，到在具体的行为序列和互动惯例（practice）中综合考察各种模态资源的运用与协调，是近期以及今后投射研究的重要趋势。

6. 结语

本文从投射的概念内涵出发，梳理并总结了 20 世纪 70 年代以来会话分析与互动语言学关于投射的研究成果，并对未来趋势做出了展望。毫无疑问，这一话题的探讨有助于挖掘听话人对话语形式和意义塑造的影响，凸显语言与互动行为的交互主观性（intersubjectivity）。互动对话中语句是沿着时间动态展开、逐时逐刻（monent-by-moment）地进行构建和理解的，这种构建与理解不仅以语法形式这单一维度为桥梁，而且融合了宏观到微观多个层面、多种模态资源。

作为汉语语言学研究者，我们看到这方面已经有学者利用汉语语料做出了多角度的有益探讨（陆镜光，2002，2004a，2004b；Li，2014，2016；乐耀，2017；等等），但从世界范围来看，基于汉语的投射研究相对于英语、日语、德语还处于比较初步的阶段。我们相信，投射所蕴含的在线视角和多模态整合理念，会为深入挖掘汉语事实、加强分析实证带来进一步突破，将推动我们更深层次地理解互动和语法的关系，以及人类互动的本质。

参考文献

方　梅　胡苏红　2023　《跨语言视角下的互动语言学研究——以句法合作共建为例》，《当代语言学》第 2 期。

关　越　2020　《汉语口语对话中的句法合作共建研究》，中国社会科学院研究生院博士学位论文。

关　越　方　梅　2020　《汉语对话中的句法合作共建现象初探》，《语言教学与研究》第 3 期。

陆镜光　2002　《在进行中的句子里辨识句末》，载徐烈炯、邵敬敏主编《汉语语法研究的新拓展》（一），浙江教育出版社。

陆镜光　2004a　《延伸句的跨语言对比》，《语言教学与研究》第 6 期。

陆镜光　2004b　《说"延伸句"》，载中国社会科学院语言研究所《中国语文》编辑部主编《庆祝〈中国语文〉创刊 50 周年学术论文集》，商务印书馆。

刘　蜀　于国栋　2018　《汉语言语交际中前序列与前序序列的会话分析研究——以请求行为为例》，《外语教学》第 2 期。

谢心阳　2021　《问与答：形式和功能的不对称》，社会科学文献出版社。

完　权　2018　《零句是汉语中语法与社会互动的根本所在》，载方梅、曹秀玲主编《互动语言学与汉语研究》（第二辑），社会科学文献出版社。

乐　耀　2016　《从互动交际的视角看让步类同语式评价立场的表达》，《中国语文》第 1 期。

乐　耀　2017　《互动语言学研究的重要课题——会话交际的基本单位》，《当代语言学》第 2 期。

Auer，P.　2005　Projection in interaction and projection in grammar. *Text* 25（1）：7-36.

Barth-Weingarten，D.　2009　Contrasting and turn transition：Prosodic projection with parallel-opposition constructions. *Journal of Pragmatics* 41：2271-2294.

Couper-Kuhlen，E.　2001　Interactional prosody：High onsets in reason-for-the-call turns. *Language in Society* 30：29-53.

Couper-Kuhlen，E.　2004　Prosody and sequence organization：The case of new beginnings. In E. Couper-Kuhlen and E. C. Ford.（eds.），*Sound Patterns in Interaction.* Amsterdam：Benjamins，335-376.

Couper-Kuhlen, E. and S. A. Thompson　2000　Concessive patterns in conversation. In E. Couper-Kuhlen and K. Bernd-Dieter（eds.），*Cause，Condition，Concession，Contrast：Cognitive and Discourse Perspectives.* Berlin：de Gruyter，381-410.

Couper-Kuhlen，E. and M. Selting　2018　*Interactional Linguistics：Studying Language in Social Interaction.* Cambridge：Cambridge University Press.

de Stefani，E.　2021　Embodied responses to questions-in-progress：Silent nods as affirmative answers. *Discourse Processes* 58（4）：353-371.

Deppermann，A.，L. Mondada and S. Pekarek Doehler　2021　Early responses：An introduction. *Discourse Processes* 58（4）：293-307.

Drew，P.　1995　Interaction sequences and anticipatory interactive planning. In Goody，E.（ed.），*Social Intelligence and Interaction：Expressions and Implications of the Social Bias in Human Intelligence.* Cambridge：Cambridge University Press，111-138.

Duncan，S.　1972　Some signals and rules for taking speaking turns in conversations. *Journal of Personality and Social Psychology* 23（2）：283-292.

Duncan，S.　1974　On signalling that it's your turn to speak. *Journal of Experimental Social Psychology* 10（3）：234-247.

Ford, C. E. 2000 The treatment of contrasts in interaction. In E. Couper – Kuhlen and B. Kortmann (eds.), *Cause*, *Condition*, *Concession*, *Contrast*: *Cognitive and Discourse Perspectives*, Berlin: de Gruyter, 283–311.

Ford, C. E. 2004 Contingency and units in interaction. *Discourse Studies* 6: 27–52.

Ford, C. E., B. A. Fox and S. A. Thompson 1996 Practice in the construction of turns: The "TCU" revisited. *Pragmatics* 6 (3): 427–454.

Ford, C. E. and S. A. Thompson 1996 Interactional units in conversation: Syntactic, intonational, and pragmatic resources for the management of turns. In E. Ochs, E. Schegloff and S. Thompson, *Interaction and Grammar.* Cambridge: Cambridge University Press, 134–184.

Fox, B. A. 2001 An exploration of prosody and turn projection in English conversation. In M. Selting and E. Couper-Kuhlen (eds.), *Studies in Interactional Linguistics.* Amsterdam: Benjamins, 287–315.

Fox, B. A., S. A. Thompson, C. E. Ford and E. Couper – Kuhlen 2013 Conversation analysis and linguistics. In Jack Sidnell and Tanya Stivers (eds.), *The Handbook of Conversation Analysis.* Malden: Wiley–Blackwell, 726–740.

Goodwin, C. 1979 The interactive construction of a sentence in natural conversation. In G. Psathas (ed.), *Everyday Language*: *Studies in Ethnomethodology.* New York: Irvington, 97–121.

Hayashi, M. 2005 Joint turn construction through language and the body: Notes on embodiment in coordinated participation in situated activities. *Semiotica* 156: 21–53.

Heath, C. and P. Luff 2021 Embodied action, projection, and institutional action: The exchange of tools and implements during surgical procedures. *Discourse Processes* 58 (3):233–250.

Hopper, P. and S. A. Thompson 2008 Projectability and clause combining in interaction. In R. Laury (ed.), *Crosslinguistic Studies of Clause Combining*: *The Multifunctionality of Conjunctions.* Amsterdam: Benjamins, 99–124.

Huang, Shuanfan 2013 *Projection and Repair*, *Chinese Grammar at Work.* Amsterdam: John Benjamins.

Lerner, G. H. 1987 Collaborative turn sequences: Sentence construction and social action. Ph. D. dissertation, University of California, Irvine.

Lerner, G. H. 1991 On the syntax of sentences-in-progress. *Language in Society* 20 (3): 441–458.

Lerner, G. H. 2003 Selecting next speaker: The context-sensitive operation of a context-free organization. *Language in Society* 32: 177–201.

Lerner, G. H. 2004 On the place of linguistic resources in the organization of talk-in-interaction: Grammar as action in prompting a speaker to elaborate. *Research on Language and Social Interaction* 37 (2): 151–184.

Levinson, S. C. 1983 *Pragmatics.* Cambridge: Cambridge University Press.

Li, Xiaoting 2014 *Multimodality*, *Interaction and Turn-Taking in Mandarin Conversation.*

Amsterdam：Benjamins.

Li，Xiaoting 2016 Some interactional uses of syntactically incomplete turns in Mandarin conversation. *Chinese Language and Discourse* 7（2）：237-271.

Li，Xiaoting and Tsuyoshi Ono 2019 *Multimodality in Chinese Interaction.* Berlin：de Gruyter.

Lindstöm，J.，S. Henricson and M. Huhtamäki 2022 Pseudo-cleft constructions in Swedish talk-in-interaction：Turn projection and discourse organization. *Lingua* 265：103-167.

Local，J. and J. Kelly 1986 Projection and "silences"：Notes on phonetic and conversational structure. *Human Studies* 9：185-204.

Luke，K. K. and Mei Fang 2021 The joint production of conversational turns. Special issue of *Chinese Language and Discourse* 12（1）.

Mondada，L. 2006 Participants' online analysis and multimodal practices：Projecting the end of the turn and the closing of the sequence. *Discourse Studies* 8（1）：117-129.

Mondada，L. 2007 Multimodal resources for turn-taking：Pointing and the emergence of possible next speakers. *Discourse Studies* 9（2）：195-226.

Mondada，L. 2021 How early can embodied responses be? Issues in time and sequentiality. *Discourse Processes* 58（4）：397-418.

Mulder，J. and S. A. Thompson 2008 The grammaticization of *but* as a final particle in English conversation. In L. Ritva（ed.），*Crosslinguistic Studies of Clause Combining.* Amsterdam：John Benjamins，179-204.

Mushin，I. and S. Pekarek Doehler 2021 Linguistic structures in social interaction：Moving temporality to the forefront of a science of language. *Interactional Linguistics* 1（1）：2-32.

Ono，T. and S. A. Thompson 1995 What can conversation tell us about syntax? . In W. Davis（ed.），*Alternative Linguistics：Descriptive and Theoretical Modes.* Amsterdam：Benjamins，213-271.

Pekarek Doehler，S. 2019 At the interface of grammar and the body. *Chais pas*（"dunno"）as a resource for dealing with lack of recipient response. *Research on Language and Social Interaction* 52（4）：1-23.

Pekarek Doehler，S. 2021 Word order affects response latency：Action projection and the timing of responses question-word questions. *Discourse Processes* 58（4）：328-352.

Pomerantz，A. M. 1984 Agreeing and disagreeing with assessment：Some features of preferred/dispreferred turn shapes. In M. J. Atkinson and J. Heritage，*Structure of Social Action：Studies in Conversation Analysis.* Cambridge：Cambridge University Press，57-101.

Sacks，H.，E. A. Schegloff and G. Jefferson 1974 A simplest systematics for the organization of turn-taking for conversation. *Language* 50：696-735.

Schegloff，E. A. 1980 Preliminaries to preliminaries："Can I ask you a question?". In D. H. Zimmerman and C. West Special double issue "*Language and Social Interaction*" of *Sociological Inquiry* 50：104-152.

Schegloff, E. A.   1982   Discourse as an interactional achievement: Some uses of "uh huh" and other things that come between sentences. In Deborah Tannen (ed.) *Analyzing Discourse: Text and Talk*. Washington, D. C.: George town University Press, 71-93.

Schegloff, E. A.   1984   On some gestures' relation to talk. In John M. Atkinson and John Heritage (eds.), *Structures of Social Action: Studies in Conver - sation Analysis*. Cambridge: Cambridge University Press, 266-296.

Schegloff, E. A.   2007   *Sequence Organization in Interaction: A Primer in Conversation Analysis*, Vol. 1. Cambridge: Cambridge University Press.

Schegloff, E. A.   2013   Ten operations in self-initiated, same-turn repair. In M. Hayashi, G. Raymond and J. Sidnell (eds.), *Conversational Repair and Human Understanding*. Cambridge: Cambridge University Press, 41-70.

Selting, M.   1996   On the interplay of syntax and prosody in the constitution of turn-constructional unite and turns in conversation. *Pragmatics* 6 (3): 371-388.

Selting, M.   2007   Lists as embedded structures and the prosody of list construction as an interactional resource. *Journal of Pragmatics* 39: 483-526.

Stivers, T.   2008   Stance, alignment and affiliation during story telling: When nodding is a token of preliminary affiliation. *Research on Language in Social Interaction* 41: 29-55.

Stivers, T. and F. Rossano   2010   Mobilizing response. *Research on Language and Social Interaction* 43 (1): 3-31.

Streeck, J.   1995   On projection. In E. Goody (ed.), *Social Intelligence and Interaction: Expressions and Implications of the Social Bias in Human Intelligence*. Cambridge: Cambridge University Press, 87-110.

Streeck, J.   2009   Forward-gesturing. *Discourse Processes* 46 (2-3): 161-179.

Streeck, J. and J. Heritage   1992   Previews: Gestures at the transition place. In P. Auer and A. Di Luzio (eds.), *The Contextualization of Language*. Philadelphia: John Benjamins, 135-157.

Streeck, J. and S. Jordan   2009   Projection and anticipation: The forward-looking nature of embodied communication. *Discourse Processes* 46 (2-3): 93-102.

Terasaki, A.   2004   Pre-announcement sequences in conversation. In G. H. Lerner (ed.), *Conversation Analysis: Studied from the First Generation*. Amsterdam: Benjamins, 171-223. (First appeared as Social Science Working Paper 99. School of Social Science, University of California, Irvine, CA, 1976.)

Thompson, S. A. and E. Couper-Kuhlen   2005   The clause as a locus of grammar and interaction. *Discourse Studies* 7: 481-505.

Thompson, S. A., B. A. Fox and Elizabeth Couper-Kuhlen   2015   *Grammar in Everyday Talk*. London: Cambridge University Press.

Turk, Monica J.   2006   Projection in Mandarin Chinese conversation: Grammar and social interaction in question-answer sequences. Ph. D. dissertation, University of California, Santa Barbara.

Vatanen, A., T. Endo and D. Yokomori   2021   Cross-linguistic investigation of projection in overlapping agreements to assertions: Stance-taking as a resource for projection. *Discourse Processes* 58（4）: 308-327.

Walker, G.　2017　Pitch and the projection of more talk. *Research on Language and Social Interaction* 50（2）: 206-225.

日语自然口语对话中的投射现象研究

胡苏红*

提　要

投射为会话参与者互动行为的顺利进行提供重要资源。从语法结构角度看，日语属于迟投射语言，但是在自然口语对话中依然存在早投射和强投射的特例。文章主要从语法结构、多模态研究等方面介绍日语自然口语对话中投射现象的研究成果，并对今后的研究做出展望。文章指出，互动视角下的研究将会更好地揭示日语的特点。

关键词

投射；互动语言学；日语

---

* 胡苏红，中国社会科学院语言研究所博士后研究人员，助理研究员，研究方向为汉日对比研究、互动语言学。电子邮箱：hush@ cass. org. cn。

Studies on projection in Japanese conversation

Hu Suhong

Abstract

Projection provides an important resource for the smooth progress of the interactions in the conversation. From the perspective of grammatical structure, Japanese is a delayed projection language. However, there are also some special cases of early projection and strong projection in naturally-occurring Japanese conversation. This article introduces studies on projection in Japanese conversation from the perspective of grammatical structure and multimodality. It also puts forward the prospect of future research. The article points out that research from an interactional perspective will better reveal the characteristics of Japanese.

Keywords

projection; Interactional Linguistics; Japanese

1. 前言

在自然口语对话中，为了交际双方互动行为的顺利进行，会话参与者必须不断地根据对方的行为做出适时的调整。在调整的过程中，会话参与者对于对方接下来将要发出的行为的预测是必不可少的。投射（projection）使这一预测过程成为可能（林誠，2008：16）。国内外众多学者对投射进行了解释。Auer（2005：8）指出，"By projection I mean the fact that an individual action or part of it foreshadows another"（投射是指某个行为或其中一部分对另一个行为进行预测）①。Hayashi（2004：1338）指出，"By projection, I mean the property of human action by which an individual action（or a part of it）foreshadows what comes next in the temporal unfolding of interaction"［投射是人类行为的属性，通过该属性，某行为（或其中一部分）对进行中的互动行为接下来将发出的行为进行预测］。林誠（2008：16）指出，"投射はある行為が完全に産出されてしまう前に、それがどのような行為なのか、そしてその次に適切（relevant）になる行為は何かを予測することを可能にする"（投射使某行为完全产出之前对该行为是怎样的行为以及接下来将要产出的相关行为进行预测成为可能）。Couper-Kuhlen 和 Selting（2018：39）指出，"Projection means that the earlier part of a structure foreshadows its later trajectory and thus makes its completion predictable"（投射是指某一结构的前面部分对其后面部分进行预测，从而使它的完成具有可预估性）。关越（2020：10）指出，"前件对后件的预测作用称为投射（project）"。综上，投射是已经产出的前件对于还未产出的后件的预测。

林誠（2008：17）指出，投射涉及多个研究领域。如果从读懂会话参与者彼此的心理从而进行接下来的行为的预测的角度来看，投射属于心理学、认

---

① 本文没有特殊注释的情况下英语和日语的汉语翻译皆为笔者译，不另注。

知科学领域的研究对象。如果将投射看作组织社会行为的资源，投射属于社会学领域的研究对象。而语言学领域对投射的考察则着眼于日常语言活动中投射的作用以及投射中语言结构的作用，也就是将语法结构看作投射的一个重要资源（Hayashi，2004）。

语言学领域的投射有两种分类方法。其一，从投射的位置来看，投射可以分为早投射（early projection）和迟投射（delayed projection）。早投射是指某些语言的句法结构对可能的完结点进行早期的投射，如英语；迟投射是指受话人对可能的完结点的预测较晚，如日语（Couper-Kuhlen and Selting，2018：40）。其二，从投射作用的领域来看，投射可以分为宏观投射（macro-projection）和微观投射（micro-projection）。Schegloff（2013：42）指出，宏观投射涉及话轮构建单位（turn construction unit，TCU）和多单位话轮（multi-unit turn）的类型识别以及言者当下所处的位置；微观投射涉及话轮构建单位的语言组织领域，即结构、词和声音的类型识别以及它们对后续内容的投射性。

近年来，关于日语自然口语对话中的投射现象，国外学者已经有所关注，并且有了一些富有启发性的研究成果。这些研究成果不仅包括从语法结构方面进行的考察，也涉及从手势等多模态因素方面进行的考察。例如，Tanaka（1999，2000）考察了日语语法结构在话轮上的迟投射性（delayed projectability），指出日语无法从话轮的初始位置投射出整个话轮的性质和类型。Hayashi（2004）和林誠（2008）考察了日语指示代词"あれ"（are，那个）的行为投射，指出虽然日语为迟投射语言，但是也存在通过话轮的策略性构建来实现早投射的情况。城绫实、平本毅（2015）则从手势的准备阶段入手，考察了会话双方同时做出相同手势之前是如何做出准备来对后续行为进行投射的。国内的日语学者考察了日语的语序、省略等语法特征，这些考察为进一步探讨日语句法投射的特点奠定了基础。例如，李勇慈（1985）指出日语的句末决定句子的性质，并且主语、宾语及表示时间、场所、手段、起点、目标等的状语成分在句子中的顺序比较自由。何午（2002）将汉语和日语的语序进行了对比分析，指出汉语和日语在主谓宾语序上也能找到共同点，即汉语也可以出现和日语一样的 SOV 语序。[①] 陈百海、刘洋（2006）指出日语虽然是语序非常自由的语言，但是复数定语成分内部以及格成分之间的语序不能无限制地自由变换。李波（2011）从语言类型学的角度进行了汉日语序的对比

---

① 例如：她茶不思，饭不想（何午，2002：50）。

研究，指出日语是典型的 OV 语言，各种相关成分之间的语序遵循了 OV 语言的特点；而汉语是较为特殊的语言，在很多方面体现了 OV、VO 的混合特征。

2. 投射与语法结构

受语法结构的影响，日语属于迟投射语言（Fox et al.，1996；Tanaka，1999，2000，2001a，2001b；Hayashi，2003，2004；Couper-Kuhlen and Selting，2018）。句法结构是投射的重要资源（Sacks，1992；Couper-Kuhlen and Selting，2018）。本节分别从日语语序的灵活性和多样性、后置词型的语言特点以及句法成分的省略等方面进行介绍。

2.1　日语语序的灵活性和多样性

功能语言学家基于对自然口语对话的观察发现，语言的语序类型不同的话，其在投射方式上也存在差异。

日语是 SOV 语言，也被称为谓语居后（predicate-final）或动词居后（verb-final）语言（Kuno，1973；Martin，1975；Alfonso，1980；李勇慈，1985；Shibatani，1990；Fox et al.，1996；Tanaka，2000；何午，2002；Hayashi，2003；風間喜代三等，2004；Couper-Kuhlen and Selting，2018；Shimojo，2018）。承载句子核心信息的谓语成分是话轮构建单位的重要信息组成部分，谓语成分出现得晚意味着重要信息的传递出现得晚。日语中，句子没有完全产出之前无法得到定性，也就无法从话轮的初始位置对整个话轮的性质和类型进行投射（Tanaka，2000：29）。例如，““この金時計を君に上げ……”①，听到这里会以为人家把金表送给你，可不然，当你把手伸出来，人家接着说“たら喜ぶだろう”②，改变了你原先的估计（李勇慈，1985：83）。

虽然日语是 SOV 语言，但日语语序并不是完全固定的，而是相对比较灵活和多样的（久野暲，1973；Kuno，1973；Martin，1975；黒田成幸，1980；Shibatani，

---

① この：kono，这个。金時計：kinndokei，金表。を：o，格助词。君：kimi，你。に：ni，格助词。上げ：age，动词原形为上げる（ageru），表示“给”。“この金時計を君に上げ……”表示“把这块金表送给你……”。

② たら：tara，要是。喜ぶ：yorokobu，高兴。だろう：darou，大概，可能，表推测。整个句子合在一起，即“この金時計を君に上げたら喜ぶだろう”，表示“要是把这块金表给你的话你会高兴吧”。

1990；Ono and Suzuki，1992；角田太作，1999；野田尚史，2000；Tanaka，2000；Hayashi，2003，2004）。日语语序的灵活性和多样性主要体现在以下三个方面。

第一，日语可以出现 OSV 语序（何午，2002：50；李波，2011：35；Shimojo，2018：408）、OVS 语序和 SVO 语序（李波，2011：35）。例如：

（1）转引自何午（2002：50）[①]

しかし，その日，一体何が起こったのかを，僕は調べてみたい。

O   S   V

"但是，那天，到底发生了什么，我想调查一下。"

（2）转引自李波（2011：32）

馬鹿だね、君は。

V   S

"笨蛋，你是。"

（3）转引自李波（2011：34）

見よ、前方の川を。

V   O

"看，前面的河流。"

第二，除了主语、直接宾语和间接宾语以外的成分都可以在谓语成分之前以任何顺序产出（Hayashi，2003：18）。例如：

（4）转引自 Hayashi（2003：19）

Ikuro：	*arito*	*ima*	*suutsu*	*de*	*kayotten*	*no*
	Arito	now	suit	in	is. commuting	FP
	[**Vocative**]	[**Adv.**（**Time**）]		[**Instrument**]		[Intrans. Verb]

"Arito，are（（you））commuting wearing a suit now?"

---

① 为了方便读者理解，本文在转引的例句中添加了下画线、行数、箭头，对关键词进行了加粗处理，原文没有英语意译的例句添加了汉语意译。字母简称符号的含义详见文末注释词表。

第三，日语存在"谓语后扩张"（post-predicate expansion）现象，即主语、直接宾语、副词等句子成分出现在谓语成分的后面（Clancy，1982；Hinds，1982；Maynard，1989；Ono and Suzuki，1992；Hayashi，2003）。例如：

（5）转引自 Ono 和 Suzuki（1992：432-433）

　　01　K：... *nanpun*　　　 *ni*　　*tsuita*　　*noo*?

　　　　　　　what：minute　　at　　arrived　　PTCL

　　　　　"What time did（you）arrive（at the hall）?"

　　02　M：... *he*?

　　　　　　　what

　　　　　"What?"

　　03　　：... *na*（truncated）

　　04　　：*nani*?

　　　　　　　what

　　　　　"What?"

　　05　K：... *nanpun*　　　　 *ni*　　*tsuita*?

　　　　　　　what：minute　　　at　　arrived

　　　　　"What time did（you）arrive?"

→06　　：... ***kaijoo***　　***ni***.

　　　　　　　hall　　　　at

　　　　　"at the hall."

例（5）中，01 行，K 询问 M 什么时候到的（会场），M 没有听清，在 02 行到 04 行询问 K 刚刚说了什么，K 在 05 行重复了问题，即什么时候到的，并在 06 行追加了地点名词，即"会场に"（kaijoo ni，会场）。日语中，时间和地点名词正常情况下应该出现在动词的前面，即 05 行和 06 行的正常语序应为"何分に会場に着いた"（nanpun ni kaijoo ni tsuita），直译为"几点会场到的"，但是 06 行表示地点的名词"会場に"（kaijoo ni，会场）出现在了谓语动词"着いた"（tsuita，到达）的后面。因此，这属于"谓语后扩张"现象。

综上，尽管自然口语对话中语序灵活多样，但是并不影响日语迟投射语言的属性特征。日语语序的灵活性和多样性使受话人很难对说话人的后续话语成分进行预测，只能一边等待一边观察（Tanaka，2000：14）。

2.2 后置词型的语言特点

日语是后置词型的语言（久野暲，1973；Kuno，1973；李勇慈，1985；Hayashi，2003），日语的助词①位于所属名词的后面。因此，在日语自然口语对话中，受话人必须等到助词产出之后才能理解说话人的意图并对其后续话语行为进行预测。

Lerner（2004）指出，英语中的介词可以引发会话参与者对先前话轮的补充、修饰和评价，而日语等迟投射语言的名词短语和后置短语呈弱投射性。例如，英语的"I go to Japan"②，当我们听到"to"的时候就可以预测出后续内容为地点名词，而将其翻译为日语的"私は日本へ行きます"（watashi wa nihon e ikimasu，我去日本）之后，与英语的"to"相对应的"へ"（e）③出现在了地点名词"日本"（nihon，日本）的后面，我们在"へ"（e）产出之前依据"私"（watashi，我）和"日本"（nihon，日本）并不能够判断出后续可能出现的内容，而在"へ"（e）产出后，我们可以预测后续为移动动词。

在日语自然口语对话中，受话人听到某个句子时并不能确定它是单句还是复句，是陈述句还是疑问句，只有在接续助词或终助词出现后，才能基本定性。例如：

（6）转引自 Hayashi（2003：23）

Shoko：

(p) *sagashimawatteru*	*n*	*desu*	***kedo***	_na：i_	*n*
is. looking. around	N	CP	although	not. exist	N

desu	*yo*	*ne：：*	*are：.*
CP	FP	FP	that. one

---

① 日语的助词主要包括四类：①格助词（case particle），用于标记主语、直接宾语等的助词；②副助词（adverbial particle），表达语义关系且起到限定修饰作用的助词；③接续助词（conjunctive particle），出现在小句句末，起到连接前后小句的作用的助词；④终助词（final particle），出现在短语、小句、句子的句末，是表达说话人立场或起到话轮转换作用的助词（益冈隆志、田窪行则，1992：49-54）。

② 此处援用李勇慈（1985：82）提到的例子。

③ 在五十音图中读作"he"，在此句中充当语法成分读作"e"。

"Although ((I)) 'm looking around for ((it)), ((stores)) don't have((it)), that one."

例（6）中，单看"探し回ってるんです"[sagashimawatteru n desu，（我）正在找]，会以为 Shoko 产出的只是单句，当后续表示转折关系的接续助词"けど"（kedo）产出后，受话人才能知道原来 Shoko 想要产出的是复句，并且后续为与"（我）正在找"呈转折关系的主句内容。将此句翻译为英语后，受话人通过起首出现的"Although"就已经可以预测出 Shoko 将要产出的是表示转折关系的复句。

2.3 句法成分的省略

句法成分的省略在日语中是经常出现的情形（髙津鍬三郎，1891；岡田正美，1901；三上章，1970；Kuno，1973；Martin，1975；久野暲，1978；Clancy，1980；Hinds，1982，1983；Maynard，1989；Ono and Thompson，1997；黄德诚，1998；Hayashi，2003；盛祖信，2003；朱立霞，2004，2018；方江燕，2008；庵功雄，2022）。话轮的产出是随着时间进程一点一点进行的（bit-by-bit fashion）（Hayashi，2003：207），如果省略一部分句法成分，那么话轮构建单位的要素也会变得非常有限，受话人对说话人的后续话语行为的预测也会缺少很多句法资源，即影响前件对后件的投射作用。

日本古典语法学家松尾舍治郎指出日语的三大特色之一就是省略现象，日语口语中的省略现象丰富而且复杂（方江燕，2008：232）。久野暲（1978）指出，日语中主语、宾语、位置词、动词以及独立成分都可以省略。例如：

（7）转引自大島デイヴィッド義和（2010：88）
    01 A：ヒロシも来るの。
         "Hiroshi 也来吗?"
→02 B：いや、「今日は忙しい」って。
         "不，（他说）'今天忙'。"

例（7）中，A 询问ヒロシ（Hiroshi，人名）是否来，B 回答"不，（他说）'今天忙'"。"って"（tte）是引用标记，后续"思う"（omou，想）、

"言う"（iu，说）这一类动词。B 的回答中省略了动词"言う"（iu，说）。

在日语自然口语对话中，当句法成分所修饰或指向的对象可以从上下文中识别出时，甚至可以省略承载核心信息的成分（Hayashi，2003，2004；方江燕，2008；Couper-Kuhlen and Selting，2018）。例如：

　　（8）转引自方江燕（2008：233）

　　　　01　A：明日は用事がありますか。

　　　　　　　"明天有事吗?"

→02　B：いいえ、べつに（ありません）。①

　　　　　　　"不，并（没有）。"

例（8）中，A 询问 B 明天是否有事情，B 回答并（没有）。此例中，即使 B 的回答中没有出现动词"ありません"（arimasen，没有）也可以判断出是没有事情。原因有三。其一，B 的回答中首先使用了"いいえ"（iie，不），相当于英语"no"，后续否定表达。其二，在"いいえ"（iie，不）的后面紧跟着一个后续否定表达的副词"べつに"［betsuni，并（不）］。其三，即使有了"いいえ"（iie，不）和"べつに"［betsuni，并（不）］，我们单看 B 的回答，也只能判断出后续否定表达，无法判断后续哪一个动词，但是根据 A 的询问中出现的动词"あります"（arimasu，有），可以判断出 B 的回答是"ありません"（arimasen，没有）。

在 2.2 节中我们提到，日语的助词出现在名词的后面，只有助词出现之后才能预测后续可能出现的内容。但是，在自然口语对话中，对于预测后件起到重要作用的助词也存在省略的情形。例如：

　　（9）转引自庵功雄（2022：72）

　　　Boku　　natto　　tabe-nai.

　　　我　　　纳豆　　吃-否定

　　　"我不吃纳豆。"

---

① 括号内为省略的内容。

例（9）中省略了两个助词，一个是应该接在话题"僕"（boku，我）后面的"は"（wa）①，另一个是应该接在宾语"納豆"（natto，纳豆）后面的"を"（o）。书面语中正常的表达方式为"僕は納豆を食べない"（boku wa natto o tabenai，我不吃纳豆）。如果只有"僕"（boku，我）和"納豆"（natto，纳豆）的话，必须等到谓语动词"食べない"（tabenai，不吃）产出后才能知道两者之间的关系。而如果"納豆"（natto，纳豆）后面的提示宾语的助词"を"（o）没有省略的话，无须等到谓语动词出现我们就可以推测出后续动词为"食べる"（taberu，吃）或"買う"（kau，买）等及物动词。如果"納豆"（natto，纳豆）后面产出的助词换为提示表达感情、愿望、能力等对象语的"が"（ga）的话，我们可以推测出后续动词为"好き"（suki，喜欢）等情感动词。可见，助词的省略影响了前件对后件的投射。

2.4 特例

虽然前人从语法结构的角度考察后认为日语属于迟投射语言，但是也有学者提出在自然口语对话中仍然存在早投射和强投射的特例。例如，Hayashi（2004）和林誠（2008）考察了日语指示代词"あれ"（are，那个）的行为投射，认为通过"あれ"（are，那个）在话轮中的策略性构建可以实现早投射。例如：

（10）转引自林誠（2008：17）
→01　A：その：最近**あれ**なんですよ
　　　　　"那个——最近**那个**"
　　02　　　　°あの:::　°（0.7）ガス管
　　　　　"°那个———°（0.7）煤气管"
　　03　　　　**あ**るじゃないですか:.
　　　　　"不是**有**嘛。"
　　04　　　　(.)>あれ全部いま<プラス
　　　　　"那个全部现在"
　　05　　　　チックになりっつあるんです

---

① 在五十音图中读作"ha"，在此句中充当语法成分读作"wa"。

"逐渐变为塑料的"

06　　　　よ. =どんどん. =鉄から.

"=逐渐=从铁。"

（01 行到 06 行汉语意译）"那个，最近那个，那个（0.7）不是有煤气管嘛。那个全部现在都逐渐变成塑料的了。逐渐从铁（变成塑料的）。"

例（10）中，说话人 A 在煤气公司上班，从 01 行到 06 行在向他的朋友介绍现在煤气管都逐渐由铁的换成塑料的。01 行和 04 行分别出现了代词"あれ"（are，那个）。但是，两者的用法是不同的。04 行的"あれ"（are，那个）是正常的代词用法，指代 02 行出现的名词"ガス管"（gasukan，煤气管），而 01 行的"あれ"（are，那个）没有特定的指代对象，它是对接下来将要对某一特定对象进行说明（此例中为对煤气管由铁的变为塑料的这一现象进行说明）的一种预告，提前示意受话人接下来是一个说明的语段。在 01 行"あれ"（are，那个）出现后，受话人可以预测说话人 A 接下来要就某现象或某事进行说明，即"あれ"（are，那个）实现了早投射。

此外，岩崎志真子（2008）和 Iwasaki（2009，2011，2013）指出，虽然从句法宏观投射上看日语属于迟投射语言，但是日语的话轮构建单位中存在相互作用空间（interactive turn space, ITS），在此之前会出现声音或可视的投射资源（如尾音的拖长、停顿、手势等），即他人介入相关位置（intervention relevance place, IRP），受话人以此可以积极地参与投射并寻求微观合作的机会。例如：

（11）转引自岩崎志真子（2008：172）

01　アミ：だからケースバイケースだ-

"所以分情况。"

02　　　　（0.6）

03　ゲン：へ［::::: .］

"哎——。"

04　アミ：　［らしいんだけど］:. =

"好像是。"

→05　ゲン：=いやなんか今日さ、その-（0.4）**けいこさん_**
　　　　　　　"=不是，那个今天，那个-（0.4）**Keiko_**"

→06　　　　（**0.3**）

07　アミ：ん::ん［んん.
　　　　　　　"嗯——嗯嗯嗯。"

08　ゲン：　　　［が さ［::，
　　　　　　　　　 SP　FP

09　アミ：　　　　　　　［ん::んんん.
　　　　　　　　　　　　"嗯——嗯嗯嗯。"

10　　　　（0.5）

11　ゲン：やっぱり:，（0.7）あの:::（1.0）なんか（1.0）
　　　　　　　"果然还是（0.7）那个——（1.0）那个（1.0）"

12　　　　その二年いれば::，学費が安くなるので::って言っ
　　　　　てた
　　　　　　　"她说待两年的话学费会变便宜"

13　　　　から::.
　　　　　　　"因为"

14　アミ：そうゆうもんなんだ::.
　　　　　　　"那样啊——"

15　ゲン：そうゆうもんなの?
　　　　　　　"是那样吗?"

　　例（11）中，ゲン（Gen）在向アミ（Ami）确认美国居留权的问题。ゲン（Gen）表示问居留的问题是因为听けいこ（Keiko）说在美国待两年以上并且取得居留资格的话学费就可以便宜。05 行ゲン（Gen）在产出人名"けいこさん"（Keiko san）后于 06 行停顿了 0.3 秒，提供了他人介入相关位置，アミ（Ami）成功理解到ゲン（Gen）的意图，通过回复"ん"（n，嗯）来与ゲン（Gen）进行互动。例（11）中的人名和短暂的停顿都为アミ（Ami）的合作提供了投射资源，帮助其积极地参与到与ゲン（Gen）的对话中。

　　Endo 等（2018）考察了芬兰语、日语和汉语中通过与说话人的话语交叠（overlap）提前开启回答特别是表达同意的现象。研究发现，这三种语言在用

交叠形式表达同意时主要有两种形式：①表示同意的词加上评价的话语；②将说话人的话加以修改，用自己的话再一次表达同一观点。而且，在这三种语言中，if 结构、because 结构和话题加评价内容的结构都具有强投射性。三种语言的不同之处在于，芬兰语和汉语中 SVX 结构具有强投射性，而日语的引用句具有强投射性。例如：

（12）转引自 Endo 等（2018：166）

```
    01  B: jibun        ga      iku      toki       wa
            myself       NOM     go       time       TOP
            "When I go（to a party），"
```

```
→02     isshode      ikka     tte     o [ mou       ↑ keredo = ]
            same         fine     QT      think          but
            "I feel it would be okay（to wear the same dress to two different
            parties），but"
```

```
→03  D:                                    [ <omo：u.>        ]
                                             think
                                             "（I）feel（so too），"
```

```
    04  B: [ = ne：      yappa     kooyuufuuni     mitara： ]
             PRT        after. all  this. way         see. COND
             "When（I）see like this，"
```

```
    05  D: [ omou      kedo     yappa     koo      hito     ga：：，]
             think      but      after. all  this     person    NOM
```

```
    06  D: miruto    [ nee.        ]
            see. COND   PRT
            "But，when someone else sees like this，"
```

```
    07  B:             [ <soo.    da ] ne_ >
                        PRT    COP. PRT
                        "That's right"
```

例（12）中，四名女性会话参与者 A、B、C、D 在同一个公司上班，她们同时看着电脑中 D 参加同事婚礼时的照片。在 01 行之前，B 提出照片中有一名女性穿的衣服在 D 的婚礼上也穿了。01 行和 02 行，B 表示她觉得穿同样的衣服参加两场不同的婚礼是没有问题的，03 行 D 对 B 的观点表示了同意。D 通过 02 行 B 产出的引用标记"って"（tte）预测出 B 的后续话语内容为动词"思う"（omou，想）。D 通过和 B 的话轮交叠合作共建同一话轮的形式强烈地表达了自己对 B 的观点的认同。

综上，受语法结构的影响，日语属于迟投射语言，但是在自然口语对话中仍然存在早投射和强投射的特例。

3. 投射与多模态

前人除了从语法结构角度讨论日语自然口语对话中的投射以外，也关注到了多模态与投射的关系。在互动交际中，存在会话参与者同时做出相同身体姿势的情形（Lerner，2002；城綾実、細馬宏通，2009；城綾実、平本毅，2015）。城綾実、平本毅（2015）从手势的准备阶段入手，考察了会话参与者在同时做出相同手势之前是如何做出准备的，该准备阶段又是如何对后续行为产生投射的。研究指出，在会话参与者做出相同手势之前存在认识可能的准备阶段，该认识可能的准备阶段大多由道具的模拟展示、特定形状的展示、特定的时间点等进行组合。例如，例（13）中，A 和 B 在 01~03 行询问油壶（炸完食物后过滤油的工具）是什么。C 和 D 在回答 A 和 B 的问题的过程中，C 开始用手势进行用法的说明。C 在做出一边弯曲手指一边像是握着某个东西的手势然后将右胳膊向前伸（1-①）后，停顿了 0.4 秒，此时 D 也将右胳膊向前伸（1-②），随后 C 和 D 同时做出倒油的动作（1-③）。例（13）中 C 在停顿前做出的一系列动作（模拟拿着油锅的把手倒油的动作）就是 C 和 D 一同做出倒油这一相同动作的准备阶段，对后续的行为进行了投射。

（13）转引自城綾実、平本毅（2015：44）

01　B：>なんなん<油[タン[クって　　　]

　　　　　"所谓的油壶"

02　D：　　　　　[huh [uhu

03　A：　　　　　　　　[>なにそれ<]

"那是什么"

04　D：［huhu］

05　A：［え　そ］れ］［>なんか<］

　　　"哎，那个那个"　　　　　①　　　　　　②

06　B：［（・・・・）［て　　い］ばんなやつがあ［んの

　　　"有经典款"

07　C：　　　　　　　　　　　　　　　　　　　［（・・）

（C 的视线）

（D 的视线）

08　　：シャ:::　　　　　　　　　　　　　　1-①

　　　"唰──"

（C 的视线）

（D 的视线）

09　　：っ［てやると，　　　　　　　　　　1-②

　　　"一倒,"　　　③

10　D：　［なん-シャ:ってやると，　　　1-③

　　　"唰地一倒,"

（C 的视线）

（D 的视线）

11　　（.）

12　C：うえ［にあみがあ（h）って（h）

　　　"上面有网"

13　D：　　［うえに（h）hhhhhあ（h）hhh

　　　"上面"

4. 研究展望

　　已有研究考察了日语自然口语对话中的投射，这些研究不再局限于基于语法结构特征的观察，也注意到了多模态因素，尤其是手势的影响。虽然先行研究已经取得丰硕的启发性成果，但是仍然存在以下亟待深入探讨的问题。

（1）韵律特征的考察。先行研究探讨了日语的语法结构特征对于日语属于迟投射语言的影响。但是，语言类型的不同不仅体现在语法结构层面，也体现在韵律层面。日语的韵律特征对于日语属于迟投射语言是否有影响，有怎么样的影响，还亟待考察。

（2）多模态角度的深入考察。多模态资源除了手势以外，还有眼神、点头、面部表情等。受文化差异的影响，不同国家的多模态资源必然存在不同之处。日语的多模态资源有哪些独有的特征，这些特征对于日语投射有哪些影响，有待深入考察。

（3）跨语言对比的考察。先行研究主要集中在日语和英语语言类型的不同体现在投射上的异同点，尚待更多关于不同语言的深入调查和分析。例如，汉语作为 SVO 语序的语言和同样有语气词的语言，在投射上与日语有哪些异同点。

（4）互动行为中投射作用的考察。近年来，越来越多的学者关注投射在日语自然口语对话中句法合作共建（syntactic collaborative construction）这一惯例中的体现。句法合作共建是指一个句法意义上的句子由两个或两个以上的不同的会话参与者共同完成（Lerner，1987，1991；关越，2020；关越、方梅，2020a，2020b）。语言类型不同，投射类型也会存在差异，继而影响句法合作共建的产出（详见方梅、胡苏红，2023）。Lerner 和 Takagi（1999）指出英语和日语中存在的语法惯例（grammatical practice）为会话参与者对后件的预期完成（anticipatory completion）提供了条件，继而促进合作共建的产出。Hayashi 和 Mori（1998）指出，日语的动词活用形式之一的"て（te）形"具有投射性。"て（te）形"表示两个以上的动作相继发生，当出现"て（te）形"时预示着后续还会出现另一个谓词，促进了合作共建的产出。Hayashi（2003）指出，日语作为迟投射语言，合作共建产出位置偏后，并且在产出合作共建之前一般会有时间上的停顿。Hayashi（2004）认为投射是合作共建的基础。投射除了在惯例中起到重要作用以外，在评价（assessment）、请求（request）、告知（informing）、提问（question）以及它们的回应（response）等互动行为中也起到了重要的作用，这方面的研究还有待未来的进一步开拓。

参考文献

陈百海　刘　洋　2006　《论日语语序的非自由性》，《外语学刊》第 6 期。

方江燕　2008　《浅谈日语口语中的省略现象》，《科技信息》（教学科研）第 19 期。

方　梅　胡苏红　2023　《跨语言视角下的互动语言学研究——以句法合作共建为例》，《当代语言学》第 2 期。

关　越　2020　《汉语口语对话中的句法合作共建研究》，中国社会科学院研究生院博士学位论文。

关　越　方　梅　2020a　《汉语对话中的句法合作共建现象初探》，《语言教学与研究》第 3 期。

关　越　方　梅　2020b　《口语对话中的句法合作共建研究》，《互动语言学与汉语研究》（第三辑），北京语言大学出版社。

何　午　2002　《中日文语序对比分析》，《日语学习与研究》第 4 期。

黄德诚　1998　《浅析日语句子的几种省略现象》，《日语学习与研究》第 4 期。

李　波　2011　《语言类型学视野下的日汉语序对比研究》，上海外国语大学博士学位论文。

李勇慈　1985　《日语语序浅析》，《日语学习与研究》第 3 期。

盛祖信　2003　《浅析日语中的省略现象》，《日语知识》第 5 期。

朱立霞　2004　《现代日语省略现象研究》，黑龙江人民出版社。

朱立霞　2018　《日语省略研究：回顾、思考与展望》，《外语研究》第 4 期。

庵功雄　2022　「日本語の『省略』を支える語彙：文法的システム」，『一橋日本語教育研究』第 10 号。

城綾実　平本毅　2015　「認識可能な身振りの準備と身振りの同期」，『社会言語科学』第 17 巻第 2 号。

城綾実　細馬宏通　2009　「多人数会話における自発的ジェスチャーの同期」，『認知科学』第 16 巻第 1 号。

大島デイヴィッド義和　2010　「日本語引用構文における引用述語の省略現象」，『茨城大学留学生センター紀要』第 8 号。

風間喜代三　上野善道　松村一登　町田健　2004　『言語学』（第 2 版），東京大学出版会。

岡田正美　1901　『日本文法文章法大要』（訂正増補第二版），吉川半七出版。

高津鍬三郎　1891　『日本中文典』，金港堂。

黒田成幸　1980　「文構造の比較」，『日英語比較講座 第 2 巻 文法』，大修館。

角田太作　1999　『世界の言語と日本語』，くろしお出版。

久野暲　1973　『日本文法研究』，大修館書店。

久野暲　1978　『談話の文法』，大修館書店。

林　誠　2008　「相互行為の資源としての投射と文法：指示詞『あれ』の行為投射的用法をめぐって」，『社会言語科学』第 10 巻第 2 号。

三上章　1970　『文法小論集』（第三刷），くろしお出版。

岩崎志真子　2008　「会話における発話単位の協調的構築：『引き込み』現象からみる発話単位の多面性と聞き手性再考」，串田秀也、定延利之、伝康晴（編）『「単位」としての文と発話』，ひつじ書房。

野田尚史　2000　「語順を決める要素」，『言語』第 29 巻第 9 号。

益岡隆志　田窪行則　1992　『基礎日本語文法』（改訂版），くろしお出版。

Alfonso, Anthony　1980　*Japanese Language Patterns：A Structural Approach*, Volumes I and II. Tokyo：Sophia University L. L. Center of Applied Linguistics.

Auer, Peter　2005　Projection in interaction and projection in grammar. *Text* 25 （1）：7-36.

Clancy, Patricia M.　1980　Referential choice in English and Japanese narrative discourse. In Wallace L. Chafe （ed.）, *The Pear Stories：Cognitive, Cultural and Linguistic Aspects of Narrative Production*. Norwood, NJ：Ablex, 9-50.

Clancy, Patricia M.　1982　Written and spoken style in Japanese narratives. In Deborah Tannen （ed.）, *Spoken and Written Language：Exploring Orality and Literacy*. Norwood, NJ：Ablex, 55-76.

Couper-Kuhlen, Elizabeth and Margret Selting　2018　*Interactional Linguistics：Studying Language in Social Interaction*. Cambridge：Cambridge University Press.

Endo, Tomoko, Anna Vatanen and Daisuke Yokomori　2018　Agreeing in overlap：A comparison of response practices and resources for projection in Finnish, Japanese and Mandarin talk-in-interaction. *The Japanese Journal of Language in Society* 21 （1）：160-174.

Fox, Barbara A., Makoto Hayashi and Jasperson Robert　1996　Resources and repair：A cross-linguistic study of syntax and repair. In Elinor Ochs, Emanuel A. Schegloff and Sandra A. Thompson （eds.）, *Interaction and Grammar*. Cambridge：Cambridge University Press, 185-237.

Hayashi, Makoto　2003　*Joint Utterance Construction in Japanese Conversation*. Amsterdam/Philadelphia：John Benjamins.

Hayashi, Makoto　2004　Projection and grammar：Notes on the "action-projecting" use of the distal demonstrative *are* in Japanese. *Journal of Pragmatics* 36：1337-1374.

Hayashi, Makoto and Junko Mori　1998　Co-construction in Japanese revisited：We do "finish each other's sentences". In Noriko Akatsuta, Hajime Hoji, Shoichi Iwasaki and S. Strauss （eds.）, *Japanese/Korean Linguistics* 7. Stanford：CSLI Publications, 77-93.

Hinds, John　1982　*Ellipsis in Japanese*. Carbondale and Edmonton：Linguistic Research Inc.

Hinds, John　1983　Topic continuity in Japanese. In Talmy Givón （ed.）, *Topic Continuity in Discourse*. Amsterdam：John Benjamins, 43-93.

Iwasaki, Shimako　2009　Initiating interactive turn spaces in Japanese conversation：Local projection and collaborative action. *Discourse Processes* 46：226-246.

Iwasaki, Shimako　2011　The multimodal mechanics of collaborative unit construction in Japanese conversation. In Jürgen Streeck, Charles Goodwin and Curtis LeBaron （eds.）, *Embodied Interaction：Language and the Body in the Material World*. Cambridge：

Cambridge University Press, 106-120.

Iwasaki, Shimako 2013 Emerging units and emergent forms of participation within a unit in Japanese interaction: Local organization at a finer level of granularity. In Beatrice Szczepek Reed and Geoffrey Raymond (eds.), *Units of Talk: Units of Action*. Amsterdam: John Benjamins, 243-276.

Kuno, Susumu 1973 *The Structure of the Japanese Language*. Cambridge, MA: The MIT Press.

Lerner, Gene H. 1987 Collaborative turn sequences: Sentence construction and social action. Ph. D. dissertation, University of California, Irvine.

Lerner, Gene H. 1991 On the syntax of sentences-in-progress. *Language in Society* 20: 441-458.

Lerner, Gene H. 2002 Turn-sharing: The choral co-production of talk-in-interaction. In Cecilia E. Ford, Barbara A. Fox and Sandra A. Thompson (eds.), *The Language of Turn and Sequence*. Oxford: Oxford University Press, 225-256.

Lerner, Gene H. 2004 On the place of linguistic resources in the organization of talk-in-interaction: Grammar as action in prompting a speaker to elaborate. *Research on Language and Social Interaction* 37 (2): 151-184.

Lerner, Gene H. and Tomoyo Takagi 1999 On the place of linguistic resources in the organization of talk-in-interaction: A co-investigation of English and Japanese grammatical practices. *Journal of Pragmatics* 31: 49-75.

Martin, Samuel E. 1975 *A Reference Grammar of Japanese*. New Haven and London: Yale University Press.

Maynard, Senko K. 1989 *Japanese Conversation: Self-Contextualization Through Structure and Interactional Management*. Norwood, NJ: Ablex.

Ono, Tsuyoshi and Ryoko Suzuki 1992 Word order variability in Japanese conversation: Motivations and grammaticization. *Text* 12: 429-445.

Ono, Tsuyoshi and Sandra A. Thompson 1997 Deconstructing "zero anaphora" in Japanese. *Berkeley Linguistics Society* 23: 481-491.

Sacks, Harvey 1992 *Lectures on Conversation*, Vol. 2. Oxford: Blackwell.

Schegloff, Emanuel A. 2013 Ten operations in self-initiated, same-turn repair. In Makoto Hayashi, Geoffrey Raymond and Jack Sidnell (eds.), *Conversational Repair and Human Understanding*. Cambridge: Cambridge University Press, 41-70.

Shibatani, Masayoshi 1990 *The Languages of Japan*. Cambridge: Cambridge University Press.

Shimojo, Mitsuaki 2018 Word order and extraction: A functional approach. In Yoko Hasegawa (ed.), *The Cambridge Handbook of Japanese Linguistics*. Cambridge: Cambridge University Press, 404-428.

Tanaka, Hiroko 1999 *Turn-Taking in Japanese Conversation: A Study in Grammar and Interaction*. Amsterdam: John Benjamins.

Tanaka, Hiroko 2000 Turn projection in Japanese talk-in-interaction. *Research on Language and Social Interaction* 33（1）：1-38.

Tanaka, Hiroko　2001a　The implementation of possible cognitive shifts in Japanese conversation：Complementizers as pivotal devices. In Margret Selting and Elizabeth Couper-Kuhlen（eds.），*Studies in Interactional Linguistics*. Amsterdam：John Benjamins, 81-110.

Tanaka, Hiroko　2001b　Adverbials for turn-projection in Japanese：Towards a demystification of the telepathic mode of communication. *Language in Society* 39：559-587.

注释词表

Adv.	Adverb	O	Object
COND	Conditional	PRT	Particle
COP	Copula	PTCL	Particle
CP	Various forms of copula verb be	QT	Quotative particle
FP	Final particle	S	Subject
Intrans. verb	Intransitive verb	SP	Subject particle
N	Nominalizer	TP	Topic particle
NOM	Nominative	V	Verb

新作推介

互动视角下的"形式—意义—功能"

——*Interactional Linguistics* 创刊号介绍

方　迪[*]

提　要

在"互动语言学"（Interactional Linguistics）正式提出二十年之际，学术期刊 *Interactional Linguistics*（《互动语言学》）创刊，显示出这一语言学分支进一步发展壮大，走向成熟。文章以互动语言学者关心的核心问题为线索，介绍 *Interactional Linguistics* 创刊号（简称"*IL-1*"）中的五篇论文，并做出简要评述。这些论文运用互动语言学的理念和方法，考察了小品词、小句性社会行为格式、小句联合体以及概念性手势等互动资源，并由此做出理论上的思考。尽管 *IL-1* 讨论的问题多样而分散，但"形式—意义—功能"相对应这条主线却是贯穿始终的。互动视角下的"形式"包括"位置"（position）和"构成"（composition）两个方面，"意义"或"功能"则被置于社会交际行为框架下，强调对偶发因素的观照以及听说双方的相互识解。

关键词

互动语言学；在线视角；社会交际行为；形式—意义—功能

---

[*] 方迪，中国社会科学院语言研究所副研究员，研究方向为现代汉语语法、互动语言学。电子邮箱：fangdi@ cass. org. cn。

"Form-meaning-function" from interactional perspective：

An introduction to the inaugural issue of *Interactional Linguistics*

Fang Di

Abstract

Two decades after the official launch of Interactional Linguistics as a branch of linguistic theory，a journal named *Interactional Linguistics* started publication，revealing the growing scale and maturity of such a branch of linguistic studies. Based on the core issues that appeal to interactional linguists，this paper introduces and briefly comments on the five papers published in the inaugural issue of *Interactional Linguistics*（hereafter "*IL* - 1"）. With notions and methods of Interactional Linguistics，these papers investigate such interactional resources as particles，clausal social action formats，clause combinations and conceptual gestures in their particular communicative context，and thereof reflecting on some related theoretical issues. While the topics discussed in these papers are all different，there is a constant concern of the "form-meaning-function" correspondence. It is illustrated that each element has been extended in its range. The "form" in interactional perspective includes the interrelated dimensions of "position" and "composition"，and "meaning" or "function" is examined within the framework of social actions，which underscores the orientation of interactional contingencies and the mutual recognition and ascription between the speaker and the recipient.

Keywords

Interactional Linguistics；online perspective；social action；form-meaning-function

1. 引言

2001 年，Selting 和 Couper-Kuhlen 主编的文集 *Studies in Interactional Linguistics* 的出版，标志着"互动语言学"（Interactional Linguistics）正式登上历史舞台。20 年后，2021 年，由 Ilana Mushin 和 Simona Pekarek Doehler 合作主编的期刊 *Interactional Linguistics*（《互动语言学》，以下简称"*IL*"）创刊，显示出这一语言学分支进一步发展壮大、走向成熟。*IL* 由约翰·本杰明出版公司出版，一年出版两期。在 *IL* 创刊号（以下简称"*IL*-1"）卷首语中，两位主编申明了 *IL* 的办刊宗旨——"推动在动态的、多模态的社会互动生态中对于语言使用的科学研究"。*IL*-1 共收录五篇论文，包括两位编辑（Mushin 和 Pekarek Doehler）的一篇评介性文章——"Linguistic structures in social interaction：Moving temporality to the forefront of a science of language"（《社会互动中的语言结构：将时间性推到语言科学的前沿》），以及四篇专题研究论文——Couper-Kuhlen 的 "Language over time：some old and new uses of OKAY in American English"（《跨时间的语言：美国英语中 Okay 的新旧用法》）、Hopper 的 " 'You turn your back and there's somebody moving in'：syntactic anacrusis in spoken English"（《"你一转身就有人进来了"：英语口语中的句法轻重并列式》）、Streeck 的 "The emancipation of gestures"（《手势的解放》）以及 Thompson、Fox 和 Raymond 的 "The grammar of proposals for joint activities"（《共同活动提议的语法》）。[①] 上述文章的作者均是当今国际互动语言学界的著名学者，他们从不同角度、不同现象出发，运用互动语言学理念和方法，做出了多方面理论探索与反思，具有很强的代表性和启发性。

---

① 为了称说方便且与本文集体例保持一致，后文将以"作者（年份）"文献引用格式呈现。由此，*IL*-1 中上述文章分别表示为：Mushin 和 Pekarek Doehler（2021）、Couper-Kuhlen（2021）、Hopper（2021）、Streeck（2021），以及 Thompson 等（2021）。由于该期引用信息已在开头列出，文末参考文献中不再包含以上条目。

本文将以互动语言学者关心的核心问题为线索，介绍 *IL*-1 各篇文章的主要内容和意义①，在此基础上简要阐述我们对该创刊号体现出的思想和理念的看法。

2. 各篇文章主要内容

互动语言学将语言置于其自然栖息地——交际互动中，探讨语言和社会交际行为之间的互育关系（Selting and Couper-Kuhlen，2001）。从理念上说，互动语言学秉承的动态浮现观和范畴实证观与之前的话语功能语法是一脉相承的。从方法上说，互动语言学采用会话分析（Conversation Analysis）的民族志方法论（ethno-methodology，或称常人方法论），基于参与者取向（participant-oriented）的视角分析互动交谈（talk-in-interaction）中的语言结构和意义建构过程。这与之前脱离对话语境、偏向书面语的语言学研究有很大不同；另外，互动语言学具有跨学科交叉的本质特征（Couper-Kuhlen and Selting，2018），这一特征也持续推进着它自身理论方法的扩充和完善。因此，对互动语言学视角下的语言研究做出理论路径的宏观思考，近年来受到学者们的格外关注（参看 Laury et al.，2014）。②

IL-1 的各篇文章正体现了互动语言学在理论探索上的最新尝试。学者们着重讨论的问题是：站在语言学家的视角看，互动语言学的理念与方法能够为语言研究带来什么？其中最为直接的阐述与思考当数 Mushin 和 Pekarek Doehler（2021）。作为该创刊号的开篇，这篇介引性文章从学术背景出发，指出 *IL* 期刊的创立"恰逢其时"：2019 年香港举行的国际语用学会议上，采用互动视角的语言学者们一致认为，随着相关研究的发展壮大，应该创设这样一本专门的期刊，来反映社会互动中的语言研究的最新进展。

从研究目标来说，互动视角的语言学与之前普通语言学理论的焦点高

---

① 本节对篇目的罗列是按照 *IL*-1 原本编排的顺序进行的。而下一小节为使介绍更具系统性和逻辑性，将打乱这些文章在该创刊号中的实际编排顺序。

② Laury 等（2014）探讨了话语功能语法、认知语法、构式语法、浮现语法等语言学理论在互动语言学研究中的应用与融合。在这期专刊中，编者们将互动语言学者的语法观概括为"互动中的语法"（grammar in interaction）、"为互动的语法"（grammar for interaction）以及"作为互动的语法"（grammar as interaction）。相关的评介请参看谢心阳（2016）。

度一致，即探讨语言何以如此，如何解释语言广泛存在的特征及多样性。语言本质上是互动性的，因此随着实时产出的进程，其自然被置于社会互动的组织架构中。从这个意义上看，语言结构就是沿时间展开的话轮及其施行相关行为的一部分；浮现（emergence）与投射（projection）是其基本组织原则。浮现反映在语句可以被延展、修复、放弃或共建，从而逐时逐刻呈现语言的轨迹（trajectory）上；而投射体现在特定时刻预示可能的下一成分，从而使当前语言单位的终点（可能也是话轮的终点）可预测上。由此，文章明确指出，在语言结构分析中融入时间性（temporality），是将互动视角区别于其他研究路子的关键。那么，在引入时间性之后，会为语言理论对现象规律的解释带来什么变化呢？

通过回顾学理背景，梳理相关认识发展，可以看到，无论是功能主义语言学、会话分析还是语言习得，都愈发关注语言对社会交际环境的适应，其在局部的（包括社会的和具身的）使用环境中，沿时间展开，持续地受到交际中偶发因素（contingency）的塑造。而那些反复出现的、重要的互动交际因素，则决定着局部互动环境和互动需求的频率，导致特定谈话和行为方式的强化或削弱，进而可能促发高频使用组合的规约化（routinization）。基于上述理念，文中进一步结合法语和加尔瓦语（Garrwa）的具体研究实例，说明浮现与投射两大原则在语言结构中的体现。

一方面，浮现揭示的是语言基本单位在实时中基于具体场景的（situated）互动实现。这一观念对之前语言分析中的"单位"（constituency，所谓的静态的成分划分）进行了解构。比如，与基于层次组织关系认定的小句之间的从属（subordination）关系不同，互动言谈中所谓的"依附小句"呈现出非从属（insubordination）的特征［参看 Ford（1993）对状语性小句的讨论］。作者们通过分析例（1）中法语小句联合结构（clause combination）实际产出的互动过程及身体—视觉特征，指出其中后置的关系小句实际是基于对方展现的交际问题而产出的增额成分（increment），本质上是一种修复（repair）。

（1）j'ai regardé le film safe. que Romain il nous a parlé une fois.

在解决指称对象识别问题的同时，关系小句将修复片段呈现为对之前（带有修复源的）话语在句法上的延续，从而将修复的打断效应降到最低。这一语法惯例协调了交互主观性（建立互解）以及会话进程（progressivity）。

另一方面，与浮现一体两面的投射则体现对话轮与行为轨迹的预示与预测，包含交际行为、具身表现以及语法结构等不同层面。语法投射可以作为交际行为调节的手段，如例（2）所呈现的典型分裂结构中的前一部分，在交际中就"沉积"为"投射结构"（projecting construction）。

（2）Roy：**What you oughta do though** ~ Mar, ... ［cook］all the fish.（引自 Hopper and Thompson，2008：102）

其中，传统上认定为双小句结构前一部分的片段（加粗部分）在句法上独立，之后的话语并未与其关联，因此被作为规约化的投射后续话语的资源。与之类似的，还有与立场相关的"我不知道"类表达（Pekarek Doehler，2016）。另外，词序的安排可以帮助或阻碍投射，这引发了跨语言的投射类型（早投射和迟投射）比较研究（参看 Tanaka，2005；Thompson and Couper-Kuhlen，2005）；而加尔瓦语中话轮的词序安排，则体现了"尽早做出投射"与"最具语法标记性组分居于次位"两项原则的协调。这些跨语言比较研究再次说明，应当将语法视为互动交际中惯例的规约化，而不仅仅是认知结构的表现。

这篇文章最后再次总结了互动视角语言分析的要旨：考察社会行为沿时间、按序列的组织对语言使用的制约，以及实时中语言结构作为实践资源服务于传情达意的过程。该文还指出了未来研究的三个方向：①扩大跨语言比较的考察范围；②加强"语法-身体"界面的研究；③深化语言结构"从互动中浮现，应互动而生"的理解。

Mushin 和 Pekarek Doehler（2021）一文系统梳理阐释了互动语言学最为核心、重要的研究理念——基于局部的、特定的交际环境进行在线视角的分析。这一理念使语言学者对于传统上认定的语法范畴做出重新思考，同时也为更细致深入地揭示语言结构背后的交际动因提供了有效的途径。这一点很好地体现在 *IL*-1 中 Hopper（2021）和 Thompson 等（2021）这两项研究中。两篇文章的主要作者都是话语功能语法的代表人物，他们进一步转向互动视角所做的探索也就具有强烈的语法学问题意识。其中 Hopper（2021）探讨的是并列结构在自然口语中呈现的特点，并反思广泛讨论的"构式"的本质；而 Thompson 等（2021）则从行为出发探讨互动交际中说话人的语法形式选择问题，由此揭示语法对道义立场表达的塑造。

Hopper（2021）基于既有对 and 并列结构（and-coordination）的研究，讨论了口语中的一类特殊的结构式——"anacrustic coordination"。其中"anacrustic"对应的名词"anacrusis"来源于文学（诗学）与音乐，本义是诗句开头的非重读音节，或第一小节线前的非加重音符，文章借用这个概念，说明一对并列的小句在语义上前轻后重的关系：前一个提供背景，而以 and 连接融入的后一小句则是强烈聚焦的，如例（3）的第 6~7 行。我们将这样的并列结构译为"轻重并列式"，其中的前一小句（第 5 行）我们称为"轻部"，后一小句（第 6 行，文中作者称"resolution"）我们称为"核心部"。

（3）1. M：.. I bought some extra = … calico，

2.   to put around ［the e］dges，

3. W：   ［Right］，

4. M：three sides.

5.   （THROAT）

6.   .. **Three years it's been sitting here**，

7.   **and I haven't done it**，

8.   so I took it in to ! Edna，

9.   so she's gonna do it.

（引自 Hopper，2021：66-67）

这一并列式的发现，对所谓的"从属"（subordination）概念提出了质疑，即语义上从属性的小句，却采用并列的形式呈现，而没有采用从属性连词；同时也揭示出构式语法（以及其他理论）的问题——依靠静态、固化的结构模式往往无法刻画自然口语中浮现的语言结构。具体来说，典型的构式实例（construction token）是确定的，有特定的结构模式和选择性词项，以及确定的左右边界；而在实时中，原本假设中固定的语法格式"溶解"（dissolve）为片段，在互动的语言使用中逐步展现意义，由于会话的延伸性，很难确定某一构式准确的结尾，比如准分裂式（Hopper and Thompson，2008）。由此文章指出，对互动语言学者而言，现在是时候用"过程"（process）替代"构式"这一术语了，前者更加适合涵盖语言的时间性和结构的在线浮现。

在作者看来，轻重并列式的产生，正是由于口语中话语是实时单向地发生的，在对话情境强加的时间排序中形成小句的不断接续。与逻辑上的并列不同，轻重并列式在会话中并非凭空产生的，而往往有几个语调单位（IU）的铺垫。其中轻部往往是习语性的（formulaic）或近习语性的。一种典型的情况是，将及物动词及其宾语拆解，分配在不同的两个 IU 之中，如例（4）所示。这种情况下，轻部在信息层面无足轻重，主要作用在时间层面，延迟核心部的产出，通过 IU 的紧凑衔接，增强核心部的重要性。

（4）.. what you do with those third-graders，you know，is you just like，
（H）**take them，and put them，you know，with one of the smarter fourth-graders**，who's… （引自 Hopper，2021：73）

其中轻部往往是已经引入的信息，被互动交际中的双方所掌握，包含固化或接近固化的表达，包括 sit+副词的格式，以及简单位移动词 go 的相关表达，这类结构（go and，go up and 等）投射一些显著的、不易预测的内容，具有了助词化（auxiliation）特征，表示抵御阻碍做某事，即之前的准备（build-up）设置了某种阻碍，而核心部则表达对这种阻碍的冲破。也就是说，这一结构的完整解读有赖于之前的谈话。

语义和语用方面，轻重并列式与传统语义–语用范畴具有密切联系，包括威胁、警告、承诺等言语行为，以及条件式、惊讶范畴（mirativity）等。作者指出，轻重并列式表达的言语行为常常界限不清，轻部往往以条件式来呈现，与核心部构成类似"话题—说明"的结构（Haiman，1978）；从语义表达看，轻重并列式传递惊讶效果，这与很多语言中描述的惊讶范畴相对应。有所不同的是，惊讶范畴往往通过形态手段（附缀或小品词）表达，具有专门性；而轻重并列式是一种句法表达，其表达的惊讶性只是从小句联合中浮现出的一种可能性，同时还交织其他功能。

总之，通过对口语中这一特殊结构式的分析，文章证明：①轻重并列式的轻部由之前的话语组装，作为后续核心部实现的临时基础；②这类结构式可以有多种用法，包括各种言语行为和条件、惊讶功能，其共同点在于，推迟强调部分，警示之后的话语片段；③这一结构是带有时间性的，形式和解读都取决于在线互动的发展。

Thompson 等（2021）一文聚焦于提议参与某项共同活动的行为（proposal for joint activity），考察交际者发出提议、调节共同活动的语言编码手段。文章强调，该项研究重点不在于提议与对方合作行为的区分，也不着重于共同决定的序列（joint decision-making sequences）如何展开，而重点讨论做出提议的语法格式背后的社会互动动因。与之前相关研究不同，该研究采用的是日常互动交谈材料，而非机构性交谈（institutional talk）材料①；目的在于考察提议的形式在共同活动经交谈而实现（talked into being）的过程中发挥的作用。提议的形式限定在提出共同参与某活动的话轮，包含四类语法格式：① Let's②；② Why don't we（WDW 式）；③情态助词陈述式（如 we can…）；④情态助词疑问式（如 should we …）。这四类格式代表了从词语特定的到很模式化的不同"构式"，语料中情态助词陈述式出现的频率最高，而 WDW 式和情态助词疑问式则较为罕见。

文章指出，对这四类格式的观照，体现出在说话人看来受话人对于接受提议由强到弱的倾向性。

（5）四类提议格式

Let's	WDW 式	情态助词陈述式	情态助词疑问式
［←强］		受话人对于接受提议的倾向性	［弱→］

第一，Let's 格式显示，从事提议的共同活动是确保能实现的（guaranteed），或非常有可能的；从之前的谈话和具身行为来看，受话人已经展现出很强烈的推进 Let's 所述的特定共同活动（而非任何活动）的倾向。说话人可以采用这种编码来显示对于受话人的特定立场——他/她倾向于接收这一提议。

第二，WDW 式显示，之前的谈话或具身行为显示共同活动的提议可能是成功的，但它是对之前提议、施援或建议的一种妥协（让步）。也就是说，WDW发起的提议是对行为进程中一些有问题的部分做出挽救，同时避免受到阻碍。高频互动模式为"显性建议或提议—受话人的抵抗（表达或观照到某种问题）—产出 WDW 式提议"。从这个意义说，WDW 是一个"过渡性"（bridging）提议。

第三，情态助词陈述式表达的立场是受话人更倾向于支持提议的共同活动。与前两类不同，情态助词陈述式没有表达对提议的特定的共同活动的立场，而只

---

① 如 Fox 和 Heinemann（2016）等针对请求行为的系列研究，就是基于修鞋店的语料。

② 这里排除了像 let's see 这样的习语性表达。

是受话人对某种未来共同活动展现一种普遍倾向。提议者在发出提议前引受话人"入伙"可以有多种手段，其中一种就是发起前序列（pre-sequence），在对方表示请便（go-ahead）后，用情态助词陈述式实现提议行为。

第四，与前三种相对，情态助词疑问式并不显示对提议活动的遵从是倾向发生的，而用于受话人未表达明显倾向的情况。通过疑问式，说话人显示了对受话人是否可能赞同提议的不确定性。提议发起的任务受到疑问句法的增强——展现了对于可能的偶发因素的意识。

以上描写对提议行为和语法结构两方面具有启示。其中三种格式，受话人都至少在某种程度上表现对共同活动的倾向（占比93%）。这说明，共同参与某种活动的提议，往往出现在说话人已经有证据显示他们的提议会成功被接受的语境中，这符合互动中对于赞同的普遍偏好（Sacks，1987）。不同语法格式还显示出说话人对于受话人倾向更为细致的区分。

反过来说，对语法格式的理解离不开行为出现的环境。特定语法格式与其使用的语境存在适配性（fittedness）。以上四类语法格式都是非现实的（irrealis），这适用于对未来行为的提议。Let's具有劝告性功能。与祈使形式相同，用在对共同活动强烈支持的情况下，表达较强的道义立场；而与祈使形式不同，Let's并不是单对他人发布指令，而是提议自己与对方共同做事。WDW式与表达建议的WDY（why don't you）（Couper-Kuhlen and Thompson，2022）同样都不寻求解释，但该格式毕竟携带其组合成分的痕迹，提供机会对不接受提议做出解释，适应于妥协性的提议。情态助词陈述式陈述提议的活动可以或应该实施，这种假设带有较少的道义性，因此对接受的可能性表达更弱的道义立场（还可通过限定语 I think 和 maybe 进一步弱化）。而情态助词疑问式是道义上最弱的，作为问题关联接受或拒绝两项，并不断言可以或应当如何，而寻求受话人的回应贡献；从更大活动中来看，其实施的行为并非投射的下一步骤，因而受话人没有接受倾向。

这项研究说明，语法服务于道义上的对称性。四种提议语法格式的选择，是为了适应听话人对参与共同活动的接受程度，而这又与格式所表达的道义强度存在密切关系。由于该研究采用的是亲朋好友之间的谈话，交际者之间不存在明显的道义地位差距，所以在总体上显示出合作的倾向。

Thompson 等（2021）对语法结构的分析，突出体现了参与者取向（participant orientation）：尽管提议是一项发起行为，但其语法格式实际上体现了说话人假定受话人的接受倾向，即特定的语法格式被解读为表达某种程度的道义立场。这种研究思路对于小品词（particle）的分析就显得更加重要：小品词形式短小，无屈折形态，游离于句法结构之外，其语义和功能解读势必依赖会话序列中的来言去语。*IL*-1 中，Couper-Kuhlen（2021）就是一项针对小品词的研究。特别需要指出的是，不同于绝大多数互动语言学研究仅基于特定时间横截面的语料进行考察的做法，Couper-Kuhlen（2021）一文尝试将互动语言学研究方法应用于语言使用历时变化的研究。该研究的基础，是一个考察13 种语言中小品词 Okay 互动用法的跨语言研究项目，由赫尔辛基"交互主观性"英才中心和莱布尼兹德语研究所联合组织（Betz et al.，2021）。作者Couper-Kuhlen 作为这个项目的成员，主要工作就是对美国英语（Okay 源起的语言）进行考察；其涉及的语料包括 20 世纪 60 年代以及 20 世纪 90 年代到 21世纪初两个时代的语料（分别称为"旧语料"和"新语料"），Okay 的用法在两部分语料中被分别分析。而 *IL*-1 中的文章则将语料总时长从最初的 8 小时增加到 14 小时（各 7 小时）①，且新旧语料中 Okay 实例的数量相差无几（旧／新 = 277／273）。

文章首先指出，目前研究采用的自然对话材料的时代性几乎没有得到关注。第一代会话分析学者所使用的录音材料距今已经将近 60 年，一些用法在今天看来过时了。但是，这些材料的价值不可估量：通过互动语言学的工具，我们得以将当时的互动交谈同现在的进行对比，考察会话中语言如何发生变化。文章通过考察它们出现的语境——会话结构中的位置来确定它们的用法以及语音—韵律特征，最终确定每个 Okay 实例实施何种行为。

首先，旧语料中 Okay 的用法包括：①用于道义性序列（deontic sequence），即请求／指令、提议／建议、施援／邀请等行为序列的第二位置或第三位置，表示接受；②标示转换到新的话题或活动，即所谓延续性功能；③预示结束（pre-closing）功能，开启对一段电话交谈的终结②；④用于认识性序列（epistemic sequence），即告知、宣告或讲述行为序列的第二位置或第三位置；⑤作为附加问（tag question）使用。

上述用法大多也见于新语料。但新语料中也出现了新用法，即 Okay 用作

---

① 两类语料都是在非正式场合的，除了谈话几乎没有其他活动进行，也没有机构性的。
② 新语料中没有出现该用法，是因为新语料（Call friends 和 Call home）中根本没有包含电话交谈的终结部分。

示续成分（continuer），出现在对方话轮句法、语调和/或语用上不完整的点上。作者将新旧语料中 Okay 各种用法的数量和比例总结如表 1。

表 1　新旧语料中 Okay 的用法及频率

	道义性	转换性	预示结束	认识性	附加问	提示继续成分	其他	总计
旧语料	122 例（44%）	59 例（21%）	59 例（21%）	19 例（7%）	12 例（4%）	—	6 例（2%）	277 例
新语料	67 例（25%）	32 例（12%）	—	140 例（51%）	8 例（3%）	11 例（4%）	15 例（5%）	273 例

不难发现，新语料中 Okay 在认识性语境中的用法大幅增长（占总数的一半以上，是道义性用法的两倍多）；而旧语料中道义性用法则有将近一半的比例。文章指出，旧语料（Newport Beach 和 Santa Barbara Ladies 合集）是事出有因的电话，如请求帮忙、计划聚会等；而新语料（Call Friend 和 Call Home）是为收集口语样本的免费长途电话，如跟家人或朋友闲谈，话题随心所欲。由此看来，旧语料中道义性用法居多是很自然的。然而，旧语料中并非没有告知和讲述等认识性序列，但 Okay 的认识性的用法仍然很少，这就需要更深层的解释。

根据之前的研究，Oh 标示"认识改变"（change-of-state）（Heritage，1984），可用于单独告知、问题引出的告知以及他发修复之后。同时，旧语料中也有 Okay 而非 Oh 作为告知的回应的情况。这取决于问题引出的信息是否对说话人的规程造成了后果，如果对受话人是有后果的，则采用 Okay 回应。同样的情况出现在认可纠正（acknowledge a correction）或反告知（counter-informing）中，Okay 同样是指示这一告知的后果性，即将之前信息认定为对所涉情况的改换版理解（revised understanding）。新语料中，3/4 的认识性用法，同于旧语料中的两类。除此之外，还有非后果性的 Okay，它所回应的信息并不暗示与受话人有关；这种用法就与 Oh 新信息接收（news receipt）功能一致——经常是在扩展性讲述的过程中；与 uh-huh 和 mm-hm 不同，Okay 出现在句法完结点，并带有下降语调。

由此，该文分析道，认识性的 Okay 急剧上升是出于两个因素：①在对受话人规程具有影响或改换理解的告知后，Okay 更加频繁地出现；②新语料中 Okay 还用于回应不对受话人规程或信念预期产生影响的告知。旧语料中，Oh 同样用于回应后果性或纠正性告知，是普遍且基本的，而 Okay 只是偶尔这样使用。这就说明新语料中 Okay 逐渐侵占过去 Oh 所使用的领地。而数量增长的主要因素——新信息接收功能，往往也可由 Oh 来承担，且带有凸显的韵律特征，展现说话人情感。作者由此推断，新语料中可能正在发展出一种功能分工：当对告知或反告知的回应带有显著的情感（共情、惊讶、醒悟等）时用 Oh；而无论韵律上是否凸显，其他地方都用 Okay。在此基础上，作者推而广之，指出认识性序列的回应槽位（response slot）提供了一种"可能空间"，在若干回应形式中做出选择，包括其他小品词形式如 mm-hm、uh-huh，以及词组和小句形式的回应（参看 Thompson et al.，2015）。

在对 Okay 的考察中，位置（position）和构成（composition）是两个核心要素。作为独词，Okay 的构成特征就是其语音—韵律表现；而除了词汇句法、语音韵律这些语言形式之外，身体—视觉表现（bodily-visual conduct）也是交际单位的构成要素。在互动学者看来，身体—视觉表现同样是重要的交际资源。*IL* - 1 中 Streeck（2021）就探讨了一类特定手势——"概念性手势"（conceptual gesture）。文章的重点在于，探讨这类手势如何从亲手实操的工具性行动中浮现，经重复和习惯化，最终成为可供替换的概念表征。

文章首先从互动语言学者所秉承的语言观出发，阐述手势研究的意义。互动视角和语法化的研究者将语言结构看作交际实践的一种副现象（epiphenomenon），即各级语言单位被证明来源于说话时的身体活动（Bybee，1998）。同说出的话一样，手势也是流动且短暂的，并常常为人们所忽略；而之前基于认知框架的手势研究其实一直在回答手势表达什么意义，但没有触及手势如何表达意义。如果站在动态浮现的语言观念上，不难想到"规约化的"手势同语法化一样，既具有其发展的历史，也具有传承性和习得性。

文章考察了工作场合下一名男性一天的录像材料，通过对不同语境中手势的追踪以及其交际功能的比对，探讨手势在互动中浮现并成为一种共享编码的过程。首先，文章通过举例阐释了概念性手势的内涵。所谓"概念化"，就是突出某个侧面（profile），或将某一事物表征为另一事物，进行识解或凸显（Langacker，1998），或将其归入某个范畴。手势也可以进行概念化。比如保持手握的姿势，送向嘴边，象征喝酒或相关容器。然而，这篇文章感兴趣的并不是这些手势如何指称，而是最初如何述谓（predicate）相关动作过程。比如用手指的开合类比说话时嘴唇的开合，而用手掌的前后轮转描述自己与对方交谈的来言去语；再如用抓握的手势——抓住一个稍纵即逝的物体表示找词；等等。所谓"手势的解放"，是指手势发生了语用性的概念化，即反复出现从而成为一种普遍的手段，作为"预制件"（pre-fab）被提取和调用。对于这个研究目标，观察一个人在日常生活不同场景中的手势，有利于见证其中创新与传统的相互作用。

文章指出，概念性手势的"解放"包括三步抽象过程。第一步抽象是从具体行动到手势。此时新的手势可以自然地、不费力地产生，比如反复展示某个部件的装卸（旋拧和翻转）。当手部接触及其动程模式从具体物体操控中"抽离出来"、抽象化之后，手部行动就变成了手势。第二步抽象是象征和替换。这里作者讨论了说话人在叙述中重演（re-enactment）某些过去行为的情况。此时手部动作在进行替换性指称（displaced reference），因此就已经成为象征性的符号（iconic sign）了。基于母婴互动的研究证明，从指示性交际符号到象征性交际符号的转变是人类交际演化中的重要一步。在此之后的第三步抽象，则是跨语境的概括过程。作者举出了两手从手背朝外到摊开手掌的例子，说明这类手势并非源自现实世界中自身对物体的操控，而是一种"预制的"手势，是说话人在早期习得的。

随后文章又具体阐释了手势的"解放"与语法化现象之间的平行对应。首先，无论是概念性手势还是语法化项目，都经历了重复和习惯化（habitualization）这两条发展路径。手势在不同人之间的重复，传递并展现了交互主观理解；而习惯化的情况，如打电话时对方看不到自己，而说话人仍然在描述拧钥匙、换挡等行动时做出相应手势。这些手势代表着行为的类别，而非过去回忆场景中的某个个体行为。进一步，手势习惯化并重复之后，可能扩展它使用的语境，从而变得更加抽象或带有隐喻性，比如在不同场景中擦拭的手势表达"确认/完成"的含义：从具体的清洁、擦净表面等行动，经过意义的漂白（bleaching），适用于任何工作的完成。

总结本项研究时，文章提到从具体行动到概念化手势的第三步抽象时间跨度较大，无法通过逐时逐刻的互动过程描述，但可以通过对比不同语境下已建立的手势的使用来实现。而现代人类交际中新手势的浮现，与原初时人类手势的诞生并无二致。

3. 简评：形式—意义—功能

通过上节对 *IL*-1 各篇文章的介绍，不难感受到互动语言学者在具体现象分析和理论阐释两方面所做的积极尝试。尽管表面上看，*IL*-1 所探讨的对象——从小品词到小句性的社会行为格式（social action format），再到超越单小句的小句联合体——似乎并无太多一致性和规律性，但其实背后贯穿着一条主线，那就是"形式—意义—功能"的对应。从传统描写语法到如今形形色色的语言学理论，无论理论志趣如何不同，语言事实中形式与意义这一对关系始终处于核心地位。相比于以往基于静态视角、以书面或独白材料为主的语言学研究，互动语言学视角下的"形式"和"意义/功能"都被赋予更丰富的内涵。

"形式"包括"位置"和"构成"两个方面。其中"位置"不再是在单个句子或句法结构中的分布，而是会话结构中的横纵二维的分布——在话轮（或话轮构建单位）中的横向位置以及在特定行为序列中所处的纵向位置（Schegloff，1996），代表了一种更大的分布观（乐耀，2019）。而"构成"不只是词语句法形式，还包括语音—韵律、具身行动等多种模态资源。互动中的语句就是以多种资源整合的方式构建和解构的。

"意义/功能"指的是在互动中的意义或功能，扩展到社会交际行为（social action）这一更大的框架下，包括话语及行为的组织管理，以及特定立场、交际意图等的交互达成，强调交际者自身对互动交际偶发因素的观照和听说双方之间的相互识解。

形式和意义/功能也时刻处在变化之中。不仅不同时期会产生变化，在当下逐时逐刻的交际过程中，也被持续地塑造，处于成形过程中——部分互动语言学研究（如 Linell，2009）因此采用"语言过程"（languaging）而非语言（language）的说法。这种想法也与 *IL*-1 中 Hopper（2021）的提议不谋而合。

具体到 *IL*-1 的各篇文章，"形式—意义—功能"的对应有不同的表现。Hopper（2021）和 Streeck（2021）虽然涉及全然不同的两类形式——小句联合体和概念性手势，但都是从互动交际的语境出发，揭示出正在发生的演变，以及由此带来的对相关范畴（如双小句并列式）可能的重新认识；Thompson 等（2021）聚焦同一行为框架下不同语法格式的对比，说明语言形式编码与具体行为中交际需求的对应，深化了对语言与互动行为相互塑造关系的认识；Couper-Kuhlen（2021）则通过两个时间横截面的用法对比，以及同时期不同形式（Okay 与 Oh）的对比，揭示出语言使用长期的发展变化，以及这一过程中相似形式的分工与消长。

同时，*IL*-1 的各篇文章在互动语言学的理念、原则与方法的运用方面也做出了全新的示范，Mushin 和 Pekarek Doehler（2021）一文更是深入阐释了时间性对语言学研究的深远影响。无论对于相关现象的研究，还是互动语言学其他课题的探索，该创刊号都具有十分重要的借鉴意义。

参考文献

乐耀　2019　《交际互动、社会行为和对会话序列位置敏感的语法——〈日常言谈中的语法：如何构建回应行为〉述评》，《语言学论丛》（第六十辑），商务印书馆。

谢心阳　2016　《互动语言学的理论探索——〈面向互动语言学的语法研究〉介绍》，《互动语言学与汉语研究》（第一辑），世界图书出版公司。

Betz, E., A. Deppermann, L. Mondada and M. L. Sorjonen（eds.）2021　*OKAY Across Languages：Toward a Comparative Approach to Its Use in Talk-in-Interaction*. Amsterdam：John Benjamins.

Bybee, J. L.　1998　Cognitive processes in grammaticalization. In M. Tomasello（ed.），*The New Psychology of Language*，Vol. 2. Mahwah, N. J.：Lawrence Erlbaum，145–168.

Couper-Kuhlen, Elizabeth and Margret Selting　2018　*Interactional Linguistics：An Introduction to Language in Social Interaction*. Cambridge/New York：Cambridge University Press.

Couper-Kuhlen, E. and S. A. Thompson　2022　Action ascription in everyday advice-giving sequences. In A. Depperman and M. Haugh（eds.），*Action Ascription：Interaction in Context*. Cambridge：Cambridge University Press，183–207.

Ford, C. E.　1993　*Grammar in Interaction. Adverbial Clauses in American English Conversations*. Cambridge, UK：Cambridge University Press.

Fox, B. A. and T. Heinemann　2016　Rethinking format, an examination of requests. *Language in Society* 45（4）：499–531.

Haiman, J.　1978　Conditionals are topics. *Language* 54：565–589.

Heritage, John　1984　A change-of-state token and aspects of its sequential placement. In J. Maxwell Atkinson and John Heritage（eds.），*Structures of Social Action：Studies in Conversation Analysis*. Cambridge：Cambridge University Press，299–345.

Hopper, P. J. and S. A. Thompson　2008　Projectability and clause combining in interaction.

In R. Laury (ed.), *Crosslinguistic Studies of Clause Combining: The Multifunctionality of Conjunctions*. Amsterdam/Philadelphia: John Benjamins, 99–124.

Langacker, R. W.   1998   Conceptualization, symbolization, and grammar. In M. Tomasello (ed.), *The New Psychology of Language*, Vol. 1. Mahwah, NJ: Lawrence Erlbaum, 1–40.

Laury, Ritva, Marja Etelämäki and Elizabeth Couper-Kuhlen (eds.)   2014   Special issue: Approaches to Grammar for Interactional Linguistics. *Pragmatics* 24 (3).

Linell, Per   2009   *Rethinking Language, Mind, and World Eialogically: Interactional and Contextual Theories of Human Sense-Making*. Charlotte, NC: Information Age Publishing.

Pekarek Doehler, S.   2016   More than an epistemic hedge: French *je sais pas* "I don't know" as a resource for the sequential organization of turns and actions. *Journal of Pragmatics* 106: 148–162.

Sacks, H.   1987   On the preferences for agreement and contiguity in sequences in conversation. In G. Button and J. R. E. Lee (eds.), *Talk and Social Organisation*. Clevedon: Multilingual Matters, 54–69.

Sacks, Harvey, Emuell A. Schegloff and Gail Jefferson   1974   A simplest systematics for the organization of turn-taking for conversation. *Language* 50: 696–735.

Schegloff, Emuell A.   1996   Turn organization: One intersection of grammar and interaction. In Elinor Ochs, Emuell A. Schegloff and Sandra A. Thompson (eds.), *Interaction and Grammar*. Cambridge: Cambridge University Press, 52–133.

Selting, Margret and Elizabeth Couper-Kuhlen (eds.)   2001   *Studies in Interactional Linguistics*. Amsterdam: John Benjamins.

Tanaka, Hiroko   2005   Grammar and the "timing" of social action: Word order and preference organization in Japanese. *Language in Society* 34: 389–430.

Thompson, Sandra A. and Elizabeth Couper-Kuhlen   2005   The clause as a locus of grammar and interaction. *Discourse Studies* 7: 481–505. (Also in *Language and Linguistics* 6: 807–837.)

Thompson, Sandra A., Barbara A. Fox and Elizabeth Couper-Kuhlen   2015   *Grammar in Everyday Talk: Building Responsive Actions*. Cambridge: Cambridge University Press.

第四届互动语言学与汉语研究
国际学术讨论会在线上举行

2021 年 4 月 17~18 日，第四届互动语言学与汉语研究国际学术讨论会以线上视频的方式举行。本次会议由中国社会科学院语言研究所与首都师范大学联合主办，《中国语文》编辑部、首都师范大学文学院承办。共有来自海内外的 90 多名专家学者参加了本次会议。

4 月 17 日，中国社会科学院语言研究所方梅主持会议开幕式，并介绍大会报告专家。中国社会科学院语言研究所所长张伯江和首都师范大学文学院院长马自力分别代表本次会议主办单位和承办单位致开幕辞。致辞中，张伯江所长简要总结了前三届会议沈家煊学部委员致辞中的思想，指出"互文性"是值得深入探索的方向；并结合汉语发展的历史，指出"言文差异"在当代的重要研究意义，期待汉语互动语言学研究者在汉语本质的探讨中做出贡献。马自力院长对参加本次会议的国内外学者表示热烈欢迎，并谈到应借此良机，向各位海内外专家学者学习，紧跟学术前沿，进一步推动首都师范大学的学科建设和人才培养工作。

本次会议共设 10 场大会报告以及 4 个小组的分组报告。分组报告共 60 余篇，涉及在线产出及其理解机制、会话敏感位置与话语功能解读、言语互动中的立场表达以及言语交际中的韵律及多模态等互动语言学的热点问题。涉及议题广泛，讨论热烈深入。

4 月 18 日下午，讨论会圆满落幕。首都师范大学史金生主持闭幕式，对本次会议进行总结，并感谢各位与会专家学者带来精彩的学术报告。中国社会科学院语言研究所《中国语文》副主编方梅研究员代表互动语言学与汉语研究国际学术讨论会的主办方致闭幕辞。西安外国语大学李榕代表下届会议承办单位——西安外国语大学发言。

互动语言学与汉语研究国际学术讨论会由《中国语文》编辑部创办，每两年举行一次，是国内唯一以"互动语言学"为主题、主要以汉语为对象语言的口语研究专题学术讨论会，旨在推动互动语言学在汉语中的研究实践，为汉语研究问题带来新的材料、方法和观念，同时为互动语言学提供材料与方法的启示。本次会议的论文将选编收入"中国语文丛书"《互动语言学与汉语研究》（第四辑）。

会议大会报告内容简介（以发言顺序为序）。

中国社会科学院语言研究所　沈家煊　从汉语看0-2对言逻辑

语言0-2逻辑是基于对话的"二元相关律逻辑"，高于基于命题的0-1逻辑。0-2逻辑消解主语和谓语的异质对立，将构成命题的前后项视为并置的对等项。从汉语的事实出发，该文阐释0-2逻辑的两个要素：二元倚变和二元共享。两个要素相依相存、经纬交织，是汉语组织运行规律的基础。通过英语和汉语的比较可以看出，英语也需要0-2逻辑才能覆盖全部事实，因为自然语言都存在于对话之中。另外，英语和汉语各有偏重，英语偏重0-1逻辑而汉语偏重0-2逻辑。造成英汉这一差异的原因可以解释为，语言演化的路径出现分叉，从名词和动词一体不二的原始状态出发，英语转而朝名动分立、主谓结构为主干的方向发展，汉语则保持名动的原始状态，继续朝形成对言格式的方向发展。深入研究0-2逻辑的要素，将有助于我们对假设的普遍语法做出更完善的模拟。

美国加州大学圣塔芭芭拉分校　Sandra A. Thompson　The Grammar of Proposals for Joint Activities

The action of proposing has been studied from various perspectives in research on talk-in-interaction, both in mundane as well as in institutional talk. Aiming to exemplify Interactional Linguistics as a drawing together of insights from Linguistics and Conversation Analysis, we explore the grammar of proposals and the stances displayed by participants in making proposals in the context of joint activities, where a future or hypothetical activity is being put forth as something the speaker and recipient (s) might do together. Close examination of interactions among American English-speaking adults reveals four recurrent grammatical formats for issuing proposals: *Let's*, *Why don't we*, Modal Declaratives, and Modal Interrogatives. We argue that these four formats for doing proposing within a joint activity are used in interactionally distinct environments, contributing to a growing understanding of the fit between entrenched linguistic patterns and the social work they have evolved to do.

芬兰赫尔辛基大学 Ritva Hannele Laury、加拿大阿尔伯塔大学 Tsuyoshi Ono Co-construction Reconsidered: Over-syntacticization in Interactional Linguistics

A number of studies have discussed a phenomenon in conversation variously called co-construction, joint utterance completion, other-extension, and so on, where interactants are described as jointly producing single syntactic units (e. g. , clauses) for various interactional purposes.

In our presentation, we examine representative English, Finnish and Japanese conversational segments from earlier studies in order to show that in sequences which have been analyzed as cases of co-construction, interactants are better understood to be simply trying to reach intersubjective understanding and in doing that, producing their own utterance simply using someone else's. That is, they are not really "co-constructing". We suggest that "jointly constructed" syntactic units that have been proposed or could be proposed by linguists are irrelevant to the interactants.

Our proposal is based on the following observations. (a) The combined utterances by the two speakers in published examples of co-construction are in fact often not well-formed syntactic units although the second speaker commonly produces her/his utterance apparently based on the meaning of the utterance by the first speaker. It is of course to be expected that turns tie in some way to what precedes them, and turns also project what might follow them, but such connections do not necessarily involve syntax as we suggest here. (b) Even when the two utterances do seem to fit syntactically, analyzing them as forming one jointly produced syntactic unit involves a disregard of the temporal and emergent production of talk in interaction as well as the actional import of the utterances, and a variety of other central aspects of talk such as indexicality and the participation framework. Close attention to these features of the data indicates that in many cases, the second utterance is not intended to be understood as a syntactic continuation of the first. The second speaker instead produces her/his utterance (i. e. , doing her/his own action) merely relying on the meaning of the utterance by the first speaker, not really "co-constructing" a syntactic unit.

Thus，we suggest that much of the so-called co-construction can be accounted for by referring to the meaning of the individual utterances and their semantic connections without involving syntax at all.

Trained to look for structure in data，often based on theories built out of constructed examples of dominant languages，especially English，linguists are prone to atemporally patch up utterances by multiple speakers and create what is similar to clauses and sentences，characteristic of constructed examples of those languages.

Speakers，however，are concerned with constructing actions and making sense out of ongoing talk，and it is most realistic to suggest that as they interact，they are not engaged in building syntactic units. Our modest proposal is not to jump to assumptions of structure，even in cases where grammatical patterns can be tacked together. That inclination seems to originate from our concerns as linguists，not from the concerns of actual participants in conversation. Our target should remain the grammar employed by speakers as they try to make sense together in temporally unfolding interaction.

美国加州大学洛杉矶分校　陶红印　汉语准分裂句的多模态互动分析及跨语言比较

准分裂句传统上被分析为"A 部分＋系词＋B 部分"，对应着"背景/预设/主位＋前景/焦点/述位"等语义特征。基于对话互动的研究表明，传统上以句子为单元的研究存在缺陷；会话中的准分裂句常常是以片段形式而不是完整（复杂）的句子出现，其功能是组织安排会话、传达立场、进行话语修复等。该文首先回顾互动语言学在这方面通过多种语言研究得到的成果，指出跨语言的共性与差异。接着利用基于录像的汉语会话语料对准分裂句做出新的探索，重点考察一个我们称作"量度准分裂句"的小类（例如"我最喜欢吃的是地三鲜"）在会话中的用法。文章将说明，准分裂句的用法和意义需要进一步细分考察，而且语体的微观类型或微类语体（例如闲聊、讨论、争议）会影响（量度）准分裂句的具体实现。这种实现可以通过分析谈话中多模态构成（包括韵律中断模式、目视方向、手势形成等方面）找到证据。

新加坡南洋理工大学　陆镜光　On Front-truncated and Back-truncated TCUs

The joint production of conversational turns (or " co-completions " and "increments"）have sustained CA scholars' interest for a long time（since Sacks' early observations）. In this paper, I propose to look at instances of co-completions and increments as "back-truncated" and "front-truncated" TCUs respectively. By back-truncated TCUs is meant TCUs that, in the course of their delivery, are, for one reason for another, paused or arrested before it arrives at a possible point of completion. Any such disruptions to the TCU's progressivity opens up a location for a possible "sharing" of the current turn space by a co-participant who now has an opportunity to assist in bringing the ongoing turn to its completion. Having been brought to a point of possible completion, and having a co-participant effecting turn transition by starting to speak, the just-completed turn can nevertheless be "extended" with the delivery of a TCU that is front-truncated. A "headless" TCU is the surest way of displaying its own "dependent" status and symbiotic relationship with the just-completed turn. As an "incomplete TCU" it cannot therefore have the status of a turn but must be understood as a "continuation" or incrementation of the just-completed turn. Looking at co-completions and increments in this way allows us to see the unity in these two sets of phenomena, under the common theme of "joint production of turns". It also allows us to see "projectability" in a new cross-linguistic light.

加拿大阿尔伯塔大学　李晓婷　互动中的语法与身体——多模态互动与汉语语法研究的关系

多模态互动是当今互动语言学和会话分析领域的一个研究热点。过去十几年对互动中不同身体活动的研究已经使我们对于一些身体活动内部组织规律及其在互动中的作用有了一定了解。比如手势类别及手势单位、面部表情、头部活动、注视等。但是，这些身体活动与互动中的语法研究有何关系还是一个有待深入讨论的课题。报告以句法不完整话轮为切入点，从话轮构建及多模态社会行为格式（multimodal social action format）两方面探讨身体活动与语法的关系。通过探讨不完整句法结构与身体活动共同构成话轮和社会行为的现象，作者认为语法与身体是在不同互动和序列环境中以不同方式互释的（mutually elaborate each other）。互动参与者使用语法（语言）和身体（以及其他多模态资源）共同构建话轮和社会行为。互动中的语法结构不仅位置敏感（positionally sensitive），而且具身敏感（sensitive to embodied actions）。语法与身体并不是割裂的，而是互释的。从多模态的角度研究语法结构将为互动中的语法研究带来新的启示和发现。

中国社会科学院语言研究所　李爱军　语篇韵律与对话言语行为：回声问的产出和感知

语篇的意图理解是智能语音技术的核心，涉及语篇的语音、音系、句法、语义和语用等多层级信息之间的互动关系。从认知语言学角度看，意图就是语篇或者语境中的语用义，不存在脱离语境和语用的语义；从话语分析的角度看，意图就是互动言语行为，既包括直接言语行为，也包括间接言语行为。报告从语篇韵律的编码和解码角度，以回声疑问语气的韵律特征与对话言语行为的关系为例，阐述语篇韵律特征与言语行为（语用功能）、语境之间的互动关系。从产出角度，考察韵律特征是如何对回声问的言语行为或者语用功能进行编码的。基于真实语料的分析设计对话，将相同的回声句嵌入对话，实现 5 种不同言语行为，并进行模拟场景录音，得到 2304 个目标句。对这些目标句的语调音高模式的分析表明不同言语行为的音高模式不同。音高走势最低的并不是以前我们认为的陈述语调，而是表达应声确认回声话语，其他回声问语调高音也不一定比陈述句高。边界调最高的也是表达请求详细信息的回声问语调，陈述句的边界调与其他几种语用功能的边界调没有显著差异。对回声语调的全局和局部特征，包括音高、时长、谐噪比（HNR）等参数进行线性区分实验（LDA）统计分析，发现语调模式与对话言语行为相关；回声问句和陈述句以及回声问句的不同语用交际功能可以根据全局特征并结合局部特征进行区分。从语音特征贡献看，全局音高变化和局部边界调特征贡献高于局部时长信息。从感知角度考察韵律特征是如何对回声问的言语行为或者语用功能进行解码的。基于语音特征分析结果，通过改变陈述句的全局和局部音高、时长等信息获得合成的语音刺激，再将其分别嵌入三种对话语境中感知。结果表明，与孤立语境比，语境对韵律特征表示的疑问语气具有调制作用：当韵律特征表示的疑问语气与语境的语用功能一致的时候，语境信息对语气感知起到增强作用；当韵律特征表示的语气与语境的语用功能不一致的时候，语境信息会对语气的感知起到一定的抑制作用。也就是说，语篇中表达一定互动言语行为或者语用功能的语调韵律特征，一定是对话语境决定的语篇韵律特征。感知实验表明，边界调的斜率变化与疑问语气的感知显著相关，整个语调音阶的抬高，也会使疑问语气感知加强；时长、边界调调阶和语境有交互作用；语调的局部特征对语气感知的贡献大于全局特征。

首都师范大学 史金生 虚拟对话与立场构建："你"在对话互动中的移指用法

报告在区分引述与移指的基础上，分析自然口语语料中的"你"的典型和非典型移指用法。认为"你"移指的本质是发话人在心理世界和不同的人进行虚拟对话，是发话人在叙事过程中整合对话的典型表现，是戏剧性语言入戏的一种方式。虚拟对话具有戏剧性语言的明显特点，是一种言域用法，其交际目的在于构建一致立场。此外，"你"移指形成的多层套叠对话还增强了语言的对话性。

中国社会科学院语言研究所 完权 话题的互动性：基于汉语对话的研究

报告旨在使用对话语料，从交际互动与语篇视角来考察话题的性质，发展赵元任"主语、谓语作为一问一答"的观点。研究发现，无论是语篇话题还是主谓句的句子话题，都体现出互动性。话题的互动性，强调的是各种会话交际因素对话题的影响，涉及话题的选择、构建、持续、更新等多方面。话题互动性的要旨，指向"话题—说明对"以外的语篇以及言语互动参与者，侧重于动态、交互、语篇，是话题性质的主要方面。而指向句内事件语义的静态事件属性，则是次要方面。据此，可以将话题定义为：话题是由会话人在具体互动时空中共同协商构建的联合背景注意的中心。互动性是汉语句子话题和语篇话题的共性，而这个共性来自语篇性而非句子性，用会话分析的概念可以解释使用中的句子结构；反之不然。从语言使用的互动性来看，汉语的主谓句恰是迷你语篇，汉语句子话题本质上是语篇话题。大规模语篇的里面是小规模语篇，层层级级大大小小的语篇话题解析到最后，得到的句子话题仍然是语篇话题。汉语主谓句的句子话题具有语篇话题的本质，也是语篇话题。

中国社会科学院语言研究所 方梅 副词独用的位置敏感与浮现义

从语义类别来看，可独用的副词几乎覆盖了副词所有语义类别。但从总量上看，独用副词以认识义解读居多。在独用的时候，多义副词会发生表达功能的偏移，意义偏向于主观性的解读。在对话中，独用的副词在其基本词汇意义之外，增加了认识义或行为义解读。独用副词所处会话序列的行为类别以及它在序列中所处位置，都影响其意义解读。其解读体现出位置敏感性（positionally sensitive）和序列特定性（sequence-specific）的特点。

　　第五届互动语言学与汉语研究国际学术讨论会将于 2023 年在西安外国语大学举行。

（会议组委会）

附录2

第四届互动语言学与汉语研究
国际学术讨论会会议论文目录

陈玉东　张爱珍　汉语简单应答语语调的实验研究

陈振宁　成都话的主观同盟语气词"哈"和"嘎"

陈振宇　略谈立场范畴的研究内容和下位类型

崔玉珍　法庭论辩中的反事实表达

Fang Di　Reference in assessment sequence：An interactional approach

方　梅　副词独用的位置敏感与浮现义

高　亮　普通话儿童独词阶段语气习得研究

高增霞　自然口语中的连动编码——基于"梨子故事"的调查分析

葛锴桢　互动视角下"其实"在不同语体中的立场表达特点

关　玲　吉　阳　从互动语言学角度再探析"然后"

关　越　方　梅　自然口语对话中的列举表达

郭力铭　互动中否定词话语叠连：行为与意图的交织与错配——以"不
（是）"、"没有"和"别"为例

韩　燕　王继红　说书叙事传统对清末北京话的塑造——以域外汉语教科书
《北京官话〈今古奇观〉》为例

郝婉邑　辩论式冲突话语中的立场表达

贺　蕾　孙雁雁　综艺类节目主持人和访谈类节目主持人立场表达模式——以
《快乐大本营》和《金星秀》为例

黄　婧　"视频－弹幕"语篇的组织机制和构造单位

李爱军　语篇韵律与对话言语行为：回声问的产出和感知

李　丹　从日语配虑表达「たしかに」看汉语副词的立场表达

李　嘉　汉语自然口语中"不是"的语用功能与韵律特征分析

李婧婷　从会话互动视角谈追补预示语"当然"的功能